# Toscana

Nana Claudia Nenzel

**Gratis-Download: Updates & aktuelle Extratipps der Autorin**

Unsere Autoren recherchieren auch nach Redaktionsschluss für Sie weiter. Auf unserer Homepage finden Sie Updates und persönliche Zusatztipps zu diesem Reiseführer.

Zum Ausdrucken und Mitnehmen oder als kostenloser Download für Smartphone, Tablet und E-Reader.
**Besuchen Sie uns jetzt!**
www.dumontreise.de/toscana

short.travel/r1bci

DUMONT
Reise-Taschenbuch

# Unterwegs in der Toscana

# Inhalt

## Auf Entdeckungstour



## Karten und Pläne

s. hintere Umschlagklappe

▶ Dieses Symbol im Buch verweist auf die Extra Reisekarte Toscana

## Das Klima im Blick

atmosfair

Reisen bereichert und verbindet Menschen und Kulturen. Wer reist, erzeugt auch $CO_2$. Der Flugverkehr trägt mit einem Anteil von bis zu 10 % zur globalen Erwärmung bei. Wer das Klima schützen will, sollte sich für eine schonendere Reiseform (z. B. die Bahn) entscheiden – oder die Projekte von *atmosfair* unterstützen. *Atmosfair* ist eine gemeinnützige Klimaschutzorganisation. Die Idee: Flugpassagiere spenden einen kilometerabhängigen Beitrag für die von ihnen verursachten Emissionen und finanzieren damit Projekte in Entwicklungsländern, die dort den Ausstoß von Klimagasen verringern helfen. Dazu berechnet man mit dem Emissionsrechner auf www.atmosfair.de, wie viel $CO_2$ der Flug produziert und was es kostet, eine vergleichbare Menge Klimagase einzusparen (z. B. Berlin – London – Berlin 13 €). *Atmosfair* garantiert die sorgfältige Verwendung Ihres Beitrags. Klar – auch der DuMont Reiseverlag fliegt mit *atmosfair!*

# Liebe Leserin, lieber Leser,

*während meines Studiums der Kunstgeschichte war es unerlässlich, in die Toscana zu reisen, um in der ›Wiege des Humanismus und der Renaissance‹ mehr als nur herumzuschnuppern. Sehr bald war aus der Pflicht Liebe geworden zu dieser halb wild gebliebenen, halb von Menschenhand geschaffenen und damit gezähmten Natur der Toscana. Das bedeutete: immer wieder hinfahren auf der Suche nach Neuem, aber auch wegen der Freude des Wiedersehens, des Wiedererkennens von Altbekanntem. Freunde fingen schon an zu lästern: Was willst du da noch entdecken? Hast ja schon jeden Stein zweimal umgedreht!*

*Doch das sollte bald belohnt werden mit dem ersten Auftrag, für DuMont einen Toscana-Reiseführer zu verfassen. Dem folgten viele weitere Bücher zu dieser Region, zuletzt dieses Reise-Taschenbuch, das zahlreiche persönliche und durch Freunde entdeckte Tipps bereithält. Vor allem für eine aktive Urlaubsplanung: sei es zu Fuß, mit dem Fahrrad oder auf dem Pferderücken durch die Hügel und Berge, zwischen Weingärten oder an den langen, von uralten Pinien beschatteten Sandstränden entlang. Oder beim Besuch von Weingütern, zu denen häufig eine stolze Zypressenallee führt; woanders führen solche Alleen eher zu Friedhöfen – nicht so in der Toscana. Oder von Dorf zu Dorf, meist noch ummauert, also streng befestigt und auf einem Hügel thronend, auf einem Tuffsteinblock oder auf einem Berggrat, den Wind und Regen so ausgewaschen haben, als hätten Riesenbagger die Erde weggeschaufelt.*

*Oben angekommen, findet sich auf dem Hauptplatz mit Sicherheit ein Brunnen, oft noch aus der Renaissance, und nicht weit davon ein Café oder eine Enoteca, wo man sich niederlassen sollte zum puren Genießen, um dann die nächste Erkundung zu planen. Schauen Sie dazu doch einfach in diesem Buch nach weiteren Tipps ... Also nichts wie hin, zum ersten Mal oder immer wieder!*

*A presto in Toscana, bis bald in der Toscana also,*

*Ihre*

Florenz, die ›Wiege der Renaissance‹

Leser fragen, Autoren antworten

# Toscana persönlich – meine Tipps

## Nur wenig Zeit? Die Toscana zum ersten Kennenlernen

Wenn Sie für Ihren ersten Besuch der Toscana nur wenige Tage Zeit haben, dann sollten Sie ins **Chianti** fahren. In dieser sanft hügeligen Landschaft zwischen Florenz und Siena erleben Sie die ›typische‹ Toscana – mit kleinen befestigten Ortschaften auf markanten Hügeln, endlosen Weingärten, Rebstöcken in Reih und Glied, einem blühenden Rosenstock davor, malerisch gelegenen Bauernhäusern. Hier können Sie auf einem der schicken Landguter wohnen und in den kleinen Dorftrattorien die deftig-toscanische Küche genießen. Und zu den touristischen Highlights wie Florenz, Siena und Arezzo ist es von hier nur ein Katzensprung.

## Welche Kulturziele sind besonders interessant?

Zuallererst natürlich das von der Renaissance geprägte **Florenz,** das so viel Sehenswertes zu bieten hat, dass man allein hier mehrere Wochen zubringen könnte. Neben den unzähligen Museen, darunter die weltberühmten Uffizien, lockt alljährlich im Mai/Juni das Festival Maggio Musicale mit Opern-, Konzert- und Ballettauf-

Die wichtigsten Sehenswürdigkeiten und schönsten Landschaften

führungen hochkarätiger Solisten und Dirigenten.

Die ewige Rivalin **Siena,** von der Gotik mit hohen Wohnpalästen und reich ausgestatteten Kirchen geprägt, ist für mich persönlich eine noch schönere Stadt. Nicht auslassen dürfen Sie hier den aufregenden Museumskomplex im früheren Hospital von Santa Maria della Scala. Absolut unvergleichlich auch der Campo, der Platz der Plätze der Toscana, auf dem zweimal im Jahr der Wettbewerb der Stadtteile stattfindet, der Palio delle Contrade.

**Lucca** beeindruckt mit seiner mächtigen und doch prächtigen Stadtmauer, die man zu Fuß umrunden oder umradeln sollte wie die Lucchesi selber. Innen erzählen manche Paläste und einfachere Wohnhäuser ihre eigene Geschichte; wenn Sie ihre Fassade genauer betrachten, erkennen Sie unter dem teilweise entfernten Renaissance- oder Barockputz romanische oder gotische Bögen.

Bei **Pisa** fällt mir als Erstes die Piazza dei Miracoli ein, der Domplatz, der zu Recht ›Platz der Wunder‹ genannt wird wegen der kompakten Architektur seiner Sakralbauten. Das i-Tüpfelchen stellt der schiefe Glockenturm dar, dessen Fallsucht inzwischen wohl gestoppt werden konnte und dem man wieder aufs Dach steigen darf.

Unbedingt eine Erkundung wert ist auch **Arezzo,** eine Etruskergründung und Stadt des Piero della Francesca. In der Kirche San Francesco hat der Maler seinen vielleicht schönsten Freskenzyklus hinterlassen und so aus dem Gotteshaus ein wahres Pilgerziel gemacht.

## Wo ist es landschaftlich besonders reizvoll?

Das **Casentino** und die **Garfagnana** sind meine persönlichen Favoriten. Neben waldgrünen Landschaften zum Durchatmen und Wandern gibt es dort auch einiges zu besichtigen. So etwa die zahlreichen Burgen und

**Die sanfte Hügellandschaft des Chianti eignet sich perfekt für Radtouren**

Schlösser der Grafen Malaspina an der Grenze zu Ligurien, also ganz im Nordwesten der Toscana. Hier lässt man heute das Mittelalter wieder auferstehen mit speziellen Veranstaltungen, Kulinarisches inbegriffen.

Oder die **Maremma** im Südwesten: In dieser Gegend finden sich zahlreiche Thermalorte und einfache, in der Landschaft verstreute kleine Thermalbecken, ob natürlich belassen oder eingefasste, aber dennoch frei zugängliche wie etwa bei **San Casciano dei Bagni** an der umbrischen Grenze im Südosten der Toscana.

## Wo kann man am besten wandern und Rad fahren?

Schon wieder Chianti? Warum nicht, hier gibt es toscanaweit das dichteste Netz an Wanderwegen. Die meisten folgen Forstwegen oder verbinden Landgüter mit den benachbarten Burgdörfern, sind also nicht allzu anstrengend und eignen sich auch zum Radfahren. Anders ist es in der geradezu wilden Garfagnana nördlich von Lucca und im Casentino nördlich von Arezzo – beide reichen bis zum Tosco-Emilianischen Apennin, also bis in Höhen von rund 2000 m. Am wenigsten überlaufen ist das Casentino, dort wo der Arno entspringt und eine herb-schöne Landschaft gestaltet, in der auf fast jedem Hügel ein kleines Landgut oder eine Burg hockt. **Póppi** ist dafür ein empfehlenswerter Standort oder auch **Bibbiena.**

Radfahrer lieben die Hügellandschaft des **Chianti** mit ihren eher sanften Auf und Abs, während Mountainbiker vor allem in den wilderen Hügeln nördlich von **Péscia** unterwegs sind. Wer es lieber ganz gemütlich mag, radelt die Küste entlang, beispielsweise nördlich und südlich der **Arno-Mündung,** also rund um Viaréggio und um Livorno.

**Wandern, Radfahren und Baden in der Toscana**

## Wo verbringe ich am besten meinen Badeurlaub?

Die **Versilia** nördlich der Arno-Mündung ist traumhaft schön mit ihren langen und tiefen Sandstränden und den hübschen, meist bunten Wechselkabinen an den einladenden *bagni*, den Strandbädern entlang der breiten Meerespromenade. Südlich der Arno-Mündung folgen in Höhe von Pisa schmale Strände mit kleinen *bagni*, und ab **Tirrénia** werden die feinsandigen Strände von dichten Pinienhainen begrenzt, die sich wunderbar als natürliche Schattenspender eignen.

Die **Costa degli Etruschi** südlich von Livorno bietet unterschiedliche Strände, in der Hauptsache jedoch wieder lange sandige Abschnitte. Höchstes Badevergnügen bieten natürlich auch die Inseln, allen voran **Elba,** dicht gefolgt von **Gíglio.**

## Wo ist es abseits der gängigen Touristenpfade schön?

Wer die touristischen Highlights à la Florenz, Siena und Co. bereits kennt, dem lege ich eine mehrtägige Erkundungstour abseits der üblichen Touristenpfade ans Herz, und zwar vom Chianti Richtung Süden bis ans Meer. Sie bietet mit Sicherheit eine Fülle unvergesslicher Eindrücke!

Vom Chianti aus geht es zunächst, an **Siena** vorbei, durch die lehmigen, sanft gewellten Hügel der **Crete** bis nach **Buonconvento** mit dem nahen Klosterkomplex der Abbazia di Monte Oliveto Maggiore, wo man übrigens auch wohnen und köstlich speisen kann. Weiter geht es zu den Weinorten **Montepulciano** mit seinem Nobile und **Montalcino** mit seinem Brunello – beides wunderbare Weine, für die Sie sich ebenso wie für die Städtchen selbst Zeit nehmen sollten.

Nicht weit entfernt liegen **Sant'Antimo,** eine wundervolle Klosterkirche in einsamer Feldlage, und das kleine **Pienza,** die Miniatur-Renaissancestadt des Papstes Pius II. Von Sant'Antimo aus weiter nach Süden kommt man zum **Monte Amiata,** mit 1738 m der höchste Berg der Region. Sie müssen ihn nicht unbedingt erklimmen, aber ringsum die Natur genießen sollten Sie, etwa im Parco Faunistico, wo man sogar den Apennin-Wolf wieder heimisch gemacht hat (s. S. 226).

**Abseits der Touristenpfade: Vom Chianti in den Süden**

Von dort empfehlen sich je nach Interesse zwei Abstecher von jeweils zwei Tagen: einmal zu den Etruskerstädten mit ihren interessanten Nekropolen – **Sorano, Pitigliano** und **Sovana –,** vielleicht noch **Saturnia** mit seinen Thermalquellen. Zum anderen in die Küstenmaremma und von dort ans Meer, nach **Castiglione della Pescáia** mit seiner schönen Lagune oder nach **Orbetello** und auf die Halbinsel des **Monte Argentario.**

## Eignet sich die Toscana für einen Urlaub mit Kindern?

Unbedingt! Die bereits erwähnten, flach abfallenden Strände der Versilia zwischen Viaréggio und Marina di Carrara sind ideal für Kinder. Dann die vielen Ferienhäuser, die man praktisch überall auf dem Land angeboten bekommt, ob mit oder ohne Pool, ob in Alleinlage oder in einer Art Feriendorf wie an der Küste südlich von Livorno oder auf Landgütern wie in der Maremma oder im Chianti.

Mehrere Campingplätze, speziell am Meer, sind mit zum Teil hohem Komfort auf Familien eingestellt und bieten Kinderprogramme an, falls die Eltern mal Pause machen wollen oder einen Ausflug allein planen.

## Kann man die Toscana auch mit Bus und Bahn erkunden?

Die Toscana ist auf den Hauptstrecken zwischen den größeren Städten sowie entlang der Küste gut per Eisenbahn erschlossen. Busse verbinden zwar so ziemlich alle Ortschaften mit den Provinzhauptstädten, jedoch nur zu Schulzeiten bzw. im Berufsverkehr. Vor allem bei den Erkundungen abseits der Städte ist man also eher auf ein eigenes Fahrzeug angewiesen.

### Wer das Ungewöhnliche sucht – die Toscana einmal anders

Seit ein paar Jahren werden immer mehr unterirdische Attraktionen der Region ausgebaut und begehbar gemacht. »Toscana Underground« nennt sich das Projekt. Zu den Attraktionen gehören etwa aufgelassene Bergwerke wie **San Silvestro** bei Campiglia Marittima in der Maremma mitsamt dem früheren Bergarbeiterdorf, wo man einen ganzen Tag verbringen könnte (s. S. 190). Oder die *bottini* von **Siena,** die historischen Wasserkanäle der Stadt, wunderbar gemauerte oder in den Felsen geschlagene Konstruktionen (s. S. 240).

Eher strategischen Zwecken dienten die unterirdischen Gänge der Festung von **Sorano.** Ganz von der Natur geschaffen ist dagegen die **Grotta del Vento** in der Garfagnana mit ihren vielfältigen Tropfsteinen.

**Viel braucht es nicht zum Genießen: Wein, Käse, Brot und Oliven …**

### Was gibt es Neues in der Region?

2014 wurde in Florenz das seit Jahrzehnten geplante **Nuovo Teatro dell´ Opera** eröffnet. Groß, modern und imposant, auch eine architektonische Attraktion und markanter Schlusspunkt vor dem Parco delle Cascine ganz im Westen. Ein angemessener Rahmen für die Festspiele Maggio Musicale.

### Und zum Schluss mein ganz persönlicher Tipp

**Montichiello** ist ein winzig kleines, rundum ummauertes Dorf in grandioser Panoramalage mit nur etwa 300 Einwohnern. Das eigentlich Besondere an diesem Dorf sind für mich aber seine Menschen, die schon immer als aufmüpfig galten, als Menschen, die kein Blatt vor den Mund nehmen: In ihrem »Teatro Povero«, das sie jedes Jahr im Juli/August zur Aufführung bringen, prangern sie mit Vorliebe aktuelle Missstände an, ob politische oder ethische oder eine Mischung aus beiden. So etwa, als unter ihrem wunderschönen mittelalterlichen Dorf ein Spekulationsobjekt entstehen sollte – was sie leider dennoch nicht verhindern konnten. Alles rund um das ›arme Theater‹ erfahren Sie das ganze Jahr über im kleinen Museum gleich hinter dem Dorftor.

**NOCH FRAGEN?**

Die können Sie gern per E-Mail stellen, wenn Sie die von Ihnen gesuchten Infos im Buch nicht finden:

**nenzel@dumontreise.de**

**info@dumontreise.de**

Auch über eine Lesermail von Ihnen nach der Reise mit Hinweisen, was Ihnen gefallen hat oder welche Korrekturen Sie anbringen möchten, würden wir uns freuen.

Monteriggio – ein zauberhaftes mittelalterliches Dörfchen, S. 123

Panoramablick von der Rocca Federiciana in San Miniato al Tedesco, S. 143

# *Lieblingsorte!*

Ein Paradies zum Entspannen: die Insel Gíglio, S. 206

Dampfendes Vergnügen: Thermalbecken bei San Casciano dei Bagni, S. 229

Wie ein Horst über der Garfagnana:
Barga, S. 156

Zwischen Meer und Macchia:
Suvereto, S. 189

Die Reiseführer von DuMont werden von Autoren geschrieben, die ihr Buch ständig aktualisieren und daher immer wieder dieselben Orte besuchen. Irgendwann entdeckt dabei jede Autorin und jeder Autor ihre/seine ganz persönlichen Lieblingsorte. Dörfer, die abseits des touristischen Mainstreams liegen, eine ganz besondere Strandbucht, Plätze, die zum Entspannen einladen, ein Stückchen ursprünglicher Natur – eben Wohlfühlorte, an die man immer wieder zurückkehren möchte.

Kunst- und Gaumengenuss: Abbazia
Monte Oliveto Maggiore, S. 248

Ein Muss für Romantiker:
Bagno Vignoni, S. 263

# Schnellüberblick

**Carrara und die Versilia**
Von der Stadt, die den Namen des berühmten Marmors trägt, schlängeln sich schmale Straßen hinauf in die Berge mit ihren Steinbrüchen und charakteristischen Dörfern. Nach dem Besuch der faszinierenden Bergwelt lockt die kilometerlange Küste mit ihren feinsandigen Stränden. S. 158

**Prato, Pistóia und Lucca**
Traditionell kaufmännisch nüchtern ist Prato, wo man wunderbar Mode einkaufen kann, geradezu feinsinnig und mit einem besonders hübschen Domplatz ausgestattet Pistóia. Die schönste Stadtmauer der Toscana und eine angenehme Atmosphäre zeichnen Lucca aus, das Tor zur grünen Garfagnana. S. 130

**Pisa, Livorno und der toscanische Archipel**
Traditionell pflegen sie eine heftige Feindschaft: Pisa, die Stadt des schiefen Turms und Livorno, die Stadt der Macchiaioli, der toscanischen Impressionisten. Wer alle Inseln der Toscana aufsuchen will, hat allerhand zu tun, weil sie weit auseinander liegen. Am schnellsten zu erreichen und in der Beliebtheitsskala ganz oben stehen Elba und Gíglio. S. 174

**Grosseto und der Süden**
Die wohnliche Provinzhauptstadt ist ein guter Ausgangspunkt für Ausflüge in die weitläufige Maremma. Die Küste im Süden der Toscana ist mit ihren Sandstränden und den dichten Pinienwäldern dahinter ein Paradies für Badelustige. Im Osten locken die waldreichen Hänge des Monte Amiata, die Etruskerstädte und zur Erholung das Bad in einer der herrlichen Thermen. S. 208

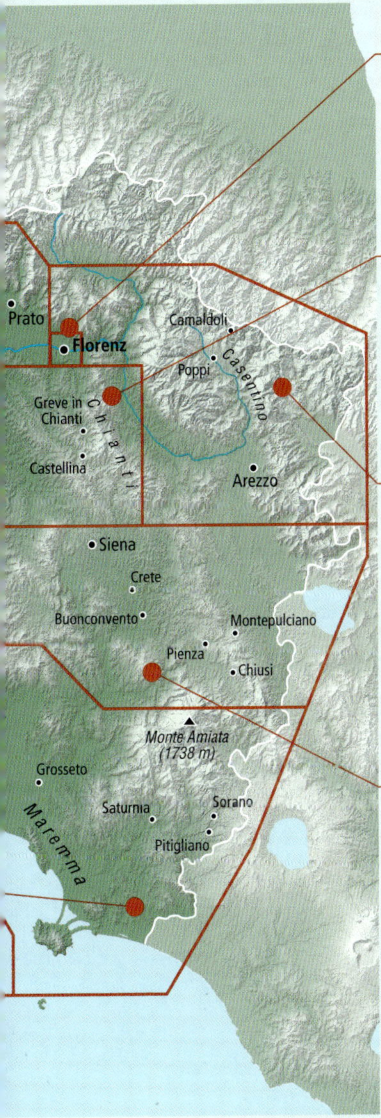


**Florenz und Umgebung**
Die Hauptstadt der Region müsste manchmal wegen Überfüllung geschlossen werden, und dennoch sollte man sie gesehen haben – nicht zuletzt wegen ihrer vielen einzigartigen Kunstschätze und ihrer städtebaulichen Eleganz. S. 80

**Das Chianti**
Der Höhenzug zwischen Florenz und Siena ist das Sinnbild einer Weinlandschaft, gespickt mit Burgen und traumhaft gelegenen, befestigten Dörfern – und natürlich mit vielerlei Möglichkeiten, den Chianti-Wein vor Ort zu kosten und zu kaufen. S. 108

**Arezzo und das Casentino**
Die Antiquitätengeschäfte und -märkte von Arezzo sind für viele schon Grund genug, die Stadt zu besuchen. Kunstfreunde verbinden mit der Stadt vor allem die großartigen Fresken von Piero della Francesca in der Kirche San Francesco. Im Hintergrund lockt das wunderbar wilde Casentino mit seinen dichten Kastanienwäldern und trutzigen Ortschaften, die aus Burgen erwachsen sind. S. 268

**Siena und der Südosten**
Mit ihren gotischen Palästen und einem prachtvollen Platz, der fächerförmigen Piazza del Campo, gilt Siena als eine der schönsten Städte Italiens. Weiter südlich locken hübsche kleine Orte wie Pienza oder das Weinstädtchen Montepulciano. S. 230

# Reiseinfos, Adressen, Websites

Calcio Storico, das aufregendste Ereignis im Florentiner Festkalender

# Informationsquellen

## Infos im Internet

**www.toscanapromozione.it**
Offizielles Werbe- und Marketingportal der Region, mit zahlreichen guten Links (s. u.). Italienisch und Englisch.

**www.agriturismointoscana.com**
Ähnlich gut gemachte Seiten für die Unterkunft auf dem Land, in B&B, aber auch in Villen und Hotels. Italienisch und Englisch.

**www.bedandbreakfast.it**
Hervorragende Seiten mit Buchungsmöglichkeit von B&B und Zimmern ohne Frühstück, mit Link zur Toscana. Inzwischen auch auf Deutsch.

**www.regione.toscana.it**
Websites der Region mit Links auch zu touristisch relevanten Themen.

**www.turismo.intoscana.it**
Sehr gute Seiten nach Urlaubsaktivitäten sortiert, mit Unterkünften und vielen nützlichen Links. Kultur, Natur, Meer, Gebirge, Golf und Thermaltourismus. Auch in deutscher Sprache.

**www.intoscana.it**
Offizielle Tourismus-Website der Toscana, aus vielen anderen der Region zusammengesetzt. Leider sind die Seiten für Frauenreisen entfallen, viele der guten Tipps aber noch erhalten, sollen wieder ausgebaut werden. U. a. Beschreibung von Trekkingtouren, die man auf eigene Faust durchführen kann, aber besser begleitet tun sollte. Auf Italienisch.

**www.turismoinmaremma.it**
Fundierte Website für alle, die in der Maremma im Süden der Toscana ihren Urlaub verbringen möchten. Auch auf Deutsch.

**www.scuola-toscana.ch**
Sehr gute Informationen von einer der ältesten Sprachschulen Italiens, mitten in Florenz. Deutsche Seiten.

**www.linguatoscana.de**
Informative Seiten einer in Italien ansässigen, aber auch in Deutschland arbeitenden italienischen Sprachschule mit individuellen Angeboten, auch für Einzelunterricht und themenbezogene Sprachkurse. Deutsche Seiten.

**www.maggiofiorentino.com**
Website des Maggio Musicale Fiorentino bzw. des Maggio d'Estate, des berühmten Musikfestivals im Mai/Juni/Juli in Florenz. Auf Italienisch.

**www.bandierablu.org**
Website der Blauen Flagge für saubere Strände und die besten Jachthäfen in Italien. Auf Italienisch.

## Fremdenverkehrsämter

**Italienische Zentrale für Tourismus (ENIT)**
Bestellung oder Herunterladen von deutschsprachigem Prospektmaterial sowie Antragsformulare unter www.enit.it/de (fast alles wird online erledigt).

**... in Deutschland**
Direktion für die deutschsprachigen Länder sowie Benelux und Osteuropa
Barckhausstraße 10
60325 Frankfurt am Main
Tel. 069 23 74 34
Fax 069 23 28 94
frankfurt@enit.it

### ... in Österreich

Mariahilfer Str. 16, 1060 Wien
Tel. 015 05 16 39, Fax 015 05 02 48
vienna@enit.it

### ... in der Schweiz

Da ENIT das Schweizer Büro geschlossen hat, können Anfragen an das Frankfurter Büro gestellt oder die Infos aus dem Internet geladen werden.

## Fremdenverkehrsbüros in der Toscana

Da die Region Toscana immer mehr auf das Internet setzt, werden immer mehr Informationsstellen des APT geschlossen, die lokalen Tourismusbüros (s. Reiseteil) gewinnen so für den Reisenden an Bedeutung.

**... für die einzelnen Tourismusgebiete**
Provinzkürzel für die Zuordnung der Informationsstellen: AR = Arezzo, FI = Florenz, GR = Grosseto, LI = Livorno, LU = Lucca, MS = Massa-Carrara, PI = Pisa, PO = Prato, PT = Pistóia, SI = Siena.

Die Informationsstellen sind generell auch mit fremdsprachigem Personal gut ausgestattet, geben gute Ausflugtipps und überlassen ausführliches Informationsmaterial und Stadtpläne.

**Ufficio Turismo Versilia:** Viale Carducci 10, 55049 Viaréggio (LU), Tel. 05 84 96 22 33, www.luccatourist.it

**APT Toscanischer Archipel:** Viale Carducci 150, 57037 Portoferráio (LI), Tel. 05 65 91 46 71, www.aptelba.it

**Ufficio Informazioni Turistiche Montecatini Terme, Val di Nievole:** Viale Verdi 66, 51016 Montecatini Terme (PT), Tel./Fax 05 72 77 22 44, www.montecatini.turismo.toscana.it

**Ufficio Turismo Chianciano Terme, Val di Chiana:** Piazza Italia 67, 53042 Chianciano Terme (SI), Tel. 05 78 67 11 22, Fax 057 86 32 77, www.chiancianoterme.info

**Ufficio Turismo Firenze:** Via Manzoni 16, 50121 Firenze, Tel. 05 52 33 20, mit fünf Info-Points, www.firenzeturismo.it

**Turismo Grosseto:** Viale Monterosa 206, 58100 Grosseto, Tel. 05 64 46 26 11, www.turismoinmaremma.it bzw. www.lamaremma.it

**Ufficio Informazioni Livorno:** ganzjährig Via Pieroni 18/20, 57126 Livorno, Tel. 05 86 89 42 36, www.costadegliet ruschi.it

**Turismo Massa-Carrara:** Lungolago Vespucci 24, 54100 Marina di Massa (MS), Tel. 05 85 24 00 63, www.apt massacarrara.it

**Pisa UnicaTerra:** Piazza Vittorio Emanuele II 16, 56124 Pisa, Tel. 05 04 22 91, www.pisaunicaterra.it, Infobüro am Bahnhof und auf dem Platz der Wunder

**Informazioni Turistiche Siena:** Im Komplex von Santa Maria della Scala, Palazzo Squarcialupi Piazza Duomo 1, 53100 Siena, Tel. 05 77 28 05 51, www.terresiena.it

**Ufficio Turismo Arezzo:** Piazza della Libertà 1, 52100 Arezzo, Tel. 057 54 50 19 45, www.benvenutiadarezzo.it, auch Info-Büro am Bahnhof

**I.A.T. Pistoia:** Piazza Duomo 4, 51100 Pistoia, Tel. 057 32 16 22, www.pistoia.turismo.toscana.it

**Servizio Turismo e Promozione del Territorio:** Info-Büro Piazzale Verdi, vecchia Porta San Donato, Tel. 05 83 41 71 bzw. 05 83 58 31 50, www.luc caturismo.it

**Ufficio Informazioni Turistiche Prato:** Piazza Buonamici 7, 59100 Prato, Tel./Fax 057 42 41 12, www.pra to-turismo.it

**Turismo Amiata:** Via Adua 21, 53021 Abbadia San Salvatore (SI), Tel. 05 77 77 58 11, www.terresiena.it/amiata

Kleinere Tourismusorte haben eigene Informationsbüros, **Pro Loco** oder

**Informazioni**, die nur stundenweise geöffnet sind; Adressen im Routenteil.
**Toscana Promozione:** 50134 Firenze, Via Vittorio Emanuele II, 62–64, Tel. 055 46 28 01, www.toscanapromozione.it. Kein Publikumsverkehr, weil eigentlich für Reiseveranstalter und Presse zuständig, aber gute Infos über das Internet.

## Lesetipps

**Aigner, Gottfried:** Familienreiseführer Toskana. Hamburg 2015. Flott verfasster Reiseführer mit tollen Tipps für den Toscana-Urlaub mit Kindern.
**Castagno, Dario u. a.:** Ein Tag in der Toskana. Vom Abenteuer, ein Italiener zu sein. München 2008. Geschichten und Anekdoten über Alltag und Begegnungen in der Toscana; schöne Landschaftsbeschreibungen.
**Castagno, Dario u. a.:** Toskana Forever. Ein Reiseleiter erzählt. München 2005. Unterhaltsame Erlebnisse des Reiseleiters Castagno.
**Gernhardt, Robert:** Die Toskana-Therapie. Schauspiel in 13 Bildern, 1993, Hörbuch 2005. Ironische Abrechnung mit der Toscana-Fraktion.
**Ders.:** Toscana Mia, Frankfurt/Main 2011. Eine erfrischende Liebeserklärung an die Toscana, posthum aus den Tagebuchnotizen des 2006 verstorbenen Autors und Zeichners zusammengestellt. Mit seinen eigenen Skizzen und z. T. süffisanten Bemerkungen versehen.
**Hennig, Christoph:** Wandern in der Toscana. Ostfildern 2014. 35 Wanderungen durch die Region.
**Malvaldi, Marco:** Die Einsamkeit des Barista. 2010, deutsche Ausgabe München, Zürich 2013. Ein Toscana-Krimi, dessen Fall weitgehend an der Bar eines kleinen Städtchens gelöst wird. Vom selben, in Pisa geborenen und lebenden Autor sind auf Deutsch ebenfalls erschienen »Im Schatten der Pineta«, »Die Schnelligkeit der Schnecke«, »Toscanische Verhältnisse« und »Das Nest der Nachtigall«. Allesamt anregende Ansichten und Einsichten in das Leben in der Region.
**Nenzel, Nana Claudia:** Reise-Handbuch Toscana. Ostfildern 2016. Umfangreicher als der vorliegende Band und mit speziellen Aktiv-Tipps für unterwegs. Für alle, die die Toscana noch intensiver kennenlernen wollen.
**Neubaur, Jürgen und Angelika:** Das Gift der Toskana. Ein Kriminalroman aus der Renaissance. Frankfurt/Main 2008. Die beiden Autoren, aus dem Beruf ausgestiegene Mediziner, wissen dennoch, wovon sie reden, wenn sie einen Krimi um tödliche Pflanzenextrakte verfassen.
**Osterie d'Italia. Italiens schönste Gasthäuser.** Dt. Ausgabe, München, jährlich aktuell. Über 1000 Adressen in ganz Italien, eine hervorragende Auswahl in der Toscana.
**Pfister, Paul O.:** Furbi. Menschen in der Toscana. München 2002. Eine köstlich geschriebene ›Gebrauchsanweisung‹ für das Leben in der Toscana, in 32 Geschichten nachzuvollziehen. Man erkennt den Insider, der hier zwei Jahrzehnte verbracht hat.
**Thiele, Andrea:** Ein Jahr in der Toskana. Reise in den Alltag. Freiburg 2008. Bei einem Besuch in der Toskana lernt die Journalistin die Kunst des *arrangiarsi*, des sich Arrangierens, ohne die in Italien und somit auch in der Toscana nichts geht ... Ein höchst amüsantes Buch, auch über das Vespa fahren – natürlich ohne Helm u. v. m.
**Vini d'Italia.** Deutsche Ausgabe, München, jährlich aktuell. Keine Toscana-Reise ohne einen Weinführer, wenn man zu den Genießern zählt! Klar, dass die toscanischen Winzer einen hervorragenden Anteil an der Auswahl der Besten haben.

# Wetter und Reisezeit

## Klima

Generell herrscht in der Toscana ein subtropisches Klima: Im Sommer ist es warm und trocken, in den Flussebenen und insbesondere in den Städten dieser flachen Gebiete heiß und schwül. Klimatisch angenehm sind dagegen auch im Hochsommer die höher gelegenen Städte wie Siena, Montepulciano, Volterra, San Gimignano sowie die küstennahen und auch weiter im Land liegenden Ortschaften, die der Meerwind direkt erreicht, wie Vetulonia oder Vinci, Certaldo oder San Miniato.

Die Wintermonate sind meist mediterran-mild, nur auf den höchsten Gipfeln kommt es zu Schneefall. Die höchste Niederschlagsmenge fällt zwischen Oktober und März.

Die Tagestemperaturen liegen in Florenz zwischen 8 °C (Januar) und 31 °C (Juli).

## Die beste Reisezeit

Für Strandurlauber sind die Sommermonate ab Juni bis September die schönste Reisezeit; für Reisende, die die Natur genießen wollen, das Frühjahr (März bis Mai/Juni) und der Herbst (September bis Mitte November, also Weinlese bis Olivenernte!), ebenso für Kulturreisende. Das gilt vor allem in Florenz und den anderen Städten am Arno, wo die Sommermonate unerträglich heiß und schwül sein können.

## Kleidung und Ausrüstung

Meist genügt es, so man keine Ambitionen Richtung Luxushotel und von Michelin besternte Restaurants hegt, legere Sachen mitzunehmen. Ein warmer Pullover und eine Jacke für den Abend sollten jedoch auch im Sommer eingepackt werden, denn das Wetter kann durchaus umschlagen, vor allem im Chianti und in den noch höher gelegenen Gebieten. Unbedingt zu empfehlen ist im Sommer für den Tag luftige Kleidung aus Naturfasern.

Für den Strandurlaub sollte man leichte, luftdurchlässige Kleidung und Kopfschutz einpacken; aber auch hier sucht man ein Restaurant nicht in Badesachen auf.

Für den Besuch von Kirchen sollte man an dezente Kleidung denken und auf keinen Fall es so manchen Touristen gleichtun, die unbedingt in kurzen Hosen und ärmellosen Blusen oder weit ausgeschnittenen Kleidern die Gotteshäuser aufsuchen möchten. Auch wenn man selber nicht religiös ist, so sollte man doch die Gefühle anderer respektieren und sich entsprechend kleiden und benehmen.

**Klimatabelle Toscana (Florenz)**

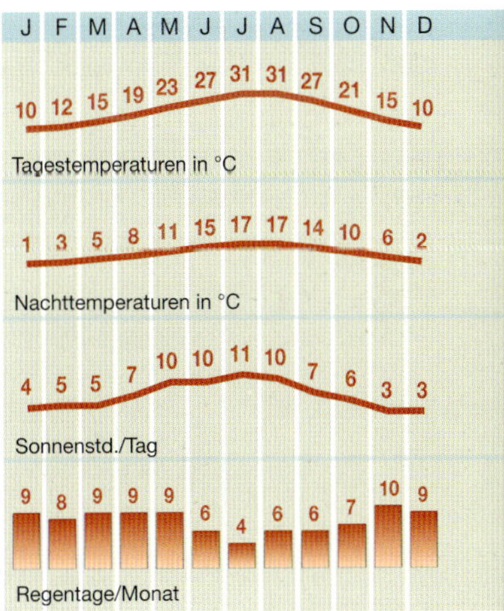

# Anreise und Verkehrsmittel

## Einreisebestimmungen

EU-Mitglieder und Reisende aus der Schweiz haben als Touristen keine besonderen Einreisebestimmungen zu beachten. Seit Sommer 2012 benötigt allerdings jedes deutsche Kind, das ins Ausland reist, unabhängig vom Alter ebenfalls ein eigenes Reisedokument.

Für das eigene Fahrzeug ist es sinnvoll, den sogenannten grünen Versicherungsschein dabeizuhaben, Pflicht ist es aber nicht mehr.

## Anreise

### ... mit dem Flugzeug

Pisa und Florenz sind die international angeflogenen Flughäfen der Toscana, u. a. regelmäßig von Air Dolomiti (in Zusammenarbeit mit der Deutschen Lufthansa) und Alitalia, mehrmals täglich. Immer häufiger wird auch die Toscana von Billiganbietern angeflogen. Auskunft unter www.pisa-airport.com sowie www.aeroporto.firenze.it.

### ... mit der Bahn

Täglich werden gute Bahnverbindungen nach Florenz und zu anderen toscanischen Städten angeboten, z. B. München–Florenz direkt tagsüber und nachts mit Schlaf- und Liegewagen; mit Kurswagen ab Köln im Schlafwagen.

Weitere Verbindungen: Vom Westen bzw. aus der Schweiz über Chiasso, Mailand, Genua, La Spezia und an die toscanische Küste Richtung Rom/Latium mit Halt in größeren Städten wie Viaréggio, Pisa, Livorno und Grosseto.

### ... mit dem Bus

Immer mehr Busunternehmer bieten Toscana-Reisen an. Als Rundreisen, aber auch Fahrt ohne Aufenthalt (fast wie Liniendienste). Oder man bucht die Busanreise nur mit dem Hotelzimmer.

### ... mit dem Auto

Autobahnen aus Deutschland und Österreich via Innsbruck und Brenner, nach Verona und Bologna bis Florenz (A1 mit Fortsetzung nach Arezzo etc. Richtung Rom) oder in Verona abzweigend nach Brescia, Parma und über die A15 nach La Spezia und an die Küste. Die Autobahnen sind gebührenpflichtig, dafür meist sehr gut befahrbar.

Auf Österreichs Autobahnen und Schnellstraßen (überall dort, wo die Autobahnvignette benötigt wird) ist die Bildung von Rettungsgassen Pflicht bei stockendem Verkehr oder Stau, auch dann, wenn sich noch kein Einsatzfahrzeug nähert. Bei Behinderung von Einsatzfahrzeugen sind Geldstrafen bis zu 2180 € möglich (Infos: www.rettungsgasse.com).

Kurvenreich, aber reizvoll sind die Pässe des Tosco-Emilianischen Apennins, über die man in die Toscana gelangt, von West nach Ost: Passo della Cisa, Passo del Cerreto, Abetone, Passo di Porretta, Passo della Raticosa, Passo della Futa, Passo del Muraglione.

## Verkehrsmittel vor Ort

### Bus und Bahn

Die Toscana ist hervorragend mit Linienbussen teils privater und halb kommunaler Unternehmen erschlossen, wenn es um die größeren Städte und Ferienorte geht. Die kleineren Ortschaften werden zwar auch angefahren, doch häufig nur zwei- oder dreimal am Tag. Sogenannte

Rennstrecken sind Florenz–Lucca als Knotenpunkt – Pisa und weiter nach Süden Livorno etc., nach Norden zu den Badeorten nördlich von Viaréggio; Florenz–Arezzo und Cortona; Florenz–Siena. Die Fahrpreise sind relativ niedrig (sowohl auf der Schnellstraße als auch entlang der Via Cassia mit vielen Haltepunkten).

Per Bahn sind alle wichtigen Orte erreichbar: Florenz–Siena, Florenz–Arezzo und Florenz–Prato–Pistóia–Lucca–Pisa–Livorno–Grosseto bzw. Viaréggio–Massa-Carrara (s. www.discovertuscany.com/attachments/map-rail-lines-tuscany.pdf).

## Mietwagen

An beiden Flughäfen (Pisa und Florenz) sowie in den größeren Städten können Autos gemietet werden (während der Hochsaison unbedingt rechtzeitig reservieren!); auch die Hotels besorgen die Reservierung. Man muss den Wagen nicht am Startort zurückgeben (u. U. Zuschlag). Die internationalen Verleihfirmen sind vertreten, wie AVIS (Florenz, Livorno, Montecatini, Pisa/Flughafen, Porto Ercole, Prato, Viaréggio); EuropCar/Interrent (Florenz, Pisa, Viaréggio); Hertz (Florenz, Livorno, Piómbino, Pisa/Flughafen und Stadt, Prato) sowie die italienische Maggiore (Florenz).

## Taxi

Taxistände findet man in den größeren Städten an den Bahnhöfen und den zentralen touristischen Punkten, auf dem Land ist es hingegen ein echtes Problem, ein Taxi zu bekommen. Die Preise liegen etwas niedriger als nördlich der Alpen (Taxameter).

## Überfahrt auf die toscanischen Inseln

Für die Überfahrt nach und von **Elba** während der Hochsaison Ostern und Pfingsten sowie Juli/August unbedingt rechtzeitig Fährkarten buchen (auch im Ausland im Reisebüro möglich).

Die kürzesten Schiffsverbindungen: Piómbino–Portoferráio oder aber Livorno-Portoferráio Moby Lines, Blu Navy und Elba Ferries oder Toremar, und zwar je nach Saison mehrmals täglich und auch zu den anderen wichtigen Ortschaften (sowie auf die kleinen Inseln). Mit dem Tragflügelboot zwischen Portoferráio, Cavo und Piómbino verkürzt sich die Fahrzeit auf die Hälfte (30 bzw. 40 Min., doppelt so teuer). Fluganreise nach Elba ist speziell im Hochsommer sowohl von mehreren italienischen Flughäfen als auch von München, Friedrichshafen, Frankfurt/Main und Zürich möglich.

**Gíglio** kann mehrmals täglich von Porto Santo Stéfano aus mit kleinen Fähren und Schnellbooten erreicht werden. Besser ist, das Auto in einer Garage in Porto Santo Stéfano stehen zu lassen und auf Gíglio den öffentlichen Bus oder ein Taxi zu nehmen oder sich vom Hotel abholen zu lassen.

**Monte Argentário** mit dem Hauptort Porto Santo Stéfano ist zwar eine Insel, aber durch drei Dämme (nur zwei davon öffentlich befahrbar) mit dem Festland verbunden.

Die halbstaatliche Toremarj fährt die kleineren toscanischen Inseln an: Porto Azzurro/Elba–Pianosa, Piómbino–Rio Marina–Porto Azzurro–Pianosa; von Livorno aus sind Gorgona und Capráia erreichbar. Das Naturreservat Montecristo wird von Elba nur per Ausflugsboot angefahren. Die Fährpreise sind relativ niedrig, meist gibt es für Kinder zwischen 4 und 12 Jahren 50 % Ermäßigung, Kinder bis 4 Jahre reisen kostenlos mit.

## Autofahren/Verkehrsregeln

Italienische Autobahnen (außer den autobahnähnlichen Schnellstraßen = *superstrade*) sind gebührenpflichtig.

Lohnend ist die Viacard, von der die fällige Maut abgebucht wird (an den Grenzen und bei einigen italienischen Banken erhältlich). Man erspart sich Wartezeiten an den Kassen.

In der Toscana sind kostenlos befahrbar: die Superstrada Florenz–Siena und die Schnellstraße 3bis im Nordosten der Region sowie parallel zur Via Aurelia von Nord (ab Livorno) nach Süd Richtung Rom in Küstennähe. Außerdem steht vor der Fertigstellung die Strecke Grosseto–Siena–Sinalunga und weiter an die Adria sowie die bereits gut genutzte FI-PI-LI Florenz–Pisa mit Abzweigung nach Livorno.

Die toscanischen Landstraßen sind häufig kurvenreich, aber gut ausgebaut. Noch immer führen Staubstraßen *(strade bianche)* zu kleinen Wehrdörfern, zu abgelegenen Weingütern oder Schlössern.

Die meisten historischen Zentren der Städte und kleinerer Ortschaften sind verkehrsfrei. Hotelgäste dürfen oft nur zu bestimmten Zeiten bis zur Unterkunft vorfahren, Taxis stets, falls überhaupt möglich.

## Infos

**Höchstgeschwindigkeit:** Mo–Fr auf Landstraßen 90 km/h, auf *superstrade* 110 km/h, Autobahnen 130 km/h, an Sonn- und Feiertagen sowie zu den Hauptreisezeiten (variierende) Sonderbestimmungen: Höchstgeschwindigkeit 90 km/h (Landstraße), aber nur 110 km/h auf der Autobahn; das Vorhaben, auf 6-spurigen Autobahnen, wenn speziell ausgeschildert, 150 km/h zu erlauben, wurde bislang nicht realisiert.
**Promillegrenze:** 0,5.
**Abblendlicht:** Auf allen Straßen außerhalb der Orte muss auch tagsüber mit Abblendlicht gefahren werden!
**Parkverbot:** Schwarz-gelb markierte Bordsteine bedeuten Parkverbot! Parksünden sind teuer. Straßenreinigungstermin (auf Schild angezeigt) bedeutet: an den angegebenen Tagen die Straßenzüge autofrei halten.

## Pannenhilfe

**Automobilclub ACI:** kostenlose Hilfe auch für Mitglieder anderer Automobilclubs, italienweit Tel. 80 31 16.

**So mancher reist stilecht mit dem Oldtimer ins noble Seebad Forte dei Marmi**

# Übernachten

Generell hat die Toscana den Ruf, besonders teuer zu sein. Das stimmt und stimmt doch wieder nicht. Am teuersten ist jedenfalls die Hochsaison, ganz gleich, für welche Unterkunftsart man sich entscheidet. Daher sollte sie meiden, wer kann, also nicht auf Schulferien angewiesen ist. Je länger man eine Unterkunft mietet, das gilt im Allgemeinen auch für Hotels, desto günstiger wird der Einzeltag. Italiener buchen Ferienwohnungen und -häuser normalerweise gleich für den ganzen Sommer, bestimmt aber für einen ganzen Monat.

## Hotels und Pensionen

Jede größere toscanische Stadt besitzt eine hervorragende Infrastruktur der Unterkünfte. Doch tendieren die Preise immer mehr nach oben. In den kleineren Ortschaften ist es unter Umständen schwierig, ein freies Hotelzimmer zu finden. Wichtig ist in jedem Fall die Vorausbuchung, vor allem in der Hauptreisezeit um Ostern, im Juli und August sowie September bis Oktober.

Während Messen und Ausstellungen, etwa den Modewochen, ist in Florenz kein freies Bett zu finden, was sich auf ein Gebiet im Umkreis von 50 oder 60 km auswirken kann. Das gilt auch für die Zeit des Maggio Musicale (Mai/Juni) in Florenz und zum Palio in Siena.

Preisnachlässe sind bei Ferienhäusern im Winter selten, weil die Energiekosten für die dann notwendige Heizung sehr hoch sind. Überraschend günstig sind vielfach Hotelpreise, die über ausländische Agenturen bzw. Reiseveranstalter verlangt werden: bis zu 30 % niedriger.

**Hotelkategorien und Preise**
Von fünf Sternen für Luxus über vier Sterne (1. Kategorie), drei (2. Kategorie bzw. Mittelklasse) bis zu zwei Sternen (3. Kategorie) und einem Stern (4. Kategorie). Ein Doppelzimmer kostet für zwei Personen inklusive Steuern und Frühstück in der Luxusklasse ab ca. 400 €, ca. 250 € in der 1. Kategorie, ca. 150 € in der Mittelklasse, ca. 80 € in der 3. Kategorie und ca. 40–50 € in der immer selteneren 4. Kategorie.

Preise gelten in vielen Ferienorten für einen Mindestaufenthalt von drei Tagen, sonst wird oft Zuschlag verlangt. Eine zusätzliche Ortstaxe muss hinzu gerechnet werden (pro Person/ Tag 1–5 €, je nach Saison und Hotelkategorie).

Das Frühstück ist in den Hotels, soweit nicht im Zimmerpreis enthalten, teuer, in den höheren Kategorien ab 20 € pro Person und mehr! Toscana-Kenner wie Italiener frühstücken bzw. trinken lieber einen *caffè* oder *cappuccino* in der nächsten Bar.

## Ferienhäuser und Ferienwohnungen

Sie können in der Hauptreisezeit bis zum Vierfachen des Nebensaisonpreises kosten. Die Mietpreise orientieren sich letztlich am Geschmack, die Preisskala ist nach oben nahezu offen: im Durchschnitt je Woche ab 400–2000 €.

**Agenturen**
**Cuendet:** I-30172 Venezia, Mestre, Viale Ancona 15, Tel. 04 12 51 61 00 oder 05 77 57 63 51, www.cuendet.com, in Deutschland von mehreren Agenturen bzw. Reisebüros vertreten.

**Interhome:** Sägereistr. 27, CH-8152 Glattbrugg, Tel. (24 Stunden-Service) 08 40 84 88 88, www.interhome.ch.

**Toscana Forum:** Sondermeierstr. 110, 80939 München, Tel. 089 12 39 29 98, www.toscana-forum.com. Wirklich handverlesene Auswahl an Unterkünften (B&B, Ferienhäuser, Agriturismi und kleine Hotels) in der Toscana, die Charakter und Charme haben.

**Siglinde Fischer:** Ahornweg 10, 88454 Hochdorf, Tel. 07 35 59 33 60, www.siglinde-fischer.de. Ein immer stärker wachsender Anbieter von Toscana-Ferien, speziell Ferienhäuser und -wohnungen, aber auch handverlesene Hotels werden vermittelt; Sitz auch im toscanischen Montaione.

Natürlich lassen sich auch Großveranstalter wie etwa **TUI** das Toscana-Geschäft nicht entgehen, www.tui.com.

## Jugendherbergen

Mehr als 20 *ostelli*, Jugendherbergen, gibt es in der Region, u. a. in Abetone, Arezzo, Castelfiorentino, Cavriglia, Cortona, auf Elba, drei in Florenz, Greve in Chianti, Livorno, Lucca, zwei in Marina di Massa, Montaione, San Gimignano, San Giugliano, Siena, Tavernelle Val di Pesa und Volterra. Informationen unter www.ostellidellagioventu.org (auch andere preiswerte Unterkünfte) sowie www.aighostels.it.

## Agriturismo

Hierunter findet man privat vermietete, ländliche Ferienwohnungen und -häuser, einsam stehend oder auf einem Landgut, das in Betrieb ist und dessen Erzeugnisse man für den täglichen Bedarf kaufen kann. Aber auch Burgen und Schlösser bieten sich gerne unter dem verlockenden Namen Agriturismo an, haben sie doch meist auch Verkauf und Verkostung von Wein und Olivenöl im Programm. Vielfach bezeichnet der Begriff jedoch auch Landgüter, die lediglich Produzenten mit Direktverkauf sind, aber über keine Ferienquartiere verfügen.

**Terranostra Toscana:** Via della Villa Demidoff 64/D, 50127 Firenze, Tel. 05 53 24 56 55, Fax 05 53 24 66 12, www.terranostra.it.

**Agriturist:** Associazione Regionale Toscana, Piazza San Firenze 3, 50121 Firenze, Tel. 055 28 78 38, Fax 055 230 22 85, www.agriturist.it mit Link in die Toscana.

**Turismo Verde:** Via Verdi 5, 50122 Firenze, Tel. 05 52 00 22, Fax 05 52 34 50 39, www.turismoverde.it. Vermieterorganisation der CIA (Confederazione Italiana Agricoltori), Via Iacopo Nardi 41, 50132 Firenze, Tel. 05 52 33 89 11, Fax 05 52 33 89 88, www.cia.it.

Weitere Tipps im Internet unter www.turismointoscana.it.

## Campingplätze

Campingplätze, ital. *campeggi*, darunter die schönsten Anlagen in typisch toscanischer Landschaft, gibt es tatsächlich zahlreiche. Der ADAC-Campingführer Südeuropa (auch als CD erhältlich) nimmt sie alljährlich unter die Lupe.

Einen hohen Standard unter italienischer Kontrolle garantieren die Campingplätze und Feriendörfer der **FAITA** (Federazione Associazione Italiane per il Turismo all'Area Aperta). Der Prospekt ist kostenlos bei den ENIT-Stellen erhältlich oder direkt bei FAITA Toscana, Via Santa Caterina d´Alessandria 4, 50122 Firenze, Tel. 05 54 27 41, www.faita.it; eine Auflistung der Mitglieds-Campingplätze findet sich unter www.campeggi.com für ganz Italien, Link zur Toscana, nach Feriengebieten.

# Essen und Trinken

Generell gilt: Die Preise in den toscanischen Restaurants sind im Vergleich zur Preissituation in deutschen Gaststätten höher. Doch kann man auch sehr preisgünstige Menüs finden, vor allem in kleinen Städten und in Nebengassen – selbst in Florenz. Die Qualität ist immer gut bis sehr gut. Schicke Moderestaurants sollte meiden, wer sein Reisebudget schonen will.

Ein normales Restaurantessen mit Vorspeise (*antipasto*) oder erstem Gang (*primo piatto*), z. B. ein Pasta-Gericht oder Gemüsesuppe, Hauptgang *(secondo piatto)*, Fleisch oder Fisch *(carne, pesce)* mit Beilage *(contorno)*, und eventuell Nachtisch *(dolce)*, Käse *(formaggio)*, Obst *(frutta)* oder Eis *(gelato)* kostet pro Person ca. 25–40 €. Für eine Pizza muss man 6–12 € zahlen. 1 l offener, guter Chianti kostet im Restaurant ab 12 €, ebenso eine Flasche einfacher Tischwein (0,75 l); nach oben sind weder in der Qualität noch im Preis Grenzen gesetzt.

In diesem Reiseführer bedeutet der Menüpreis, wenn nicht ausdrücklich Vollmenü inklusive Getränke angegeben ist, der Preis für eine Vorspeise oder Pasta, für den Hauptgang mit Beilage, Gedeck inbegriffen.

## Die toscanische Küche

Sie ist eine bäuerliche Küche und baut auf der Frische und Qualität ihrer landwirtschaftlichen Produkte auf: Olivenöl, Fleisch, Fisch, Meeresfrüchte, Gemüse, Obst, Käse und Wein. So wird beispielsweise viel und gern Gemüse gegessen, ob roh, zart gedünstet oder gegrillt, immer mit einem Hauch Olivenöl beträufelt: als Vorspeise oder Beilage, z. B. gebackene Auberginen *(melanzane)*, Artischocken *(carciofi)*, Fenchel *(finocchio)*, grüner Spargel *(asparagi verdi)*.

Wenn auch heutzutage allerorten Pasta, also Teigwaren, und auch Reisgerichte als *primo piatto* auf dem Speiseplan stehen, so bevorzugen die Toscaner selbst in fast allen Provinzen Gemüse- oder Getreidesuppen (Dinkel!).

Als *secondi*, die zweiten, d. h. die eigentlichen Hauptgänge, werden Fisch, Geflügel oder Fleisch serviert. Hervorragend und teuer, aber ein Muss ist in der Toscana die *bistecca fiorentina*, ein T-Bonesteak am Knochen mitsamt dem Filetstück, auf Holzkohle gegrillt, dazu kleine weiße Bohnen mit einem Hauch Olivenöl, Salz und Pfeffer. Mindestgewicht pro Person 600 g, man bestellt am besten ein größeres Stück zu zweit, so kann es saftiger gegrillt werden. Das Fleisch darf nur von einem Chianina-Rind stammen. Nur ganz kurz gegrillt und dann in Scheiben geschnitten, wird das Rindssteak als *tagliata* serviert. Mit Rosmarin und frisch geschrotetem Pfeffer gewürzt und gutem Olivenöl beträufelt. Oder man bestellt *trippa fiorentina*, in Wein gekochte Kutteln, für die es sogar spezielle Garküchen (z. B. die *trippaioli* in Florenz) gibt.

Geflügel wird, vor allem Perlhuhn *(faraona)*, gerne gegessen, zartes Lammfleisch *(agnello)* oder Zicklein *(capretto)* ebenso wie Kaninchen *(coniglio)* und im Herbst generell Wild *(selvaggina)*.

Auch Pilze gehören auf den toscanischen Speisezettel: Die Region ist sehr reich an Steinpilzen *(funghi porcini)*, sehr beliebt, jedoch so teuer wie ein gutes Stück Fleisch. Noch teurer, weil begehrter: die Trüffel *(tarfufo)*, speziell aus der Gegend um San Miniato.

**Genussreiche Erntezeit**
Die Weinlese findet in der Toscana im Allgemeinen im September statt, dehnt sich selten in den Oktober hinein. Dafür gibt es noch die Olivenernte, meist im November, zeitgleich die Olivenölpressung, die ganze Landstriche mit köstlichem Duft frischen Olivenöls füllt. Der Herbst gehört in den Bergen der Garfagnana und des Casentino den Kastanien und dem Wild, Steinpilzzeit ist aber schon ab dem Frühsommer bis in den Spätherbst hinein. Trüffelfans finden Gerichte mit den kostbaren Knollen ab November den ganzen Winter hindurch, Höhepunkt: die Trüffelmesse von San Miniato al Tedesco.

An der Küste werden Fisch und Meeresfrüchte bevorzugt, in den Bergen der Garfagnana und des Casentino z.B. Forellen aus den Wildbächen, an den Flussmündungen Jungaale *(anguille)*.

Zum Nachtisch gibt es Gebäck mit Mandeln und/oder Orangeat und Zitronat, ob die mandelduftenden *ricciarelli* oder den *panforte* aus Siena, die *biscotti* oder *cantucci di Prato,* Trockengebäck mit ganzen Mandeln – unerlässlich zum Eintunken in den trockenen toscanischen Dessertwein Vinsanto.

## Wurst, Käse, Brot und Olivenöl

Typisch toscanisch ist die mit Fenchel gewürzte, grobe Wurst *(finocchiona)*, aber auch der würzige Schinken *(prosciutto aromático)* aus Siena. *Porchetta,* ein mit Kräutern, Knoblauch und Gewürzen gefülltes, knusprig gebratenes Jungschwein, wird auf den Samstagsmärkten und auf volkstümlichen Festen in Scheiben verkauft.

Schafskäse aus Pienza und Umgebung genießt einen sehr guten Ruf, ähnlich der Pecorino aus der küstennahen Maremma. Grundsätzlich gilt: Je länger der Pecorino gelagert wurde, desto würziger schmeckt er und desto mehr muss man auch für ihn zahlen.

Das toscanische Brot, ein kräftig gebackenes Weißbrot, ist traditionell ungesalzen und eignet sich hervorragend zum Rösten und Würzen nach Belieben, etwa als *bruschetta*: geröstet, mit Knoblauch abgerieben und Olivenöl beträufelt. Beliebt sind die *crostini,* kleine Brotscheiben z. B. mit Leberaufstrich.

Das Olivenöl sollte naturtrüb sein und grünlich schimmern, wenn es *extra vergine,* also jungfräulich, kalt gepresst und ungefiltert von der ersten Pressung stammt.

## Toscanische Weine

Das Chianti-Gebiet, grob platziert zwischen Florenz im Norden und Siena im Süden, umfasst mehrere Weinanbaugebiete, von denen der meist schwere, dunkelrote **Chianti Classico** aus dem ursprünglichen Kerngebiet mit den historisch dazugehörenden Ortschaften Greve in Chianti (FI), Radda in Chianti (SI), Castellina in Chianti (SI) sowie Gaiole in Chianti (SI) am bekanntesten ist; hinzugekommen sind die benachbarten Tavarnelle in Val di Pesa (FI), San Casciano in Val di Pesa (FI), Barberino Val d'Elsa (FI), Poggibonsi (SI) und Castelnuovo Berardenga (SI). Meist trägt er als Emblem den schwarzen Hahn des *Consorzio del Marchio Storico*, dem viele Erzeuger angeschlossen sind. Ihm folgen die vielfach leichteren Weine des **Chianti Putto** aus dem Florentinischen nördlich des Kerngebietes. Von besonderer Qualität sind die Weine aus dem Rúfina-Anbaugebiet östlich von Florenz (s. auch S. 58).

Schwer ist der **Vino Nobile di Montepulciano,** tiefrot und preislich oft unerschwinglich der **Brunello di Montalcino.** Auch der rote **Morellino di Scansano,** wie der Brunello aus Sangiovese-Trauben gekeltert, hat in der Maremma erstaunliche Qualität, was auch für manch andere kleine Lagen Richtung Maremma-Küste gilt.

Unter den Weißen begegnet man am häufigsten dem **Vernaccia di San Gimignano**, doch meist von besserer Qualität dürften der außerhalb der Toscana kaum bekannte **Montecarlo** sein, der südlich von Montecatini Terme gedeiht, sowie der **Bianco di Pitigliano**. Ein richtiger Modewein ist der leichte **Galestro** aus dem Chianti.

**Eine Klasse für sich: die alten edlen Weine des Chianti**

# Aktivurlaub, Sport und Wellness

## Baden und Tauchen

Das Typische an den langen, feinsandigen und tiefen Stränden der nördlichen Toscana sind die langen Reihen der *bagni*, der Strandbäder mit ihren bunten Kabinen und Restaurants. Man kann hier einen ganzen Tag problemlos verbringen, ohne zu verhungern und zu verdursten – und ohne sich zu langweilen. Denn am Strand gibt es alle Wassersportmöglichkeiten, man kann auf jeden Fall Paddelboote mieten. An den Sporthäfen stehen Surfbretter und Segelboote zur Verfügung, so man nicht mit den eigenen anreist.

Die schönsten und folgerichtig berühmtesten Strände sind diejenigen der Versilia (Forte dei Marmi und Viaréggio), gefolgt von Tirrénia weiter südlich bzw. jenseits der Arno-Mündung. Danach gibt es erst einmal kleinere Buchten mit *bagni,* besonders hübsch in Castiglioncello; von einer herrlichen Lagunenlandschaft geprägt wird Castiglione della Pescáia. Dazwischen der wundervoll dichte Pinienwald vor Punta Ala mit seinem edlen Yachthafen und der Luxushotellerie. Dann folgen wieder dichte Pinienwälder, vor denen sich schmale, aber lange Sandstrände erstrecken, bis hinunter an die Regionalgrenze mit Latium, z. B. Marina di Grosseto, die Strände des Maremma-Naturparks sowie der Lagune von Orbetello.

Im Norden muss man für einen schönen Strandurlaub häufig tiefer in die Urlaubskasse greifen, im Süden findet man in jeder Kategorie Strände und Hotellerie. Nicht zu vergessen sind die toscanischen Inseln, ein Paradies für Wasserratten und Taucher. Ein ähnlich schönes Tauchrevier finden die Erforscher der Meerestiefen im Golfo di Barátti zu Füßen von Populónia. Nähere Angaben bei den Ortsbeschreibungen.

## Golfen

Rund 20 Golfplätze sind über die Toscana verstreut, sie zählen fast alle zu den schönsten im ganzen Land wie etwa der älteste Platz der Toscana (Ugolino) südlich von Florenz mit seinen wunderbar hohen Schirmpinien. Weitere Informationen bei den Ortsbeschreibungen (siehe ab S. 79) sowie bei Spezialanbietern von Golfreisen (so z. B. unter www.toskana-golf.com; Cornsorzio Toscana Golf, www.golfing-tuscany.it).

## Radwandern und Mountainbiking

Rund um den Monte Amiata bzw. zu seinen Füßen sowie nördlich von Pistóia und Lucca Richtung Abetone finden Radsportler besonders geeignete Strecken. Freilich müssen sie sich diese vor allem an den Wochenenden mit den Toscanern teilen, die diesen

**Radfahrtipps und Tourenführer**
Die italienische Radfahrerorganisation FIAB bietet gute Websites unter www.fiabtoscana.it. Eine generell gute Webadresse für sportliche Toscana-Ferien mit Links zu bislang 40 verschiedenen Radtouren ist www.toscana-forum.de. Außerdem Thomas Mayr: Rennradfahren in der Toskana (Bielefeld 2012). 18 ausgewählte Touren mit Straßenkarte.

Sport wie viele Italiener ebenfalls lieben. Aber auch im weniger anstrengenden Chianti und im Mugello werden Radtouren angeboten (s. Kasten S. 30).

## Reiten

Die Toscana bietet großartige Reviere für Reiter und einige spezielle Reiterhotels. Anfragen beim Nationalen Verband FISE-SPORT, für die Toscana: Via delle Cascine Vecchie 14, Località Cascine, 56122 San Rossore (PI) Tel. 050 53 18 61, Fax 05 07 91 20 87, www.fisetoscana.com.

Zwar finden sich auch im Chianti und an der Küste der Versilia Reitmöglichkeiten, doch als das Reiterparadies schlechthin gilt die toscanische Maremma sowohl an der Küste als auch im Landesinneren. Man muss aber nicht unbedingt ein Reiterhotel buchen, man kann auch in einem Reitstall Unterricht nehmen oder einfach seiner Reitlust und Bewegungsfreude frönen. Die meisten Reiterhöfe organisieren Ausritte in ihre nähere und weitere Umgebung; Tipps bei den jeweiligen Ortsbeschreibungen.

## Wandern

Wanderer finden in der Toscana immer mehr markierte Wege. Überwiegend zeichnet dafür der Italienische Alpinclub CAI verantwortlich (s. u.). Die schönsten Wanderreviere findet man im südlichen Chianti zwischen den zahlreichen Burgen und Weingütern, in der waldgrünen Garfagnana nördlich von Lucca, in der grossetanischen Maremma, im Casentino nördlich von Arezzo und rund um den Monte Amiata, den höchsten Berg innerhalb der Toscana (1738 m). Aber auch im Mugello nördlich von Florenz, in der Sommerfrische der Florentiner, kann man auf markierten Wegen wandern.

Der italienische Alpinclub organisiert geführte Wander- und Trekkingtouren. Auskunft: CAI Club Alpino Italiano, Via del Mezzetta 2/m, 50135 Firenze (FI), Tel./Fax 05 56 12 04 67, www.caitoscana.it.

### Landkarten und Wanderführer

Gute Landkarten gibt es auch kostenlos in den ENIT-Büros ebenso wie Detailkarten vor Ort bei den Infostellen.
**DuMont Wanderführer Toscana.** Von Christoph Hennig. 35 Touren. DuMont Reiseverlag, Ostfildern 2014.
**Kompass Wanderkarten:** Lago Trasimeno – Area Protetta Val d' Orcia – Montepulciano – Montalcino – Monte Amiata: Wanderkarte mit Aktiv Guide und Radrouten. 2015.

## Wellness

Oft auch kleinste Hotels, sogar Agriturismi, schreiben sich die Wellness-Welle auf die Fahne. Bei der Buchung ist deshalb genaue Nachfrage angesagt, wie das Angebot tatsächlich aussieht. Wunderschöne Wellness-Hotels findet man in Kombination mit Thermalkuren bzw. in den Thermalorten der Toscana, so in Montecatini Terme und Chianciano Terme, modernstes Design in historischem Ambiente in San Giuliano Terme, Monsummano Terme sowie in San Casciano dei Bagni ganz weit im Südosten der Region (s. Ortsbeschreibungen) und auf den guten Websites der Region: www.turismo.in toscana. it, Link zu den Thermen *(Terme)* sowie www.termeditoscana.com. Neuerdings findet man immer mehr Wellness-Center in den größeren Städten, z. B. in Florenz im wunderschönen Ambiente historischer Palazzi (s. dort).

# Feste und Veranstaltungen

## Ein historisches Fest

Ganz Florenz, dessen Bürgern man sonst kaum eine Irritation zutrauen würde, steht Kopf, wenn am 24. Juni, dem Tag des Schutzpatrons Johannes des Täufers, die letzte ›Szene‹ des **Calcio Storico** stattfindet, des Fußballspieles in historischen Kostümen. Das erinnert zwar eher an Raufen und Boxen, entsprechend zerfetzt werden die farbenfrohen Kostüme, aber irgendwie scheint es doch nach Fußballregeln zuzugehen ... ›Tatort‹ ist, nach einem wunderschönen Umzug in Renaissance-Kostümen durch die Altstadtgassen, die Piazza vor der großartigen Fassade der Kirche Santa Croce.

## Religiöse Feste

Fast ruhig geht es dagegen in Florenz beim **Scoppio del Carro** am Ostersonntag zu, der ›Explosion des Karrens‹. Spätestens seit 1622, aus diesem Jahr stammt nämlich der hölzerne, farbig gefasste Originalwagen, wird diese Tradition in Florenz gepflegt. Der Wagen ähnelt einer Kriegsmaschine und wird von zwei prächtigen großen weißen Rindern durch die Stadt gezogen, bis er am Hauptort der Explosion angelangt ist, auf dem Platz zwischen der Paradiespforte des Baptisteriums und der Westfassade des Domes. Dessen Haupttüren stehen offen, damit vom Hochaltar entlang einem fest gespannten Seil die Nachbildung einer Taube auf den Wagen geschossen werden kann, was ein gehöriges Geknalle von Feuerwerkskörpern auslöst.

Es geht nicht nur um Lärm und Spektakel, zumindest nicht den Florentinern. Verläuft der Flug der Taube einwandfrei, wird es ein gutes Jahr für Florenz – und wehe, es läuft etwas schief ...

Dem Stadtpatron Pisas ist die nach ihm benannte **Regata di San Ranieri** geweiht, die am 17. Juni stattfindet. Sie stand Pate für die *Regata Storica delle Repúbbliche Marinare*, die alle vier Jahre abwechselnd in einer der vier historischen Seerepubliken Italiens stattfindet: in Pisa, Genua, Amalfi und Venedig. Auch vor diesem Ereignis findet in Pisa, wie es sich für ein toscanisches Fest gehört, ein grandioser Umzug mit Fahnenschwingern statt.

## Stadtteilfeste

Als das wohl bekannteste und auf eine lange Tradition zurückblickende Fest gilt zu Recht das Pferderennen von Siena, der **Palio** (s. S. 74), zu dem ein Umzug in historischen Kostümen *(corteo storico)* gehört. Zweimal jährlich stellen zehn *contrade* (Stadtteile) jeweils Reiter und Pferd, die gegeneinander antreten.

Pisas **Gioco del Ponte** findet normalerweise am letzten Junisonntag auf dem Ponte di Mezzo statt, auf der Brücke über den Arno, die die nördliche und südliche Hälfte der Stadt verbindet. Auch in Pisa ziehen zuerst rund 600 Teilnehmer in prächtigen historischen Kostümen durch die festlich geschmückte Stadt, eine Gruppe im Nord-, die andere im Südteil. Dann stehen sich die Kämpfer auf der Brücke, auf der ein schwerer Wagen auf Schienen wartet, gegenüber. Der eigentliche Wettkampf besteht nun darin, dass die kräftigsten Männer der beiden Stadtteile unter den lauten Rufen ihrer Anhänger versuchen, sich den Wagen zuzuschieben.

Arezzos **Giostra del Saracino** ist ein Ritterspiel, bei dem am ersten Sonntag im September jedes der Stadtviertel je zwei Reiter stellt. Mit angelegter Lanze müssen sie versuchen, den Schild des Sarazenen in Form einer drehbaren Holzpuppe zu treffen. Zielt ein Ritter ungeschickt, wird er von den beiden Eisenkugeln, die der schwarze Sarazene an langen eisernen Ketten hält, aus dem Sattel geworfen.

Am sportlichsten geht es am zweiten Sonntag im September in Sansepolcro zu, beim **Palio della Balestra**, einem farbenprächtigen Armbrustschießen in Form eines Wettbewerbs gegen die Schützen aus dem umbrischen Gubbio. Das Armbrustschießen hat hier in der äußersten Nordost-Toscana Tradition und wird bis heute sehr ambitioniert betrieben. Auch die Armbrustproduktion floriert in dem hübschen Städtchen.

## Festkalender

### Januar

**Hl. Drei Könige, Epifania:** 6. Jan. An diesem Tag werden italienische Kinder beschenkt wie an Heiligabend.

### März/April

**Ostern:** In Florenz wird der Ostersonntag mit dem *Scoppio del Carro* begangen; der Ostermontag *(Pasquetta)* ist gesetzlicher Feiertag im ganzen Land, *der* Familienausflugstag der Italiener.
**Tag der Befreiung** (von den Deutschen, 1945): 25. April
**Christi Himmelfahrt** und **Fronleichnam:** bewegliche Feiertage

### Mai

**Balestra del Girifalco:** Sonntag nach dem 20. Mai, Armbrustschießen in Massa Marittima
**Calcio in Costume in Florenz:** Meist ab letztem Sonntag im Mai, Fußball in historischen Kostümen.

### Juni

**Feier zur Proklamation der Republik:** Sonntag nach dem 2. Juni
**Regata di San Ranieri:** 17. Juni in Pisa
**Endspiel des Calcio in Costume:** 24. Juni, zu Ehren des Stadtpatrons San Giovanni Battista in Florenz.
**Gioco del Ponte:** letzter Sonntag im Juni, in Pisa mit 600 Teilnehmern in Renaissance-Kostümen

### Juli/August

**Palio:** 2. Juli, Pferderennen in Siena
**Balestra del Girifalco:** zweiter Sonntag im Aug., in Massa Maríttima
**Mariä Himmelfahrt:** 15. Aug.
**Beginn des Ferragosto:** 15. Aug., der traditionellen Sommerferien, die inzwischen jedoch bereits Ende Juni losgehen; dennoch geht am 15. Aug. nichts mehr auf Italiens Straßen!
**Zweiter Palio:** 16. Aug., in Siena

### September

**Giostra del Saracino:** erster Sonntag im Sept., in Arezzo
**Armbrustschießen:** zweiter Sonntag im Sept., in Sansepolcro
**Prozession des Volto Santo:** 13. Sept., in Lucca

### November

**Allerheiligen-Fest:** 1. Nov.
**Feier des Tages der Nationalen Einheit:** Samstag nach dem 4. Nov.

### Dezember

**Mariä Empfängnis:** 8. Dez.
**Weihnachten:** 25. und 26. Dez.
**Jahreswechsel:** 31. Dez./1. Jan.

# Reiseinfos von A bis Z

## Apotheken

Sie heißen auf Italienisch *farmacie* und führen praktisch alle international gebräuchlichen Medikamente. Diensthabende Apotheken (an den Apotheken angeschlagen) bleiben turnusmäßig 24 Std. geöffnet, allerdings muss man außerhalb der Dienstzeit z. T. mit einem Aufpreis rechnen.

## Ärztliche Versorgung

Die medizinische Versorgung ist in der Toscana in etwa der mitteleuropäischen gleichzusetzen, selbst in kleineren Orten gibt es Ambulatorien, in denen auch Touristen bei Bedarf geholfen wird. Auch die Hotelrezeptionen vermitteln medizinische Hilfe.

Gesetzlich versicherte Deutsche und Österreicher können in den meisten Fällen mit ihrer EU-Krankenkarte ins Krankenhaus und ins *ambolatorio* gehen. Privatpatienten können den Arzt ihrer Wahl aufsuchen und später mit ihrer Kasse abrechnen.

Pflichtversicherte sollten besser eine zusätzliche Reisekrankenversicherung abschließen, um ebenso vorgehen zu können.

## Diplomatische Vertretungen

**Honorarkonsulat der Bundesrepublik Deutschland**
Corso dei Tintori 3, 50122 Florenz, Tel. 055 234 35 43

**Konsulat der Republik Österreich**
Lungarno A. Vespucci 58, 50123 Florenz, Tel. 055 26 54 22

**Schweizerisches Konsulat**
Piazzale Galileo 5, 50125 Florenz, Tel. 055 22 24 34 (c/o Parkhotel)

**Italienische Botschaften**
**... in Deutschland:** Hiroshimastr. 1, 10785 Berlin, Tel. 030 25 44 00
**... in Österreich:** Rennweg 27, 1030 Wien, Tel. 017 12 51 21
**... in der Schweiz:** Elfenstr. 14, 3006 Bern, Tel. 03 13 50 07 77

## Feiertage

**1. Januar:** Neujahr
**6. Januar:** (Hl. Drei Könige, *Epifania*)
**Ostern:** Ostermontag *(Pasquetta)* ist gesetzlicher Feiertag im ganzen Land
**25. April:** Tag der Befreiung
**1. Mai:** Tag der Arbeit
**Christi Himmelfahrt** und **Fronleichnam**: bewegliche Feiertage
**Sonntag nach dem 2. Juni:** Feier zur Proklamation der Republik
**15. August:** Mariä Himmelfahrt
**8. September:** Mariä Geburt
**1. November:** Allerheiligen
**8. Dezember:** Mariä Empfängnis
**25. und 26. Dezember:** Weihnachten

## Frauen

Die Toscana gilt als sichere Reiseregion für Frauen. Leider hat die Region ihr Internetportal für Frauen abgeschafft, aber man bekommt die Infos z. T. noch als Handbuch: »Benvenute in Toscana«.

## Geld

Kreditkarten werden von fast allen italienischen Hotels, Restaurants, Geschäften und Tankstellen akzeptiert. Man kann überall an Bankautomaten

Geld ziehen, sollte jedoch die in Italien je nach Bank niedrigere Höchstgrenze bedenken: oft nur 250 € pro Tag.

## Kinder

Kinder von Museum zu Museum zu schleifen ist sicher nichts. Besser passt ein Ferienhausaufenthalt mit kulturellen Ausflügen, ab und zu, je nach Alter. An den meist flach abfallenden Sandstränden der Toscana findet man viele Vergnügungsmöglichkeiten für Kinder. Außer in Familienferienorten an der Küste oder auf Campingplätzen sind Kindermenüs in den Restaurants jedoch eher selten. Aber es gibt ja Pizza und Pasta.

## Medien

Generell lesen die Italiener weniger Tageszeitungen als andere Europäer; sie schauen lieber fern, und da konsumieren sie meist das, was sich die größten Privatsender einfallen lassen. Größte Verbreitung haben die liberalen Tageszeitungen Corriere della Sera, Mailand, und La Repúbblica, Rom.

Alle großen deutschsprachigen Tageszeitungen (u. a. Frankfurter Allgemeine Zeitung, Süddeutsche Zeitung, Bild-Zeitung) und Zeitschriften (Stern, Spiegel, große Frauenzeitschriften), vor allem aus Deutschland, sind in den touristischen Zentren meist tagesaktuell erhältlich.

## Notruf

**Polizei und Krankennotruf:** 113 (international) oder 118
**Pannenhilfe (ACI):** 80 31 16
**Sperrung von Bank- und Kreditkarten** sowie Handys: +49 116 116
**Deutschsprachige Notrufstation des ADAC in München:** +49 89 22 22 22

## Öffnungszeiten

**Geschäfte und Apotheken:** üblicherweise Mo–Sa 8.30–12.30, 15.30–19.30 Uhr im Winter, im Sommer nachmittags 16–20 Uhr. Sonntags sind viele Geschäfte geschlossen, nicht aber in Ferienorten und -zentren. Manche Lebensmittelläden sind sonntags früh geöffnet, dafür am Montagvormittag geschlossen. In vielen Orten bleiben Mittwochnachmittag Lebensmittelgeschäfte geschlossen.
**Banken:** Mo–Fr normalerweise ca. 8.30–13.20, 14.45–15.55 Uhr, Wechselstuben in touristischen Zentren wie Florenz haben auch Samstag Vormittag und länger geöffnet, oft durchgehend.
**Postämter:** Normale Postämter haben Mo–Fr 8.25–14 (auf dem Land nur bis 12), Sa bis 12 Uhr Dienst, Hauptpostämter sind meist ganztägig geöffnet.
**Museen und Sehenswürdigkeiten:** Siehe jeweils im Routenteil. Im Juli/August bleiben einige der wichtigsten Museen abends teils bis 22–23 Uhr geöffnet.

## Reisen mit Handicap

Immer mehr Museen werden behindertengerecht. Leider gilt das nicht für Kirchen und diverse andere Sehenswürdigkeiten. Neue Hotels oder solche, die umgebaut werden, müssen je nach Zimmeranzahl mindestens ein behindertengerechtes Zimmer ausweisen.

## Sicherheit

Leider gilt es auch in der Toscana, und zwar speziell zu den Hauptreisezeiten in den touristischen Zentren: niemals viel Bargeld mit sich führen, die Handtasche nicht auf der Fahrbahnseite

**Beste Reisezeit**
Während der absoluten Hochsaison etwa zu Ostern, Pfingsten, im Mai sowie im Juli/August und September/Oktober kostet beispielsweise ein Ferienhaus bis zum Vierfachen dessen, was man in der verbliebenen sogenannten Nebensaison dafür ausgeben muss. Dabei ist es gar nicht sicher, ob man in der begehrtesten Zeit auch wirklich das beste Wetter vorfindet. Und in den Museen herrscht dann ein solches Gedränge, dass man die Kunstwerke vor lauter Touristen nicht sehen kann. Wer also in die Toscana fährt, um auch die wichtigsten Museen zu besichtigen, sollte sich an die Zeit außerhalb der oben genannten Termine halten. Oder sogar im Winter reisen.

locker über die Schulter hängen lassen, um vor (im Wagen oder auf Mofas) vorbeifahrenden Dieben sicher zu sein. Autoradios sollte man beim Parken aus dem Fahrzeug mitnehmen können oder sie sollten codiert sein. Den Wagen auf keinen Fall über Nacht einsam stehen lassen, am besten sind Hotelgaragen oder solche, die der Hotelier empfiehlt.

## Souvenirs

Zu den toscanischen Souvenirs gehören Lederwaren aus Florenz, woher auch modische Kleidung bester Qualität kommt und – neben Gold- und Silberschmuck – hochwertiger Modeschmuck. Aus Arezzo und dem Chianti stammen Korbwaren und Arbeiten aus Schmiedeeisen, aus Impruneta und Umgebung Keramikartikel (Fliesen, Haushaltswaren), aus Empoli Glaswaren. Der berühmteste, durchsichtigste Alabaster kommt aus Volterra.

Die Toscana ist ein Paradies für Antiquitätensammler, die gute Geschäfte finden, vor allem in Florenz und Arezzo (monatlicher Markt und Antiquitätenmesse im September) sowie in Cortona (ebenfalls mit Markt) und in der gesamten Val di Chiana.

Die beliebtesten toscanischen Souvenirs dürften die hervorragenden Lebensmittel sein, die man als haltbare Mitbringsel einkaufen kann: *pecorino* (Schafskäse, möglichst lange gelagert) aus Pienza oder der Maremma; kalt gepresstes Olivenöl aus Lucca, Vinci, Pienza oder dem Chianti-Land; aus Péscia stammen die besten *biscotti di Prato* (Mandelplätzchen) und *panforte*, das schwere, gewürzreiche weihnachtliche Gebäck kommt traditionell aus Siena. Und natürlich die Weine wie Chianti, Nobile di Montepulciano und Brunello di Montalcino, Bianco di Pitigliano, Vernaccia di San Gimignano, Morellino di Scansano u. v. m.

## Telefonieren

Die Telefon- und Telegrafenämter der italienischen Telecom sind von der Post getrennt und haben in den wichtigen Touristenorten den ganzen Tag über geöffnet, mindestens 9–18 Uhr (Mittagszeit 13–14 Uhr). In kleineren Orten ist man auf Läden oder Bars mit öffentlichen Telefonen angewiesen, erkennbar am Telefonzeichen über dem Eingang. Dort findet man normalerweise auch Telefonbücher für ganz Italien.

Aus Telefonhäuschen kann man inzwischen fast nur noch mit Telefonkarten telefonieren (bei der Telecom und am Zeitungskiosk erhältlich). Der Normaltarif gilt Mo–Fr 8–18.30, Sa 8–13.30 Uhr; sonst wie auch So niedrigerer Tarif, ca. 50 % des Normaltarifs.

Das Telefonieren vom Hotelzimmer kostet oft das Drei- bis Vierfache.

Telefonieren mit dem Mobiltelefon: vor der Reise daran denken, sich zum Roaming in Italien anzumelden, oder man kauft sich in der Toscana einen extra Telefonchip, zu dem man dann eine vorübergehende Telefonnummer bekommt und den man abtelefonieren kann.

## Trinkgeld

Bedienungsgelder sind in den Restaurants (selten in Florenz!) meist im Preis inbegriffen, sonst steht auf der Karte »Servizio 10 %« o. Ä. Wer zufrieden war, legt nochmals 5–15 % Trinkgeld dazu.

Im Hotel erhält das Zimmermädchen pro Person/Tag mindestens 1 €, der Gepäckträger pro Gepäckstück mindestens ebenso viel, in Luxushotels natürlich mehr. Nicht vergessen: Im Hotelrestaurant, wo man vielleicht Halb- oder Vollpension gebucht hat, sollte man für den Service getrennt Trinkgeld geben. Taxifahrer freuen sich über die Aufrundung des Fahrpreises – üblich sind 10 %, dasselbe gilt beim Friseur.

## Umgangsformen

Die Toscaner sind recht förmliche Menschen. Sie wissen es zu schätzen, wenn der ausländische Gast eine leichte Distanz wahrt, in den Städten mehr noch als an der Küste oder auf dem Land. Tagsüber sollte man sich bei offiziellen Anlässen und Kirchenbesuchen passend kleiden: keine Miniröcke, keine großen Ausschnitte, bei den Herren genügt ein Jackett über der Jeans, auch in feinen Restaurants; abends freut sich jeder Wirt über feiner gekleidete Gäste. Wird man privat zum Essen eingeladen, sollte man an ein kleines Geschenk denken, eine Pralinenschachtel oder eine Kleinigkeit für die Kinder, wenn man weiß, dass die Gastgeber welche haben.

**Der liebenswerte Pinocchio ist ein bewährtes Souvenir für Kinder**

# Panorama – Daten, Essays, Hintergründe

Wehrhaft in exponierter Lage auf einer Anhöhe: Campiglia d'Orcia im Orcia-Tal

# Steckbrief Toscana

## Daten und Fakten

**Lage und Fläche:** Die Toscana liegt in Mittelitalien, sie ist im Norden begrenzt vom Tosco-Emilianischen Apennin und der Emilia-Romagna, im Süden von der Region Latium, im Westen vom Mittel- bzw. dem Tyrrhenischen Meer, im Osten von der Region Umbrien. Von den 22 990 $km^2$ der Toscana sind 25 % landwirtschaftliche Nutzfläche.

**Regionalhauptstadt:** Florenz (etwa 377 000 Einwohner)

**Amtssprache:** Italienisch

**Einwohner:** Rund 3,7 Mio. Menschen leben in der Toscana (davon 10 % in der Regionalhauptstadt Florenz), das entspricht 163 Einwohner pro $km^2$. Auf das reine Kulturland bezogen sind das ca. 600 Einwohner/$km^2$.

**Währung:** Euro (€)

**Zeitzone:** MEZ, im Sommer MESZ

**Landesvorwahl:** 0039

## Geografie und Natur

Die Toscana erstreckt sich über 215 km von Nord nach Süd und über 235 km von Ost nach West. Bedingt durch die Höhenmeter und zahlreiche Buchten ist ihre Küste 328 km lang, zusammen mit den Inseln sind es rund 580 km. Die Gesamtgröße der Toscana beträgt 22 990 $km^2$ inklusive der vorgelagerten Inseln Gorgona, Capráia, Elba, Pianosa, Montecristo, Gíglio und Giannutri. Das sind 7,6 % der Gesamtfläche Italiens.

Die Region besteht zu 66,5 % aus Hügeln und zu 25 % aus Bergen, nur 8,5 % sind Ebenen. Den Norden nimmt im großen Bogen der Gebirgszug des bis über 2000 m ansteigenden Tosco-Emilianischen Apennin ein. Charakteristisch sind die teils gebirgigen, von Flüssen geprägten Landschaften Lunigiana, Garfagnana, Mugello, Casentino, Valdarno, Val di Chiana. Im Kernland des Chianti (bis ca. 600 m Höhe) bestehen die Hügellandschaften zu 50% aus Wald und Macchia und 50 % aus *cultura mista* mit Gärten, Wein- und Olivenanbau.

Im Nordosten ragt bei Vallombrosa der 1592 m hohe Pratomagno und im Süden der allgegenwärtige Monte Amiata mit 1738 m Höhe empor. Südwestlich von Siena erheben sich die Colline Metallífere (bis 1000 m Höhe), die aus Sanden und Tonen bestehen, aber Reste eines älteren, Erz führenden Gebirges mit dem geothermischen Gebiet von Larderello beinhalten. Weiter südlich beginnen die bewaldeten Hügel der Maremma, die sich in der Küsten-Maremma fortsetzt, dem einstigen Malariagebiet der Toscana. Die Inseln sind, außer Pianosa, gebirgig und mit Macchia bedeckt; Elba ist besonders reich an Erzen.

## Geschichte und Kultur

Die Toscana ist uraltes Kulturland, Funde belegen eine Besiedlung schon vor dem 10. Jt. Doch geprägt haben ab etwa 1000 v. Chr. vor allem die Etrusker diese Region. Ab dem 3. Jh. v. Chr. wurde die Toscana von den Römern übernommen, die bis 476 das

Sagen hatten. Es folgten Ostgoten und Franken, die Markgrafschaft Tuszien und das Herrscherhaus Canossa. 1055 erhob Kaiser Heinrich III. Florenz zur Reichsstadt. Im 12. Jh. begann die Zeit der Stadtstaaten, blutige Machtkämpfe zwischen kaisertreuen Ghibellinen und papsttreuen Guelfen prägten ab dem 13. Jh. die Region. Ab dem 15. Jh. hatte Florenz die Vorherrschaft inne. 1737 starb der letzte Medici. 1799 besetzte Napoleon die Toscana, es folgten bourbonische und habsburgisch-lothringische Jahrzehnte. 1860 erfolgte der Anschluss der Toscana an das 1848 ausgerufene Königreich Italien, dessen Hauptstadt Florenz 1865 bis 1871 war. 1948 wurde die Toscana zu einer eigenen politischen Region.

Viele Menschen starben bei der Arno Überschwemmung 1966, zahlreiche Kulturschätze wurden erheblich geschädigt. 1986 wurde Florenz Kulturhauptstadt Europas.

## Staat und Politik

Das Parlament der Republik Italien besteht aus Abgeordnetenhaus und Senat. Die Toscana ist eine der 20 Regionen Italiens. Zehn Provinzen teilen sich die toscanische Region, die politisch hauptsächlich zum sogenannten Linken Zentrum gehört. Die Provinzen tragen die Namen ihrer Hauptstädte: Arezzo und Florenz, Grosseto und Livorno, Lucca, Massa-Carrara und Pisa, Pistóia , Prato und Siena. Die Provinzen sind wiederum in Kommunen unterteilt (insgesamt 279).

## Wirtschaft und Tourismus

Es gibt in der Toscana 1,56 Mio. Erwerbstätige, das sind 63 % der Bevölkerung zwischen 15 und 64 Jahren. Allein 887 000 Toscaner sind im Dienstleistungsbereich (inklusive Tourismus) beschäftigt und 486 700 in der Industrie. Wichtige Industriezweige sind z. B. Keramik, Präzisionsmechanik, Mode, Glasherstellung und Eisenverarbeitung. In der Landwirtschaft verdienen knapp 50 000 Menschen ihr Brot, nicht gerechnet diejenigen, die in der Weiterverarbeitung tätig sind, z. B. in der Herstellung von Käse, Schinken und Wurst. Eine wichtige Rolle spielt der Handel generell, außerdem der Marmorabbau und seine Verarbeitung.

Der Tourismus ist für die toscanische Wirtschaft sehr wichtig, er kurbelt u. a. die Lebensmittelproduktion an, z. B. durch den Anbau, Handel und Verkauf von Wein. Pro Jahr werden knapp 11,6 Mio. Ankünfte mit ca. 43,8 Mio. Übernachtungen verzeichnet. Die größte Urlaubergruppe unter den Ausländern stellen die deutschsprachigen Gäste mit rund 4,5 Mio. Übernachtungen, davon die Hälfte in Ferienwohnungen.

## Bevölkerung, Sprache, Religion

Das jährliche Bevölkerungswachstum in Italien tendiert gegen null. Die durchschnittliche Lebenserwartung liegt bei 79 Jahren. Lebens- und Bildungsstandard gelten als hoch, die Region Toscana als wohlhabend.

Der toscanische Dialekt weist eine besondere Eigenart auf: K-Laute werden als H-Laute gesprochen: *casa* wird zu *hasa,* die Toscana zu *Tos-hana.*

Fast alle Toscaner sind römisch-katholisch, ohne dass ihre Religiosität besonders ausgeprägt wäre. Kirchenbesuche dienen vor allem als festlicher Rahmen für Hochzeiten, Taufen und andere Familienfeiern.

# Geschichte im Überblick

| | |
|---|---|
| | **Von der Altsteinzeit bis zu den Etruskern** |
| **bis 10. Jt. v. Chr.** | Altsteinzeitliche Besiedlung im Gebiet der Toscana (Funde bei Montepulciano). |
| **4.–2. Jt. v. Chr.** | Verbesserte Lebensbedingungen in den altsteinzeitlichen Siedlungen, wie Grabbeigaben in der südöstlichen Toscana beweisen. |
| **15.–10. Jh. v. Chr.** | Vielleicht erste ›toscanische Kultur‹ im Nordwesten des Gebiets in der Lunigiana und der Garfagnana. |
| **Um 1000 v. Chr.** | Eindringen der Etrusker, wahrscheinlich von Osten her, in das Gebiet der heutigen Toscana. Andere Theorien besagen, dass die Etrusker ursprünglich in dieser Gegend zu Hause waren. |
| **ab 9. Jh. v. Chr.** | Blütezeit der etruskischen Kultur im Gebiet der heutigen Toscana. |
| **6. Jh. v. Chr.** | Die Etrusker dehnen ihren Machtbereich in die Po-Ebene und bis nach Neapel aus. |
| **4. /3. Jh. v. Chr.** | Die Römer erobern Etruria, das Land der Etrusker. |
| **3. Jh. v. Chr.** | Die Etrusker verbünden sich mit Rom, das sie kulturell einnimmt. |
| **2./1. Jh. v. Chr.** | Die Etrusker gründen Fiésole, Lucca, Pisa und Pistóia. |
| **89 v. Chr.** | Etruria erhält das römische Bürgerrecht. |
| | **Früh- und Hochmittelalter** |
| **4. Jh. n. Chr.** | Die römische Provinz Tuscia et Umbria wird christianisiert. |
| **476** | Ende des Weströmischen Reiches. |
| **493** | Die Ostgoten kommen in die heutige Toscana. |
| **568/591** | Beginn der Langobarden-Herrschaft; Tuszien wird Herzogtum. |
| **ab 774** | Das Gebiet der heutigen Toscana fällt unter fränkische Herrschaft. |
| **ab 9. Jh.** | Die Markgrafschaft Tuszien wird gegründet. Der Handel zwischen den Städten beginnt, sie werden zu geordneten Kommunen und regeln die Kultivierung ihrer Ländereien. |

| | |
|---|---|
| **1030–1115** | Das Haus Canossa herrscht über die Toscana. |
| **1055** | Kaiser Heinrich III. erhebt Florenz zur Reichsstadt. |
| **1139–1266** | Unter staufischer Reichsverwaltung entstehen die Stadtstaaten Pisa, Florenz, Lucca und Siena. |
| **13./14. Jh.** | Während bis 1248 das durch seinen Seehandel reich und mächtig gewordene ghibellinische (kaisertreue) Pisa beherrschend ist, kann ab 1302 das guelfische (papsttreue) Florenz die Vormachtstellung in der Toscana einnehmen. |
| **1260** | Siena besiegt Florenz bei Montaperti. |
| | **Florenz wird mächtig** |
| **1269** | Florenz gewinnt wieder die Oberhand in der Toscana. |
| **1284** | Genua vernichtet die Pisaner Flotte und zerschlägt damit dessen Seeherrschaft. |
| **1406** | Florenz kann durch die Unterwerfung Pisas zur Seemacht avancieren; größte Rivalin ist wieder Siena. |
| **ab 1434** | Die Medici übernehmen die Macht in Florenz, das durch sie zur Hochblüte gelangt. Ihre Herrschaft dauert – mit Unterbrechungen – bis 1737 an. |
| **1531** | Die mediceische Toscana wird Herzogtum. |
| **1559** | Auch Siena wird florentinisch. |
| **1569** | Die gesamte Toscana wird unter dem Medici-Fürsten Cosimo I durch Papst Pius IV. zum Großherzogtum erhoben. |
| **17.Jh.** | Florenz und die gesamte Toscana verlieren ihre kulturelle und politische Vormachtstellung. |
| **1737–41** | Der letzte Medici (Gian Gastone) stirbt, das Großherzogtum Toscana geht an das Haus Habsburg-Lothringen über: Franz von Lothringen (später Kaiser Franz I.), der Gemahl der österreichischen Herrscherin Maria Theresia, wird Großherzog der Toscana. |
| **1799** | Die Toscana wird durch Napoleon besetzt, fällt dann unter bourbonische Verwaltung. |

| | |
|---|---|
| **1814** | Unter Großherzog Ferdinand III. wird die Toscana wieder habsburgisch-lothringisch. |
| **1824–59** | Leopold II. regiert, doch in ganz Italien wird die Revolution entfacht; es ist die Zeit des Risorgimento, der italienischen Unabhängigkeits- und Einigungsbewegung. |
| **1847** | Auch Lucca wird toscanisch. |
| | **Die Toscana in der italienischen Republik** |
| **1848** | Erste italienische Verfassung. |
| **1860** | Anschluss der Toscana an Piemont-Sardinien und damit an das Königreich Italien. |
| **1865–71** | Florenz ist die Hauptstadt des geeinten Italien. |
| **1915** | Italien tritt auf Seiten der Alliierten in den Ersten Weltkrieg ein. |
| **1918** | Ende des Ersten Weltkriegs, Bürgerkrieg in Italien. |
| **1921** | Gründung der kommunistischen Partei PCI in Livorno. |
| **1922** | Ex-Sozialist und Faschist Benito Mussolini übernimmt die Macht. |
| **1939–45** | Im Zweiten Weltkrieg kämpft Italien trotz starker antifaschistischer Bewegung im Land auf der Seite Deutschlands. Mehrere toscanische Städte werden von den Alliierten bombardiert. Während des Rückzugs zerstört die SS ganze Ortschaften und tötet deren Bewohner. |
| **1946** | König Vittorio Emanuele III dankt ab, Italien wird Republik. |
| **1948** | Die sogenannte Erste Republik wird verabschiedet. Gleichzeitig Beschluss der Bildung von Regionen. |
| **ab 1950** | Landreform und Aufhebung der für die Toscana wichtigen Halbpacht *(mezzadria)*. |
| **1970** | Etablierung der Region Toscana mit neun Provinzen. |
| **4. Nov.1966** | Verheerende Arno-Überschwemmung in Florenz mit vielen Todesopfern und immensen Schäden an Kunstwerken. |
| **1986** | Florenz wird Kulturhauptstadt Europas. |

| | |
|---|---|
| **1992** | Die Toscana bekommt mit Prato eine neue Provinz hinzu: Das Gebiet zwischen Florenz und Pistóia hat es nach langen Kämpfen geschafft, sich von Florenz abzulösen. Nun gibt es zehn toscanische Provinzen. |
| **2001** | Im Mai siegt bei den Parlamentswahlen das Mitte-Rechts-Bündnis unter Silvio Berlusconi, für viele Toscaner eine politische Katastrophe. Der Schiefe Turm von Pisa kann ab Dezember wieder bestiegen werden, allerdings von nur jeweils bis zu 40 Personen. |
| **2005** | Wahlrechtsreform mit Mehrheitsbonus für den Koalitionssieger und Rückkehr zum Verhältniswahlrecht. |
| **2006** | Bei den Parlamentswahlen kann sich das Mitte-Links-Bündnis unter Romano Prodi durchsetzen und die Regierung Berlusconis ablösen, u. a. mit Hilfe der traditionell ›linken‹ Toscana. |
| **2007** | Im Oktober wird der Partito Democratico, die Demokratische Partei Italiens, aus den Linksdemokraten, den Christdemokraten von La Margherita sowie sieben weiteren regierungsnahen Gruppierungen gegründet. An der Spitze steht der Linksdemokrat Walter Veltroni. |
| **2008** | Die Koalitionspartner von Ministerpräsident Romano Prodi verweigern ihm die Gefolgschaft. Mitte April kommt es daher zu vorgezogenen Parlamentswahlen. Silvio Berlusconi und sein Mitte-Rechts-Bündnis, zu dem auch die Lega Nord und die postfaschistische Alleanza Nazionale gehören, gewinnen die Wahl. |
| **2010** | Bei den Regionalwahlen Ende März kann sich der linke Block mit 59,7 % der Wählerstimmen in der Toscana klar behaupten. |
| **2011/2012** | Mario Monti, der angesehene frühere EU-Kommissar, hat auf Druck der EU Silvio Berlusconi als Ministerpräsident abgelöst und mit seiner Mannschaft aus nicht politischen Fachleuten begonnen, das Land zu reformieren – schmerzlich für viele Italiener, aber unausweichlich. |
| **2012** | Am 13. Januar havariert der Kreuzer Costa Concordia am Hafen von Gíglio; mehrere Tote sind zu beklagen. |
| **2013** | Neuwahlen, deren Ergebnis zu einer großen Koalition zwingt. |
| **2014** | Matteo Renzi (Bürgermeister von Florenz) wird neuer Regierungschef. |
| **2015** | Matteo Renzi setzt endlich die Wahlrechtsreform durch, die eine regierungsfähige Mehrheit ermöglicht. |

# Kulturlandschaft Toscana

**Die Toscana ist in doppelter Hinsicht eine Kulturlandschaft: Die Städte in dieser Region bergen hinter ihren Mauern zahlreiche Kunst- und Baudenkmäler von Weltrang. Doch auch die Landschaft vor ihren Toren ist keine Natur, die sich selbst überlassen blieb, sondern eine über Jahrhunderte von Menschenhand geformte und kultivierte.**

Weinhänge, Olivenhaine, Zypressenalleen – keine andere Region Italiens ist in diesem Maße das Resultat menschlicher Eingriffe wie die Toscana, schon seit dem Mittelalter, als die Stadtstaaten erstarkten und sich bald ringsum Land aneignen mussten, um vor allem wirtschaftlich und damit auch politisch möglichst weitgehend autark zu sein.

Neben den Weinbergen prägen heute immer mehr Olivenhaine große Flächen in der Toscana, sowohl im Chianti als auch im Montalbano-Gebiet und in der Maremma, direkt an der Küste. Der Olivenanbau hat eine lange Tradition. In den letzten Jahrzehnten wird er jedoch verstärkt betrieben, nachdem klar geworden ist,

**Natur oder Kultur? Hügellandschaft mit Wein- und Ölbergen sowie Zypressen**

dass der Olivenöl-Handel mit dem richtigen Marketing sehr viel Geld einbringt – mehr sogar als Wein.

## Wo früher Wald war ...

Einst bedeckten dichte Wälder die Toscana – wie nahezu ganz Italien. Allerdings begann man bereits in vorrömischer Zeit damit, sie abzuholzen. Die nördlichen Gebiete der Toscana blieben von den Rodungen weitgehend verschont oder es wurde bald aufgeforstet. Noch heute bestimmen dichte Kastanienwälder die Garfagnana, Buchen- und Eichenwälder den Tosco-Emilianischen Apennin, das Gebiet von Vallombrosa und im Süden auch Teile des Monte-Amiata-Massivs.

Undurchdringlich dicht ist die in der Toscana weit verbreitete mediterrane Macchia, ein duftender Niederwald aus Lorbeer und Erdbeerbäumen, Oregano und Salbei, Kamille, Ginster, Wacholder und Zistrosen. Solche Macchia bedeckt als Sekundärwald große Teile der Maremma, der Colline Metallífere und die Ausläufer des Monte Amiata sowie die toscanischen Inseln – aber auch das Chianti-Gebiet.

## ... gedeihen heute Nutzpflanzen

Uralte Mandel- und Feigenbäume setzen Akzente um Lucca, Florenz und im Chianti. Gut gedeihen auch breitschirmige Pinien und Lorbeer sowie Khaki-Früchte und Tabak, daneben setzen schmückende Blumen wie Rosen, Lilien, Nelken (Zucht in und bei Pistóia bzw. Péscia) und Klatschmohn abwechslungsreiche Farbtupfer. Auch Obst und Gemüse werden mit großem Erfolg angebaut, beispielsweise grüner Spargel, Artischocken, Tomaten,

**Charakteristische Toscana**
**Crete:** lehmige, unfruchtbare und daher im Winter fast nackte Hügel südöstlich von Asciano, im Frühsommer mit zartem Grün bedeckt, ideal als Schafweiden (s. S. 247).
**Chianti Classico:** Weinberge, unterbrochen durch silbrig glänzende Ölbäume und dichtes Macchiagrün (s. S. 110).
**Küsten-Maremma:** breitschirmige Pinien und Zypressen im Wechsel bilden Alleen hinter klatschmohnroten Wiesen (s. S. 210).
**Blick von Montichiello nach Pienza:** aufsteigende Zickzack-Zypressenallee mit einem wunderbaren Renaissancejuwel am Horizont (s. S. 260).
**Blick von Fiésole auf Florenz:** am schönsten von der Terrasse des Hotels Villa San Michele oder vom Kloster San Francesco aus (s. S. 106).

Kartoffeln, Zucchini, Auberginen, Pilze und Kräuter. Zu den ganz besonderen Delikatessen zählen die fleischigen Steinpilze (sie gedeihen in den toscanischen Wäldern und machen immerhin stolze 25 % der italienischen Produktion aus), aber natürlich auch die begehrten Trüffel. Nicht zu vergessen: die prächtigen Korkeichen um Suvereto und die dichten Esskastanien-Wälder der Garfagnana, des nördlichen Mugello und des Casentino.

## Flüsse und Seen

Von allen Flüssen prägt der Arno die toscanische Geografie am stärksten. Er durchzieht die Region 200 km von Ost nach West bis zum Meer und ist am dichtesten besiedelt. Den dünn besiedelten Südwesten, die Küsten-Maremma, prägt dagegen der Ombrone mit seinen zahlreichen Zuflüssen und Kanälen. Die dicht bewaldete Garfagnana durchfließt der Sérchio.

Die Toscana besitzt kaum nennenswerte Seen, die meisten davon sind künstlich aufgestaut. Am eindrucksvollsten ist der Lago di Massaciúccoli (oder di Puccini) bei Viaréggio, ganz im Süden der schmalge Lago di Burano und im Südosten der stark verzweigte Lago di San Casciano sowie die beiden am südlichen Ende des Chiana-Kanals gestauten Gewässer: Lago di Chiusi und Lago di Montepulciano.

## Wild, Fisch, Nutztiere

Der Wildbestand in der Toscana ist eher gering. Erwähnenswert sind aber die (sogar in fast freier Wildbahn) gezüchteten Wildschweine, außerdem Rotwild, Hasen sowie verschiedene Wildgeflügelarten wie Fasan, Rebhuhn und Schnepfe.

An Nutztieren werden in der Toscana Hühner und Perlhühner, Schafe, Ziegen und Rinder (Maremmane und Chianine) gezüchtet sowie neuerdings verstärkt die Cinta Senese, eine fast ausgestorbene Schweineart, die sehr viel Auslauf braucht. In der Maremma wachsen wieder Pferde auf, die im Nationalpark teils wie früher in freier Wildbahn leben dürfen (s. S. 52).

In den küstennahen Gewässern hat man inzwischen mit der gezielten Fischaufzucht begonnen (z. B. Meerwolf, Goldbrasse, Seezunge und Aale). Doch diese Bestrebungen zusammen mit behutsamen Fangmethoden decken in der touristischen Hochsaison nicht den Bedarf, sodass dennoch Fisch importiert werden muss.

# Das toscanische Olivenöl – fast ein Kult!

**November und Dezember sind die Monate der Olivenernte in der Toscana, eine kühle und doch meist sonnige Zeit und überall duftet es nach frisch gepresstem Olivenöl. Erntehelfer sind auf Landgütern mittlerweile gern gesehene Gäste. Die einen brauchen freiwillige Helfer, die anderen wollen gerne mal aus der Nähe erfahren, wie das köstliche toscanische Öl entsteht – für beide Seiten ein Gewinn.**

Welche Pracht begegnet einem gleich bei der Anreise zum Landgut in Suvereto! Uralte, ausladende Olivenbäume wechseln sich mit jungen Bäumen ab; ihre silbernen Blätter bewegen sich leise raschelnd im sanften Wind, der vom Meer herüberweht. Es ist November, ab und zu regnet es, doch wenn die Sonne scheint, dann erwärmt sie die Luft auf rund 20 °C und man will nichts wie raus in die Haine und ernten!

## Die Ernte

Einstamm-Leitern sind eine wackelige Angelegenheit für jemanden, der sie noch nie erklettert hat. Sie werden an die hohen Bäume gelehnt und vorsichtig durch die Zweige voller Oliven zum Stamm hin geschoben. Ein wenig daran ruckeln, um zu prüfen, ob sie fest sitzen – und schon darf, wer sich traut, auf der Leiter hinauf- und in den Baum hineinklettern.

Ringsum braucht man dann von den einzelnen Stufen aus nur mit den Händen nach den prallreifen Oliven

**Olivenöl – das goldene Elixier der Toscana**

zu greifen (auf anderen Landgütern werden die Oliven dagegen noch fast grün geerntet). Oder man benutzt als Hilfsmittel einen kleinen Plastikkamm, den man durch die dünnen Ästchen zieht, um die Oliven zu lösen. Unter dem Baum sind Netze aufgespannt, die die Oliven sanft auffangen, damit sie nicht beschädigt werden. Profis benutzen immer öfter elektrische bzw. batteriebetriebene ›Rüttler‹, mit denen es schneller geht und die Arbeit effizienter ist. Aber Großstadtmenschen bereitet vor allem die Handernte ein besonderes Vergnügen.

## Die Pressung

Gerade bei der Ernte vollreifer Oliven ist eine sofortige Pressung sehr wichtig. Auf der Azienda werden die in Plastikwannen gesammelten Oliven sofort in die eigene, vollautomatisch arbeitende Presse oberhalb des Städtchens gebracht. Dort werden sie unter einem harten Wasserstrahl gewaschen, zum Trocknen durch Heißluft gezogen und dann vorsichtig auf ein Fließband gekippt, das sie rüttelnd in die moderne elektrische Olivenölpresse befördert.

Die Presse zermahlt erst die Oliven mitsamt Kern, dann verrührt sie die dunkle und wunderbar duftende Masse, trennt anschließend das leichtere Öl vom schwereren, bitteren Fruchtwasser – und heraus fließt das goldgrünfarbene Olivenöl in dickem Strahl in die vorbereiteten Gefäße.

Es gibt in der Toscana auch zahlreiche Ölmühlen, die traditionell mit Steinmühlen und Pressmatten arbeiten. Für Fachleute dient diese Art der Produktion jedoch nur der Romantik und wirkt sich eher negativ auf die Qualität des Endprodukts aus. Denn nur in einem geschlossenen System, das einen besseren Schutz vor oxidativen und fermentativen Prozessen

**Die traditionellen Einstamm-Leitern werden immer häufiger durch normale ersetzt**

bietet, kann nach Expertenmeinung das Öl absolut rein und geschmackvoll bleiben.

## Die Olivenölsorten

Soll Olivenöl bestimmte Qualitätsbezeichnungen erhalten, gelten strenge Regeln für die Produktion.

Das beste Olivenöl ist ein *extra vergine* (extra nativ), bei dem das Öl einen Säuregehalt unter 0,8 % (in der Toscana normalerweise unter 0,5 %) aufweist. Es ist das Öl aus der ersten kalten Pressung (daher *vergine* = junfräulich), nachdem die Oliven halb- oder gerade reif geerntet und unverletzt binnen weniger Stunden bei 27 °C gemahlen und zentrifugiert wurden. Das Öl schmeckt fruchtig, leicht scharf und leicht bitter. Die nächste Kategorie ist das native Olivenöl *(vergine)*, das einen Fettsäureanteil bis zu 2 % hat.

Kalt gepresstes Öl, das nicht den Anforderungen für natives Olivenöl entspricht, kann unter Dampf veredelt werden. Für den besseren Geschmack darf natives Olivenöl zugeben werden. Das Öl darf danach allerdings höchstens 1,5 % Säure enthalten. Qualitativ kann es freilich an das *vergine* oder *extra vergine* nicht heranreichen.

Öle mit mehr als 4 % Säuregehalt gelten als gesundheitsschädlich und dürfen nicht als Speiseöle verwendet oder verkauft werden. Sie werden zu Kosmetika und Seife verarbeitet.

**Zur Olivenernte ins Falcone**
Das historische Landgut mit uralten Olivenbäumen ist nur einen Steinwurf vom Meer entfernt und wird von den sympathischen Gutsbesitzern selbst geführt. Neun unterschiedlich große Wohnungen haben sie spartanisch, aber passend für einen ländlichen Urlaub ausgebaut. Es gibt einen Pool in herrlicher Lage mit Meerblick und einen Gemüsegarten. Suvereto ist zu Fuß auf einem kurzen Wanderweg erreichbar. Auf dem Landgut sind Sprachkursen buchbar, die sich jeweils einem bestimmten Thema widmen, etwa der Olivenernte. Weinproben werden ebenfalls organisiert.
**Azienda Agricola Il Falcone:** Località Falcone 186, 57028 Suvereto, Tel. 05 65 82 92 94, www.ilfalcone.net. Apartment für 2 Pers. pro Woche 450–770 €.

## Für den Einkauf

Beim Kauf von Olivenöl müssen auf dem Etikett das Ursprungsland, die genaue Lagebezeichnung und möglichst die Produktionsstätte (also »Azienda Agricola« und der genaue Name des Gutes) vermerkt sein. Teure Olivenöle tragen auf dem Etikett der Flasche als Qualitätsmerkmal zusätzlich den Säuregehalt und den Jahrgang, denn Olivenöl sollte möglichst nicht länger als ein Jahr lagern, es sei denn, die Lagerverhältnisse sind ideal (kühl, trocken, dunkel). Olivenöl aus biologischem oder biodynamischem Anbau wird noch strenger kontrolliert und auf dem Etikett der Flasche als solches ausgewiesen.

Fast schon eine Philosophie ist die Entscheidung, ob das Olivenöl aus einer einzigen Olivensorte stammen oder eine edle, bewusst gewählte Mischung sein soll. Das sortenreine Öl gehört ohne Frage zu den fast unbezahlbaren Kostbarkeiten und avanciert damit zur ausgesuchten Delikatesse.

# Bùtteri – die Cowboys der Toscana

**Das einstige Jagdgebiet der Medici und später dann der Lothringer gelangte in den 1980er-Jahren über Umwege an die Region Toscana. Es ist heute Teil des Naturparks Maremma und wird als Landgut betrieben, auf dem v. a. Rinder und Pferde gezüchtet werden. Wichtigste Mitarbeiter vor Ort sind die Bùtteri, die toscanischen Cowboys.**

Alessandro Zampieri stammt wie die meisten Bewohner von Alberese aus dem Veneto. Deren Vorfahren wurden vor zwei Generationen als preiswerte Arbeitskräfte zum Urbarmachen der malariaverseuchten Küsten-Maremma angeworben. Alessandro ist stolz auf seine Arbeit. Nur zu viert schaffen es seine Mitarbeiter und er, der *capo bùttero*, die Tiere auf dem 4600 ha großen Landgut, der Azienda Agricola Alberese von Spergolaia, in den Griff zu bekommen.

Die im Naturpark gezüchteten Tierrassen sind autochton, d. h. sie stammen alle aus der Maremma bzw. sind hier heimisch, wie die besonders großen weißen Rinder mit den charakteristischen Hörnern und die wundervollen, robusten Pferde. Sie werden halb wild gehalten und mit biologisch angebauten Futtermitteln versorgt.

Alessandro kennt jedes Tier namentlich, sagen seine Mitarbeiter. Das kann sehr wichtig sein; denn nur wenn die

**Das Gefühl von wilder Freiheit – Cowboyleben in der Toscana**

*bùtteri* die Tiere auseinanderhalten, wird Inzucht vermieden. Selbstverständlich sind alle Angaben über die Rinder am Ohrclip, bei den Pferden aber auf einem Chip unter der Haut hinterlegt. Aber ein *bùttero* liest nicht ab! Auch wenn er über viele Tiere wacht – zurzeit sind es genau 539 Rinder und 71 Pferde.

Alle Tiere sind auf natürlichem Weg gezeugt und haben riesige Auslaufflächen zur Verfügung. Nur nachts und zur Brunst werden sie in Pferche getrieben. Davon gibt es auf dem Landgut mehrere hundert – wie viele genau, hat noch keiner gezählt.

## Die Maremma-Rinder

Alessandro beugt sich zu einem grauweißen Rind hinunter und hebt den großen Hautlappen unter dem Hals des Tieres an: »Der funktioniert wie ein Ventilator«, erklärt er lächelnd. So wird das Blut der Tiere kühl gehalten.

Die schönen Rinder haben Glück, dass sie als Schlachttiere nicht besonders begehrt sind. Zwar schmeckt ihr mageres Fleisch lecker, aber ihnen fehlen genau diejenigen Stücke, die üblicherweise gefragt sind: dicke Hinterteile. Als Arbeitstiere haben sie eher eine stärker ausgebildete Vorderseite. Außerdem wird die Milch der Kühe nur für ihre Kälber genutzt, die sechs bis acht Monate bei der Mutter bleiben dürfen. Die Aufzucht der Maremma-Rinder soll ohnehin keinen Profit bringen, sondern sie dient einzig zum Erhalt der Rasse.

## Die Ausstattung der Bùtteri

Die langen, dicken und steifen Mäntel der *bùtteri* bestehen aus Baumwolle, die Alessandros Mutter nach alter Tradition mit Leinöl bearbeitet, um sie wetterfest zu machen. Der Knieschutz sieht besonders urig aus: Es ist ein Stück aus einem Wildschweinfell und genauso unentbehrlich wie der Mantel und der Schlapphut, müssen die Maremma-Cowboys doch bei jedem Wetter hinaus.

Das wichtigste Werkzeug der *bùtteri* ist der *uncino*, ein langer Stock mit einem Haken aus Metall oder Hirschhorn. Damit macht ein *bùttero* wirklich alles, ohne vom Pferd absteigen zu müssen: Er zieht damit das neugeborene Kalb von der Mutter weg, damit es nicht erdrückt wird, während ein anderer Reiter mit seinem Stock die Kuh davon abhält, den Kumpanen anzugreifen. Auch das Zaumzeug lässt sich mit dem Haken am Stock zuzurren und der Sattel festmachen – so verhindert der Reiter einen Tritt vom Pferd. Auch die vielen Tore zu den Pferchen lassen sich mit dem Stock problemlos öffnen und schließen und das Lasso um den Hals des Pferdes legen.

## Robuste Pferde

Schon die Etrusker züchteten Maremma-Pferde, im 17. Jh. wurden die Tiere dann mit Araberpferden gekreuzt. Sie dienten damals als Hütepferde der toscanischen Rinderhirten, heute werden sie als Reit- und Wanderpferde eingesetzt.

**Reiterspektakel**
Zwischen April und Oktober führen die *bùtteri* auf dem privaten, biologisch arbeitenden Landgut **Corte degli Ulivi** bei Roselle dem zahlenden Publikum ihr Können im Umgang mit Pferden und Rindern vor (www.cortedegliulivi.net, mit schönen Apartments, für 2 Pers. 70–100 €, für bis zu 6 Pers. 150–240 €). Angeboten werden auch mehrsprachig geführte Reittouren durch die Maremma und andere Veranstaltungen.
Infos und Buchung der Shows und Wochentouren bei **La Brada:** Roselle (GR), Handy 349 11 65 81, www.cavallomaremmano.it.

Die Tiere verfügen über Eigenschaften, die andere Rassen nicht oder nicht mehr besitzen. Sie sind sehr robust und brauchen daher wenig Pflege, weshalb sie früher als Militärpferde eingesetzt wurden. Sogar gegen Zecken sind sie immun – »und gegen Touristen«, scherzt Alessandro.

Acht geduldige Pferde sind für den Ausritt mit Touristen ausgewählt, allerdings darf hier nur derjenige auf den Pferderücken, der wirklich gut reiten kann. So hat man die Möglichkeit, die *bùtteri* hautnah bei ihrer Arbeit zu erleben. Wer mag, kann auch länger als einen Tag bleiben und für die Unterkunft aus dem Angebot des Agriturismo wählen oder in der Fattoria Granducale unterkommen, einer herrschaftlichen Villa aus dem 15. Jh.

## Ombrone und wilder Naturpark

Das Regionallandgut nimmt rund 40 % des streng geschützten **Parco Naturale della Maremma** – mit den Monti dell'Uccellina im Zentrum – und die Flussmündung des Ombrone ein, die sicher zu den interessantesten Naturlandschaften der Toscana gehört. Wer sich mit Geduld wappnet, wird zu jeder Jahres- und Tageszeit anderen wild lebenden Tieren begegnen, unter anderem auch Wildschweinen und vielen Wasservögeln wie Kormoranen und diversen Enten, Fröschen etc.

Während man in den Naturpark nicht ohne Ticket eintreten darf, ist der Zugang zur Flussmündung und zum traumhaft schönen Strand frei – solange der Platz reicht, falls man mit dem Wagen einfahren möchte. Für Fußgänger und Radfahrer und alle Besucher außerhalb der sommerlichen Saison gibt es keine Einschränkungen.

# Biolandwirte in der Toscana

**Auch in der Toscana steigt die Zahl der Landwirte, die auf biologischen oder biodynamischen Anbau umstellen. Nicht nur, weil sie ihr Land lieben, sondern auch, weil darin ein gutes Geschäft liegt. Noch hat sich das Modell nicht überall durchgesetzt, aber das Engagement der Biobauern ist zukunftsträchtig.**

Fabio Mentómoli, gelernter Schreiner und passionierter Landwirt, ist ein ruhiger, zurückhaltender Mensch, ein echter Toscaner. Aber wenn man ihn auf seinen biodynamischen Anbau anspricht, da sprudelt es nur so aus ihm heraus.

Eine englische Freundin, eine Malerin, die besonders gerne ›seine‹ Landschaften ringsum festhält, hat Fabio auf den biodynamischen Anbau gebracht. Die Künstlerin leidet an Lebensmittelallergien und traf auf ihren zahlreichen Reisen in Kalifornien auf Landwirte, die ihre Landwirtschaft biodynamisch betreiben und dabei noch strengeren Regeln des Anbaus folgen, als sie allgemein für Biobauern gelten. So, wie es etwa die weltweit bekannte Demeter-Organisation vorschreibt, die sich nach den anthroposophischen Theorien Rudolf Steiners richtet.

## Biologisch und biodynamisch

Die ganzheitlichen Ansprüche des biodynamischen Anbaus gehen über die EU-Verordnungen für den Bioanbau hinaus. Im Bioanbau dürfen nur natürliche Düngemittel und Pestizide verwendet werden. Doch diese werden nicht vor Ort hergestellt, sondern zugekauft, müssen sich auf den Äckern, in den Weinbergen und im Olivenhain erst ›assimilieren‹. Auch auf die Weiterverarbeitung nehmen die Biobauern keinen Einfluss mehr. Beim biodynamischen Anbau hingegen wird der gesamte Produktionsprozess bis zum Endprodukt begleitet. Der Hof wird als Organismus angesehen, für den nicht nur materielle Substanzen entscheidend sind, sondern auch die ›gestaltenden Kräfte des Kosmos‹. In Italien arbeiten mit diesen Methoden nicht einmal 100 Betriebe, die vorwiegend im nördlichen Teil des Landes liegen.

## Natürliche Schädlingsbekämpfung

Umweltgifte zerstören den natürlichen Organismus eines Hofes, das macht Fabio an einem eindrücklichen Beispiel deutlich: Werden Pestizide in der Landwirtschaft benutzt, können z. B. Vögel daran sterben und die nächste Generation wird nicht aus den Eiern schlüpfen. Denn die Schalen werden durch die schädigenden Mittel nicht dick genug und die Tiere sind den Umwelteinflüssen nicht mehr gewachsen. Gelingt es den Küken dennoch zu schlüpfen, finden sie keine Insekten als Nahrung, weil diese wiederum durch Pestizide vernichtet wurden. Ein Teufelskreis.

Dass biologisch, erst recht biodynamisch Angebautes auch für die Menschen gesünder ist, ist schon länger auch unabhängig von Rudolf Steiner bekannt. Und dass die Verfahren zur Herstellung guter, gesunder Lebensmittel aufwendiger und damit teurer sind als solche, bei denen mit Pestiziden gegen fast alles vorgegangen wird, ist ebenfalls verständlich. Und tatsächlich sind die Verbraucher bereit, für diese Lebensmittel auch mehr zu zahlen. Denn was ist schließlich wichtiger als die Gesundheit?

**Ökologischen Anbau gibt es vielerorts, biodynamischer ist seltener in der Toscana**

So wird in der biodynamischen Landwirtschaft mit natürlichen Nährstoffen angebaut und mit natürlichen Substanzen gegen Schädlinge vorgegangen. Gegen die Olivenfliege z. B. wirkt eine Mischung aus Zucker, Wasser und etwas Honig, die abgefüllt in Flaschen in die Bäume gehängt wird. Eine perfekte Falle ohne Pestizide.

## Die Dynamisierung des Bodens

Auf Fabios Land, das seit 1937 im Besitz der Familie seiner Frau Elisabetta ist, blühen mehr Blumenarten als in der weiteren Umgebung. Fabio hat genau recherchiert, was hier früher wuchs, bevor die Familie seiner Frau mit groß angelegter Landwirtschaft begann und damit – wie die meisten Bauern – das Land ausbluten ließ. Er hat aus sorgfältig ausgewähltem Anbau die Samen der Wildblumen und -kräuter angeschafft, die sich inzwischen selber aussäen, also quasi vor Ort ›geboren‹ sind – ein entscheidendes Kriterium für den biodynamischen Anbau.

Die auf dem Gut wachsenden Wildblumen, Gräser, vor allem auch Leguminosen (z. B. besonders kräftiger Klee) bilden die Grundlage für die Fruchtbarkeit des Ackers. Sie werden in den Boden untergepflügt und sind ein wunderbarer Nährstoff, der nur noch mit einer Spezialanfertigung aufgebessert wird: dem homöopathisch verdünnten Dung aus dem Kuhhorn.

Für die Herstellung dieses wertvollen Düngers wird ein Kuhhorn mit Kuhmist gefüllt und im Frühherbst für sieben Monate auf dem Acker vergraben. Der so entstandene Dung, der im wahrsten Sinne des Wortes voller Leben, also Mikroorganismen ist, wird im Frühling aus dem Horn herausgekratzt und stark mit Wasser verdünnt, bevor er auf den Äckern und in den Weinbergen verwendet wird. Das ist die perfekte Dynamisierung des Bodens.

Das mag alles nach Hokuspokus klingen, vor allem wenn Fabio etwas von der richtigen Sternenkonstellation erzählt. Tatsache ist jedoch: Der Dung hilft, ist auf demselben Acker entstanden, damit garantiert ›assimiliert‹ und es kommt kein Giftstoff in die Lebensmittel.

## Natürliche Weiterverarbeitung

Im Ersten Weltkrieg brauchte Italien für den Transport schwerer Artillerie geduldige Ackergäule, die ordentliche Lasten durch schwieriges Gelände transportieren konnten. Genau solche Gäule findet man nun in den biodynamisch arbeitenden landwirtschaftlichen Betrieben wieder, auch bei Fabio. Er hat zwei geduldige Stuten, Sandy und Lolla. Sie ziehen den Pflug über die Äcker, das Fass mit dem Kupfersulfid durch den Weinberg, das auch in der Biodynamik als Schädlingsbekämpfungsmittel erlaubt ist.

Man mag denken, dass das Spinnerei ist, was Fabio und seine Kollegen betreiben. Wer aber Fabios Land, die Reihen seiner Rebstöcke und die Wiesen um sie herum anschaut begreift, dass hier doch etwas hinter dem Begriff ›biodynamisch‹ steckt, das der Natur und damit auch dem Menschen einfach gut tun muss.

Bei Fabio und Elisabetta Mentómoli kann man auch sehr ›landnah‹ wohnen: Fattoria Castellina, 50050 Capráia e Limite (FI), Via Palandri 27, Tel./Fax 057 15 76 31, www.fattoriacastellina.com.

# Nicht nur Chianti – die Weine der Toscana

**In der Toscana beginnt in gewisser Hinsicht Süditalien. Dank der Apenninen, die einen Schutzwall gegen Norden und Osten bilden, und dank dem mäßigenden Einfluss des Tyrrhenischen Meeres herrscht in der Toscana ein mildes Mittelmeerklima – beste Bedingungen also für den Weinanbau.**

Wenn dem Menschen ein gemäßigtes Klima angenehm ist, dann ist es für die Weinrebe Voraussetzung. Dazu soll der Toscaner Leonardo da Vinci sinniert haben: »Glücklich die Menschen, die dort geboren werden, wo gute Weine entstehen.«

In der Toscana jedenfalls werden seit Jahrtausenden Weinreben angebaut, wenn auch erst die Griechen vor 3000 Jahren den Etruskern beigebracht haben sollen, dass man Trauben nicht nur essen, sondern auch zu Wein verarbeiten kann …

Die Toscana gehört sicher nicht zu den ergiebigsten Weinregionen Italiens. Seit jeher jedoch verstanden es die toscanischen Weinhäuser, ihren eigenen und fremden Wein zu vermarkten. Die Toscana erzeugt durchschnittlich ca. 20 Mio. l Wein im Jahr, wovon mehr als die Hälfte die kontrollierte Ursprungsbezeichnung DOC *(Denominazione di Origine Controllata)* oder DOCG *(Denominazione di Origine Controllata e Garantita)* tragen, ähnlich dem AOC-Prinzip in Frankreich.

Die Produktion von DOC-Weinen erfolgt nach vorgegebenen Methoden und Mengen. Dafür werden bestimmte Rebsorten und Anbaugebiete festgelegt. DOCG-Weine stehen für die höchste italienische Qualitätsklasse. Wenn Weine ihre Qualität fünf

Jahre beibehalten, erhalten sie den DOC-Status, nach weiteren fünf Jahren den DOCG-Status.

Man mag spontan an die zwei bekanntesten Weine, Chianti und Brunello, denken, wenn es um toscanische Weine geht, doch mittlerweile gibt es 50 toscanische DOC-Weingebiete mit verwirrend vielen Unterbezeichnungen. Einige wenige dieser Weinnamen sind berühmt, die meisten haben wenig Bedeutung.

Die Hauptsorte für alle traditionellen Rotweine der Toscana ist der Sangiovese. Die Toscana bietet den Reben eine außerordentlich breite Palette von Anbaubedingungen: von fruchtbaren Böden in warmer Meeresnähe bis zu den steinigen Böden auf kühler Höhe von 500 m im Chianti Classico oder in der Rúfina.

## Chianti Classico

Das Chianti-Classico-Gebiet unterscheidet sich zumindest in einem Punkt wesentlich von den anderen historischen Weingebieten der Welt: Es ist nämlich weniger ein Wein- als ein Waldgebiet. Nur ein Zehntel des 70 000 ha großen Chianti-Classico-Gebietes sind Weinberge, 3000 ha liegen in der Provinz Florenz, 4000 ha in der Provinz Siena.

Die besten Lagen des Classico befinden sich zwischen 250 und 450 m Höhe und haben steinige, unfruchtbare Alberese- oder Galestro-Böden. Spitzenlagen, wo Böden, Mikroklima, Höhe über Meer und Sonneneinstrahlung optimal zusammenspielen und der Sangiovese sein Bestes gibt, liegen im Sonnenkessel »Conca d'Oro« unterhalb des kleinen Dorfes Panzano, auf den Hügeln um Gaiole in Chianti und weiter südlich bei Monti (ebenfalls der Gemeinde Gaiole zugehörend), bei Radda in Chianti und auf den Hügeln von Castellina.

## Montalcino und Montepulciano

Bereits in der Antike war **Montalcino** berühmt für seinen – man staune – Weißwein! Erst ein gewisser Ferruccio Biondi-Santi begann gegen Ende des 19. Jh., den roten Sangiovese separat anzubauen, und nannte den kraftvollen, gerbstoffreichen Wein Brunello. Ein ganzes Jahrhundert lang blieb dieser Brunello nur wenigen Liebhabern vorbehalten. Da sich mit dem Wein jedoch viel Geld verdienen lässt, investierten auswärtige Unternehmer Ende der 1970er-Jahre und in den 1980er-Jahren in großem Stil in den Weinanbau: Sie erwarben Ländereien und rodeten Walder; Weizenacker wurden zweckentfremdet und die Schafe von ihren Weiden vertrieben, um Brunello Weinberge anzulegen. In nur 40 Jahren wurde das Anbaugebiet so von 60 auf 2000 ha Weinreben aufgeforstet – auch in Lagen, wo es den Schafen bestimmt besser gefallen hatte als heute den Weinstöcken. Der Brunello kann jedoch ein einzigartiger Wein sein, vor allem wenn er aus hohen Lagen oder von den Hügelausläufern im Norden des Städtchens stammt.

Als Rotweingebiet ist **Montepulciano** um einiges älter als der mittlerweile weitaus erfolgreichere Nachbar Montalcino. Sehenswert ist vor allem der Hügel, auf dem das malerische Städtchen steht. Denn er ist von mittelalterlichen Fluchtgängen und Kellergewölben richtiggehend durchlöchert und zeugt von einer ereignisreichen Vergangenheit. Der Vino Nobile di

**Hintergründe zum Chianti Classico**
Für den Chianti Classico galten strenge Regeln: Der Wein musste aus mindestens 80 % Sangiovese, dazu Canaiolo und Cabernet Sauvignon und 10 % Weißwein bestehen. Heute werden immer mehr Chianti-Weine mit Sangiovese *in purezza,* also zu 100 % aus der reinen Traubensorte produziert. Erst seit 2006 darf dem Chianti Classico kein Weißwein mehr beigemischt werden. Der neue Chianti Classico wird alljährlich Mitte September auf der Piazza Matteotti in Greve auf der Weinmesse **Rassegna del Chianti Classico** vorgestellt. Die historische Marke des Chianti Classico, der **Gallo Nero,** wurde in Radda entwickelt. Hier gründete sich auch im 19. Jh. der Winzerbund.

Montepulciano ist ein warmer und kerniger Wein, der aus mindestens 70 % Sangiovese besteht und jedenfalls bei den noch wenig berühmten Winzern mit guter Preisleistung aufwartet.

## Weitere Weingebiete im Binnenland

Das Weingebiet **Colli Fiorentini** umschließt ein breites Gebiet im Süden und im Osten von Florenz. In diesem recht ursprünglich gebliebenen Teil der Toscana gibt es eine Handvoll Winzer, die sehr schöne Chianti Colli Fiorentini erzeugen.

Das unscheinbare Dorf **Carmignano** westlich von Florenz auf dem Montalbano-Hügelzug lag schon immer im direkten Einzugsbereich der Stadt. Obschon der Montalbano durch seine topografische Beschaffenheit dem Weinbau keine großen, zusammenhängenden Flächen zur Verfügung stellt, galt der Wein von Carmignano bereits im 14. Jh. als einer der besten und teuersten Rotweine der Toscana. Als Besonderheit ist zu erwähnen, dass der Cabernet-Anteil im Carmignano (ein DOCG-Wein) keine Referenz an die heutige Mode ist, sondern bereits im 18. Jh. üblich war. Seine Verehrer suchen im Carmignano nicht den dunklen, schweren Wein, sondern lieben vielmehr seine Geschmeidigkeit und seine Eleganz.

Im rauen, zerklüfteten Sieve-Tal östlich von Florenz entstehen Rotweine von Struktur und Rasse. Die Gegend geriet in der Vergangenheit bis auf zwei, drei Qualitätserzeuger ziemlich in Vergessenheit. Doch seit ein paar Jahren erinnert sich die Region wieder ihrer Tradition und nutzt ihr bemerkenswertes Potenzial für eine Reihe begeisternder **Chianti Rùfina**.

Hoch über dem Sieve, im Mini-Anbaugebiet **Pomino** (einzige Erzeuger sind Frescobaldi und Selvapiana), entstehen ein außerordentlicher Weißwein (Pomino bianco) und ein origineller Rotwein (Pomino rosso).

Auch **San Gimignano** bietet seit einiger Zeit wieder Weißweine, die auch außerhalb der Stadtmauern noch schmecken. Seit 1993 ist der Vernaccia di San Gimignano, einstmals allererster italienischer Wein der Qualität DOC, in den DOCG-Stand aufgerückt und erfuhr durch die damit verbundenen verschärften Anbauregeln einen Qualitätsschub.

Von den sonnenerwärmten Hügeln zwischen Lucca und Montecatini kommt der **Montecarlo**, ein Wein mit einem klangvollen Namen. Das Anbaugebiet ist sehr klein, die Weine waren nicht immer erwähnenswert. Seit einiger Zeit ist es jedoch recht spannend, die Qualitätsentwicklung der Rot- und Weißweine (Montecarlo rosso und Montecarlo bianco) einiger Winzer mitzuverfolgen.

## Weine von der Küste ...

California heißt ein Dorf an der Küste südlich von Livorno, und an Kalifornien erinnert auch die rasante Entwicklung und die Art der hiesigen Weine. Bis vor wenigen Jahren war das Hinterland des Lieblingsstrandes der Florentiner weinbauliches Niemandsland. Eine prominente Ausnahme gab es jedoch: den berühmten Sassicaia des Marchese Incisa della Rocchetta (inzwischen mit eigener DOC Bolgheri Sassicaia). Seinem Beispiel folgten zahlreiche einheimische Winzer sowie auswärtige Investoren und Luxuswinzer. Das warme Küstenklima erweist sich vor allem für den Anbau von Cabernet und Merlot, die die Mehrzahl der hiesigen Weine prägen, als ausgesprochen geeignet.

## ... und aus der Maremma

Südlich und westlich von Montalcino geht die Toscana noch ein ganzes Stück weiter und zieht sich als sogenannte Maremma bis hin nach Grosseto am Meer entlang. Neben dem Weißwein von Pitigliano ist der rote **Morellino di Scansano** traditioneller Wein der Maremma. Der zur Sangiovese-Familie gehörende Morellino ergibt dunkle, kraftvolle, warme Weine. Nach einer unglaublichen Investitionswelle in den vergangenen 20 Jahren wuchs die Anbaufläche des Morellino (seit 2006 DOCG) von 300 ha im Jahr 1993 auf heutige 1500 ha.

*Andreas März*

**Mein Tipp**

**Azienda Agricola Poliziano:** 53040 Montepulciano Stazione (SI), Tel. 05 78 73 81 71, www.carlettipoliziano.com. Herrliches Weingut unterhalb von Montepulciano; Anmeldung zur Weinprobe, auch mit Verkostung möglich. Außerdem Probierstube mit Verkauf auf der Piazza Grande in Montepulciano.
**Barone Ricasoli, Cantine del Castello di Brolio:** 53013 Gaiole in Chianti (SI), Tel. 05 77 73 02 20, www.ricasoli.it. Großartige moderne Probierstube mit Verkauf unterhalb des Castello di Brolio, wieder im Besitz der RIcasoli-Familie.
**Azienda Agricola Montebelli:** 58023 Molinetto di Caldana (GR), Tel. 05 66 88 71 00, www.montebelli.com. Wunderschönes Landgut in einsamer Lage mit schönen Zimmern und Restaurant. Biologischer Anbau von Wein und Oliven.
**Il Duchesco:** 58010 Alberese (GR), Strada Provinciale 59 Nr. 29, Tel./Handy 33 88 46 26 59, www.ilduchesco.it. Kleines, biologisch arbeitendes Landgut beim Maremma-Naturpark (das erste Italiens und Europas mit dem Zertifikat ›Ecolabel‹, seit 2004) mit einladender Probierstube (auch der Maremma-Küche) und Verkauf von Wein, Olivenöl, Marmeladen und Kosmetika.

# Die Textilindustrie bei Prato – eine Branche im Umbruch

**Die Toscana tut sich heute immer schwerer damit, ihre traditionellen Industriezweige profitabel am Leben zu erhalten. Das Beispiel Textilindustrie zeigt, wie tief das Thema in das Alltagsleben eingreift.**

Im Mittelalter war die Zunft der Wollweber von Florenz eine der mächtigsten Berufsgruppen, denn sie gehörte zu den reichsten Zünften und tat viel Gutes für ihre Mitglieder und damit für Florenz und seinen Machtbereich. So sorgte die Zunft z. B. für kostbare Ausschmückungen von Kirchen.

Im Lauf der Jahrhunderte hatte sich dann das Geschäft von Florenz vor allem nach Prato verlagert, wo über lange Zeit die Textilherstellung als Kunsthandwerk betrieben wurde.

## Mit Lumpen zur Boomtown

Erst mit dem Zweiten Weltkrieg sah sich Prato zur Umstellung auf die industrielle Produktion gezwungen. Die Zeit der exklusiven Mode war vorbei, robuste Alltagskleidung wurde gebraucht, und das in großen Mengen. Der Stoffmangel ließ die Prateser erfinderisch werden: Sie sammelten aus ganz Europa gebrauchte Kleider, Stoffe und Lumpen und fertigen daraus neue Kleidungsstücke.

**Stoffe aus Prato haben sich weltweit einen Namen gemacht**

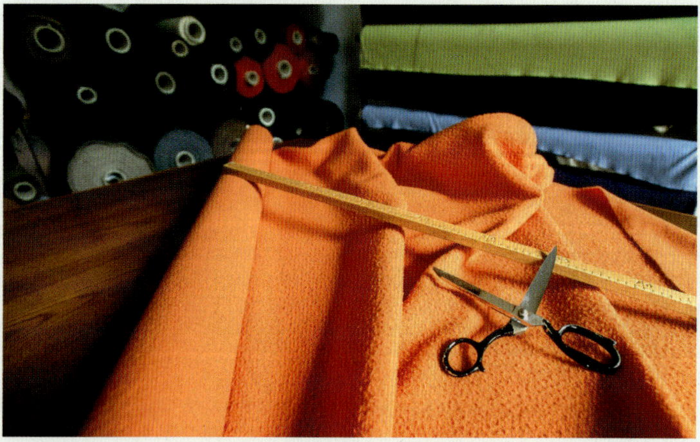

Neue Manufakturen wurden errichtet, Arbeiter angeheuert. Sie kamen vor allem aus dem ärmeren Süden Italiens und wurden in Pratos Vororten in den für die 1950er-Jahre typischen Mietskasernen untergebracht, die die Stadt schnell und preiswert errichtete.

Keine andere italienische Stadt wuchs in dieser Zeit so schnell wie Prato: Zwischen 1950 und 1957 nahm ihre Einwohnerzahl von 50 000 auf über 160 000 zu. Dabei arbeitete mehr als ein Drittel der Bevölkerung direkt für bzw. in der Textilindustrie. Diese Entwicklung hatte ihren Preis: Während sich die Prateser früher als Textilkünstler verstanden, wurden sie nun zu Herstellern von Massenware. Das hatte auch gesellschaftliche Folgen. Zwei Welten prallten nun aufeinander: das wohlhabende Bürgertum und die Arbeiter, meist arme, oft ungebildete Italiener aus dem Süden des Landes.

## Billigkonkurrenz und ihre Folgen

Mitte der 1970er-Jahre traten die Asiaten, vor allem aus Hongkong und Taiwan, auf den Weltmarkt und überschwemmten ihn mit billigen Textilien. Mit diesen Produkten konnte und wollte Prato nicht mehr konkurrieren. So meldeten die Prateser Fabriken in kurzer Folge nacheinander Konkurs an, mehr als ein Drittel der heimischen Textilarbeiter wurde arbeitslos.

Um zu überleben, kehrten die Prateser zu den Wurzeln ihrer Textilbe- und -verarbeitung zurück – unter anderem, indem sie sich als Zulieferer für die Branche spezialisierten. Gleichzeitig ließen sie in kleinen Unternehmen das Textilkunsthandwerk mit modernen Maschinen und neuzeitlichem Marketing wieder aufleben. Die Prateser fühlen sich seitdem wieder in ihrem Element. Auch als Experten in Sachen Altkleider haben sich die Prateser weltweit einen Namen gemacht. So ist ihre Stadt zum Umschlagplatz für wiederverwertbare Altkleider geworden. In Prato wird die Kleidung fachmännisch nach Qualität und Stoffart sortiert und an die Secondhand-Läden weitergereicht; weniger wertvolle Ware wird mit Spezialmaschinen ›zerrissen‹ und zu neuen Stoffen verarbeitet. Dafür wiederum ist nicht unbedingt Fachwissen nötig, es genügen fleißige (Industrie-)Arbeiter, wie sie von den chinesischen Firmen beschäftigt werden, die seit den 1990er-Jahren immer mehr Prateser Fabriken übernehmen.

## Chinatown in Prato

Die sozialen Veränderungen, die damit einsetzten, sind auch am Stadtbild von Prato zu erkennen. Mit dem Einzug chinesischer Firmen entstand am Stadtrand eine chinesische Kolonie, die nahezu autark ist, eine Chinatown mit asiatischen Restaurants, Schnellimbissen, Internetcafés und allen Geschäften, die man für den täglichen Bedarf braucht. Die Zahl der in Prato angemeldeten Chinesen liegt bei 50 000, die der chinesischen Betriebe bei 5000, davon 3700 in der Textilindustrie. Die Prateser bleiben weitgehend auf Distanz zu ihren neuen Mitbürgern, wenngleich die Kleinstadt von den jüngsten Entwicklungen auch profitiert: Ihre Messe gewann weltweit an Bedeutung, die Wirtschaftskraft nahm zu, alte Paläste konnten restauriert und das Stadtbild insgesamt deutlich aufgebessert werden. Die Stadt im touristischen Windschatten von Florenz ist dadurch auch für Besucher wieder attraktiv geworden – jenseits von Outlets und Designerläden …

# Romanik und Gotik

**Die Toscana gilt als das Ursprungsland der Renaissance. Darüber wird gerne vergessen, dass auch Romanik und Gotik in der Region ein reiches Erbe hinterlassen haben.**

Der Seesieg der Pisaner über die Sarazenen im Jahr 1062 hat auf den ersten Blick wenig mit der toscanischen Kunstgeschichte zu tun. Auf den zweiten Blick allerdings sehr wohl, denn Pisa entwickelte sich dadurch zu einer mächtigen, prosperierenden Stadt und begann kurz darauf, die erbeuteten Schätze in den Bau eines Domes zu investieren. Dieser gewaltige Bau war der erste romanisch-gotische Dom in der Toscana und er nimmt deshalb eine Vorreiterrolle ein. Anregungen holte sich der erste Baumeister von vielen Seiten, vor allem bei den frühchristlichen Basiliken in Rom, von byzantinischen Kirchen, aber auch von der islamischen Architektur. Auf Letztere ist zum Beispiel die Zweifarbigkeit der Steinlagen zurückzuführen.

Im 11.–13. Jh. (in der Renaissance wieder aufgegriffen) entwickelte sich eine neue, echt toscanische Form der Fassadenausschmückung, der Inkrustationsstil, bei dem der meist aus Backstein errichteten Wand eine Fassade aus farbigen Marmorplatten vorgebaut wurde. Gute Beispiele sind neben dem Dom von Pisa, der 1063 begonnen wurde, San Miniato al Monte und das Baptisterium von Florenz, die Badia in Fiésole und die Collegiata von Empoli.

Im 12. und 13. Jh. wurden weitere großen Dome in der Toscana begonnen, schon bald zogen Pistóia (nach 1108), Lucca (Ende 12. Jh.), Siena (um 1210), Prato (ab 1211), Arezzo (1277) und Florenz (ab 1296) nach.

Zur Ausbreitung gelangte der romanische Baustil aber auch durch die vielen kleinen Pfarrkirchen auf dem Land, *pievi*. Typisch für die *pievi* ist der schlichte, meist einschiffige Grundriss und die vergleichsweise einfache Ausschmückung durch einheimische Materialien wie Stein, Holz und Terracotta. Die *pievi* sind überall in der Toscana zu finden, vor allem im Casentino (z. B. San Pietro di Romena oder Santa Maria Assunta in Stía), in der Lunigiana, im Mugello (Santa Maria in Fagna) und in der Garfagnana (in Diécimo, Loppia und Villa Basilica).

In der zweiten Hälfte des 13. Jh. trat schließlich ein neuer Stil auf den Plan: die Gotik. Neben den großen Dombauprojekten waren es vor allem die Bettelordenskirchen, durch die sich der aus Frankreich kommende Stil verbreitete. Die oft einschiffigen Kirchenräume mit angrenzenden Chorkapellen und offenen Dachstühlen oder flachen Holzdecken wurden nicht selten mit Freskenzyklen ausgemalt. Vergleichbar streng und einfach in der Fassadengestaltung war die Profanarchitektur der Gotik in der Toscana, wie man besonders am Palazzo Vecchio in Florenz und am Palazzo Púbblico in Siena sehen kann.

## Malerei und Bildhauerei

Auch die Malerei der Romanik blieb zunächst dem byzantinischen Vorbild treu. Aus dieser starren, regungslosen Überlieferung löste sich erst gegen Ende des 13. Jh. der Florentiner Maler und Mosaikkünstler **Giovanni Cimabue** (ca. 1240/45–1302), eigentlich Cenni di Pepo, dessen Spuren man in der Toscana anhand seiner monumentalen Kruzifixe folgen könnte: zu sehen in den Kirchen San Domenico in Arezzo, Santa Croce und Santa Maria Novella in Florenz (aber auch: »Thronende Madonna mit Engeln« in den Uffizien).

Ein Zentrum der Malerei war im 13. und 14. Jh. Siena. **Duccio di Buoninsegna** (ca. 1255–1319) steht hier stellvertretend für die gotische Malerei. Die »Maestà« (im Dombaumuseum zu bewundern) gilt nicht nur als sein persönliches Meisterwerk, sie steht für eine gesamte Epoche der toscanischen, besonders der sienesischen, Malerei. Zu ihren größten Vertretern zählen **Simone Martini** (1284–1344) sowie **Pietro** und **Ambrogio Lorenzetti** (ca. 1280–1348 bzw. 1285/1290–1348), die zahlreiche Fresken, Altarbilder und Tafelgemälde hinterließen. Der im Mugello geborene **Giotto di Bondone** (ca. 1266–1337), von Cimabue entdeckt und gefördert, vermochte als Erster, das Byzantinische aus der Malerei zu verdrängen, die Heiligenlegenden wirklichkeitsnah festzuhalten und räumlich zu komponieren. Vasari formulierte in seinen Künstler-Vitae, Giotto sei nur »bei der Natur und niemand sonst in die Lehre« gegangen.

Als erste wirkliche bildhauerische Künstlerpersönlichkeit des Mittelalters gilt **Nicola Pisano** (1225–78), der die romanische Skulptur zum Kunstwerk entwickelte, wie die Kanzeln im Pisaner Baptisterium 1260 und im Dom von Siena 1268 belegen. Ende des 13. Jh. nimmt diese herausragende Stellung sein Sohn **Andrea Pisano** (ca. 1290–1348/1349) ein, in dessen Werkstatt u. a. die Kanzeln im Dom von Pisa und in Sant'Andrea in Pistóia entstanden waren.

**Romanischer Kapitellschmuck an der Kirche Santa Maria Assunta in Arezzo**

# Die Renaissance – Hochblüte der toscanischen Kunst

**Die künstlerische Hochblüte erlebte die Toscana in der Renaissance. Zentrum des Geschehens war Florenz. Der Mensch begann sich in der Wiedergeburt (rinascità) der antiken Tradition auf seine eigenen Werte zu besinnen, er wurde Zentrum des Denkens und kreativen Schaffens.**

Der Renaissance-Mensch streifte ab der Mitte des 15. Jh. das mittelalterliche Bemühen ab, den Sinn des Lebens in der Überwindung des Diesseits als Vorbereitung auf das Jenseits zu sehen. Er bejahte also das Heute, die Lebensfreude, die Schönheit, die Freiheit des Geistes. Der meisterliche Handwerker wurde zum Künstler, der hinter seinem Werk hervortrat. Die Betrachter seiner Kunstwerke wurden zu einem immer kritischeren Publikum, mit dem er sich auseinandersetzen musste.

## Architekten und Universalkünstler

Als Bahnbrecher der Frührenaissance gilt **Filippo Brunelleschi** (1377–1446). Er baute nicht allein auf die Erfahrungen seiner Vorgänger, sondern entwickelte in der Architektur die Raumperspektive durch exakte mathematische Berechnungen. Sein Meisterwerk ist zweifelsohne die Domkuppel in Florenz. Er schuf sie u. a. mit wiederentdeckten antiken Hilfsmitteln – mit Hohlziegeln, die die Kuppel leichter machen sollten.

**»Madonna del Parto« von Piero della Francesca**

Viele Architekten bauten für Florenz und die Medici auch in kleineren Orten Kirchen, errichteten aber auch Villen nach dem Medici-Muster von Careggi und Poggio a Caiáno rings um Florenz. Der Gipfel eines Architektentraumes erfüllte sich für **Bernardo Rossellino** (1409–64), der 1459 für den toscanischen Papst Pius II. Pienza, die Idealstadt der Renaissance (nach den Entwürfen Albertis), bauen durfte.

Der auch theoretisch sehr begabte Universalkünstler **Leon Battista Alberti** (1404–72), berühmt durch seine Kirche Sant'Andrea in Mantua (Lombardei), hat in Florenz ebenfalls einige hervorragende Renaissance-Bauten hinterlassen: den Palazzo Rucellai und die zart inkrustierte Fassade von Santa Maria Novella.

## Bildhauer

Die Bildhauerei versuchte in Anlehnung an die römische Antike vor allem, den menschlichen Körper wirklichkeitsgetreu wiederzugeben.

Der Maler und Bildhauer **Lorenzo Ghiberti** (1378–1455) schuf in Florenz die berühmte Bronzetür am Baptisterium und die Bronzefiguren für Orsanmichele sowie die Reliefs am Taufbrunnen von San Giovanni in Siena.

Als Hauptmeister der Frührenaissance aber gilt **Donato de' Bardi,** genannt **Donatello** (um 1384–1466), ein Schüler Ghibertis. Seine Hauptwerke sind der bronzene »David« aus dem Bargello und die erste frei stehende Gruppenplastik der Neuzeit, »Judith und Holofernes«, in Kopie vor dem Palazzo Vecchio in Florenz. Für Padua (Veneto) schuf er das Reiterdenkmal des Gattamelata (vor der Kirche Sant'Antonio).

**Michelozzo** (1396/97–1472) baute in Florenz den Palazzo Medici und gestaltete das Kloster San Marco um, arbeitete aber auch in Pistóia, Montepulciano und Volterra. **Benedetto da Maiano** (1442–97), der den Palazzo Strozzi errichtete, verdankt die Nachwelt lebendig erzählende Marmorreliefs wie an der Kanzel von Santa Croce in Florenz. Im Dienste der Medici stand **Andrea del Verrocchio** (1436–88), der in Florenz u. a. die Bronzegruppe »Christus und Thomas« für Orsanmichele schuf. Sein bekanntestes Werk steht in Venedig: das Reiterdenkmal des Condottiere Colleoni.

Ein Meister der Majolika-Bilder, die durch Übertragung der bemalten und glasierten Terracotta-Technik (Fayencen) auf die Großplastik entstanden, war der Frührenaissance-Künstler **Luca della Robbia** (1399–1482). Wo immer man in der Toscana auf farbenfroh umrahmte Madonnenbilder, Medaillons u. Ä. aus glasierter Keramik stößt (z. B. im Bargello), steht man vor einem Werk der Familie della Robbia.

## Maler

Zwar blieben in der Renaissance die Themen der Malerei mehrheitlich religiös, aber ihre Gestaltung wurde u. a. durch die Darstellung von Frauen und Männern aus dem Volk durchaus weltlicher.

**Tommaso di Giovanni di Simone Guidi,** genannt **Masaccio** (1401–28), leitete die Malerei der Frührenaissance ein. Seine Fresken in der Brancacci-Kapelle von Santa Maria del Carmine in Florenz wurden nach jahrzehntelanger Restaurierung 1990 dem Publikum wieder zugänglich gemacht. In den Uffizien zu bewundern ist auch sein Tafelbild »Anna selbdritt«.

**Fra Giovanni da Fiésole,** genannt **Fra Angelico** (1387–1455), schuf vor allem religiöse Bilder mit Engeln von eindringlicher Zartheit. Sein berühmtestes Werk sind die Fresken im Kloster San Marco in Florenz. Sein Schüler **Benozzo Gozzoli** (um 1420–97) aber zeigte eine geradezu weltliche Freude am Verzieren, an festlichen Fresken, auch eine große Erzählfreude wie im »Zug der Könige« in der Kapelle des Palazzo Medici-Riccardi in Florenz.

Der große Meister der Perspektive, der den religiösen Gestalten menschliche Züge zu verleihen wagte, ist **Piero della Francesca** (um 1420–92). Seine »Madonna del Parto« (Abb. S. 66), die schwangere Madonna, hat in der Malerei nur wenige Parallelen gefunden. Bilder und Fresken des Malers haben das schöne Museum seiner Geburtsstadt Sansepolcro zum Pilgerort für Kunstfreunde gemacht. Den Beinamen della Francesca erhielt er später wegen der Fresken zur Kreuzeslegende in der Kirche San Francesco von Arezzo.

Verträumt wirken die Mädchengestalten des Florentiners **Sandro Botticelli** (1444–1510). Ein Hauch mythologischer Melancholie umgibt vor allem seine Werke »Geburt der Venus« und »Der Frühling« in den Uffizien.

Der Karmelitermönch **Fra Filippo Lippi** (1406–69) verstand es, seinen religiösen Bildern weltlich anmutige

**Donatellos »Judith und Holofernes« – erste frei stehende Gruppenplastik der Neuzeit**

Schönheit zu verleihen (»Marienkrönung« und »Muttergottes mit Kind und zwei Engeln« in den Uffizien in Florenz).

Der Florentiner **Domenico di Tommaso,** genannt **Ghirlandaio** (1449–94) verdankt seinen Beinamen, frei nach Vasari, seiner ›Erfindung‹ des Kopfputzes florentinischer Mädchen, den Girlanden. Sein Hauptwerk in Florenz ist die Neuausmalung des Chores und von Teilen des sogenannten Chiostro Verde (Grüner Kreuzgang) der Kirche Santa Maria Novella (1481–85). Dort wurde er später auch beigesetzt. Bemerkenswert in den Fresken sind die Porträts seiner Künstlerkollegen.

## Multitalente der Hochrenaissance

Auch die Hochrenaissance Mitte des 16. Jh. erlebte ihre größte Blüte in der Toscana. Auffällig ist die Vielseitigkeit ihrer bedeutendsten Vertreter: Michelangelo und Leonardo da Vinci.

**Michelangelo Buonarroti** (1475–1564) gilt als Universalgenie und als eine der größten Künstlerpersönlichkeiten überhaupt: Baumeister (Bauleitung von San Pietro in Rom, Treppe der Biblioteca Medicea Laurenziana und Grabkapelle der Medici in San Lorenzo in Florenz), Bildhauer (»David«, in Kopie vor dem Palazzo Vecchio in Florenz, Original in der Accademia) und Maler (Freskenzyklus in der Sixtinischen Kapelle im Vatikan). Michelangelo darf man durch seine kraftvollen Werke auch als Wegbereiter des Barock bezeichnen.

**Leonardo da Vinci** (1452–1519) war Baumeister, Bildhauer, Maler, Forscher (u. a. Wegbereiter der medizinischen Sezierkunst) und Konstrukteur. Kunst und Wissenschaft verschmelzen bei ihm wie bei keinem anderen der Renaissancekünstler zu einer Einheit. Er wirkte in Florenz, Mailand, Rom sowie in Frankreich.

# Die Medici – Bankiers, Kaufleute und Mäzene in Florenz

**Sie waren Kaufleute, Bankiers und Kunstförderer und bestimmten lange Zeit das Schicksal von Florenz. Nicht immer zum Wohle aller, aber so nachhaltig, dass sie als große Kunstmäzene in die Geschichte eingingen.**

Kein anderes Geschlecht war politisch und wirtschaftlich einflussreicher in der Toscana. Doch die Medici haben auch kulturell die Blütezeit eingeläutet.

## Der Bankier

Der Aufstieg der Medici begann mit Giovanni de' Medici, einem römischen Bankier, der 1397 ein Bankhaus in Florenz eröffnete und für den Papst die Kirchengelder verwaltete. Er gehörte der Stadtregierung *(signoria)* von Florenz an. Bei seinem Tod hinterließ er seinem Sohn Cosimo, später Il Vecchio genannt, nach heutigen Maßstäben ein Millionenvermögen.

## Der Mäzen

Cosimo Il Vecchio (1389–1464) war ein hochgebildeter Mann, der 30 Jahre die Geschicke der Stadt lenkte, Kunst und Wissenschaft förderte und den Ruhm der Dynastie begründete. Viele seiner Stiftungen existieren noch heute. Cosimo gründete die Biblioteca Medicea Laurenziana und die Platonische Akademie, die zu einem Zentrum

**Biblioteca Medicea Laurenziana – die Medici-Stiftung zeugt vom Ruhm des Geschlechts**

für die bedeutendsten Humanisten seiner Zeit wurde.

Viele Künstler arbeiteten für Cosimo: Der Architekt Michelozzo baute für ihn den Sitz der Akademie und die Villen der Familie im Mugello oberhalb von Florenz um. Auch der monumentale Palazzo Medici-Riccardi, in dem alle Medici-Größen bis zum Umzug 1540 in den Palazzo Vecchio lebten, stammt von Michelozzo. Donatello schuf zwei schöne Bronzefiguren für den Medici-Sitz – »David« (heute im Bargello) und »Judith«. Benozzo Gozzoli malte für die Hauskapelle des Palastes die Fresken »Zug der Könige«, in denen die Gesichter einiger Medici festgehalten sind. Brunelleschi baute die Domkuppel und die Kirche San Lorenzo und begann den Neubau des Klosters San Marco.

## Der Prächtige

Wirklichen Ruhm erlangte Cosimos Enkel Lorenzo (1449–92), Il Magnifico (Der Prächtige) genannt. Zu seinem 500. Todestag 1992 fanden in der Toscana große Veranstaltungen statt. Lorenzos Leidenschaft für die schönen Künste und die Förderung von Talenten (u. a. Botticelli, Ghirlandaio, Leonardo, Michelangelo) stellte die Medici-Bank auf eine harte Probe. Aber als geschickter Staatsmann verstand er es, sowohl den Stadtstaat durch die politischen Strömungen zu führen als auch das eigene Bankgeschaft wenigstens zum Teil zu stabilisieren.

## Der Glücklose und der Stratege

Als Lorenzo 1492 starb, ging eine Blütezeit zu Ende, denn sein Sohn Piero hatte weniger Glück und wurde bereits 1494 vom Volk, aufgehetzt vom fanatischen Dominikanermönch Savonarola, aus der Stadt vertrieben. Als Savonarola dann in Ungnade fiel und 1498 auf der Piazza della Signoria hingerichtet wurde, konnten die Medici den Boden für ihren Neueinzug in Florenz bereiten.

Unter Cosimo I (1519–74) gelang es Florenz, Siena zu unterwerfen, und so wurde fast die gesamte heutige Toscana mediceisch bzw. florentinisch. Schon 1531 erhielten die Medici von Kaiser Karl V. den erblichen Titel eines Großherzogs der Toscana. Das war die absolute Glanzzeit der Medici, sie ließen die bedeutendsten Bauten von Florenz errichten und Kunstwerke von höchstem Rang schaffen. Unter Cosimo entstand z. B. die weltberühmte Galerie der Uffizien. Als Cosimo im Jahre 1574 starb, hinterließ er seinen Nachfolgern zwar eine große politische Macht, die bis zum Erlöschen der Dynastie 1737 Bestand haben sollte, doch die Prachtentfaltung ihrer Vorfahren konnten die letzten Medici nicht fortsetzen.

## UNESCO-Erbe

Das historische Zentrum von Florenz, Siena, Pienza und San Gimgignano, Pisa mit der Piazza del Duomo, aber auch die ganze Kulturlandschaft der Val d'Orcia sind inzwischen unter den Schutz der UNESCO gestellt. Als letzte kamen sämtliche Villen und Gartenanlagen der Medici in der Toscana hinzu: Villa di Careggi, Villa di Cafággiolo, Villa del Trebbio, Villa Medici a Fiesole, Villa di Castello, Villa della Petràia, Giardino di Bóboli, Villa di Cerreto Guidi, Palazzo di Seravezza, Giardino di Pratolino, Villa la Magia, Villa di Artimino und Villa del Poggio Imperiale. Italien hat somit die meisten UNESCO-Stätten weltweit: 50 (mit San Marino 51).

# Made in Florenz: die italienische Sprache

**Mag die Sprache der Toscaner auch heute zur Mundart degradiert sein, sie ist immerhin die Sprache Dantes, Boccaccios und Petrarcas und gilt als Modell einer gemeinsamen italienischen Volkssprache. Darauf sind die Toscaner nach wie vor stolz.**

Latein als Religions- und Rechtssprache, das Provenzalische der Troubadourlieder, das Französische sowie das volkstümliche Vulgärlatein *(volgare)* hielten sich lange im Gebiet des heutigen Italien. Als das älteste zusammenhängende Prosastück italienischer Sprache gilt ein Pisaner Rechnungsbuch von 1080–1130. Erst im 13. Jh. setzte sich das Italienische als Volkssprache durch – maßgeblich beeinflusst von den florentinischen Dichtern.

## Volgare

Am sizilianischen Hofe Friedrichs II. entwickelte sich Anfang des 13. Jh. eine Minnedichtung in Anlehnung an die französische Troubadourlyrik, die vor allem von den toscanischen Dichtern am Hof übernommen wurde. Diese Kunstsprache sollte die Grundlage der italienischen Dichtersprache werden, das *volgare illustre* des Florentiner Dichters Dante Alighieri.

Dantes Anliegen war es, neben dem Lateinischen eine italienische Dichtersprache zu finden. In seiner Abhandlung »De vulgari eloquentia« (1305) nimmt er dafür eine Klassifizierung der gebräuchlichsten Dialekte vor und kommt zu dem Schluss, dass keiner dieser Dialekte das *volgare illustre*

**Dante Alighieri und die »Göttliche Komödie« (Domenico di Michelino, Dom Florenz)**

darstellt – die gesuchte Dichtersprache bleibt also für ihn Theorie. Die Praxis aber sah anders aus: Da er die Schrift in Florentinisch verfasste, erhob er damit diesen Dialekt zur Dichtersprache.

## Tre Corone – die Dichter und ihre Werke

Dem toscanischen Dichter-Dreiergespann (Tre Corone) des 14. Jh., Dante, Petrarca und Boccaccio, ist es zu verdanken, dass das literarische Florentinisch zum Modell der italienischen Dichtersprache wurde und sich bereits im 16. Jh. als solche manifestierte. Allerdings orientierte sich das Modell kaum an der gesprochenen Sprache, was zu vielen Kontroversen führte.

**Dante Alighieri** (1265–1321) verdankt die Welt die »Göttliche Komödie«, die den Zusatz ›göttlich‹ allerdings erst 1355 durch Boccaccio erhielt. Eine amüsante Geschichte, in der Dante seine Wanderung durch die drei Reiche des Jenseits, Hölle, Fegefeuer und Paradies schildert, dabei 600 Personen seiner Zeit nicht immer positiv darstellt, sie sogar mit Namen nennt und ihnen in der Hölle, im Fegefeuer oder – eher selten – im Paradies begegnet. Dante schrieb das Werk nicht auf Latein, sondern in toscanischer Volkssprache (s. o.) und nahm damit starken Einfluss auf die Bildung der italienischen Schrift- und Literatursprache. Dante starb im Exil in Ravenna, wo sich bis heute seine Grabstätte befindet.

**Francesco Petrarca** (1304–74) war ein großer Verehrer Dantes und in seiner Heimatstadt Arezzo hoch angesehen als Sammler antiker Schriften, als Vorreiter der Philologie und als Dichter von Liebeslyrik, die er an seine imaginäre Geliebte Laura richtete.

**Dante in Florenz**
In seiner Geburtsstadt steht im sogenannten Dante-Viertel das vermeintliche Geburtshaus Dante Alighieris. Ein ruhiger Ort, nur wenige Besucher finden hierher. Dasselbe gilt für das nahe Oratorio, wo sich Dante angeblich mit seiner Geliebten Beatrice traf. Getauft wurde Dante wie alle Florentiner damals bei einer Sammeltaufe im Baptisterium, gestorben ist er im Exil. Das Grabmonument in der Florentiner Kirche Santa Croce ist leer, ein Ehrengrab.

**Giovanni Boccaccio** (1313–75) war eher ein kühler Kopf, ein Gelehrter, der ein mythologisches Handbuch verfasst hat und uns den »Decamerone« hinterließ, eine Sammlung burlesker Novellen.

## Entwicklung

Ab 1612 wurde die Sprache systematisch aufbereitet. Hervorzuheben ist vor allem das Wörterbuch der noch heute in Florenz bestehenden Accademia della Crusca, das als eine Pionierleistung der Lexikografie gilt. Im 18. Jh. wurden Ausdrücke aus weiteren italienischen Mundarten zugelassen und ein Satzbau, der sich stärker an der gesprochenen Sprache orientierte.

Erst im 19. Jh. vollzog sich die endgültige Orientierung der italienischen Schriftsprache am gesprochenen Florentinisch: durch das Werk eines Mailänders, **Alessandro Manzoni**, und dessen berühmtesten Roman »I promessi sposi« (»Die Verlobten«), vor allem durch die rein florentinische Neufassung von 1840 bis 42.

# Der Palio – Siena im Ausnahmezustand

**Sienas Palio gilt als das aufregendste Pferderennen ganz Italiens und ist tief verwurzelt in der Geschichte der Stadt. Die Sieneser, heißt es, sind deshalb so liebenswürdig, weil sie zweimal jährlich im Juli und im August im Palio ein kollektives Ventil für ihre Emotionen finden.**

Lisa Guideri ist eine liebenswerte Gastgeberin. Sie empfängt ihre Gäste in ihrer kleinen Wohnung hoch über dem Campo in Siena. Freunde ihrer beiden in Siena studierenden Kinder kommen hinzu, es werden Fahnen der Contrada della Torre, des Stadtteils, zu dem alle ihre Gäste gehören, entfaltet, und man begibt sich auf den kleinen Balkon, der über der Piazza schwebt und einen guten Ausblick auf den Palio bietet. Es ist gegen 18 Uhr am schwülen Abend des 2. Juli und die Gruppe ist zusammengekommen, um sich den ersten Palio des Jahres anzuschauen.

Der freie Platz innerhalb des zur Rennbahn umfunktionierten Campo füllt sich allmählich, ebenso die Balkone und Tribünen. Ringsum ist jede Lücke zwischen den Balkonen mit Brettern geschlossen, auf denen die Zuschauer dicht an dicht sitzen. Bis zu 40 000 Menschen können dem Palio beiwohnen. An allen Fenstern stehen Sieneser und schwenken Fahnen ihrer Contrada; aus Dachluken und von den Turmdächern beugen sie sich beängstigend weit vor.

## Wie alles begann

Bereits im Mittelalter entstanden die *contrade,* damals gleichzusetzen mit Militärkompanien, die bestimmten

Stadtteilen zugeordnet waren. Sie kümmerten sich in Friedenszeiten um das Wohlergehen der Bevölkerung, auch um die Organisation von Spielen und Wettbewerben. Im 17. Jh. wurden Pferderennen vorerst durch die Gassen immer beliebter, anfänglich nur am 2. Juli, seit 1774 auch am 16. August. Von Anfang an diente der Palio dabei als Ventil für Gefühle, auch für die üblichen kleinen Feindschaften zwischen den *contrade* – Nachbarschaftsfehden eben.

## Strenge Regeln

Signora Guideri erklärt die Abläufe für den Palio: Von den 17 *contrade* der Stadt sind bei jedem Rennen nur zehn zugelassen: drei, die durch Los ermittelt werden, und sieben, die am Vorjahresrennen nicht teilnehmen durften. Die Fahnen der sieben *contrade* hängen ab dem frühen Morgen aus den Fenstern des Rathauses und werden nach der Auslosung durch die Fahnen der drei folgenden ergänzt. Die Reihenfolge der restlichen Fahnen gibt Auskunft über die Reihenfolge beim historischen Umzug, dem *corteo storico.*

Ein paar Tage vor dem Rennen findet die Auswahl der Pferde statt, die anschließend den zehn teilnehmenden *contrade* per Los zugewiesen werden.

Der *barbaresco,* der Stallmeister jeder *contrada,* holt das ihr zugewiesene Pferd ab, er ist für die nächsten Tage für das kostbare Tier verantwortlich. Er führt das Pferd in den speziellen Stall *(casa del cavallo),* wo es vor den Zugriffen der feindlichen *contrade* beschützt werden muss. Am Abend des 29. Juni bzw. 13. August findet das erste Proberennen statt, dreimal um den mit festgestampftem Sand und Lehm bedeckten Platz. Weitere fünf Proben folgen.

Die ganze Stadt ist mit den Farben und Fahnen der Stadtteile geschmückt. In Siena läuft nichts mehr: Es werden weder geschäftliche noch private Entscheidungen getroffen. Familien, in denen Mitglieder verschiedener *contrade* leben, trennen sich bis nach dem Palio. Denn in seine *contrada* wird man hineingeboren und bleibt Mitglied, auch wenn man wegzieht.

Am Vorabend des Palio findet für alle Mitglieder der teilnehmenden *contrade* in der Hauptstraße oder auf dem Hauptplatz ihres Stadtteils ein großes Essen statt. Es folgen letzte Verhandlungen der Kapitäne: Besteht z. B. keine Aussicht, den Palio zu gewinnen, wird man sich untereinander absprechen, wie man feindliche *contrade* behindern könnte.

Mein Tipp

**Karten zum Palio**

Ungefähr 2 Std. vor Beginn der Veranstaltung kommt man über die Via Duprè kostenlos in die Mitte des Campo. Ob dort dann auch wirklich etwas zu sehen ist, bleibt fraglich, und das Gedränge muss man mögen.
Wer sicher sein will, einen Aussichtsplatz zu bekommen, sollte sich sein Ticket rechtzeitig besorgen. Eine schöne Website ist www.ilpalio.org, bei der Buchung hilft auch das Touristenbüro am Domplatz. Eine kompetente Buchungsadresse ist www.jacopo dellatorre.com (beide Webseiten auch in deutscher Sprache).

## Der Tag des Rennens

Der Palio-Tag ist streng durchorganisiert. Früh am Morgen findet die Einsegnung der Reiter in den Kirchen der jeweiligen Stadtteile statt (die Pferdesegnung folgt am Nachmittag), um 9 Uhr beginnt das letzte Proberennen, gegen 12 Uhr werden die Reiter dem Bürgermeister vorgestellt, ab 15 Uhr beginnen sich die *contrade*-Mitglieder für den rund zweistündigen Festzug am Domplatz zu versammeln.

Über die Via del Casato führt der Umzug unter Glockengeläut des Rathausturmes und begleitet von Fahnenschwingern zur Piazza del Campo. Seinen Höhepunkt erlebt der Umzug auf dem Campo, wenn vier riesengroße Chianina-Ochsen den Wagen mit der Siegestrophäe, einer aufwendig bestickten Standarte (dem Palio), an der jubelnden Menge vorbeiziehen.

Im Innenhof des Rathauses stampfen die Pferde nervös, während sich die Reiter für das Rennen einkleiden. Um 19.30 Uhr (im August 19 Uhr) hört die schwere Glocke des Rathauses zu läuten auf, die Erregung der Menschenmenge ist unerträglich. Die Reiter begeben sich zwischen die beiden Startseile, Fehlstarts sind an der Tagesordnung.

Auf dem Balkon von Lisa Guideri erwarten alle mit Spannung den historischen Umzug. Während die Riesenglocke schlägt, betreten die ersten Abordnungen der *contrade* den Platz: jeweils ein Trommler, zwei Fahnenschwinger, der *duce*, zwei Knappen mit den Feldzeichen der einstigen Militärkompanien, es folgt ein Reitknecht mit dem Paradepferd, darauf der *fantino*, der Reiter. Zuletzt kommt das Rennpferd auf den Platz, von seinem *barbaresco* geführt. Als die Bannerträger der Contrada della Torre auftauchen, sind die Studenten auf dem Balkon nicht mehr zu halten, sie rufen »Torre, Torre!« und schwingen ihre Fahnen.

Gleich ist es 19.30 Uhr, die Sonne erleuchtet nur noch das Rathaus. Auf dem Campo, innerhalb und um die Rennbahn herum, fände keine Stecknadel mehr Platz! Der Zugang wird gesperrt. Die Glocken auf dem Rathausturm hören auf zu schlagen. Es wird still. Die Reiter treten mit ihren Pferden aus dem Innenhof des Rathauses auf die Rennbahn, nachdem sie die Ochsenziemer zum Antreiben der Pferde vom Wachtposten erhalten haben.

## Bahn frei!

Zwischen zwei quer gespannten Hanfseilen zittern Pferde und Reiter dem Start entgegen. Sie stehen vor der schwersten Aufgabe, dem Start.

Ein Schuss. Das Seil fällt: Bahn frei! Ein gefährliches Rennen ohne Sattel beginnt, Notärzte stehen bereit. Am gefährlichsten ist die Kurve von San Martino links am Rathaus, weshalb die kleine vorspringende Kapelle in dicke Matratzen eingehüllt wird. Doch Opfer hat sie immer wieder gefordert. Dreimal geht es um den Platz, also auch dreimal in diese Kurve.

Das Pferd der Contrada della Torre schlägt sich zunächst gut und ist beim ersten Lauf vorn dabei, die Spannung auf dem Balkon ist unerträglich. Beim zweiten Lauf ein Schrei: »Ecco, la oca!« Lisa Guideri schlägt die Hände über dem Kopf zusammen, das Gesicht ist tränenüberströmt. »Madonna mia, Madonna«, stammelt sie mit erstickter Stimme. Ausgerechnet die Oca, die Erzfeindin ihrer *contrada*, hat ihr Pferd wieder einmal zu Fall gebracht, die ganze Hoffnung ist mit einem einzigen Peitschenhieb dahin! Aber nach dem Rennen ist vor dem Rennen, und alle fiebern auf die nächste Gelegenheit, ihre *contrada* zum Sieg zu jubeln.

**Ohne den Segen Gottes gehen die Pferde nicht an den Start**

# Unterwegs in der Toscana

**Eigentlich ist die Toscana zu schade, um schnell durchfahren zu werden …**

Das Beste auf einen Blick

# Florenz und Umgebung

## Highlight!

**Florenz:** Ein Muss für jeden Italienreisenden. In der kulturellen und wirtschaftlichen Hauptstadt der Toscana steht nicht nur die Wiege der Renaissance, hier lässt es sich auch ganz gegenwärtig einem wunderbaren *dolce vita* frönen. S. 82

## Auf Entdeckungstour

**Die Botteghe dell'Oltrarno:** Florenz ist berühmt für seine Künstler, aber auch für seine Kunsthandwerker, historisch betrachtet genießen sie schon immer die gleiche Hochachtung. Eine Tour zu den *botteghe,* den Werkstätten der Kunsthandwerker jenseits des Arno, *oltrarno*, ermöglicht interessante Einblicke, die man auf einem gemütlichen Spaziergang durch den weniger bekannten, ›bürgerlichen‹ Teil der Stadt erleben kann. S. 96

## Kultur & Sehenswertes

**Galleria d'Arte Moderna:** Der Palazzo Pitti zeigt eine Sammlung toscanischer Impressionisten. 11 S. 91

**Galleria dell'Accademia:** Alles Wissenswerte rund um Michelangelos »David« interessant aufbereitet. 19 S. 95

**Theater:** Bekannt ist das Teatro del Maggio Musicale Fiorentino im supermodernen Neubau, gefolgt vom Teatro Verdi und dem Teatro della Pergola für leichtere Kost. S. 104

## Aktiv unterwegs

**Entlang der Via Tornabuoni:** Der Schaufensterbummel gehört dazu, um die neuesten Trends der Haute Couture in der unnachahmlichen Dekoration in den edlen Florentiner Palazzi zu bewundern. S. 101

## Genießen & Atmosphäre

**Piazzale Michelangelo:** Die schönste Aussichtsterrasse von Florenz. S. 82

**Berühmte Florentiner Cafés:** Zwei Plätze der Altstadt sind ›in‹, die Piazza della Signoria mit dem Caffè Rivoire und die nahe Piazza della Repúbblica mit dem Caffè Paskowski. S. 102

## Abends & Nachts

**Piazza Santo Spirito:** Der Platz lockt mit netten Lokalen und im Sommer mit Open-Air-Konzerten. S. 92, 102

**Maggio Musicale:** Florenz bietet eine Menge musikalische Unterhaltung, ob klassisch oder modern. S. 104

**Parco delle Cascine:** Im Hochsommer organisiert die Stadt in dem großflächigen Park im Westen der Stadt an manchen Abenden Musik-Events. S. 104

# Die blühende Stadt: Florenz ! ▶ G 5

Die vom breiten Arno geprägte und geteilte Regionalmetropole in 52 m Höhe ist wirtschaftliche und kulturelle Hauptstadt der Toscana. Sie allein bietet schon genügend Programm für einen längeren Aufenthalt. Florenz ist auch eine gute Ausgangsbasis für Ausflüge nach Fiésole oder nach Galluzzo.

Nichts geht in der Toscana ohne Florenz, weder für deren Bewohner, wenn es um Regionalpolitik oder Behördengänge geht, um die wichtigste Universität und sonstige Kulturinstitute, aber auch für den Reisenden, der erstmals toscanischen Boden betritt: Florenz muss einfach sein! Nur sollte man die Stadt während der Hochsaison meiden, ob im schwülheißen Sommer oder zu Ostern, denn auch die Preise steigen in astronomische Höhen und Museen, Kirchen und Plätze sind heillos von touristischen Heerscharen übervölkert (im Durchschnitt 8 Mio. Übernachtungen bzw. 3,3 Mio. Besucher im Jahr!).

›Wiege der Renaissance‹ und lebendige, ja quirlige Regionalmetropole: Rund 450 000 Menschen leben im Großraum Florenz, weitere 100 000 pendeln täglich, um ihrer Arbeit, meist in der städtischen wie regionalen Administration, nachzugehen.

Florenz ist umringt von den *viali* (Alleen) entlang der geschleiften Stadtmauer. Nur wenige Villen stehen auf den Hügeln im Norden Richtung Fiésole und im Süden am Viale dei Colli. Baumbestandene Straßen führen auch zum **Piazzale Michelangelo**. Auf diesen Platz zieht es nicht nur Touristen. Am Wochenende und an lauen Abenden sind es auch die einheimischen

## Infobox

### Informationsbüros und Internet

s. S. 104

### Anreise und Weiterkommen

Der Florentiner **Flughafen** Amerigo Vespucci liegt bei Peretola, nur 6 km westlich der Stadt, und ist gut per Linienbus (Ankunft am Hauptbahnhof) und mit Taxen angebunden.

Von Florenz kommt man mit **Linienbussen** in der ganzen Provinz ganz gut weiter, jeweils vom Hauptbahnhof Santa Maria Maggiore (SMM). In der Altstadt benötigt man kein Fahrzeug, sie ist zudem fast durchgehend Fußgängerzone. Auch die **Bahnverbindungen** sind gut. Florenz ist mit den großen Städten nördlich der Alpen sowie mit fast allen anderen Provinzhauptstädten des Landes verbunden.

**Achtung Autofahrer:** Die Fußgängerzone wird ernsthaft bewacht und es wird sehr teuer, wenn man in diese ZTL (Zona Traffico Limitato) ohne Erlaubnis einfährt! Erlaubnis haben nur Anwohner sowie Touristen, wenn sie ein Hotel oder einen Parkplatz im Zentrum gebucht haben; dann dürfen sie einfahren, parken und i. d. R. erst wieder bei der Abreise hinausfahren. Sie werden wie alle per Videoüberwachung zwar erfasst, können aber von ihren Wirtsleuten bzw. dem Hotelpersonal bei den offiziellen Stellen ›ausgetragen‹ werden. Parkgaragen s. www.firenzeparcheggi.it.

Familien, die den Blick auf ihre Stadt, die Hügel von Fiésole im Hintergrund, genießen wollen. Bei schönem Wetter herrscht Festtagsstimmung, Kinder mit bunten Luftballons rennen um die David-Kopie, junge Männer knattern mit lauten Motorrädern im Kreis.

Von dort oben lässt sich die Stadt in ihrer gesamten Größe erfassen, in der ganzen Schönheit ihrer roten Ziegeldächer, ihrer Kirchtürme und Paläste, Wohntürme und natürlich der Domkuppel Brunelleschis.

# Geschichte

Ein römisches Militärlager zu Füßen der weit bedeutenderen Etruskerstadt Fiésole soll im 1. Jh. v. Chr. die Geburt von Florenz eingeleitet haben. Viele Jahrhunderte geschah nichts von hervorragender historischer Bedeutung. 1115 war Florenz bereits eine autonome Kommune, 1138 ernannte es seine ersten Konsuln und die erste Regierung der Republik wurde zusammengestellt. Die eigentliche Macht hatten Kleriker und reiche Kaufleute, die Florenz zu einer begehrten Handelsstadt machten und zur Zeit der Stadtrepubliken zum wichtigsten Ort der papsttreuen Guelfen. Der Zustrom von Neubürgern war groß, Florenz lebte noch innerhalb der römischen Mauern, die für die etwa 100 000 Bürger zu eng wurden. So beschloss man, die Stadt über den Arno hinweg zu erweitern. 1282 übernahmen die Zünfte die Macht in der Stadt, deren Vorsteher, die *priori*, in der Stadtverwaltung das Sagen hatten.

Das Verhältnis zwischen den Guelfen und den kaisertreuen Ghibellinen blieb weiterhin äußerst spannungsvoll. Verhängnisvoller für die Stadt waren jedoch die Kämpfe zwischen zwei Gruppierungen der Guelfen: den Weißen und den Schwarzen, wobei letztere sich kaum noch von den kaisertreuen Ghibellinen unterscheiden ließen. Als die Weißen an die Macht kamen, musste Dante Alighieri, ein schwarzer Guelfe und Verfasser der »Göttlichen Komödie«, fliehen. Seine Heimatstadt sollte er nie mehr betreten. In Ravenna ist er begraben und in Santa Croce in Florenz ehrt nurmehr ein Kenotaph, ein leeres Grabmonument, den berühmten Sohn der Stadt.

### Von den Medici zur Hauptstadt

Die politische Krise des 14. Jh. nutzten reich gewordene Kaufmanns- und Bankiersfamilien aus, um die Macht in der Stadt als Familien-*Signoria* zu übernehmen. 1434 ergriff Cosimo de' Medici die Macht für die Medici-Dynastie (s. S. 70). Lorenzo de' Medici, genannt Il Magnifico, der Prächtige, führte die Stadt 1469 bis 92 zu ihrer höchsten Blüte als Zentrum der Kunst und der Wissenschaften. Die schon immer bürgerlich gesinnten Florentiner, die sich zwar die Gunst der reichen Führer gerne gefallen ließen, niemals aber eine devote Haltung einnahmen, vertrieben ihre ›Gönner‹, als diese allzu mächtig wurden, 1494 aus der Stadt. Erst 1512 konnten die Medici durch die nachdrückliche Intervention spanischer Truppen wiederkehren. Schon 1527 vertrieb man sie erneut, doch 1530 brachte sie eine andere fremde Macht zurück: Karl V. ernannte Alessandro de' Medici zum Herzog, sein Nachfolger Cosimo I. wurde 1569 sogar Großherzog der Toscana. Mit dem Aussterben der Dynastie 1737 fiel die Toscana als Reichslehen an Lothringen, das hier bis 1860 regieren sollte – mit Unterbrechung während der napoleonischen Zeit 1801 bis 14. Mit dem Anschluss an das Königreich Italien wurde Florenz 1865 bis 71 Hauptstadt, die größte Rolle, die es im politischen Italien je spielen durfte.

# Die Altstadt

Das historische Zentrum, *centro storico,* hat seinen Mittelpunkt nördlich des Arno auf der Piazza della Repúbblica und ist inzwischen fast mit Vergnügen zu erkunden, weil es verkehrsberuhigt wurde und die Entfernungen ohnehin gering sind. Die historische Vergangenheit sieht man der Piazza nicht mehr an, seit sie 1865 für die nur sechsjährige Rolle von Florenz als Hauptstadt des vereinten Italien modernisiert wurde. Daneben bietet das Zentrum zwei weitere markante Plätze: Piazza della Signoria mit dem Palazzo Vecchio, dem alten Rathaus, heute noch städtische Administration, aber auch Museum, und den nahen Domplatz mit Dom, Campanile und Baptisterium in seiner Mitte. Die Paläste ringsum, darunter das Dombaumuseum im Osten, rücken dabei dicht an die sakralen Bauten heran.

### Santa Maria Novella 1

*Piazza Santa Maria Novella, www.chiesasantamarianovella.it, Mo–Do 9–17.30, Fr 11–17.30, Sa 9–17.30, So/Fei 12/13–17.30, im Sommer je bis 18.30/19 Uhr; Erw. 5, ab 65 J. 3,50 €*

Vom Bahnhof Santa Maria Novella aus den 1930er-Jahren erreicht man in wenigen Gehminuten die Kirche Santa Maria Novella. Auffällig ist ihre schöne, mit olivgrünen Streifen inkrustierte weiße Marmorfassade, beachtenswert der Fries aufgeblähter Segel als Abschluss des Erdgeschosses, das Signum der Familie Rucellai, die 1456 bis 70 die Mittel für die Fertigstellung der Fassade bereitstellte. Der eigentliche Bau dieser Dominikanerkirche wurde 1278–1350 in gotischem Stil errichtet. Nur die Renaissancefassade von Leon Battista Alberti kam später hinzu.

Sehenswert in der großzügigen Kirche sind die Fresken im Chor, ein Hauptwerk Domenico Ghirlandaios: links ein Zyklus aus dem Marienleben, rechts Szenen aus dem Leben Johannes des Täufers. Refektorium und kleiner Kreuzgang (aufgrund der dominierenden Farbe *chiostro verde*, grüner Kreuzgang, genannt) sind als Museum eingerichtet und zeigen neben dem Kirchenschatz die abgenommenen Fresken Ghirlandaios aus dem Kreuzgang (14. Jh.). Der freskierte Kapitelsaal ist original erhalten und Teil des Museums Santa Maria Novella.

Gegenüber der Kirche erhebt sich die **Loggia di San Paolo**, die Bogenhalle eines alten Krankenhauses, von 1489 bis 98, inzwischen Sitz des Ali-

nari-Fotomuseums. Der Blick fällt auf die Domkuppel: Über die schmale Via dei Banchi und die geschäftige Via de' Cerretani gelangt man erst zur Piazza San Giovanni und dann zum Domplatz, die einen Doppelplatz bilden, das sakrale Zentrum von Florenz.

### Baptisterium San Giovanni 2

*Piazza San Giovanni, Mo–Fr 12.15–19, 1. Sa des Monats, So/Fei 8.30–14 Uhr, 5 €*

Die 1059–1150 errichtete Taufkirche ist neben San Miniato al Monte (s. S. 94) das älteste Gotteshaus der Stadt. Auf einer noch älteren Kirche erbaut, war das Baptisterium die Taufsowie Lieblingskirche Dantes. Bis zum 19. Jh. fanden hier, in der bis dahin einzigen Taufkirche von Florenz, zweimal jährlich Sammeltaufen statt.

Auch das Baptisterium ist inkrustiert, aber viel geometrischer als Santa Maria Novella. Dünne, weiße Mamorplatten aus Carrara und dunkelgrüne aus Prato sind der groben Mauer aus Bruchstein vorgesetzt. Seine größte Kostbarkeit bilden die drei bronzenen Portale, insbesondere die von Michelangelo bewunderte »Paradiespforte« gegenüber der Domfassade. Das Werk Lorenzo Ghibertis (1426–52) zeigt zehn Felder mit Szenen aus dem Alten Testament. Das Original befindet sich

**Duomo Santa Maria del Fiore mit Campanile und Baptisterium**

# Florenz

**Sehenswert**

1 Santa Maria Novella
2 Baptisterium
3 Dom Santa Maria del Fiore
4 Museo dell'Opera del Duomo
5 Loggia del Bigallo
6 Orsanmichele
7 Palazzo Vecchio
8 Loggia dei Lanzi
9 Galleria degli Uffizi
10 Ponte Vecchio
11 Palazzo Pitti mit Giardino di Bobóli
12 Santo Spirito
13 Santa Maria del Carmine
14 Forte di Belvedere
15 San Miniato al Monte
16 Santa Croce
17 Museo Nazionale del Bargello
18 Badia Fiorentina
19 Galleria dell'Accademia
20 San Marco
21 Piazza Santissima Annunziata
22 Museo Archeologico
23 San Lorenzo
24 Cappelle Medicee
25 Biblioteca Medicea Laurenziana und Krypta
26 Palazzo Medici-Riccardi
27 Palazzo Strozzi
28 Palazzo Rucellai

**Übernachten**

1 Relais Santa Croce
2 Loggiato dei Serviti
3 Monna Lisa
4 Residenza Johanna I
5 Dalì
6 Bavaria
7 Palazzuolo
8 Antico Spedale del Bigallo
9 Camping Michelangelo

Fortsetzung s. S. 88

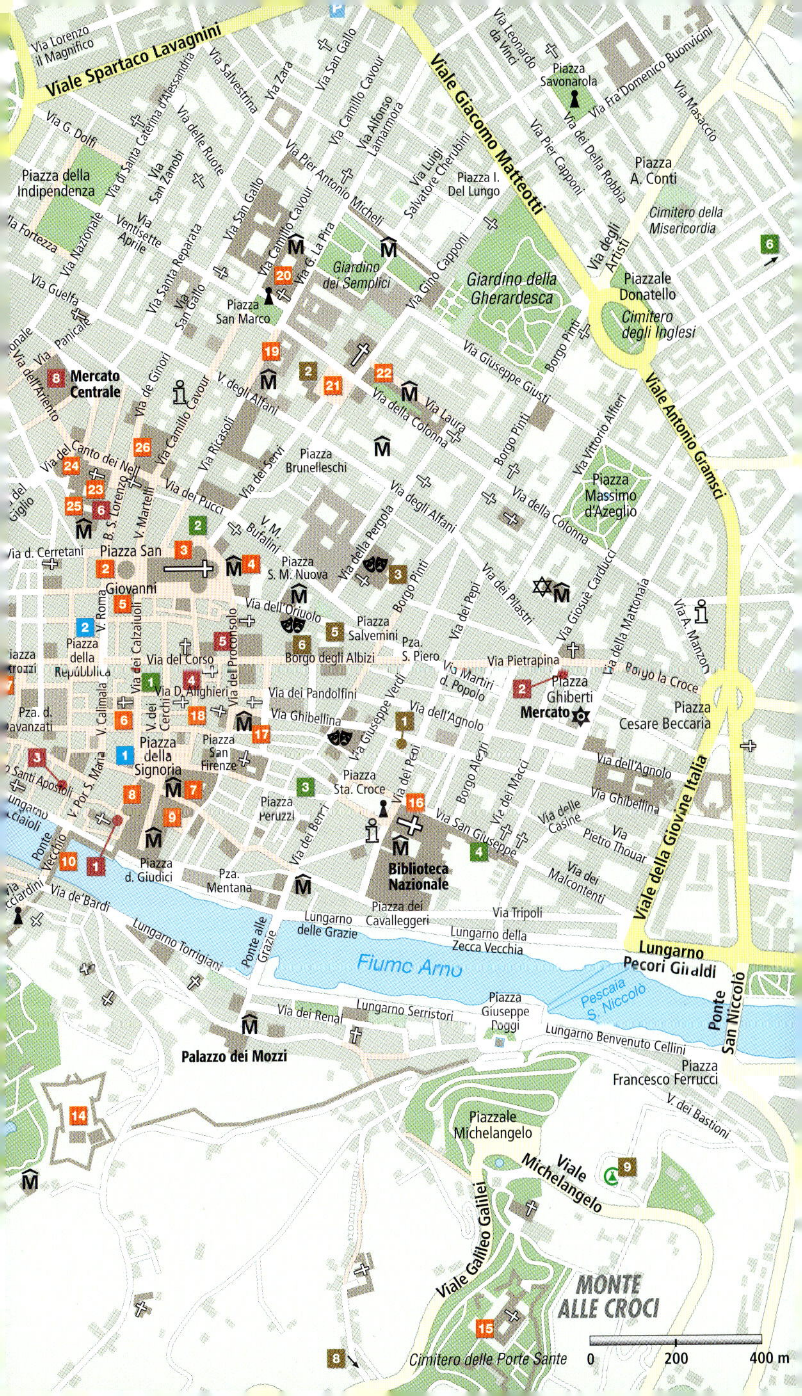
Viale Spartaco Lavagnini
Via Lorenzo il Magnifico
Viale Giacomo Matteotti
Piazza Savonarola
Piazza della Indipendenza
Piazza I. Del Lungo
Piazza A. Conti
Cimitero della Misericordia
Giardino dei Semplici
Giardino della Gherardesca
Piazza San Marco
Piazzale Donatello
Cimitero degli Inglesi
Viale Antonio Gramsci
Mercato Centrale
Piazza Brunelleschi
Piazza Massimo d'Azeglio
Piazza San Giovanni
Piazza S. M. Nuova
Piazza della Repubblica
Piazza Salvemini
Pza. S. Piero
Via Pietrapiana
Borgo la Croce
Piazza Ghiberti
Mercato
Piazza Cesare Beccaria
Via del Corso
Borgo degli Albizi
Via dei Pandolfini
Via Ghibellina
Piazza della Signoria
Piazza San Firenze
Piazza Sta. Croce
Piazza Peruzzi
Biblioteca Nazionale
Viale della Giovine Italia
Piazza d. Giudici
Pza. Mentana
Piazza dei Cavalleggeri
Via Tripoli
Ponte Vecchio
Lungarno delle Grazie
Lungarno della Zecca Vecchia
Lungarno Pecori Giraldi
Lungarno Torrigiani
Ponte alle Grazie
Fiume Arno
Pescaia S. Niccolò
Ponte San Niccolò
Via dei Renai
Lungarno Serristori
Piazza Giuseppe Poggi
Lungarno Benvenuto Cellini
Palazzo dei Mozzi
Piazza Francesco Ferrucci
V. dei Bastioni
Piazzale Michelangelo
Viale Michelangelo
Viale Galileo Galilei
MONTE ALLE CROCI
Cimitero delle Porte Sante
0
200
400 m

**Essen & Trinken**
1 Antico Fattore
2 Trattoria Cibreino
3 Totò
4 Il Penello
5 Le Mossacce
6 Giannino in San Lorenzo
7 Osteria dei Centopoveri
8 Nerbone und Markthalle

**Einkaufen**
1 Cantinetta dei Verrazzano
2 Papiro
3 Peruzzi
4 Scuola del Cuoio
5 Salvatore Ferragamo
6 Libreria dell Spada
7 Morganti Civaie

**Abends & Nachts**
1 Rivoire
2 Paszkowski
3 Pitti Gola e Cantina
4 Sei Divino
5 Il Santo Bevitore

im Dombaumuseum gegenüber; vor Ort zu sehen ist eine strahlend glänzende Kopie in vergoldeter Bronze.

Das Südportal des Baptisteriums, der heutige Haupteingang mit seinen 28 Medaillons (Darstellungen aus dem Leben Johannes des Täufers), begann Andrea Pisano 1330. Das Nordportal, auch 28 Medaillons, schuf Lorenzo Ghiberti mit vielen Gehilfen 1403 bis 24.

Innen ist der Raumeindruck der Taufkirche gewaltig, nicht nur die immense Höhe, sondern auch durch die prachtvollen, byzantinisch beeinflussten Mosaiken aus der Zeit von 1270 bis ins 14. Jh. hinein, dominiert von Christus als Weltenrichter.

### Dom Santa Maria del Fiore 3

*Piazza Duomo, werktags 10–17, So/Fei 13.30–16.45 Uhr, Eintritt reguliert, aber frei; Kuppel: Mo–Fr 8.30–19, Sa 8.30–17.40 Uhr, Sammelticket für den gesamten Domkomplex inkl. Museum, Erw. 10 €*

Nach dem Petersdom und der Mailänder Kathedrale ist der Florentiner Dom die drittgrößte Kirche Italiens. Der massige gotische Bau, innen nicht so sehr beeindruckend wie außen, wurde 1296 von Arnolfo di Cambio begonnen, 1357 unter der Bauleitung von Francesco Talenti weitergeführt und erst 1436 geweiht. Die imposante Kuppel, Filippo Brunelleschis Meisterwerk (1420–34), ist zusammen mit der erst 1472 vollendeten Laterne 107 m hoch. Man kann durch die doppelschalige **Kuppel** über 463 Stufen hinaufklettern und einen herrlichen Rundblick genießen. Erst 1887 wurde die Domfassade fertiggestellt, die im Stil der Farbigkeit des Campanile nachempfunden ist.

### Campanile

*Piazza Duomo, tgl. 8.30–19.30 Uhr; lange Wartezeiten während der Saison, Sammelticket Erw. 10 €*

Der Glockenturm des Domes ragt an der Südwestecke bis in imponierende 84,70 m Höhe empor. Giotto begann den Bau 1334, Pisano setzte ihn fort, und Talenti vollendete schließlich 1387 die Arbeiten. Mit seiner mehrfarbigen Inkrustation erinnert der Campanile, der als schönster Glockenturm Italiens gilt, stark an den Dom im umbrischen Orvieto. Man kann auch ihn, so man gut zu Fuß ist, über 414 Stufen besteigen, um einen großartigen Blick über die Arnostadt zu genießen.

### Museo dell' Opera del Duomo 4

*Via della Canonica 1, 1. Di des Monats geschl., sonst 9–19 Uhr, Sammelticket Erw. 10 €*

Gegenüber der eindrucksvollen Chorpartie des Domes befindet sich das Dombaumuseum mit einer imposanten Sammlung vor allem von Skulpturen aus Dom und Baptisterium. Sie zeigt u. a. Michelangelos unvollendete Pietà, die berühmten Sängertribünen von Donatello und Luca della Robbia,

Donatellos eindrucksvolle Skulptur der Maria Magdalena und die originale Paradiespforte des Baptisteriums.

## Loggia del Bigallo 5

*Piazza del Duomo/Ecke Via dei Calzaiúoli, normalerweise nur bei Ausstellungen geöffnet*

Südlich von Dom und Baptisterium steht an der Ecke zur meist lebhaft überquellenden Flaniermeile der Via Calzaiúoli diese zauberhafte kleine gotische Loggia von 1352–58. Die Bruderschaft del Bigallo kümmerte sich um alte Leute und Findelkinder. Heute beherbergen drei Räume im Obergeschoss wieder gefundene, über Jahrhunderte gesammelte Kunstschätze der Bruderschaft.

## Piazza della Repúbblica

Durch die lebhafte, den Fußgängern vorbehaltene **Via Calzaiúoli** schlendernd, die von feinen Geschäften, aber auch Stehrestaurants, Eisdielen und Andenkenläden gesäumt ist, blickt man rechts auf die Piazza della Repúbblica und gelangt kurz darauf zu der in ihrer Architektur einmaligen Kirche Orsanmichele.

## Orsanmichele 6

*Via dei Calzaiúoli, Eingang Via dell' Arte della Lana, tgl., Aug. Mo geschl., Statuenmuseum im OG nur Mo 10–17 Uhr, Eintritt frei*

Im 14. Jh. entstand dieses Oratorium im Auftrag der Zünfte, die sich in vielen Statuen verewigen ließen. Ursprünglich ging es aus einem Getreidemarkt mit aufgesetztem Speicher hervor: Der Markt wurde zum Oratorium bzw. zur Kirche, wofür man die großzügig offenen Arkadenbögen schloss, der aufgesetzte Getreidespeicher behielt zunächst seine Funktion. Heute wird er für die Statuen sowie Ausstellungen genutzt und ist vom Zunfthaus der Arte della Lana dahinter zugänglich, dem früheren Sitz der Wollweberzunft, die besonders wohlhabend war und Orsanmichele hauptsächlich finanziert hatte.

Die zweischiffige Halle mit schönen Fenstern und Fresken birgt einen besonderen Schatz: Orcagnas gotisches Marmortabernakel (1355–59), geschaffen für das immer noch verehrte Gnadenbild von Bernardo Daddi (1347).

## Palazzo Vecchio 7

*Piazza della Signoria, Mo–Mi, Fr–So April–Sept. 9–21, Do 9–14, Okt.–März 10–17 bzw. Do 10– 14 Uhr, Erw. Wehrgang und Turm 10 €, zusammen mit Museum 14 €, bis 18 J. frei*

Am Südende der Via Calzaiúoli öffnet sich überraschend die **Piazza della Signoria,** das großzügige Florentiner Zentrum profaner und kommunaler Macht, von Cafés und Restaurants gesäumt und heute noch Schauplatz der meisten städtischen Veranstaltungen. Den eher großen denn schönen weißmarmornen **Neptunsbrunnen** auf der Piazza schuf Ammannati 1563 bis 75.

Fast in die Ecke gedrückt steht der Palazzo Vecchio mit seiner schönen Fassade aus gleichmäßigen, großen Steinquadern, dem vorkragenden obersten Stockwerk mit offenem Umlauf, überragt vom schlanken, zinnengeschmückten Glockenturm. 1298 bis 1314 wurde dieses Alte Rathaus angeblich von Arnolfo di Cambio als Priorenpalast erbaut, in dem die obersten Verwalter der Stadt wohnten und regierten. Im 16. Jh. wurde der Bau gewaltig nach hinten verlängert, seitlich um die Uffizien (tatsächlich als Bürogebäude) erweitert und durch den Vasari-Gang über den Arno hinweg mit dem Palazzo Pitti verbunden.

Im Fußboden vor dem Palast ist eine runde Platte eingelassen: An dieser Stel-

**Eintrittskarten vorbuchen**
Zu beliebten Reisezeiten ist die Ticket-Vorbestellung für Florentiner Museen zu empfehlen: **Firenze Musei,** Via Petrocchi 24, 50127 Firenze, Tel. 05 52 65 43 21, Polo Museale, www.polomuseale.firenze.it, bei Zuzahlung von 3–4 €. Möglich für folgende Museen: Uffizien, Galleria dell´Accademia, Palazzo Pitti mit Giardino di Bóboli und den Museen, inkl. Königliche Apartments, Cappelle Medicee, Museo Nazionale del Bargello. Kostenlos ist der Eintritt, aber nicht die Reservierungsgebühr für Jugendliche unter 18 Jahren. Besucher unter 12 Jahren können die Museen nur in Begleitung Erwachsener besichtigen.

le wurde der damals für einen Ketzer gehaltene Dominikanermönch Savonarola 1498 auf dem Scheiterhaufen verbrannt. Später bedauerte man es, hatte er doch nur versucht, den Sinn der Florentiner von den irdischen Gütern abzuwenden, hin zu strengeren Sitten.

Links vor dem Haupteingang zum Palast steht die berühmteste Kopie von Michelangelos »David« (Original in der Galleria dell'Accademia, s. S. 95). Das Symbol der Kraft des Volkes steht dem der Macht gegenüber, verkörpert von Herkules, der den vorrömischen Feuergott Cacus mit einer Keule erschlägt.

Im Palazzo Vecchio befinden sich die Amtsstuben der Kommune sowie die **Quartieri Monumentali:** u. a. der Saal der 500 von 1495, der Saal der 200, das Spätrenaissance-Studio Francescos I de' Medici, die Räume der Eleonora, der Liliensaal und der Raum der Weltkarten mit einem riesigen Bronzeglobus. Im zweiten Stock steht in einer Nische zwischen dem Saal der Elemente und dem Jupiter-Saal das Original des kleinen bronzenen Jungen mit dem Delfin (Andrea del Verrocchio, um 1476), der die Besucher des Palastes bereits im ersten Innenhof als Kopie begrüßt.

## Loggia dei Lanzi 8

*Piazza della Signoria*

Seitlich vom Palazzo Vecchio öffnet sich die imposante dreibogige Loggia, früher Loggia della Signoria oder dei Signori genannt, von 1376 bis 82. Berühmte Skulpturen, etwa »Perseus mit dem Haupt der Medusa« von Benvenuto Cellini oder Gaimbolognas »Raub der Sabinerinnen« sind hier aufgestellt. Die Loggia diente Münchens Feldherrenhalle als Vorbild.

## Galleria degli Uffizi 9

*Piazza degli Uffizi, Di–So 8.15–18.50, Juli–Mitte Dez. Sa jeweils bis 23 Uhr, Erw. 8 € bzw. bis zu 12 € bei zusätzlichen Ausstellungen*

Zwischen Palazzo Vecchio und Loggia dei Lanzi befindet sich der Durchgang zur **Piazza degli Uffizi** mit dem gleichnamigen U-förmigen Gebäudekomplex der Uffizien. Vasari erbaute diesen Palast 1560–74 als Verwaltungsgebäude der Medici. Er verband ihn einerseits mit dem Palazzo Vecchio daneben und andererseits über den Arno hinweg durch den sogenannten Vasari-Gang (**Corridoio Vasariano,** mit der Porträtsammlung, die inzwischen meist auch ohne Anmeldung besichtigt werden kann), über den Ponte Vecchio mit dem Palazzo Pitti, dem damals neuen Sitz der Großherzöge der Toscana.

Bedeutende Werke flämischer und altdeutscher Meister, aber vor allem hervorragende Beispiele Florentiner Malerei sind in den Uffizien zu besichtigen. Auf keinen Fall sollte man folgende Bilder verpassen: die Altartafeln der »Thronenden Madonna« von Giotto, Cimabue und Duccio, »Der Frühling« und »Die Geburt der Venus‹ von Botticelli, das Luther-Bild von

**Malerei vom Feinsten: Botticellis »Geburt der Venus« (Ausschnitt) in den Uffizien**

Lucas Cranach, das »Bildnis Cosimo des Alten« von Pontormo, Piero della Francescas Porträt des Herzogs von Urbino, Tizians »Venus von Urbino«, Fra Angelicos »Krönung Mariä«, Michelangelos rundes Tafelbild der Heiligen Familie, »Tondo Doni« genannt, Raffaels »Madonna mit dem Zeisig«.

Neben den Gemälden bergen mehr als 50 Säle, Gänge und Lager der berühmtesten Gemäldegalerie Italiens Marmorstatuen, Wandteppiche, Bronzefiguren und Steineinlegearbeiten (die meisten nun im Opificio delle Pietre Dure). In den Untergeschossen der Uffizien finden wechselnde Ausstellungen statt.

## Ponte Vecchio 10

Durch das schmale Ende der Loggiata degli Uffizi gelangt man zum Arno, schaut rechts auf den malerischen Ponte Vecchio mit seinen Schwalbennesterhäuschen. Über ihnen sind die Fensterchen des Vasari-Ganges zu erkennen. Junge Maler sitzen im Sommer auf der Hochufermauer mit Blick auf die Brücke.

Die älteste Brücke von Florenz wurde bereits 996 urkundlich erwähnt. Ihre heutige Gestalt erhielt sie 1345. Seit dem 13. Jh. existieren Läden auf der Brücke. Immer mehr Metzger ließen sich zunächst hier nieder, weil es praktisch war, die Abfälle einfach in den Arno zu werfen. Großherzog Cosimo I stieg der Geruch auf seinem Weg in den Palazzo Pitti unangenehm in die Nase, so verordnete er 1540, nur noch Goldschmiede auf der Brücke zuzulassen, was bis heute eingehalten wird.

## Palazzo Pitti mit Giardino di Bóboli 11

*Piazza Pitti, Galleria Palatina, Galleria d'Arte Moderna, Königliche Prunkräume Di–So 8.15–18.50 Uhr, Erw. 8,50 €; Museo degli Argenti, Museo del Costume, Museo delle Porcellane (in den Bóboli-Gärten) außer 1. und*

*letzter Mo im Nov.–Feb. 8.15–16.30, März bis 17.30, April/Mai, Sept./Okt. bis 18.30, Juni–Aug. bis 19.30 Uhr, Erw. 7 €*
Im mächtig ausladenden Palazzo Pitti, 1458 begonnen, 1559–80 von Ammannati für die Frau Cosimos I erweitert, sodass er sich auf einer Länge von 205 m ausbreitet, sind gleich mehrere Sammlungen zu besichtigen. Schon der Palast allein ist eine längere Betrachtung wert: in der Mitte drei-, seitlich nur zweistöckig mit schöner Fassade und ausgeprägten Fensterreihen. Die Galleria Palatina zeigt Bilder aus der Sammlung Cosimos III, Statuen aus Antike und Gegenwart, die Galleria d'Arte Moderna u. a. eine schöne Sammlung von *macchiaioli*, den Impressionisten der Toscana, und mittendrin die 1865 bis 71 eingerichteten Königlichen Prunkgemächer.

Der **Giardino di Bóboli** gilt als eine der schönsten Gartenanlagen in italienischem Stil und steigt hinter dem Palast bis zum Forte Belvedere auf.

## Santo Spirito 12

*Piazza Santo Spirito 30, www.basilicasantospirito.it, werktags außer Mi 9.30–12.30, 16–17.30, So/Fei ab 11.30 Uhr, Eintritt frei; Cenacolo Mo, Sa/So 10–16 Uhr, Erw. 3 €*
Die **Piazza Santo Spirito** ist vor allem bei jungen Leuten beliebt, die gerne zu abendlichen Jazz-Veranstaltungen u. a. Open-Air-Events kommen.

Die namengebende Kirche Santo Spirito wurde 1444 bis 87 nach Plänen von Brunelleschi für den Augustinerorden gebaut. Den schönen Campanile entwarf Baccio d'Agnolo (1545). Die dreischiffige Basilika umschließen 40 Kapellen mit teils kostbarster Ausstattung. Die Sakristei auf achteckigem Grundriss schuf Sangallo (15. Jh.).

Im angebauten **Cenacolo di Santo Spirito,** dem einstigen Refektorium mit herrlichem Kreuzigungsfresko von Orcagna (1360), befindet sich die Kunstsammlung Fondazione Romano mit Werken von Donatello und Jacopo della Quercia.

## Santa Maria del Carmine 13

*Piazza del Carmine 14, Mi–Mo 10–17, So/Fei 13–17 Uhr; zugänglich am sichersten nach Voranmeldung, Tel. 05 52 76 82 24, Erw. 6 €*
Wenige Gehminuten entfernt steht die Kirche (ab 1268) auf der gleichnamigen Piazza. Ihre größte Sehenswürdigkeit ist fraglos die **Cappella Brancacci,** die großartige Meisterwerke der italienischen Malerei der frühen Florentiner Renaissance besitzt: Fresken von Masolino, Filippino Lippi und vor allem von Masaccio (»Geschichte des Heiligen Petrus«, 1424–27), strotzend vor Kraft und Feingefühl, Vorbild für alle Florentiner Maler des 15. Jh. Größte Anziehungskraft auf viele Besucher üben Masolinos sowie Masaccios Fresken von Adam und Eva aus, insbesondere, weil die Gestalten nach der jüngsten Restaurierung ohne Feigenblätter zu bewundern sind.

## Forte di Belvedere 14

*Via di San Leonardo 1, bei Ausstellungen wieder zugänglich, meist bei freiem Eintritt Di–So 10–20 Uhr*
Wer Zeit hat, sollte auf dieser Arno-Seite noch zur sternförmigen Festung aufsteigen, am schönsten auf dem Weg zurück zum Ponte Vecchio und über die Costa di S. Giorgio. 1590 bis 95 erbaute Buontalenti diese Festung, die vor allem der Sicherheit der Fürsten im nahen Palazzo dienen sollte, die bei Gefahr hätten in wenigen Minuten hierher fliehen können. Im kleinen Palast in ihrer Mitte finden sporadisch Ausstellungen statt.

**Viel bestaunt: die bekannteste Skulptur der Stadt, der »David« von Michelangelo in der Galleria dell'Accademia**

### San Miniato al Monte 15

*Via delle Porte Sante 34, www.sanminiatoalmonte.it, im Sommer Mo–Sa 9.30–20, So ab 8.15, im Winter tgl. 9.30–13, 15–19 Uhr, Eintritt frei*

Oberhalb der Festung liegt der **Piazzale Michelangelo** (zu Fuß über die aufsteigende Via di Belvedere oder mit Bus Nr. 12 und 13 vom Hauptbahnhof aus erreichbar) und noch darüber die vielleicht schönste Kirche von Florenz, San Miniato al Monte. Über einem Vorgängerbau aus der Zeit Karls des Großen wurde im 11. und 13. Jh. die heutige Kirche im romanischen Stil errichtet, die inkrustierte Fassade zeigt den sogenannten Protorenaissancestil. Ein Adler krönt den Giebel – Zeichen dafür, dass die Wollzunft den Neubau finanzierte, die wir schon von Orsanmichele kennen.

Die dreischiffige romanische Basilika wirkt sehr harmonisch, auch wenn die Stützbalken des offenen Dachstuhls bereits gotisch sind. Der Chor liegt stark erhöht über der geräumigen Krypta, die mit sieben Schiffen und dichtem Kreuzgewölbe einem Säulenwald ähnelt. Vor dem Chor erhebt sich das **Tabernakel** Michelozzos (1448) mit einem herrlich gearbeiteten Baldachin aus Keramikschuppen.

Die Wände der **Sakristei** schmücken Fresken von Spinello Aretino (1387) mit der Lebensgeschichte des hl. Benedikt. Zu ›lesen‹ beginnt man gegenüber dem Eingang im Uhrzeigersinn erst oben, dann unten, immer in Blickrichtung der Mönche. Die **Kapelle des Kardinals von Portugal,** die an das linke Seitenschiff gebaut ist, gilt als ein Juwel der Frührenaissance (1461).

### Santa Croce 16

*Piazza Santa Croce 16, Eingang für Besucher Largo Bargellini auf der linken Kirchenseite, www.santacroceopera.it, Mo–Sa 9.30–17.30, So/Fei 14–17.30 Uhr, Sammelticket mit dem Museum: Erw. 6 €*

Hinter dem Palazzo Vecchio führt der Borgo dei Greci zwischen hohen mittelalterlichen und Renaissancepalästen zur Kirche Santa Croce vor der gleichnamigen Piazza. Rechts erstreckt sich der riesige Klosterkomplex mit dem Museum und der Leder-Kunsthandwerksschule (anschließend bis zum Arno die Nationalbibliothek).

Santa Croce ist die größte Franziskanerkirche Italiens, 1294 begonnen und 1443 eingeweiht. Die inkrustierte Fassade wurde erst im 19. Jh. vollendet. Sie gilt als die Grabkirche (Pantheon) vieler toscanischer Persönlichkeiten wie Galileo Galilei und Michelangelo, der Komponisten Luigi Cherubini und Gioacchino Rossini, der Politiker Leonardo Bruni und Niccolò Machiavelli. An Dante erinnert nur ein überdimensionales Kenotaph, denn er wurde an seinem letzten Zufluchtsort Ravenna begraben.

Im Kreuzgang aus dem 14. Jh. steht ganz hinten links die hübsche **Pazzi-Kapelle** Brunelleschis (ca. 1430–46). Im **Refektorium** birgt das Museum viele Kostbarkeiten aus der reichen Geschichte des Klosters, u. a. Cimabues Holzkruzifix, das 1966 durch den Arno-Schlamm verheerende Schäden erlitt und zum Symbol der Restaurierungsarbeiten in Florenz wurde.

Im Santa-Croce-Viertel befindet sich das Zentrum der Lederwerkstätten und -läden, zur Piazza hin mit oft kostbaren Auslagen, sonst mit meist preiswerten Geschäften.

### Museo Nazionale del Bargello 17

*Via del Proconsolo 4, tgl. außer 1., 3., 5. Mo des Monats 8.15–13.50, normalerweise gilt bei Sonderausstellungen verlängerte Öffnungszeit bis 17, Juli–Mitte Dez. Sa bis 23 Uhr, Erw. 4 €*

An der Via del Proconsolo befindet sich der Eingang zum Palazzo del Bargello mit dem Museo Nazionale. Der hohe Palast mit mächtigem Turm wurde 1250 mitten im Herzen von Florenz von den Bürgern der Stadt als Zeichen des Sieges über den Adel wie eine Festung errichtet. Über die schöne Architektur hinaus zeigt das Museum eine der eindrucksvollsten Sammlungen Florentiner und toscanischer Skulpturen aus dem 14. bis 16. Jh., u. a. von Donatello (bronzener »David«), Michelangelo, Cellini, Andrea und Giovanni della Robbia (farbige Terracotta-Medaillons) sowie von Verrocchio.

### Badia Fiorentina 18

*Via del Proconsolo 8, nur zum Gottesdienst geöffnet, offiziell zu besichtigen Mo 15–18 Uhr*
Schräg gegenüber vom Bargello steht eine der ältesten Kirchen der Stadt, kurz Badia genannt. Sie entstand ab 978 und war im 10./11. Jh. das religiöse und geistige Zentrum von Florenz. 1284–1310 wurde sie von Arnolfo di Cambio gotisch erweitert, 1310 bis 30 der schlanke, sechseckige Campanile errichtet, im 15. Jh. der kleine Kreuzgang von Bernardo Rossellino. Die Kirche selber erhielt im 17. Jh. ihr barockes Aussehen und wurde reich mit Bildern ausgestattet. Inzwischen hat man diese kreuzförmige Kirche einer Bruderschaft als Sitz überlassen und die hält sie meistens vor neugierigen Touristen geschlossen.

### Galleria dell'Accademia 19

*Via Ricasoli 58–60, Di–So 8.15–18.50, Juli–Mitte Dez. Sa bis 23 Uhr, Erw. 8 €, bei Ausstellungen bis zu 12 €*
Die Galleria wurde bereits 1784 von Großherzog Leopold I. im ehemaligen Spital des hl. Matthäus als Kunstschule eingerichtet, später als Auslagerungsraum für Kunstwerke benutzt, die in den großen Museen keinen Platz mehr fanden. Berühmtestes Kunstwerk der Galerie ist Michelangelos »David« im Original. Und ringsherum viele interessante Details zur Geschichte seiner Restaurierung, zur früheren Bildhauerschule, die die Accademia ja einst war, mit Gipsabdrücken bedeutender Florentiner Bildhauerwerke.

Zwischen Accademia und San Marco befindet sich der Hauptsitz der Universität von Florenz *(Università degli Studi)*, weshalb man in diesem lebhaften Stadtviertel immer vielen jungen Menschen begegnet.

### San Marco 20

*1., 3., 5. Mo, Di–Fr 8.15–13.50, Sa sowie 2., 4. So/Fei bis 16.50 Uhr, Erw. 4 €*
An der gleichnamigen Piazza steht das Kloster San Marco, das 1299 zunächst für den Silvestrinerorden erbaut und 1436 auf Anordnung von Cosimo Il Vecchio dominikanisch und dafür von Michelozzo erweitert wurde. Cosimo diente es als Zuflucht, Fra Angelico machte es durch seine Fresken in den Mönchszellen weltberühmt: u. a. mit »Verkündigung«, »Himmelfahrt« und »Krönung der Jungfrau Maria« – ein sehr schönes, noch immer klösterliches Ambiente!

### Piazza Santissima Annunziata 21

Auf der Piazza SS. Annunziata erheben sich die gleichnamige Kirche, das Findelhaus **Spedale degli Innocenti,** heute Bildergalerie (Mo–So 10–19 Uhr, Erw. 3 €), das **Loggiato dei Serviti** (heute Hotel), die beiden zierlichen Springbrunnen und ein bronzenes Reiterdenkmal für Großherzog Ferdinand I. Drei Seiten des Platzes bestimmen Arkaden, die Brunelleschi 1419 als Stilmittel für das Findelhaus begonnen hatte. Auch die Kirche **SS. Annunziata** von 1250 (tgl. 7.30–12.30, 16–18.30 Uhr, Eintritt frei) erhielt 1444 von Michelozzo eine dazu passende siebenbogige Vorhalle. ▷ S. 98

# Auf Entdeckungstour:
# Die Botteghe dell'Oltrarno

**Florenz war bereits im Mittelalter und während der Renaissance berühmt für seine Handwerker, die sich in Zünften organisiert und somit Mitspracherecht in der Stadtregierung hatten. Vor allem südlich des Arno (= Oltrarno) haben auch heute noch einige Kunsthandwerker ihre Werkstätten (botteghe), die man besuchen kann – eine Tour für alle, die Interesse am echten Florentiner Kunsthandwerk haben und gerne den artigiani über die Schulter schauen möchten.**

**Zeit:** 2–3 Std.

**Planung:** Leider hat die Stadt die Führungen zu den 19 Werkstätten südlich des Arno aus Kostengründen abgesetzt. Man kann aber individuell und kostenlos selber auf die Suche gehen, erleichtert durch die Website www.firenze-oltrarno.net.

**Start:** Ponte Vecchio 10

Das Florentiner Kunsthandwerk hautnah mitzuerleben und einige Künstler persönlich kennenzulernen, ermöglicht diese abwechslungsreiche Tour.

### Marmoriertes Papier und Bucheinbände

Omero Benvenuti demonstriert, wie ein Ledereinband für Bücher oder Agenden gemacht wird. Er benutzt seit 1967 Schablonen, so wie es in Florenz seit dem 16. Jh. Tradition geblieben ist, um das von ihm vorher präparierte, marmorierte Papier zuzuschneiden. Allein die Marmorierung ruft Erstaunen hervor, muss er doch die mit natürlichen Erdfarben und dicklichem Klebewasser vermischte Masse so auf das Papier auftragen, dass ganz natürlich aussehende Motive entstehen. Von solchem Papier sucht er sich die schönsten Stellen aus, legt die Schablone drauf und schneidet sie entsprechend der Größe des gewünschten Einbandes mit dem Tapetenmesser zu. Das Papier muss dabei etwas größer sein als die vorgesehenen Einbände, um es um die Pappe einschlagen zu können.

Für den Buchrücken wird Leder verwendet, mit den verklebten Pappstücken so zusammengefügt, dass er beweglich bleibt. Nach dem Trocknen der Klebemasse des Lederrückens wird dieser mit der Hand rund geknetet, dann das Buch, ein Kalender oder eine leere Agenda hineingelegt und das Ganze für einen Tag in die schwere Presse gesteckt. Fertige Arbeiten, auch nette kleine Mitbringsel, aber garantiert originelle, kann man im Laden der urigen Werkstatt erstehen (Omero, Via Romanma 58, Tel. 05 50 94 80 43, www.firenze-oltrarno.net/omero).

## Metallverarbeitung

Giuliano Ricchi im Laboratio des verstorbenen Carlo Cecchi hat sich u. a. auf das Einstanzen seiner bzw. der traditionellen Florentiner Muster (z. B. die Wappenlilien) in Edelstahlplatten spezialisiert, die er dann als Matrizen benutzt. Dabei werden die Vertiefungen per Druck auf einer Rollpresse auf Feinbleche übertragen, anschließend mit verschiedenfarbenem Emaille belegt und in speziellen Öfen bei 800 °C ›gebacken‹. Carlo fertigt seine kunstvollen kleinen und größeren Löffel, Döschen, Rahmen etc. vor allem für große Firmen wie Poggi in Florenz, Nina Ricci und Dior (Schnallen u. a. Accessoires). Und bei ihm kosten die kleinen Kunstwerke vielleicht ein Drittel von dem, was die Edelmarken dafür verlangen … (Carlo Cecchi, Piazza Santo Spirito 12, am besten vorher telefonisch kontaktieren: Tel. 055 21 94 44).

## Kupferstecher bzw. Kunstdrucker

Die Arbeit von Gianni Raffaelli ist mehr als Kunsthandwerk: Auch wenn er Vorlagen für die beliebten Florenz- oder Venedig-Veduten benutzt, der Kupferstecher bringt auch eigene Ideen auf Papier. Gearbeitet wird in mühsamen Details wie vor 500 Jahren, werden er und seine Frau nicht müde zu betonen. Sie hat den eher handwerklichen Part übernommen, die Druckvorbereitung und den Druck. Gianni versteht sich als der Künstler, der die Kupferplatten mit einer Art Wachs überzieht, in das er die filigranen Motive mit dem Grabstichel einritzt und dann mit Acquaforte, einer Säure benetzt, die durch die Furchen das Kupfer ätzt. Je länger die Säure arbeiten kann, desto tiefer werden die Ritzungen – man kann damit Hell und Dunkel produzieren, in welchem Grad und mit welcher Nuancierung ist natürlich reine Erfahrungssache (L'Ippogrifo, Via Santo Spirito 5r, www.ippogrifostampedarte.com).

### Museo Archeologico 22

*Via della Colonna 38, Di–Fr 8.30–19, Mo/Sa/So (außer 2., 4. So Juli/Aug.) 8.30–14 Uhr, Erw. 4 €*

Nach der Villa Giulia in Rom besitzt dieses Archäologische Museum die größte Sammlung etruskischer Fundstücke, die aus der gesamten Toscana zusammengetragen wurden. Berühmtestes Schaustück ist die Chimäre von Arezzo (Kopien am Bahnhofsplatz in Arezzo). Die Ausstellungsräume wurden durch einen langen Gang zum Annunziata-Kloster hin erweitert, an dessen Ende man in eine Loge kommt, die Einblick in die Kirche gewährt.

### San Lorenzo 23

*Piazza San Lorenzo, Kirche: Mo–Sa 10–17, So/Fei (Nov.–März geschl.) 13.30–17.30 Uhr, Erw. 4,50 € (mit Museo del Tesoro)*

Rings um die Piazza San Lorenzo erstreckt sich das lebhafteste Stadtviertel von Florenz: quirliges Leben schon am frühen Morgen, Markt für Lederwaren u. a. Souvenirs jenseits der Via Cavour gleich hinter dem Palazzo Medici-Riccardi. Die Fassade der von Brunelleschi erbauten Kirche San Lorenzo wurde nie vollendet und zeigt so eine sehr schlichte verwitterte Backsteinmauer. Doch wer hierherkommt, tut es meistens nicht wegen der Kirche selber, sondern wegen der Grabkapellen der Medici sowie der großartigen Biblioteca Laurenziana. Hinzugekommen ist in der ebenfalls über den Kreuzgang zugänglichen Krypta ein kleines Sakralmuseum (s. u.).

### Cappelle Medicee und die Sakristeien 24

*Piazza Madonna degli Aldobrandini 6, Di–So 8.15–17 Uhr, außer 2., 4. So sowie 1., 3., 5. Mo des Monats, Erw. 6 €*

Auf der Rückseite von San Lorenzo, gesondert zu betreten, befinden sich die Cappelle Medicee, auch Cappelle dei Principi genannt, die ab 1608 mit den Grabmälern der Großherzöge der Medici ausgestattet wurden. Die Kapellenkuppel ist nach der des Domes die zweithöchste von Florenz. Nur die weiße Laterne und die weißen Rippen der Domkuppel fehlen. Es dürfte noch ein paar Jahre dauern, bis die Kapellen vollständig restauriert sein werden, denn ihre prächtigen Marmoreinlegearbeiten hatten sich gelockert.

Durch einen verschlungenen Gang mit ihr verbundenen ist die geradezu kühl geratene **Neue Sakristei**, die 1520–34 von Michelangelo eingerichtet wurde: Hier befinden sich die Grabmäler der Medici mit Michelangelos Allegorien »Tag« und »Nacht«, »Morgenröte« und »Abenddämmerung«.

Die **Alte Sakristei** (1420–28), Brunelleschis erster Zentralbau der Renaissance, birgt Andrea del Verrocchios Doppelgrabmal (1472) für die Söhne von Cosimo Il Vecchio, Piero und Giovanni de' Medici.

### Biblioteca Medicea Laurenziana und Krypta 25

*Piazza San Lorenzo 9, www.bml.firenze.sbn.it, Mo, Mi, Fr 8–14, Di, Do 8–17.30 Uhr, Erw. 3 € (Museo del Tesoro s. Kirche San Lorenzo)*

Im Kreuzgang von San Lorenzo, der einen Ruhepunkt inmitten des Trubels auf dem Platz bietet, befindet sich der Aufgang zur Biblioteca Medicea Laurenziana von 1524. Links vom Treppenaufgang geht es in die Krypta hinab, in der ein kleines, aber feines Sakralmuseum (Museo del Tesoro) mit den Kirchschätzen eingerichtet wurde.

Doch Hauptattraktion bleibt die Bibliothek mit ihren beiden langen Reihen von Lesepulten, an denen früher die kostbaren Folianten angekettet waren. Und nicht nur sie, auch Michelangelos raffinierte dreiläufige Treppe in der kleinen Eingangshalle hinauf in die Bibliothek, die als das erste architektonische Meisterwerk des Manierismus bezeichnet wird. Hinter der Bibliothek wurden ein paar weitere Klosterräume von San Lorenzo ausgebaut für Sonderausstellungen, wenn möglich zum Thema Buch – und zu Studienzwecken.

### Palazzo Medici-Riccardi 26

*Via Camillo Cavour 3, Eingang Nr. 1, www.palazzo-medici.it, Do–Di 9–19 Uhr, Erw. 7 €*

Drei ehemalige Wohnpaläste der Hochrenaissance sollte sich anschauen, wer für die Wohnkultur der Medici und ihresgleichen Interesse hat. Gleich bei San Lorenzo um die Ecke steht in der Via Cavour der Palazzo Medici-Riccardi. Michelozzo errichtete ihn 1444–64 für Cosimo Il Vecchio um einen herrlichen Innenhof mit mächtig strukturierter Fassade. Außen an der Via Cavour fallen die ›knieenden Fenster‹ auf, Konsolen unter den stark hervortretenden Fensterumrahmungen, als müssten diese gestützt werden.

1584 übernahmen die Riccardi den Palast, 1818 gelangte er in den Besitz der Großherzöge der Toscana. Heute befindet sich unten die Präfektur, oben aber ist u. a. die **Cappella dei Magi** zu besichtigen. Sie birgt eines der Hauptwerke Benozzo Gozzolis, das Fresko »Der Zug der Könige« mit einer schönen Landschaftsdarstellung um Florenz und Porträts einiger Medici.

### Palazzo Strozzi 27

*Piazza Strozzi, www.palazzostrozzi.org, bei Ausstellungen 9–20, Do bis 23 Uhr, Erw. 10 €, für Reisende mit Firenze Card frei*

Jenseits der Piazza della Repúbblica zieht sich der Palazzo Strozzi von 1489–1538 mit den größten Rustikaquadern von Florenz bis zur Via Tornabuoni. Ein riesiger Komplex also, der rund um einen grandiosen Innenhof errichtet wurde. Ein Kulturinstitut für Renaissanceforschung und wundervolle Säle für Wechselausstellungen gruppieren sich um diesen Cortile.

### Palazzo Rucellai 28

*Via della Vigna Nuova 18*

Das architektonische Gegenstück zum mächtigen Palazzo Strozzi ist der geradezu zierliche Palazzo Rucellai von 1446–51 in der Via della Vigna Nuova (innen nicht zu besichtigten, da sich darin ein Kulturinstitut befindet). Aber auch von außen lohnt ein Blick auf den Bau mit flacher Rustikafassade, flachen Pilastern und nach oben niedrigeren Geschossen. Über dem mittleren Geschoss breitet sich ein Fries mit den aufgeblähten Segeln wie bei Santa Maria Novella aus: das Signum der Rucellai.

## Übernachten

Während der Sommermonate gibt´s oft sehr gute Angebote bei Onlinebuchung, u. U. ist das – sonst teure – Frühstück im Zimmerpreis inbegriffen.

*Kaum zu toppen* – **Relais Santa Croce 1**: Via Ghibellina 87, Tel. 05 52 34 22 30, www.relaisantacroce.com, www.baglionihotels.com. DZ/ÜF ab 380 €. Eine der neuesten Adressen in Florenz: Luxus und Eleganz in einem Palast aus dem 18. Jh. mit nur 21 Zimmern und 3 Suiten; Restaurant. Im selben Haus lockt die **Enoteca Pinchiori** (3 Michelin-Sterne!) gut betuchte Feinschmecker.

*Diskrete Eleganz* – **Loggiato dei Serviti 2**: Piazza SS. Annunziata 3, Tel. 055 28 95 92, www.loggiatodeiservitihotel.it. DZ/ÜF 140–300 €. Freundliches Hotel in einem Renaissancegebäude an der schönen Piazza mit 34 Zimmern und 4 Suiten. Viele Antiquitäten; angenehme Atmosphäre.

*Ein Juwel* – **Monna Lisa** **3**: Borgo Pinti 27, Tel. 05 52 47 97 51, www.monnalisa.it. DZ/ÜF ab 139 €. Wunderschönes Hotel mitten in Florenz, Hauptgebäude in einer historischen Villa und 2 moderne Dependancen (Scuderia und Limonaia) um den schönen Garten. Fresken, Gemälde, gemütliche Leseecke.

*Familiäre Atmosphäre* – **Residenza Johanna I** **4**: Via Cinque Giornate 12, Tel. 055 47 33 77, www.johanna.it. DZ/ÜF 70–130 €. Die Besitzer verfügen über unterschiedliche historische Residenzen, Johanna I wurde besonders hübsch in einer herrschaftlichen Florentiner Wohnung eingerichtet; familiär geführtes Hotel, mit Parkplatz.

*Günstig und zentral* – **Dalì** **5**: Via dell' Oriulo 17, Tel. 055 234 07 06, www.hoteldali.com. DZ 70–90 €, Nebensaison minus 10/15 %. 10 freundliche einfache Zimmer, 4 davon mit eigenem Bad im Obergeschoss eines schlichten Stadthauses, das früher einem Klosterkomplex angehörte, im Innenhof Parkplätze (mitten in Florenz!). Zum Frühstücken geht man in die nächste Bar.

*Im Stadtpalazzo* – **Bavaria** **6**: Borgo degli Albizzi 26, Tel. 055 234 03 13, www.hotelbavariafirenze.it. DZ/ÜF 60–98 €. Tolle Unterkunft im Ober- und Dachgeschoss eines edlen Stadtpalazzo. 17 teils freskierte, unterschiedliche Zimmer, davon nur 4 mit eigenem Bad (s. auch www.firenzewelcomehotels.com).

*Einfaches Stadthotel* – **Palazzuolo** **7**: Via Palazzuolo 71, Tel. 055 21 46 11, www.hotelpalazzuolo.com. DZ/ÜF 40–90 €. Ordentliches sauberes und familiär geführtes Stadthotel mit 12 Zimmern im 1.–3. Stock.

*Juhe mit Blick* – **Antico Spedale del Bigallo** **8**: Bagno a Ripoli, 7 km südöstlich von Florenz, Via Bigallo e Apparita 14, Tel. 055 63 09 07, www.bigallo.it. April–Sept. Schlafplatz/ÜF pro Pers. 18–25 €, DZ/ÜF für 2 Pers. 58/78 €. Superschöne Jugendherberge in Klosterambiente mit schönen, einfachen Zimmern (5 DZ, 1 Suite und Boxen mit Bad, sonst Gemeinschaftssäle mit 8 und 12 Betten), ohne TV oder Klimaanlage, aber einige mit Florenz-Blick! Parkplatz.

### Camping

*Florenz zu Füßen* – **Camping Michelangelo** **9**: Tel. 055 681 19 77, www.ecvacanze.it. Sommer, Erw. 9,50–11,70 €, Zeltplatz mit Auto 12,50–15,30 €, Zeltmiete für 2 Pers. 36 €. Beliebter, im Sommer schnell ausgebuchter Campingplatz beim Piazzale Michelangelo (soll evtl. geschlossen werden).

## Essen & Trinken

*Historisch literarisch* – **Antico Fattore** **1**: Via Lambertesca 1/3r, Tel. 055 28 89 75, www.anticofattore.it. Mitte Juli–Mitte Aug. geschl., Ruhetag So. Menü ab 35 €. Typische historische Trattoria mit literarischer Tradition; Treff auch von Musikern und Malern. Beim Bombenanschlag auf die nahen Uffizien zerstört, nach 1997 originalgetreu wieder aufgebaut. Florentiner Küche mit Spezialitäten wie Kalbsröllchen mit Artischocken und *trippa* (Kutteln).

*Lecker!* – **Trattoria Cibreino** **2**: Via dei Macci 122/r, Tel. 05 52 34 11 00, www.cibreo.it. Aug. geschl., Ruhetag Mo. Menü ab 30 €. Fabio Picchi ist einer der berühmtesten Köche von Florenz und auch kulturell sehr aktiv. In seiner marktnahen Trattoria gibt es nur echt Florentinisches, falls man einen der kleinen Tische bekommt. Warten lohnt sich aber immer. Vegetarier werden sich am frischen Gemüse vom Markt nebenan erfreuen und an der hausgemachten Pasta. Teuer, aber super: das **Cibrèo** nebenan (www.cibreo.com).

*Tolle Bistecca* – **Totò** 3: Via Borgo Santi Apostoli 6r, Tel. 055 21 20 96, www.ristorantetoto.it, Mi geschl. Einfacheres Touristenmenü ab 22 €. Schlichte, familiäre und nicht allzu teure Trattoria in historischen Gewölberäumen (einst Versammlungsort der aufmüpfigen Ciompi von Florenz, der Wollarbeiter), mit toller *bistecca fiorentina* vom Holzkohlengrill.

*Angenehme Atmosphäre* – **Il Penello** 4: Via Dante Alighieri 4r, Tel. 055 29 48 48, www.ristoranteilpennello.it; Aug. geschl., Ruhetage So Abend, Mo. Empfehlenswertes Tagesmenü 20 €, Ossobuco, *salsicce e fagioli* (Bratwürste mit weißen Bohnen) oder Kutteln 9–20 €. Feinste toscanische Küche u.gediegene Atmosphäre im Zentrum, mit kleiner Terrasse zur rückwärtigen Piazza Bardi, mittags immer gut besucht.

*Urflorentinisch* – **Le Mossacce** 5: Via del Proconsolo 55r, Tel. 055 29 43 61, www.trattorialemossacce.it. Ruhetage Sa/So. Menü ab 18 €. In dieser winzigen Trattoria genießt man echte Florentiner Küche (Kutteln, Dinkelsuppe, Kalbsröllchen etc.), zur Mittagszeit gedrängt voll mit Insidern ob Florentiner oder Touristen, die alle gleich freundlich behandelt werden. Schon ein Blick auf die Website macht Appetit!

*Rustikal* – **Giannino in San Lorenzo** 6: Via Borgo San Lorenzo 33/37r, Tel. 055 2 39 97 99, www.gianninoinflorence.com. Touristenmenü ab 18 €. Unkomplizierte Trattoria in mehreren Räumen, zwar recht touristisch, aber mit guter Qualität. Vegetarier finden eine reichhaltige Käseplatte mit Honig und geröstetem Brot auf der Speisekarte sowie ausgebackenes Gemüse oder welches aus dem Backofen.

*Zu bescheiden* – **Osteria dei Centopoveri** 7: Via Palazzuolo 31/r, Tel. 055 21 88 46, www.icentopoveri.it. Mittagsmenü um 15 €, toscanisches Menü um 35 €. Der Wirt hat inzwischen an seine urige Osteria ein supermodernes Lokal angehängt – mit der Küche zwischen beiden Lokalitäten. Mittags preiswert für die in der Umgebung arbeitenden Kunsthandwerker, abends eine angesagte Location mit verfeinerten toscanischen Gerichten, aber auch mit Pizza und Focaccia ab 6,50 €. Ideal auch für Vegetarier.

*Der Markthallenhit* – **Nerbone** 8: Mercato Centrale San Lorenzo, Tel. 055 21 99 49. Mo–Sa 7–14 Uhr. Menü 10–15 €. Seit 1872 eine Institution in der wunderbaren Markthalle mitten im San-Lorenzo-Viertel. Man steht richtig urig an der langen Theke oder sitzt gegenüber an Marmortischen und genießt allerbeste, aber schlichteste Florentiner Küche wie *ribollita* (4 €) oder Ossobuco (6,50 €), Tintenfische mit Erbsen (7,50 €), oder eben das Tagesmenü. Das Gläschen Wein kostet 1 €, die Flasche 7 € und ein Panino mit *lampredotto*, den Pansen-Kutteln, 3 €. Vegetarier sollten besser wegschauen ...

## Einkaufen

Der **Mercato Centrale** ist für Freunde Florentiner/Toscaner Kulinaria ein Muss. Feinste Einkaufsmeile mit den teuersten Modemarken, Juwelieren etc. ist die **Via Tornabuoni,** einfachere Modegeschäfte stehen an der **Via Cavour,** gemischt an der Fußgängerzone der **Via Calzaiúoli** zwischen Domplatz und Piazza della Signoria. Lederwaren Florentiner Fabrikation findet man rings um **Santa Croce** mit der dortigen Lederschule und meist einfachere Läden sowie Marktstände um **San Lorenzo.**

*Toscanisch Genießen* – **Cantinetta dei Verrazzano** 1: Via dei Tavolini 18/20r, Mo–Sa 8–21 Uhr. Wein und echt toscanische Spezialitäten zum Kaufen oder vor Ort Verzehren. Schöne Atmosphäre!

*Geschenke* – **Papiro** 2: Piazza der Duomo 24r. Kleine Buchbinderei mit handgeschöpftem Papier, schönen, echt Florentiner Geschenkartikeln.
*Gut & günstig* – **Peruzzi** 3: Borgo dei Greci 8–20r. Lederwaren vom Feinsten zu Fabrikpreisen.
*Leder* – **Scuola del Cuoio** 4: Kloster Santa Croce, Piazza di Santa Croce 16. Einkauf direkt in der berühmten Lederschule von Florenz.
*Schuhwerk* – **Salvatore Ferragamo** 5: Via Tornabuoni Ecke Lungarno Acciaioli. Handgefertigte Schuhe ganz *en vogue* vom berühmtesten Schuhdesigner von Florenz. Mit sehr sehenswertem **Schuhmuseum** im Obergeschoss.
*Buchrabatt* – **Libreria della Spada** 6: Via della Torricella 20r, www.libreria dellaspada.com. Bücher über Florenz und die Toscana zum halben Preis.
*Originell* – **Morganti Civaie** 7: Piazza S. Spirito 3r. Kleiner Laden mit Korbwaren, Pasta, Mischungen für toscanische Spezialitäten wie Dinkelsuppe. Eine Fundgrube auch für Vegetarier!

*Mein Tipp*

**Ausflug ins Mugello**
Die Sommerfrische der Medici und auch der heutigen Florentiner ist ein wunderschönes Ausflugsgebiet. Man kann mit der Bahn eine Rundtour einplanen: Florenz–San Piero a Sieve–Borgo San Lorenzo–Vicchio–Dicomano–Rúfina–Pontassieve–Florenz.
Im Berufsverkehr besteht ein dichter Fahrplan und allein die Bahnreise ist landschaftlich vor allem entlang des Sieve-Flusses (von San Piero a Sieve bis Pontassieve, wo er in den Arno fließt) sehr abwechslungsreich. Fahrzeit der Rundtour ca. 2,5 Std.

## Aktiv

*Fahrradverleih* – **Mille e una bici:** Von der Stadt subventioniert, Jahresmitgliedschaft 12,50 €; Bahnhof SMN, Tel. 05 55 00 04 53,, Okt, Feb./März Mo–Sa 7.30–19 Uhr, Nov.–Jan. Mo–Fr 7.30–18, Sa 8.30–18, April–Sept. Mo–Sa 7.30–19, So/Fei 9–19 Uhr. Piazza Vittorio Veneto und Piazza Ghiberti jeweils April–Sept. Mo–Sa 8–20, So 10–19, Okt., Feb./März Mo–Sa 8–18, Nov.–Jan. 10–16 Uhr. Bahnhof Campo di Marte: außer Aug. Mo–Fr (außer Fei) 7.30–9.30/17–19 Uhr. Leihgebühr: 1 Std. 1,50 €, 5 Std. 4 €, Tag 8 €. **Alinari:** Via S. Zanobi 38r, Tel. 055 28 05 00, www.alinarirental.com. Im Sommer tgl. 9.30–13, 14.30–19.30 Uhr; im Winter Mo–Sa 9.30–13.30, 15–18.30, So/Fei 10–13 Uhr. Leihgebühr Fahrrad 1 Std. 2,5 €, 5 Std. 7 €, Tag 12 €, Wochenende Fr–So 30 €, 1 Woche 50 €; Mountainbike teurer, aber nur für Fahrten ins Hinterland angebracht. Interessantes für Bike-Fans auch unter www.bicifi renze.it.

## Abends & Nachts

Nachtleben im üblichen Sinne sucht man vergeblich, man sitzt eher lange in den Cafés, etwa auf der Piazza della Signoria und der Piazza della Repúbblica, oder man flaniert durch die Fußgängerzone. Ein beliebter Jugendtreff ist die **Piazza Santo Spirito** südlich des Arno mit ihren netten Lokalen. Familien und Liebespaare fahren gerne zum Piazzale Michelangelo oder zum Forte di Belvedere hinauf. Ausgehtipps unter www.firenzenotte.it und http://firen ze.tonight.eu.

### Cafés

*Piazza-Blick* – **Rivoire** 1: Piazza della Signoria 4r. Tgl. außer Mo 7.30–24 Uhr. Teures, aber unwiderstehliches Café mit Blick auf den Palazzo Vecchio.

**Auch abends eine begehrte Adresse: Piazza della Signoria**

*Am Abend Pianobar* – **Paszkowski** 2: Piazza della Repúbblica 6r. Mo–Sa 12–15 und 19–22 Uhr. Ebenfalls teures, aber historisches Café mit Pianobar/ Live Musik.

## Weinlokale

*Typische Enoteca* – **Pitti Gola e Cantina** 3: Piazza Pitti 16, Tel. 055 21 27 04, www.pittigolaecantina.com. Mi–Mo 13–15.30, 19.30–22.30. Schönes Ambiente in kleiner Enothek (auch Wein zum Mitnehmen) mit Freisitz auf der Piazza. Gemischte toscanische Platten, Crostini, Wurst- und Fleischwaren aus Panzano, wechselnde einzelne Tagesgerichte; beste Weinauswahl.

*Jugendlich* – **Sei Divino** 4: Via Borgo Ognissanti 42r, Tel. 055 21 57 94, http://seidivinofirenze.com. Tgl. 12–2 Uhr. Enoteca-Atmosphäre mit lateinamerikanischem Touch in einem schlauchartigen Lokal mit vielen Weinregalen und langer Theke. Panini, Snacks und 19.30–22.30 Uhr Aperitif mit sehr schönem Buffet, an den Wochenenden mit DJ.

*Bei Kerzenlicht* – **Il Santo Bevitore** 5: Via Santo Spirito 64/66r, Tel. 055 21 12 64, www.ilsantobevitore.com. Außer So Mittag tgl. 12.30–14.30, 19.30–23.30 Uhr. Atmosphärisches Weinlokal mit kleineren, wechselnden Tagesgerichten, auch offene Weine, alles erste Wahl. Die Speisekarten werden von jungen Künstlern stets neu illustriert – haben Sammlerwert! Nebenan in Haus Nr. 60 eine *Vineria*: **Il Santino** (nur kalte Speisen, 10–23 Uhr).

## Diskotheken

*Gehoben* – **Dolce Vita:** Piazza del Carmine, www.dolcevitaflorence.com. Disco-Bar, elegante Atmosphäre. Tgl. 17–2.30 Uhr, großes Aperitif-Buffet 19.30–21.30 Uhr.

*Zentral* – **Yab:** Via Sassetti 5r, Tel. 055 21 51 60, www.yab.it. Disco-Pub mit diversen Stilrichtungen (Lateinamerikanisch bis Jazz). Mo, Mi, Do, Sa DJ-Musik ab 22.30 Uhr; ein ungewöhnliches Restaurant gehört Do–Sa dazu.

*In-Treff* – **Tenax:** Via Pratese 46r (Taxi-Dienst 6 €, Tel. 055 42 42), www.tenax.org, Do–Sa 22.30–3/4/5.50 Uhr, Sa am teuersten. Riesige Disco mit originellen italienischen DJs und Teams.
*Open-Air* – Wo sich früher am Anfang sowie Ende des riesigen **Parco delle Cascine** die bei Jugendlichen beliebten Diskotheken Central Park und Meccanò befanden, organisiert die Stadt jetzt im Hochsommer sporadisch Musik-Events. Für die Florentiner und auch für manche Reisende kein echter Ersatz ...

### Oper

Am bekanntesten dürfte das **Teatro del Maggio Musicale Fiorentino** sein, das neben dem alten **Teatro Comunale** am Corso Italia inzwischen den supermodernen Neubau, das Nuovo Teatro dell' Opera, beim Parco delle Cascine bezogen hat – dessen gesamte Umgebung gleichzeitig neu gestaltet wurde –, gefolgt vom **Teatro Verdi** in der Via Ghibellina/Ecke Via Verdi. Nördlich davon befindet sich das **Teatro della Pergola** ebenfalls in der gleichnamigen Straße. Spielplan und weitere Informationen unter www.firenzeturismo.it. Tickets vorbestellen: www.boxol.it. Speziell für Florenz gibt es eine monatlich erscheinende Online-Zeitschrift: Firenze Spettacolo, www.firenzespettacolo.it.

## Infos & Termine

### Information

**Auskunftsbüros:** am Hauptbahnhof, Tel. 055 21 22 45, und an der Via Cavour 1r, Tel. 055 29 08 32, Fax 055 276 03 83; Loggia del Bigallo, Piazza San Giovanni, Tel. 055 28 84 96, www.firenzeturismo.it, www.visitflorence. com mit Links zu *chiese* (Kirchen), *musei* etc.
Eine handliche Broschüre des Fremdenverkehrsamtes der Stadt ist kostenlos in den Informationsbüros erhältlich (*Guida alla Città*, ital./engl.).

### Termine

**Ostern: Scoppio del Carro** (s. S. 32).
**Mai/Juni: Maggio Musicale** (schon lange auf das ganze Jahr ausgedehnt) mit Opern-, Konzert- und Ballettaufführungen hochkarätiger Solisten und Dirigenten (www.maggiofiorentino.com). Am 24. Juni findet der Calcio Storico, das historische Fußballspiel statt (s. S. 32). Kartenvorverkauf: **Calcio Storico Fiorentino,** Piazzetta di Parte Guelfa 1, Tel. 055 261 60 54.
**Juni–September:** Mit **Firenze Estate** bietet die Stadt auf vielen ihrer schönsten Plätze Konzerte und Festivals von der Klassik bis zur Moderne.
**Mehrmals jährlich: Pitti Immagine,** die bedeutendsten Modemessen der Stadt und vielleicht sogar ganz Italiens.

### Verkehr

**Flug und Bahn:** s. S. 82.
**Busse:** Am Hauptbahnhof findet man alle wichtigen Busgesellschaften und deren Kartenvorverkauf: ATAF, Tel. (innerhalb Italiens kostenlos) 800 42 45 00, www.ataf.net. LAZZI für Fahrten in die Provinz bzw. außerhalb von Florenz, Tel. 057 31 93 79 00, www.lazzi.it; Florentia Bus (Ausflüge), Tel. 055 96 70 24, www.florentiabus.it; Sita, sowie CLAP, Tel. 055 21 46 37, www.clapspa.it. Innerhalb von Florenz werden alle auch touristisch wichtigen Punkte angefahren, fast alle ab Hauptbahnhof. Die Fahrkarten müssen im Voraus an den Stationen (oder in Tabakläden) gekauft werden. 72-Std.-Card **(Firenze Card)** für freie Fahrt und freien Eintritt in rund 60 Museen und Kirchen, Villen und Parks der Stadt an drei aufeinander folgenden Tagen für 72 €. Hinweis für EU-Bürger: Sie genießen bis zu 18 Jahren freien Eintritt in viele Museen. Weitere Infos unter www.firenzecard.it.

# Umgebung von Florenz

## Fiésole ▸ H 5

Wie ein weiter Aussichtsbalkon liegt Fiésole in 295 m Höhe nur 7 km nordöstlich von Florenz, von wo aus der Bus über die serpentinenreiche Panoramastraße direkt ins Zentrum der ›Mutter von Florenz‹ fährt. Die etruskische Siedlung entstand bereits im 7. oder 6. Jh. v. Chr., als Faesulae war sie ab dem 1. Jh. v. Chr. römisch; 1125 wurde der Ort von Florenz einverleibt.

### Piazza Mino da Fiésole

Im Osten geht sie in die kleinere Piazza Garibaldi über und ist nach ihrer Veränderung zum reinen Fußgängerbereich ein echter Salon geworden. Den besten Überblick verschafft man sich vom Rathaus im ehemaligen **Palazzo Pretorio** (14. Jh.), dessen Loggia im ersten Stock an Werktagen am sichersten vormittags zugänglich ist. Man blickt über das Doppelreiterdenkmal für König Vittorio Emanuele II und Garibaldi (1906) hinweg: vorne rechts erhebt sich der **Dom,** geradeaus neben ihm der **Palazzo Vescovile** (Bischofspalast, ab 11. Jh.) und links davon das Priesterseminar von 1697. Direkt neben dem Rathaus steht die kleine **Kirche Santa Maria Primerana** (16. Jh.) mit ihrer Renaissance-Vorhalle von 1801.

### Cattedrale San Romolo

*Piazza Mino da Fiesole, tgl. 7.30–12 und 15–18, im Winter bis 17 Uhr, So/Fei kürzer, Eintritt frei*

Die Nordwestflanke der Piazza nimmt der Dom ein, der 1028 begonnen, im 13./14. Jh. erweitert und im 19. Jh. umgebaut wurde. Der 42 m hohe, zinnenbewehrte und für romanische Verhältnisse recht schlanke Campanile wurde 1213 errichtet. Die schönsten Fresken des innen gut erhaltenen romanischen Domes befinden sich wie

**Bevorzugte Sommerresidenzen: Villen und Gärten in den Colli Fiorentini**

die Skulpturen von Mino da Fiésole (1430–84) in der **Cappella Salutati.**

### Convento San Francesco

*Via San Francesco 13, im Sommer Mo–Sa 9–12, 15–19, im Winter bis 18, So/Fei 9–11, 15–18 Uhr, Eintritt frei*
Zwischen Palazzo Vescovile und Seminario führt ein schöner Weg in wenigen Minuten durch den öffentlichen Park zur **Kirche Sant'Alessandro** (nur bei kulturellen Anlässen zugänglich) mit ihrer herrlichen Panoramaterrasse. Weiter oben gelangt man in 345 m Höhe zum **Kloster von San Francesco** (14. Jh.) mit schönen Kreuzgängen und kleinem Missionsmuseum. Die hier eingerichteten öffentlichen Gärten eignen sich gut für eine Ruhepause.

### Museo Bandini und Archäologische Zone

*Via Dupré 1 bzw. Via Portigiani 1, im Winter Mi–Mo 9.30–17, im Sommer tgl. 9.30–19 Uhr, Sammelticket Erw. 8–12 €*
Hinter dem Dom zeigt in der Via Duprè 1 das **Museo Bandini** eine interessante Sammlung religiöser Kunstwerke. Dahinter befindet sich der Eingang zur imposanten **Archäologischen Zone:** das römische Theater (1. Jh. mit späteren Ausbauten) für 3000 Zuschauer; die Reste einer Thermenanlage; die Ruine eines römischen über einem etruskischen Tempel (3. bzw. 1. Jh. v. Chr.). Den Abschluss bildet im Norden ein großes Stück der mächtigen etruskischen Mauer. Nahe dem Eingang befindet sich das nett eingerichtete, ansonsten recht bescheidene **Museo Archeologico** mit lokalen Fundstücken.

### Convento San Domenico

*Piazza San Domenico, Località San Domenico, tgl. 7.30–12.30, 16.30–18.30, im Winter 8.30–12, 16–17 Uhr, Eintritt frei*
Einen Zwischenstopp auf dem Weg abwärts Richtung Florenz wert ist das Kloster San Domenico (1406–35, mit Umbauten aus dem 17. Jh.), das man über die Via Fra Giovanni Angelico erreicht. Der Malermönch Fra Angelico lebte und malte im Kloster, bevor er nach Florenz ging (die »Madonna mit Dominikaner-Heiligen« von 1428 befindet sich in der Kirche in der ersten Kapelle links, sonst sieht man leider nur Fotos der Bilder, die von hier an Museen in alle Welt verkauft wurden).

## Übernachten

*Luxus hoch drei* – **Villa San Michele:** Via Doccia 4, Tel. 055 67 82 00, www.villasanmichele.com. Ostern–Nov. DZ/ÜF 890–1130 €. Verrückt teuer, aber erwähnenswert, vielleicht leistet man sich einen Drink auf der Panoramaterrasse: Absoluter Luxus in einem herrlichen Park mit Traumblick sowie ein exzellentes Restaurant (Menü 85–155 € inkl. passende Weine) bietet das wohl berühmteste Hotel der Toscana zwischen Fiésole und Florenz. Es ist z. T. in einem Renaissance-Kloster untergebracht, einige modernste Suiten sind in den Berg geschlagen, insgesamt 39 Zimmer und 6 Suiten. Pool, Wellness-Center etc.
*Im Olivenhain* – **Bencista:** Via Benedetto da Maiano 4, Tel. 05 55 91 63, www.bencista.com. DZ/ÜF 143–178 €. Nette Pension in einer historischen Villa mit Antiquitäten, mitten im Olivenhain am Hang unterhalb von Fiésoles Zentrum. 41 Zimmer, 2 Suiten, Parkplatz. Restaurant mit guter lokaler Küche.
*Ruhige Hügellage* – **Dino:** Località Olmo 9 km nordöstlich von Fiésole, Via Fiorentina 329, Tel. 055 54 89 32, www.hotel-dino.it. DZ/ÜF 70–80 €. Als Trattoria in schöner Hügellage mit Florenz- und Fiésole-Blick entstanden, wurde der familiäre Betrieb zu einem

kleinen Hotel mit 18 freundlichen, rustikal eingerichteten Zimmern (einige mit Balkon) ausgebaut. Am Wochenende ist das Restaurant auch als Pizzeria gut besucht.

### Camping

*Wirklich panoramisch* – **Panoramico:** Via Peramonda 1, Tel. 055 59 90 69, Fax 055 591 86, www.panoramicofiesole.florencevillage.com. Mitte März–Nov., pro Pers. 7–13 €, Stellplatz für Auto und Zelt 12–16 €, Hütten/Bungalows für 2 Pers. 50–75 €. Campingplatz mit Bungalows in schöner Panoramalage und mit Busanbindung an Florenz. Stellplätze sowie Mietcamper und Hütten für 2–4 Pers. Pool, Restaurant und Supermarkt.

## Essen & Trinken

Die Restaurants und Trattorien rings um den Hauptplatz und um die Piazza Garibaldi haben sich auf Ausflugstouristen eingestellt, sie zählen nicht gerade zu den besten der Toscana und verlangen oft ungerechtfertigt hohe Preise. Zu empfehlen ist dagegen das Restaurant des Hotels Dino, s. o.

*Zentral ausgehen* – **J. J. Hill:** Piazza Mino da Fiesole 40, Tel. 05 55 93 24. Irischer Pub im Herzen der Stadt.

## Infos

### Information

**Ufficio Informazioni:** Via Portigiani 3/5, Tel. 05 55 96 13 23, Fax 05 55 96 13 12, www.comune.fiesole.fi.it, www.fiesoleforyou.it.

### Verkehr

**Busse:** Nr. 7 der ATAF fährt alle 15 Min. vom Hauptbahnhof Florenz mit Umsteigen (oder von San Marco/Via La Pria direkt) nach Fiésole (Haltestelle auch vor San Domenico) und zurück.

# Certosa di Firenze

*Via della Buca di Certosa 1, Località Galluzzo, www.cistercensi.info/certosadifirenze, Di–Sa Führungen um 9, 10, 11, 15, 16, 17, So 15, 16, 17, im Winter nur bis 16 Uhr, Eintritt frei*

5 km südlich von Florenz erhebt sich oberhalb der dicht befahrenen Via Cassia das mächtige Kartäuserkloster in den Himmel, die Certosa di Firenze (auch Val d'Ema genannt oder Certosa di Galluzzo nach dem gleichnamigen Vorort von Florenz). Das Kloster thront auf einem felsigen Grat, an den sich die großen Mönchszellen zu klammern scheinen. Die Gründung von 1341 wurde mehrfach umgestaltet, u. a. von Bramante, dem vor allem der kleine, zauberhafte Renaissance-Kreuzgang zu verdanken ist. Die Barockkirche mit schlichter Fassade besitzt ein eindrucksvolles, zweimal 18-sitziges Chorgestühl von 1590 mit sehr plastisch geschnitzten Fratzen und Engelsköpfen.

1948 wurde die Klausur aufgehoben, und die jetzigen Zisterziensermönche haben sich weltweit einen Ruf als hervorragende Buchrestauratoren erworben, vor allem nachdem sie viele der ungeheuren Schäden der Arno-Überschwemmung von 1966 zu beheben verstanden.

Im Sommer finden in der Certosa Konzerte statt und in der früheren Klosterapotheke kann man Souvenirs und Klosterlikör kaufen.

## Infos

### Verkehr

**Busse:** Haltestelle der ATAF, Bus-Nr. 36 und 37 hält an der Hauptstraße unterhalb des Klosters, also an der Via Cassia; werktags relativ dichter Fahrplan nach Florenz. In Florenz ab Piazza Santa Maria Novella.

Das Beste auf einen Blick

# Das Chianti

## Highlight!

**Weinparadies Chianti:** Wer kennt sie nicht, die wunderschönen Bilder der sanft gewellten Chianti-Hügel, geradezu grafisch von Rebreihen geformt. Von schlichter Form, klarer Linie, sind die typischen Bauernhäuser der Toscana, speziell im Chianti: zweistöckig mit wenigen Fenstern, aufgesetzt eine kleine *colombaia,* das Taubenhaus. Auf das Ganze führt eine Zypressenallee zu oder eine Doppelreihe prächtiger mediterraner Pinien. S. 110

## Auf Entdeckungstour

**Kochkurs in der Badia a Coltibuono:** Dort, wo angeblich schon früh Wein angebaut wurde, kann man nicht nur den nun biologisch arbeitenden Winzern über die Schulter schauen, sondern auch an professionellen Kochkursen teilnehmen, die mehrmals jährlich abgehalten werden. S. 116

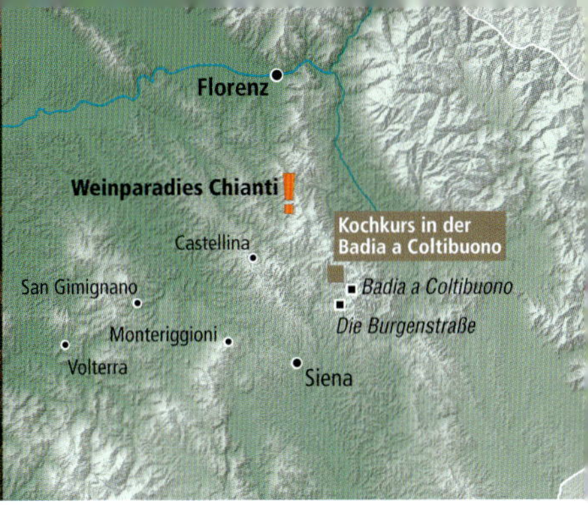


## Kultur & Sehenswertes

**Die Burgenstraße (Strada dei Castelli):** Bei immer mehr Burgen findet man eine *cantina* mit den hauseigenen Weinen. S. 113

**Monteriggioni:** Ein ummauertes Dorf *en miniature* mit zahlreichen kulturellen Veranstaltungen. S. 121

**San Gimignano und Volterra:** Zwei gegensätzliche Städtchen, die sich einzeln oder auch zusammen für einen Tagesausflug hervorragend eignen – oder zum Längerbleiben. S. 122, 126

## Zu Fuß unterwegs

**Wanderung in den Wäldern der Badia a Coltibuono:** Schattige, angenehme Wege führen nördlich der historischen Abtei durch gut gepflegte Wälder mit hohem Baumbestand. S. 114

## Genießen & Atmosphäre

**Chiantigiana:** Die Straße Nummer 222 zwischen Florenz und Siena berührt alle interessanten und sehenswerten Orte des Weinlandes. S. 110

**I giovedì sera di luglio:** Jeden Donnerstag im Monat Juli lockt Castellina in Chianti ab 17 Uhr mit kulinarischen und kunsthandwerklichen Ständen, Livemusik und nächtlichem Besuch des Archäologischen Museums. S. 113

## Abends & Nachts

**Vanilla Disco:** Diese Diskothek nahe Monteriggioni gehört nun schon seit mehreren Jahren zu den beliebtesten Spots der Region. S. 122

# Weinparadies Chianti!

Im weinseligen Kernland der Toscana zwischen Florenz und Siena findet man die wohl größte Anzahl an Burgen, Schlössern und befestigten Dörfern – und eine unglaubliche Menge an Ferienhäusern, meist in herrlicher Chianti-Einsamkeit. Besonders schön ist hier das Wandern von Weinort zu Weinort, denn das Chianti gilt als das wohl bekannteste Weinanbaugebiet Italiens überhaupt, es war jahrzehntelang so etwas wie ein Synonym für den italienischen Wein überhaupt.

In historischer Zeit fast immer im Zentrum der Machtkämpfe zwischen Florenz und Siena, ist es heute das beliebteste Reiseziel in der Toscana. Das politisch zweigeteilte Chianti-Gebiet ist im Norden bis Greve und Panzano florentinisch, im Süden sienesisch, doch landschaftlich bildet es eine Einheit.

## Infobox

**Informationsstellen**
Siehe bei den einzelnen Orten.

**Internet**
**www.chiantinet.it:** Allround-Website mit zahlreichen Links fürs Chianti; Italienisch und Englisch. Hotels, Agriturismi, empfohlene Restaurants, Veranstaltungen, Infoadressen, die Routen im Chianti etc.
**www.toskanalive.de:** Nett gemacht, gute Tipps für Toscana-Ferien, auch für sportliche Aktivitäten. Auf ›Chianti‹ klicken.

**Anreise und Weiterkommen**
Das Chianti erkundet man am bequemsten mit dem Auto. Doch gibt es zu fast allen Ortschaften Busverbindungen. Radler finden in manchen Orten bzw. Hotels auch Leihfahrräder.
**Bahn:** Eine Bahnlinie führt über Empoli und verbindet am westlichen Rand des Chianti entlang in dichten Abständen Florenz und Siena miteinander. Die Bahnstrecke Florenz–Arezzo verläuft entlang der Ostflanke des Chianti.
**Busse:** Die Busverbindugen (ca. 70 km) zwischen Florenz und Siena sind gut. Wer ins Herz des Chianti will, kommt entlang der Chiantigiana über Greve als Knotenpunkt fast überall hin.

## Greve in Chianti ▸ H 6

Die schönste Empfehlung für eine Annäherung an das Chianti ist mit Sicherheit eine Fahrt über die Regionalstraße 222, die **Chiantigiana**. Sie beginnt in Florenz südlich des Arno im Ortsteil Bagno a Ripoli an einer verwirrenden Straßenkreuzung, führt unter der Autobahn A1 hindurch und weiter zum schönen, mit hohen Zypressen und Zedern gestalteten Golfplatz von Ugolino und folgt dann dem Auf und Ab der Hügelformen. Die ersten Weinberge tauchen auf, dichte Zypressenansammlungen auf kleinen Hügelkuppen zeigen an, dass dort ein Schloss oder eine Burg steht, meist Garanten für gute Weinnamen. Besonders imposant wirkt linker Hand die Zypressenallee kurz vor Greve: Dahinter verbirgt sich das Weingut des **Castello di Uzzano**, das auch Ferienwohnungen anbietet. Knapp 1 km weiter nach Süden fährt man in Greve in Chianti ein.

Der Marktflecken in 236 m Höhe, wo im September eine gut besuchte Weinmesse des Chianti Classico stattfindet, zieht fast das ganze Jahr

**Von Weinbergen umgeben: befestigtes altes Dorf bei Greve in Chianti**

über viele Reisende an. Doch abseits der imposanten dreieckigen **Piazza Il Mercatale** mit Arkadengängen und Terrassen darüber ist der Ort nicht unbedingt eine Schönheit, aber immer wieder einfach faszinierend: die Hauptpiazza!

## Übernachten

*Auf dem Weingut* – **Le Volpaie:** Località Lamole 9 km von Greve, Via Lamole 40, Tel. 055 854 70 65, www.fattoriadilamole.it. März–Mitte Nov. DZ/ÜF 90–120 €, Apartment 750–900 € pro Woche. Schöne, schlicht eingerichtete 6 Zimmer und 1 Suite, 2 Apartments; Pool, Garten, Aufenthaltsraum auf dem Weingut in Panoramalage.

*Mitten im Ort* – **Albergo del Chianti:** Greve, Piazza Matteotti 86, Tel. 055 85 37 63, www.albergodelchianti.it. DZ/ÜF 90–95 €. 16 renovierte, kleine hübsche Zimmer; familiär geführtes Hotel mit Dependance an der Hauptpiazza, Pool im ruhigen kleinen Garten.

*B&B ganz privat* – **Mamma Cristina:** 50020 San Polo in Chianti (SI), Via Bozzoli 23, Tel. 055 85 53 41, www.san-polo.com. DZ/ÜF 60, 7 ÜF 380 €; ÜF für 2 Pers. 60, für 3 Pers. 75 €. Kleines B&B auf einer Etage, bestehend aus 2 DZ für 2–3 Pers., freundlich und einfach, jeweils mit eigenem Bad und eigener Dachterrasse. Im Garten kann man parken und Haustiere sind willkommen.

## Essen & Trinken

*Winzig* – **Mangiando Mangiando:** Piazza Matteotti 80, Tel. 055 85 46 23 72, www.mangiandomangiando.it, Ruhetag Mo. Menü 25–40 €. Urige kleine Trattoria am Hauptplatz. Traditionelle toscanische Gerichte: *Pappa al pomodoro, ribollita, crostini,* Wildschwein – die Portionen sind jedoch nicht allzu uppig.

## Einkaufen

*Wurst vom Feinsten* – **Antica Macelleria Falorni:** Piazza Matteotti 71, www.falorni.it. *Die* Metzgerei von Greve, köstliche selbstgemachte Wurstwaren wie *soppressata* (Presswurst) und *finocchiona*. Man kann die Spezialitäten auch vor Ort verspeisen.

## Infos & Termine

### Information

**Ufficio Informazioni:** Piazza Matteotti 10, 50022 Greve in Chianti (FI), Tel. 055 85 46 22 99, info@turismo.greveinchianti.eu.

### Termine

**2. Sept.-Wochenende:** Expo del Chianti Classico, die größte Weinmesse des Chianti. Das Fest beginnt Do gegen 17 Uhr, findet weiter am Fr, Sa und So jeweils 11–20 Uhr statt. Man kauft sich ein Weinglas und ein Ticket, mit dem man bis zu acht verschiedene Weine an den Ständen probieren kann.

# Castellina in Chianti ▸ H 7

Südlich von Greve steigt die Straße in weiten Kehren allmählich schneller empor, im Osten bieten sich weite Ausblicke zu den eigentlichen **Monti del Chianti**, die sich parallel zum Arno-Tal erstrecken und die teilweise von dichten, tiefgrünen Steineichenwäldern bedeckt sind. Etwa 5 km südlich von Greve folgt die Abzweigung nach **Panzano** in 507 m Höhe, einem kleinen, doch sehr beliebten Ferienort. Der kurze Umweg lohnt sich wegen des Anblicks der anmutigen Olivenbaum- und Weinterrassen. Die knapp 10 km Richtung Süden winden sich weiter aufwärts bis in 578 m Höhe nach Castellina in Chianti. Dies ist einer der lebhafteren Orte im Chianti Classico, mit nicht allzu großer Piazza vor der trutzig-hohen **Rocca** aus dem 15. Jh. und den Resten der Florentiner Stadtbefestigung.

### Museo Archeologico del Chianti

*Piazza del Comune, www.museoarcheologicochianti.it, April/Mai, Sept./Okt. tgl. 10–18, Juni–Aug. tgl. 11–19, Nov.–März nur Sa/So 10–17 Uhr, Erw. 5 €*

Das 2006 wunderschön im Castello eingerichtete Museum präsentiert Funde aus Castellina sowie den Nachbarorten Gaiole, Radda und Castelnuovo Berardenga. Zu sehen sind Zeugnisse der Präsenz von Schäfern vor 4000 Jahren bis zu den etruskischen Fürsten Ende des 7. Jh./6. Jh. v. Chr., speziell aus dem imposanten Tumulo auf dem Monte Calvario vor den Toren des Städtchens.

## Übernachten

*Renaissance-Ambiente* – **Palazzo Squarcialupi:** Via Ferruccio 22, Tel. 05 77 711 86, www.palazzosquarcialupi.com. April–Anf. Nov. DZ/ÜF 115–170 €. 17 wunderschöne Zimmer mitten im Städtchen, Restaurant, Pool, Wellness-Zentrum, Parkplatz. Im Keller Weinproduktion!

*Villa im Wald* – **Villa Casalecchi:** Tel. 05 77 74 02 40, www.villacasalecchi.it. April–Okt. DZ/ÜF 100–195 €. 1 km südlich von Castellina Richtung Siena in einem wunderschönen Eichenwald gelegenes Villenhotel mit 19 Zimmern; Pool im Park, Restaurant.

*Auf dem Etruskerhügel* – **Salivolpi:** Via Fiorentina 89, 1 km Richtung San Donato, Tel. 05 77 74 04 84, www.hotel-salivolpi.com. April–Okt. DZ/ÜF 60–129 €. 19 liebevoll ausgestattete Zimmer in einem früheren Landhaus, mit Pool; in schöner Panoramalage auf dem Colle Etrusco nahe einer Nekropole.

## Essen & Trinken

*Ländlich* – **Il Pestello:** Località Sant'Antonio al Ponte, Tel. 05 77 74 06 71, www.pestello.it, Ruhetag Mi. Menü ab 30 €. Traditionelle Trattoria westlich von Castellina an der Hauptstra-

ße, Spezialitäten vom Grill und *girarosto* (Drehspieß).
*Mittendrin* – **Antica Trattoria la Torre:** Piazza del Comune 15, Tel. 05 77 74 02 36, www.anticatrattorialatorre.com. Ruhetag Fr. Menü ab 25 €. Beliebtes Restaurant mit Terrasse auf dem Hauptplatz; traditionelle Küche, immer besser!

## Infos & Termine

### Information

Online www.castellinainchianti.com.

### Termine

**I giovedì sera di luglio** heißt eine Initiative mit kulinarischen und kunsthandwerklichen Ständen, Livemusik und nächtlichem Besuch des Archäologischen Museums im Castello mitten im Ort. Jeden Juli-Do ab 17 Uhr.

# Strada dei Castelli

▶ H 7

Ab Castellina lässt sich wunderbar die **Burgenstraße**, Strada dei Castelli, im Gebiet der am dichtesten stehenden Burgen befahren. Gelbe Hinweisschilder zeigen an, wo welches Schloss, welche Burg, eine befestigte Ortschaft oder ehemalige Klosteranlage am Wegrand steht. Die Entfernungen zwischen den einzelnen Sehenswürdigkeiten sind gering, die Abstecher machen meistens nur 2 oder 3 km aus. So kann man die Burgenstraße auch hervorragend mit dem Fahrrad entdecken.

Die Straße Nr. 429 schlängelt sich von Castellina ostwärts durch dichte Wälder mit mediterraner Macchia und Steineichen. Im Sommer leuchten die roten, wohlschmeckenden Beeren des Erdbeerbaumes, weiße und rosa Tupfer tragen die Zistrosen bei. Erst kurz vor Radda öffnet sich der Wald und erlaubt fast bis zur Badia a Coltibuono einen freien, weiten Blick nach Norden.

*Mein Tipp*

**Auch ohne Michelin Stern toll**
Feine, innovativ zubereitete toscanische Küche im angenehm-schlichten Ambiente eines renovierten bäuerlichen Steinhauses: Entenkeule aus dem Steintopf u. a. Entengerichte wie Brust-Tagliata mit Safran. Also wirklich mal eine andere und doch sehr toscanische Küche!
**Albergaccio di Castellina:** Via Fiorentina 63 (am westlichen Ortseingang von Castellina in Chianti), Tel. 05 77 74 10 42. www.albergacciocast.com. Ruhetag So. Menü ab 50 €. Für Übernachtungsgäste gibt es im Haus drei Apartments.

# Radda in Chianti

Der Weinort in 533 m Höhe hat sich seinen ovalen mittelalterlichen Kern erhalten, pittoreske schmale Seitengassen gehen von der Hauptstraße ab, Durchgänge sind wieder freigelegt worden. So muss es schon damals ausgesehen haben, als man sich einen befestigten Ortskern baute, um sich besser darin verschanzen zu können, wenn Florenz und Siena sich um den Flecken stritten. Radda war und ist der Hauptort der Lega del Chianti, die sich um die Reinhaltung des Chianti-Weines kümmert. Es lebt vom Tourismus und noch mehr vom Wein – und dessen Vermarktung.

## Übernachten

*Wunderschön* – **Relais Fattoria Vignale**: Tel. 05 77 73 83 00, www.vignale.it. DZ/ÜF 130-300 €. Gepflegtes Hotel mit 37 Zimmern und 5 Juniorsuiten in historischen Mauern in herrlicher Lage; mit Pool, Restaurant und Parkplatz.

## Infos

**Pro Radda:** 53017 Radda in Chianti (SI), Piazza Castello 1, Tel./Fax 05 77 73 84 94, proradda@chinatinet.it.

# Badia a Coltibuono

*Località Badia a Coltibuono, 53013 Gaiole in Chianti, Infos: www.coltibuono.com, tagsüber ist die Kirche durchgehend geöffnet (Eintritt frei), April–Okt. Führungen durch die Badia tgl. stdl. 14.30–16.30 Uhr, Erw. 6 €, mit kleiner Weinprobe (zwei Sorten), 9 €; professionelle Weinproben (1,5 Std.) auf Voranmeldung Di/Mi, Fr 11 Uhr, 15 €*

Die Hauptstraße schlängelt sich in immer engeren Kehren hoch bis zum Knotenpunkt Villa, wo man sie verlässt und praktisch geradeaus fährt Richtung Montevarchi. Nach 6 km ist die kleine Abzweigung zur **Badia a Coltibuono** in 624 m Höhe erreicht. Knapp 1 km in den Wald hinein, dann liegt links vor dem ehemaligen Kloster der Parkplatz. Coltibuono ist nicht nur wegen des hier produzierten Weines berühmt, sondern auch für kulturelle und kulinarische Veranstaltungen und für die Küche seines Restaurants (s. u.).

In diesem vielleicht ältesten Kloster der Toscana (ca. 770), das im 15. Jh. und auch später stark umgebaut wurde, soll der erste Wein im Chianti produziert worden sein. Das frühere Kloster um zwei kleine Kreuzgänge (mit eigener Quelle) und mit einem zauberhaften Klostergarten, ist privat bewohnt und bietet noch viel Raum für einige Zimmer, die als B&B vermietet bzw. für die Teilnehmer an den Kochkursen (siehe Entdeckungstour S. 116) reserviert sind.

## Essen & Trinken

*Kulinarische Oase* – **Badia a Coltibuono:** Tel. 05 77 74 90 31, www.coltibuono.com. Nov.–Feb. geschl., Ruhetag Mo (außer Mai–Okt.). Menü ab 36 €, Degustationsmenü inkl. Wein 55 €. Elegante kulinarische Oase in großzügigen Räumen und mit viel Platz im Freien, in herrlicher Panoramalage direkt bei der historischen Abtei (s. S. 116).

# Wanderung in den Wäldern der Badia a Coltibuono

*Start/Ziel: Badia a Coltibuono*
*Dauer/Strecke: ca. 2 Std., die ca. 5 km lange Rundtour eignet sich auch gut für eine Tour mit dem Mountainbike*

Startpunkt dieser etwa 2-stündigen Rundwanderung, die meist durch dichten Wald verläuft, ist die jahrhundertealte, wunderbar ausladende Zeder nahe der Kirche. Rechts vom **Restaurant** Badia a Coltibuono (s. o.) beginnt eine Schotterstraße mit der Markierung CAI Nr. 33, die schnell abwärts führt bis zum sogenannten **Bivio del Lavatoio;** diesen »Waschplatz an der Kreuzung« übersieht man allerdings leicht, weil es an einer kleinen Ausbuchtung in einer scharfen Kurve nach rechts geht.

In leichten Kurven führt der Weg nach etwa 700 m östlich vom kleinen **Lago del Rubbiaio** – ihn bemerkt man wegen des dichten Waldes kaum – auf und ab, vorbei an der Abzweigung der grau markierten Route Nr. 2. Die nächsten 2 km wandert man gemütlich durch dichte Kastanienwälder und bewirtschaftete Felder.

An der Abzweigung nach **Grimoli,** wo man den großen Steinbruch sieht und einen der seltenen weiten Blicke ins **Arno-Tal** genießen kann, nimmt man den rechten Weg und erklimmt nach ca. 100 m einen relativ steilen Hang durch eine Olivenpflanzung, an deren Ende es wieder in den Wald hineingeht.

Auf dem folgenden Abschnitt führt der Weg eben weiter, bis nach der Abzweigung zum Weg Nr. 4 und 4bis und einer scharfen Rechtskurve wieder die Abzweigung **Lavatoio** erreicht ist, der Rundweg ist damit geschlossen. Nun geht es auf der ersten Strecke ansteigend zurück bis zur Badia a Coltibuono.

## Gaiole in Chianti

Zurück zur Hauptstraße und an der Kreuzung weiter nach Süden führt die Straße Nr. 408 Richtung Gaiole, das bereits nach 5 km erreicht ist. Gaiole in Chianti auf 356 m Höhe mit seinem lang gestrecktem Hauptplatz ist ein netter Ort, der auf mehreren kleinen Hügeln mit tiefen Einschnitten zwischen ihnen gebaut wurde, die durch Brücken miteinander verbunden sind.

Rings um Gaiole stehen gleich mehrere Burgen, Villen, Schlösser und aufgelassene Klöster. Das nächste ist die **Pieve di Spaltenna,** ein kleines Kloster aus dem 13. Jh. Es ist außer der Kirche inzwischen leider nur noch den Hausgästen des Hotels zugänglich. Das ehemalige Kloster mit wundervoller Aussicht ins Tal des Arbia-Flusses schmiegt sich anmutig um einen klobigen Glockenturm und besitzt einen schlicht-schönen Innenhof mit Brunnen.

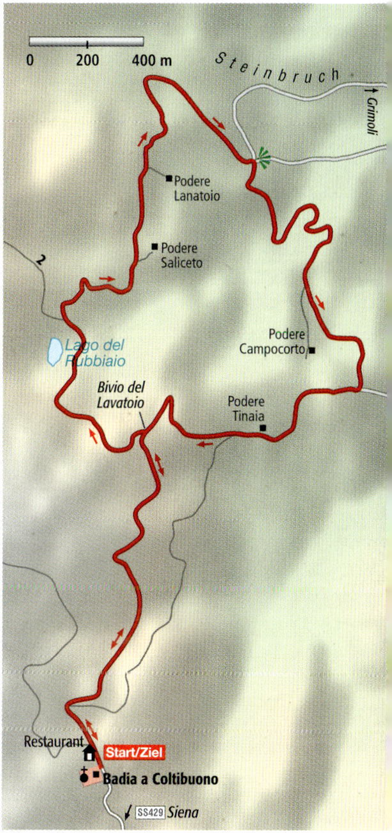


**Wanderung bei der Badia a Coltibuono**

## Übernachten

*Ländlich gemütlich* – **Hotel Residence San Sano:** Ortsteil San Sano, Tel. 05 77 74 61 30, www.sansanohotel.it, April–Dez. DZ/ÜF 105–160 €. Kleines Anwesen auf historischem Landgut (Restaurant für Hausgäste); 16 Zimmer; Pool.

*Villen-Ambiente* – **La Fonte del Cieco:** Via Ricasoli 18, Tel. 05 77 74 40 28, www.lafontedelcieco.it. DZ/ÜF 65 €. Freundlich renovierte ▷ S. 118

# Auf Entdeckungstour:
# Kochkurs in der Badia a Coltibuono

**Lorenza de' Medici beherrschte jahrzehntelang die toscanische Kochkurs- sowie Kochbuchszene, nun hat wieder ein echter Profi den Kochlöffel in der wundervollen Badia übernommen.**

**Reisekarte:** ▶ H 7
**Planung:** Die Kochkurse finden von Frühjahr bis Spätherbst statt, man kann sich für die kleinen Gruppen als Teilnehmer anmelden, ob nur für einen Tag oder für den gesamten Kurs. Übernachtung in der seit 1846 im Familienbesitz befindlichen Badia.
**Informationen zu den Kochkursen:** unter www.coltibuono.com.
**Preise:** Tageskurs inkl. Verpflegung, Abteiführung etc. 155 €/Pers., 2-Tage-Kurs (3 Nächte), inkl. Verpflegung, Programm (Weinlese u. Ä.) 850–900 €/Pers.

In einem solchen Ambiente macht wohl jeder Kochlehrer eine ausgesprochen gute Figur! Andrea ist ständig in der Küche unterwegs, ob beim Demonstrieren einer Brotzubereitung vor den sechs Schülern oder hinter ihnen, um ihnen auf die Finger zu schauen. Eigentlich war Guido Stucchi Prinetti, der jüngste Sohn von Lorenza de' Medici, von seinen Geschwistern auserkoren, die Tradition des Familienunternehmens in puncto Kochkurse fortzusetzen. Da er inzwischen eine Professur in Florenz bekleidet, hat er diese Aufgabe dem Koch (und Designer) Andrea Gagnesi überlassen.

Als Erstes bereiten wir gemeinsam den Teig für eine *schiacciata*, die in Ligurien und anderswo in Italien *focaccia* genannt wird, eine Art Fladenbrot. Nur dass bei der toscanischen Variante zum Schluss mit den Fingern Vertiefungen in den Teig gedrückt werden, daher ihr Name (die Gedrückte). Und was lernen wir dabei erstaunlicherweise? Je weniger man den Teig durchknetet, desto lockerer wird die *schiacciata!* Eine der vielen kleinen Weisheiten, die auch gestandene Köche zum Staunen bringen ... Gegen das Austrocknen beim Aufgehen des Brotteiges hilft ein Hauch Olivenöl, das hier überhaupt sehr großzügig Verwendung findet. Salz ins Nudelwasser? Wozu, wenn die Pasta frisch ist.

## Reichlich Olivenöl, wenig Knoblauch

Olivenöl kann man zu fast allem nehmen, vom Antipasto über die Pasta oder die Suppe, die den Toscanern ohnehin lieber ist, für den Hauptgang, ob aus Fleisch oder Fisch – wie für den Nachtisch! Wer von uns hat schon vor diesem Kurs eine Schokoladen-Mousse mit Olivenöl zubereitet? Aber danach nur noch mit! Und zwar kommt das Olivenöl, natürlich nur kaltgepresst und bester Qualität, in die im Wasserbad aufgelöste Schokomasse (aus 60% Kakao, mehr braucht's nicht). Und wenn man ein paar Schokoladen-Splitter untermischt oder Amarettini-Stückchen, dann bitte nicht zu lange rühren, damit man in der fertigen Mousse noch etwas zu entdecken bzw. zu beißen hat.

Andrea kann es sich nicht verkneifen, uns die gängige Meinung, Italiener würden gerne viel Knoblauch essen, auszutreiben. Aber wir finden schon, dass er ordentlich viel zerdrückten Knoblauch gebraucht hat, er sieht das anders, den meisten hätte er ja nur zum Anbraten gebraucht und dann zur Seite gelegt, man isst ihn also nicht mit. Außer bei seinem Schweinelendchen in Brotteig, das vorab in einer Paste aus fein zerkleinertem Knoblauch mit frischem Rosmarin gewälzt und danach in das ausgehöhlte Stangenbrot gelegt wurde, um, mit frischem Bauchspeck umhüllt, im Backofen außen knusprig und innen zart gebraten zu werden.

## Stilvoll speisen

Die fleißige Küchenfee, die Andrea alles abnimmt, was er gerade nicht mehr braucht beim Kochen, hat in der Zwischenzeit den großen ovalen Tisch im Speisezimmer der Familie Stucchi formvollendet gedeckt, hohe Kerzenleuchter verbreiten eine intime Atmosphäre, und die schönen Gläser versprechen neben den kulinarischen Genüssen auch eine entsprechende Auswahl an Weinen. Wir werden nicht enttäuscht. Weder durch die von uns unter Andreas Anleitung zubereiteten vier (!) Gänge, noch was die Weine Marke Badia a Coltibuono angeht.

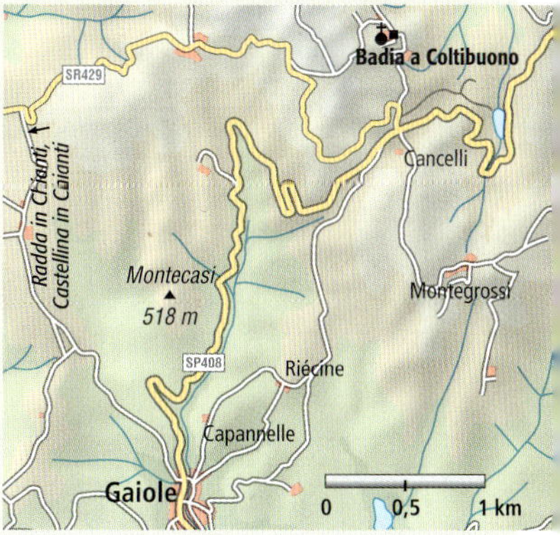

**Eine der eigenwilligsten Burgen des Chianti Classico: Castello di Meleto**

Villa aus dem 20. Jh. zur Hauptpiazza von Gaiole, mit nur 8 Zimmern. Frühstück auch in der Gartenlaube.

## Essen & Trinken

*Romantisch* – **Il Pievano:** Castello di Spaltenna, Tel. 05 77 74 94 83, April–Okt., nur 19.30–22 Uhr, kein Ruhetag. Menü 56–86 €. Wunderschönes Ambiente in den alten Klostermauern, moderne Suiten in Nebengebäuden; verfeinerte toscanische Küche, gerne mit gutem Toscana-Fleisch, Wild und Steinpilzen. Zwei weitere Restaurants im Komplex: **La Terrazza** und **La Cantina.**

## Infos

**Uffcio Turistico:** 53013 Gaiole in Chianti (SI), Ricasoli 18, Tel./Fax 05 77 74 94 11, ufficioturistico@comune.gaiole.it.

## Castello di Meleto

*Località Castello di Meleto, 53013 Gaiole in Chianti (SI), www.castellomeleto.it, Führungen Mo 15, 16.30, Di–Sa 11.30, 15, 16.30, So 11.30, 16, 17 Uhr, inkl. Weinprobe (3 Weine) Erw. 15 €, Laden tagsüber außer zur Mittagszeit geöffnet*

Südlich von Gaiole führt eine kurze Abzweigung zum Castello di Meleto (12. Jh.), eine der eigenwilligsten Burgen des Chianti Classico: wuchtige Mauern stehen auf fast quadratischem Grund, überragt von einem Turm; zwei runde Eckbastionen verstärken den Festungscharakter. Auf Anfrage können der anmutige Renaissancehof und das kleine Theater aus dem 17. Jh. besichtigt werden. Außerdem kann man Ferienwohnungen am und Zimmer im Castello mieten. In der hübschen **Enoteca**, die zugleich als Empfang für das Castello dient, werden der hauseigene Wein und Delikatessen verkauft. Und unterhalb an der Straße wurde ein einladendes Restaurant eröffnet (s. u.).

## Übernachten

*Herrschaftlich oder bäuerlich* – **Castello di Meleto:** s. o., 5 Zimmer im Castello, 4 in der Casa Canonica, 11 Apartments unterhalb und oberhalb des Castello auf dem weitläufigen Landgut mit Pool. DZ/ÜF 95–170 €, Apartment für 2 Pers. je Woche ab 630 €.

## Essen & Trinken

*Angenehme Modernität* – **Fornace del Castello:** Castello di Meleto, s. o., Tel. 05 77 73 84 61. Im Winter Ruhetag Do. Menü ab 30 €. Modernes Restaurant in einer früheren Backsteinbrennerei zu Füßen des Castello, mit Terrasse. Lokale Spezialitäten und der eigene Wein.

# Castello di Brolio

*Barone Ricasoli S.p.A Agr., Località Castello di Brolio, 53013 Gaiole di Chianti (SI), Tel. 05 77 73 01, www.ricasoli.it, Garten und Kapelle Mitte März–Mitte Okt tgl. 10–18.30/19 Uhr, Erw. 5 €, mit Führung 8 €. Sonderführungen und Weinprobe in der Enoteca del Castello an der Provinzialstraße 484, Anmeldung erforderlich, am besten online*

Von der Kreuzung mit der Hauptstraße sind es noch 2,7 km bis zur Abzweigung auf die 484, falls man den Abstecher zum wohl bekanntesten Schloss des Chianti, zum Castello di Brolio (5 km) in 533 m Höhe machen will, wo man Garten, Kapelle, das kleine Museum und die Weinkeller besichtigen kann; das Schloss wird von den Ricasoli selber bewohnt, die einen Teil der Anlage auch vermieten. Ein Shop gehört dazu, natürlich mit den hauseigenen Weinen, und die moderne Cantina.

## Essen & Trinken

*Mitten im Wald* – **Osteria del Castello:** Località Madonna a Brolio unterhalb des Castello, Tel. 05 77 74 72 77, www.ricasoli.it/osteria. Mo–Fr 9–19.30, Sa, So 11–19 Uhr Antipasti und Primi zu je 10–13 €, Degustationsmenü mit Wein 40–55 €. Trattoria, in der das gute Fleisch mit kostbaren Messern aus Scarperia geschnitten wird, Pecorino u. a. Käse stammen aus der Umgebung. Hausgemachte Pasta, Lammgerichte. Sehr gutes Preis-Leistungs-Verhältnis!

# Westlich von Castellina ▸ G 7

Knapp 20 km lang säumt schönste mediterrane Macchia den Weg über die schmalen Kurven der Straße Nr. 429 abwärts von Castellina nach **Poggibonsi.** Zahlreich sind die weiten Ausblicke, vor allem bis nach Monteriggioni und Siena im Süden. Dann folgt das schrecklich verbaute Poggibonsi, ein Eisenbahn- und Straßenknotenpunkt, den man schnell verlassen sollte, entweder um nach etwa 10 km San Gimignano zu erreichen oder 7 km weiter südlich Colle di Val d'Elsa vor sich zu sehen. Durch die neue Schnellstraßenanbindung ist die Straßenführung leider äußerst verwirrend.

## Colle di Val d'Elsa ▸ G 7

Der Ort in 223 m Höhe, mit 15 % der Weltproduktion (!) das Zentrum der italienischen Kristallglasindustrie (95%), trägt seinen Namen (Hügel des Elsa-Tals) zu Recht: Erhaben liegt er oben zweigeteilt auf dem lang gestreckten Hügelrücken; dazu kommt eine Etage tiefer die neuere, quirlige Unterstadt. Ganz oben am Ende des Hügelrückens thront das **Castello,** der alte Kern aus dem 13. Jh., für den man sich Zeit nehmen sollte, denn es gibt hübsche Ecken und Aussichten zu entdecken: z. B. die 110 m lange, niedrige **Via delle Volte,** die bogenüberspannte **Via delle Romite,** das angebliche **Geburtshaus von Arnolfo di Cambio** (1232), dem Dombaumeister von Florenz (Via Castello 63), dann den mit zwei kleinen Balkonen geschmückten **Palazzo del Capitano** aus dem 15. Jh. und die mächtig befestigte **Porta Volterrana** mit ihren vorspringenden Bastionen (von Sangallo).

### Museo Archeologico

*Im Palazzo del Podestà in der Oberstadt, Piazza Duomo 42, Tel. 05 77 92 29 54, www.museocolle.it, Mai–Sept. Di–Fr 10.30–12.30, 16.30–19.30, Sa/So/Fei 10.30–12.30, 15–19.30, Okt.–April Di–Fr 15.30–17.30, Sa/So/Fei 10.30–12.30, 15–18.30 Uhr, Erw. 4 €*
Eine der größten Sammlungen in der Toscana, u. a. etruskische Funde aus den Nekropolen des oberen Elsa-Tales.

### Museo del Cristallo

*In der Unterstadt in den früheren Fabrikationsräumen der Vetrerie Boschi, Via dei Fossi 8/A, Mai–Sept. Di–So 10.30–12.30, 16.30–19.30, Okt.–April Di–Fr 15.30–17.30, Sa/So/Fei 10.30–12.30, 15–18.30 Uhr, Erw. 4 €*
Interessante Ausstellung der in Colle produzierten Kristallglaswaren, vor allem, weil der Moderne viel Platz gegeben wird. Übrigens vorerst das einzige Kristallmuseum Italiens, in dem man praktischerweise auch Adressen von Produzenten erfährt.

## Übernachten

*In der alten Papiermühle –* **La Vecchia Cartiera:** Via Oberdan 5/9, Tel. 05 77 92 11 07, www.lavecchiacartiera.it. DZ/ÜF 60–108 €. Freundliches, klassisch restauriertes Hotel (38 Zimmer) in den Mauern einer historischen Papiermühle aus dem 15. Jh.

## Essen & Trinken

*Traditionsreich –* **Antica Trattoria:** Piazza Arnolfo 23, Tel. 05 77 92 37 47, im Jan. 10 Tage geschl., Ruhetag Di. Menü 36–61 €. Traditionsreiche, familiär geführte Trattoria mit verfeinerter toscanischer Küche und einem hervorragenden Weinkeller. Gemütliche Cantina im Keller. Im Sommer Tische auf der Piazza.

*Voller Arbeitsgeräte –* **Molino il Moro:** Via della Ruota 2/4, Tel. 05 77 92 08 62, www.molinoilmoro.it. Ruhetag Mo, Di Mittag. Menü ab 30 €. Angenehmes Ambiente in einer alten Mühle. Die mediterrane Küche variiert je nach Saison.

## Einkaufen

*Alles aus Glas –* **Kristall- und Glaswaren:** Von verspielt traditionell bis topmodern im Design. Im ganzen Ort bieten immer mehr Fabriken Direktverkauf in ihren Ausstellungsräumen an. Beim Einkaufen sollte man unbedingt darauf achten, nicht einfache Glaswaren zu ergattern, sondern echtes Kristall aus Colle Val d'ELsa.

## Abends & Nachts

Angenehme Plätze für den Abend sind u. a. **Enoteca Il Salotto** (Via Gracco del Secco 34) und **L'Angolo di Sapia,** eine Osteria/Wine Bar (Via del Castello 14/B).

## Infos

### Information

**Pro Loco:** 53034 Colle Val d'Elsa (SI), Via F. Campana 43 (Colle Alta), Tel. 05 77 92 27 91, www.prolococollevaldelsa.it. Hilfreich sind auch die Gemeindeseiten auf www.collevaldelsa.net.

### Verkehr

Den Besuch von Colle di Val d'Elsa (Parkplatz unterhalb der Porta Volterrana) plant man am besten mit dem eigenen Wagen: über die vierspurige Superstrada (kostenlos) oder die alte Via Cassia (SS 2). Ober- und Unterstadt sind sehr praktisch mit einem Aufzug verbunden (kostenlos); strenge ZTL, also kein Zugang ins historische Zentrum für nicht berechtigte Fahrzeuge.

# Monteriggioni ▸ G 7

Das stark befestigte Burgdorf in 274 m Höhe ist schon von weitem zu sehen, ragt doch die ovale Befestigung mit ihren elf erhaltenen Tor- und Wachtürmen (1203 als Vorposten Sienas gegen Florenz erbaut) sowohl über der Via Cassia als auch über der Schnellstraße. Mal taucht die Festungsstadt auf, mal verschwindet sie wieder. Und sieht fast so aus, wie sie Dante in seiner »Göttlichen Komödie« beschrieb: »Monteriggioni bekrönt von seinen Türmen«, wie von Giganten umgeben.

Die Auffahrt (großer Parkplatz rechts) lohnt sich, auch wenn innen nicht mehr als ein romanisch-gotisches Kirchlein, zwei gegeneinander versetzte Plätze und zwei verschlafene Gassen zu sehen sind. Aber die Ruhe und Beschaulichkeit sind angenehm, die Cafés und Restaurants einladend, und leicht zu erkennen sind die kleinen Bauerngärten nahe den Befestigungsmauern. Man kann hier in nett aufgemachten Läden vor allem Antiquitäten und Wein kaufen.

## Übernachten

*Gemütlich* – **Monteriggioni:** Via 1° Maggio 4, Tel. 05 77 30 50 09, www.hotelmonteriggioni.it. DZ/ÜF 180–250 €. Nur 12 Zimmer in angenehmen Mauern aus dem 17. Jh. mitten im Ort, mit kleinem Pool.

## Essen & Trinken

Zwei Bars auf der Piazza Roma mit der hübschen Kirche, ein Lebensmittelladen, der auch belegte Brote anbietet.

*Mein Tipp*

### Ländlicher Genuss

Klein und seit Jahrzehnten gerühmt und das Ganze in zwei nicht allzu großen, rustikalen Räumen und ein paar Tischen auf der Piazza und im angrenzenden Garten. Von der zauberhaften Nonna Lucia, wie sie sich gerne nennt und die sonst am Kochherd steht, liebevoll üppig mit Früchten der Saison u. a. toscanischen Spezialitäten dekoriert. Hier gibt es hausgemachte Pasta, frische Steinpilze und frisches Gemüse, Wild und bestes Chianina-Rindfleisch, nach alten toscanischen Rezepten z. T. sehr aufwendig zubereitet. Ehemann Vittorio kümmert sich um die Gäste und ist als Weinkenner für den richtigen Tropfen zuständig! Über der schmalen Gasse fühlt man sich im schattigen Sommergarten besonders wohl. **Il Pozzo:** Tel. 05 77 30 41 27, www.ilpozzo.net. Jan. bis 13. Feb. geschl., Ruhetage So (außer Juni–Sept.) abends, Mo. Menü 32–45 €.

Wer sich aber etwas gönnen will, reserviert sich einen Tisch bei Nonna Lucia im **Il Pozzo** (s. u. Mein Tipp).

## Abends & Nachts

*Der Treff* – **Vanilla Disco and Dinner Club:** Località Pian di Casone, Strada Provinciale Colligiana 75, Handy 34 93 41 63 55, www.vanilladiscoclub.com. Toller geht's in großem Umkreis nicht! Themen- und Buffetabende, einfach die Website anschauen und das interessanteste Programm (Fr–So) wählen.

## Infos & Termine

### Information

**Pro Loco:** 53035 Monteriggioni (SI), Piazza Roma, Tel./Fax 05 77 30 48 10, www.monteriggioni.info. Sehr freundlich und effizient, auch die Websites!

### Termine

**1. u. 2. Juli-Wochenende: Festa Medievale:** Eines der schönsten Kostümfestivals Italiens überhaupt, mit viel Elan von den Ortsvereinen organisiert und begangen.

### Verkehr

**Bus:** Der Linienbus Siena–Florenz hält unten an der Via Cassia, zu Fuß ist man in wenigen Minuten oben im Ort.

**Parken:** Autofahrer parken vor dem Haupttor auf dem ausgewiesenen, genügend großen Parkplatz (kostenpflichtig).

# San Gimignano ▸ F 7

Von den 72 Geschlechtertürmen, die einst in den Himmel ragten und als Machtdemonstration sich an Höhe zu überbieten suchten, sind nur noch 15 übrig geblieben. Auf dem kleinen Grund der historischen Stadt aber wirken sie noch heute so dicht gedrängt, dass der landläufige Beiname für San Gimignano, ›Manhattan der Toscana‹, seine Berechtigung haben mag. Die UNESCO hat für eine etwas überzogene Restaurierung des 324 m hoch gelegenen Ortes gesorgt, aber so kann man sich gutvorstellen, wie die ursprünglich etruskische Siedlung ab 1199 aussah, als sie freie Kommune wurde. Streitsüchtig gaben sich die Angehörigen der Ghibellinen und der Guelfen, weshalb die hohen Geschlechtertürme auch als Zufluchtsorte notwendig waren. Nur die beiden Stadttürme überragten sie an Höhe: der Rathausturm (Torre Grossa, 54 m) und der Turm des Palazzo del Podestà (51 m). Die Pest von 1348 dezimierte die Stadtbevölkerung derart, dass sie sich zahlenmäßig niemals mehr erholen sollte. Von damals etwa 12 000 (innerhalb der Mauern!) sind es heute nur noch 7700 Einwohner, allerdings die meisten außerhalb der Mauern. 1352 unterwarf sich die entvölkerte und geschwächte Gemeinde Florenz.

### Piazza della Cisterna

Durch die Porta San Giovanni in die gleichnamige Gasse mit ihren Souvenir-, Wein- und Delikatessegeschäften geht es den kurzen Weg zur Piazza della Cisterna. Sie ist einer der hübschesten Plätze der Toscana, ein ungleichmäßiges Dreieck, ansteigend, von verschieden hohen Palästen mit Cafés und zwei kleinen Hotels umgeben. In der Mitte steht auf hohem Stufensockel die namengebende Zisterne aus grauweißem Travertin. Die tiefen Rillen am Brunnenrand zeigen an, dass hier schon jahrhundertelang, seit 1273, Wasserkübel an Stricken hochgezogen wurden.

### Santa Maria Assunta

*Piazza Luigi Pecori 1–2, Tel. 05 77 94 03 16, www.duomodisangimignano.it, Nov.–März (mit kurzen Unterbrechun-*

## Lieblingsort

**Monteriggioni** ▶ G 7
Kein Wunder, dass Romano Prodi im Oktober 2007, noch als italienischer Regierungschef, ausgerechnet hier die erste Etappe der Via Francigena, eines europäischen Projekts zur Wiederbelebung der Frankenstraße, einweihen wollte! Das mittelalterlich befestigte Minidorf gehört zu den zauberhaftesten Flecken der Toscana.

*gen) Mo–Sa 10–17, So/Fei 12.30–17, April–Okt. Mo–Fr 10–19.10, Sa bis 17.10, So/Fei 12.30–19.30 Uhr, 16. Jan.–Feb. nur zum Gebet geöffnet, Erw. 4 €, Sammelticket mit Cappella di Santa Fina und Museo d'Arte Sacra, Erw. 6 €*
Ein breiter Treppenaufgang führt am Domplatz zur Stiftskirche Santa Maria Assunta (genannt **Collegiata**), die ab dem 12. Jh. errichtet und mehrmals umgebaut wurde. Ihre Fassade ist mehr als schlicht, umso überraschender aber ihr Inneres: Geradezu überladen wirkt die dreischiffige Basilika durch die großartigen Freskenzyklen, die zu den wirklich monumentalen der Sieneser Malerei gehören. Es sind Freskenzyklen, die in lebhaften Bildern Geschichten aus dem Alten (linkes Seitenschiff, von Taddeo di Bartolo, 1367) und Neuen Testament (rechtes Seitenschiff, in der Nachfolge von Simone Martini, um 1350) erzählen. An der Mittelschiffswand nahe der Westfassade ein frei nach Dante abschreckend dramatisches »Jüngstes Gericht«, ihm gegenüber ein »Paradies« mit dagegen eher langweiligen Szenen.

### Domplatz

Hier stehen außer der Collegiata die Paläste recht nahe beisammen: der **Palazzo del Podestà** oder **Vecchio** (12. Jh.) mit guelfischen Zinnen und einem riesigen Bogen; daneben erheben sich die Zwillingstürme der Familie Salvucci, und an der Ecke zur Piazza della Cisterna steht die erste öffentliche *Loggia* der Toscana (Ende 13./Anfang 14. Jh.). Im doppelten Sinne herausragend ist die **Torre Grossa,** die zum **Palazzo Comunale** (beendet 1288, Arnolfo di Cambio zugeschrieben) gehört. Der finstere Palast beherbergt die **Pinakothek** mit der hübschen Camera del Podestà, dem Saal des Statthalters mit köstlichen Liebesszenen an den Wänden (tgl. April–Okt. 9.30–19, Nov.–Feb. 11–17.30, März 10–17.30 Uhr, Sammelticket für alle Musei Civici Erw. 6, bei Ausstellungen 7,50 €).

### Castello

*Via Castello*
Oberhalb des Domplatzes führt ein schmaler Weg zum Castello (nur noch Ruine der **Rocca**) im Stadtpark, ein idealer Aussichtspunkt, um die Landschaft zu genießen und die Türme der Stadt zu zählen. An Sommerabenden finden hier oft Konzerte statt.

## Übernachten

*Mit Talblick* – **Bel Soggiorno:** Via San Giovanni 91, Tel. 05 77 94 03 75, www.hotelbelsoggiorno.it. DZ/ÜF 95–120 €. Gekonnt saniertes Hotel mit 21 Zimmern in historischen Mauern im Zentrum, mit beliebtem Restaurant und Talblick.

*Alles Bio mit San-Gim-Blick* – **Agriturismo Fattoria Poggio Alloro:** Via Sant´ Andrea 23, Località Ulignano 5 km östlich Richtung Ulignano, Tel. 05 77 95 01 53, www.fattoriapoggioalloro.com, eine Woche im Dez. geschl. DZ/ÜF 90–99 €. HP oder gar VP lohnt sich, da auf dem Landgut mit nur 11 Gästezimmern alles bio (auch der Wein) angebaut wird und Chianina-Rinder gezüchtet werden.

*Historisches Ambiente* – **La Cisterna:** Piazza della Cisterna 24, Tel. 05 77 94 03 28, www.hotelcisterna.it. DZ/ÜF 88–140 €. Nettes Stadthotel mit einem Saal im Stil des 14. Jh. und 48 Zimmern; Restaurant.

*Zentral* – **Leon Bianco:** Piazza della Cisterna 13, Tel. 05 77 94 04 94, www.leonbianco.com. DZ/ÜF 85–127 €. Ein kleines bescheideneres Stadthotel am

**Einst prägten 72 Geschlechtertürme das Stadtbild San Gimignanos**

**Mein Tipp**

**Polo Museale di Santa Chiara**
Ein großartiger Museumskomplex wurde im Kloster von Santa Chiara eingerichtet (oberhalb der Parkplätze 3 und 4): Er besteht aus dem Museo Archeologico, der Galleria d'Arte Moderna e Contemporanea sowie der Spezzeria di Santa Chiara, der früheren Apotheke des Krankenhauses (Via Folgóre da San Gimignano 11, April–Okt. 9.30–19, Nov.–Feb. 11–17.30, März 10–17 Uhr, Erw. 3,50 €/Sammelticket für alle Musei Civici von San Gimignano Erw. 6, bei Ausstellungen 7,50 €).

Brunnenplatz mit insgesamt nur 25 Zimmern.
*Klosterdasein* – **Foresteria Monastero di San Girolamo:** Via Folgore 38, Tel. 05 77 94 05 73, www.monasterosangirolamo.it. ÜF pro Person 35, Pilger zu Fuß 28 €. Gästehaus des Klosters gegenüber Santa Chiara mit netten Zimmern.

## Essen & Trinken

Empfehlenswert sind die Restaurants der Hotels **Bel Soggiorno** und **La Cisterna.** Außerdem gibt es kleine Weinlokale oder Cafés, etwa das **Caffè delle Erbe** bei der Collegiata, sowie sehr gute Backstuben und Delikatessläden entlang der Hauptgassen.

## Einkaufen

Souvenirs, v. a. Keramik und Wein (Vernaccia di San Gimignano) sowie Olivenöl findet man in den Geschäften entlang der Hauptgassen, vor allem auf der Via San Giovanni.

## Infos

### Information

**Pro Loco:** Piazza del Duomo 1, Tel. 05 77 94 00 08, Fax 05 77 94 09 03, www.sangimignano.com.

### Verkehr

**Busse:** San Gimignano ist tagsüber in dichter Folge mit Siena verbunden (siehe dort).

# Volterra ▸ F 7

Die Landstraßen, die nach Volterra führen, sind, ganz gleich von welcher Seite man anreist, schmal und kurvenreich. Volterra auf seinem steilen Tuffgrat wird dominiert von seiner riesigen Festung, die samt dem runden Turm, Il Maschio, Lorenzo il Magnifico de' Medici 1472–75 erbauen ließ, um die Bedeutung der Stadt für Florenz und die Toscana zu demonstrieren. Doch Volterra war bereits als etruskisches Velathri auf den Resten einer noch früheren Villanova-Siedlung ab dem 9. Jh. v. Chr. eine der wichtigsten Städte des Zwölferbundes.

Das 4. Jh. v. Chr. gilt als die Blütezeit der etruskischen Stadt, die in dieser Zeit samt ihren Feldern von einem 7 km langen Mauergürtel umschlossen wurde. Die mittelalterlichen Mauern ziehen sich dagegen bedeutend enger um ein historisches Zentrum, das nur knapp ein Fünftel der etruskischen Fläche einnimmt. 298 v. Chr. unterwarf sich die Stadt den Römern. Das Mittelalter war von inneren Machtkämpfen und solchen gegen die Medici geprägt, die Volterra schließlich einnahmen. Und unter dem Großherzogtum Toscana verlor die Stadt immer mehr an Bedeutung. Heute lebt sie in erster Linie von Tourismus und Alabaster.

### Piazza dei Priori

Die Piazza dei Priori ist das Zentrum der Stadt, ein großzügiges Rechteck mit dem **Palazzo dei Priori,** dem ältesten erhaltenen Rathaus der Toscana (1208, gotische Fenster von 1254). Einer Festung gleich, mit wenigen Öffnungen in den unteren Geschossen, übt es auch heute noch die gleiche Funktion wie früher aus. Der Ratsherrensaal, die **Sala del Consiglio,** mit Fresken aus dem 14. Jh., ist zu besichtigen (16. März–Okt. tgl. 10.30–17.30, Nov.–15. März Mo–Sa 10–16.30 Uhr, Erw. 1,50 €). Gegenüber steht der **Palazzo Pretorio** oder **del Podestà** oder **del Popolo** mit dreibogiger Loggia, eine Ansammlung privater Paläste und Türme aus dem 12. und 13. Jh., die zuletzt im 19. Jh. stark verändert wurden.

### Piazza San Giovanni

Die sakrale Komponente befindet sich am Domplatz mit **Campanile** (Neubau nach Einsturz, 1493) und **Dom** (1120, Fassade 1254 umgestaltet) mit sehenswerter Kassettendecke und schöner Kreuzigungsgruppe rechts vom Chor sowie einem kleinen **Museo Diocesano** (Eingang Via Roma 13, ist noch immer für unbestimmte Zeit geschlossen. Sammelticket für alles in Volterra: 14 €) mit dem reichen Kirchenschatz. Vor der Domfassade steht das oktogonale **Baptisterium** (1278–83, Kuppel 16. Jh.) mit einem Taufbecken von Andrea Sansovino (1502). Wird für Ausstellungen genutzt.

### Pinacoteca e Museo Civico

*Via dei Sarti 1, tgl. im Sommer 9–19, im Winter 10–16.30 Uhr, Sammelticket mit Museo Etrusco und Museo dell'Alabastro Erw. 10 €*

Wenige Schritte von der Piazza Priori wurde im restaurierten Palazzo Minucci-Soldaini, einem Werk des Architekten Antonio da Sangallo (spätes 15. Jh.) das Städtische Museum eingerichtet, zu dem auch die **Pinakothek** gehört. So gehören zu den sehenswertesten Werken in einem speziell für Luca Signorelli gewidmeten Raum seine »Madonna mit Kind und Heiligen« und seine »Verkündigung« in herrlich leuchtenden Farben.

Im angegliederten Turm über Eck ist das **Ecomuseo dell'Alabastro** (tgl. 10.30–19, im Winter bis 16.30 Uhr, Sammelticket Erw. 14 €) entstanden, auf das die Alabasterstadt Volterra lange warten musste. Mitsamt einer Werkstatt, in der ab und zu die Arbeit mit Alabaster demonstriert wird.

### Museo Etrusco Guarnacci

*Via Don Minzoni 15, 16. März–1. Nov. tgl. 10.30–17.30, sonst 10–16.30 Uhr, Sammelticket Volterracard Erw. 14 €*

Kurz vor der **Porta a Selci** liegt im Palazzo Desideri Tangassi das Museo Guarnacci, eines der sehenswertesten Museen für etruskische Kultur überhaupt, mit zahlreichen Funden aus Volterra und Umgebung. Zu den Exponaten zählen mehr als 600 Urnendeckel und die bronzene Votivgestalt »L'Ombra della Sera« (2. Jh. v. Chr.).

### Porta all'Arco

*Via Porta all'Arco*

Weiter südlich stößt man auf die Via Porta all'Arco (Zentrum der Alabaster-Werkstätten), die zur Porta all'Arco, dem etruskischen Stadttor aus dem 4. Jh. v. Chr., führt. An dieser Stelle wurde die etruskische Mauer zusammen mit dem Tor in die mittelalterlichen Mauern integriert. Eine Tafel erinnert daran, dass dieses Tor mit den drei verwitterten Köpfen, das Wahrzeichen der Stadt, von den Volterranern im Zweiten Weltkrieg vor deutschen Bomben geschützt wurde, indem sie es mit Pflastersteinen füllten.

Traditionsreiche Handarbeit: Alabasterverarbeitung in Volterra

## Teatro Romano

*Piazza Caduti Martiri dei Lager Nazisti, 16. März–1. Nov. tgl. 10.30–17.30, sonst Sa/So/Fei 10.30–16.30 Uhr, Volterracard für 72 Std. Erw. 14 €*

Das römische Amphitheater liegt in schöner Aussichtslage unterhalb der mittelalterlichen Mauer nahe der Porta Fiorentina im Norden. Zu erreichen ist es über den an sich kurzen Straßenzug von Via Porta all'Arco, Via Matteotti und Via Guarnacci. Weiter darunter stehen die Ruinen der römischen Thermen (3. Jh.). Bleibt man oben, bekommt man bei einem Bummel entlang der **Via Panoramica** einen eindrucksvollen Blick hinab auf das römische Theater. Unterwegs kann man an der Via del Mandorlo eine der bekanntesten Alabasterwerkstätten von Volterra besuchen: **Rossi Alabastri** (s. u.).

## Die Balze

Der Weg dauert ungefähr eine halbe Stunde, das Ziel aber ist lohnend und äußerst imposant: Jenseits der mittelalterlichen **Porta San Francesco,** nahe der gleichnamigen Kirche, führen Via del Borgo Santo Stefano und Via del Borgo San Giusto zur etruskischen **Porta Menseri.** Hinter dem Stadttor erkennt man vor allem in der Tiefe die Balze. Die tiefen Abbrüche und Grate, Tuffsteinverwitterungen, brachten schon die alte Kirche San Giusto zum Einsturz, weshalb die neue dann innerhalb der Mauer vor dem Menseri-Tor errichtet wurde. Die Balze, die wiederum Überreste aus der Villanova-Kultur freigaben (Ausgrabungsstücke sind im Museo Guarnacci zu sehen), sollen den Nordwesten Volterras mittlerweise zum Glück nicht mehr bedrohen.

## Übernachten

*Zauberhaft* – **San Lino:** Via San Lino 26, Tel. 058 88 52 50, www.hotelsan lino.com. DZ/ÜF 90–120 €. Zauberhaftes Hotel mit 39 Zimmern in einem ehemaligen Nonnenkloster im historischen Zentrum. Pool, Restaurant; Garage.

*Wohlfühlen im Nonnenkloster* – **La Locanda:** Via Guarnacci 24/28, www. hotel-lalocanda.com, Tel. 058 88 15 47. DZ/ÜF 77–129 €. Schönes Ambiente im Zentrum in ebenfalls historischem Nonnenkloster (17. Jh.). 17 großzügige Zimmer, 1 Suite, schöne kleine Aufenthaltsräume.

*In der Poststation* – **Villa Rioddi:** Località Rioddi, Tel. 058 88 80 53, www.ho telvillarioddi.it. Mitte März–Okt. DZ/ÜF 75–100 €. Landhotel mit nur 13 Zimmern in einer historischen Poststation unterhalb von Volterra mit schönem Blick auf die Stadt. Großer Garten mit herrlichem Pool; Parkplatz. Auch Apartments.

## Essen & Trinken

Volterra besitzt zahlreiche Restaurants, die meisten sind nette kleine, in der Küche jedoch außer den für Volterra bekannten Wildschweingerichten leider nicht besonders fantasievolle Trattorien.

*Nicht nur poetisch* – **Vecchia Osteria dei Poeti:** Via Matteotti 55, Tel. 058 88 51 00. Ruhetag Do. Menü ab 25 €. Zwar von vielen Touristen besuchte, dennoch freundliche Trattoria mit leckerem vegetarischen Antipasto und einigen Wildschweingerichten.

*Einladend* – **Ombra della Sera:** Via Gramsci 70, Tel. 058 88 66 63. Nov., Feb. geschl., Ruhetag Mo. Menü ab 20 €. In der Saison von Gruppen bevölkert, sonst einladend, speziell am Abend. Gleichnamige Pizzeria Via Guarnacci 16.

## Einkaufen

**Alabasterwerkstätten** und -läden sind überall in der Stadt verteilt; die Produkte sind allerdings sehr unterschiedlicher in Qualität und Geschmack. Traditionell solide ist **Rossi Alabastri,** Via del Mandorlo (Laden Piazza della Pescheria), wo man auch die Werkstatt betreten darf (s. www.rossialabastri.com).

## Infos

### Information

**Consorzio Turistico:** Piazza dei Priori 20, Tel./Fax 058 88 72 57, www.volter ratur.it. Empfehlenswert ist der Audio-Stadtführer, auch in Deutsch.

### Verkehr

Volterra ist nicht besonders gut an die anderen Städte angebunden, man benutzt am besten ein Fahrzeug.

Das Beste auf einen Blick

# Prato, Pistóia und Lucca

## Highlight!

**Lucca:** Der Inbegriff einer toscanischen Stadt, offen, lebendig, mit romantischen Altstadtgassen, traditionsreichen Geschäften und Cafés. Herausragend ist nicht zuletzt die prächtige Stadtmauer, die als die schönste der Toscana gilt. S. 149

## Auf Entdeckungstour

**Bei Leonardo da Vinci zu Hause:** Gleich drei Stationen gilt es in Vinci zu besichtigen: die beiden Museen in der Burg und das Geburtshaus im Vorort Anchiano. S. 140

## Kultur & Sehenswertes

**Castello dell'Imperatore:** Eine Hinterlassenschaft des seinerzeit auf Sizilien und in Apulien lebenden deutschen Kaisers Friedrich II. in Prato. S. 133

**Centro per l'Arte Contemporanea Luigi Pecci:** Pratos Museum moderner Kunst beweist, dass die Toscana nicht nur während der Renaissance bedeutende Kunst hervorbrachte. S. 134

**Domplatz von Pistóia:** Ein wahres Schatzkästlein umrahmt von bedeutenden Sakralbauten. S. 137

## Zu Fuß & mit dem Rad

**Zu Fuß durch die Valdiniévole:** Dichte Wälder mit hohen Kastanien sowie kleine befestigte Dörfer laden nördlich von Montecatini Terme zum Wandern ein. S. 146

**Mit dem Rad ins Hinterland von Péscia:** Eine kurze, aber hübsche Radtour mit schöner Aussicht. S. 148

## Genießen & Atmosphäre

**Montecatini Alto:** Die Cafés und Restaurants der ›Oberstadt‹ des Kurortes bietet puren Genuss. S. 144

**Thermalpool-Vergnügen:** Der riesengroße Pool der Grotta Giusti bei Monsumanno Terme sowie die gesamte Kur- und Wellnessanlage lockt auch Tagesgäste. S. 145

## Abends & Nachts

**Die Piano-Bars von Montecatini:** In fast jedem Hotel der traditionsreichen Kurstadt gibt es eine Piano-Bar. S. 145

# Historische Zentren samt Natur

Prato, Pistóia und Lucca sind Städte, die sich am ehesten für Kulturreisende mit Interesse an historischen urbanen Zentren eignen. Aber auch für Weinliebhaber, die hier kleinere, noch nicht so bekannte Lagen in herrlicher Landschaft finden. Auch Wanderer und Radfahrer kommen auf ihre Kosten, können ein wundervolles Auf und Ab genießen, ohne sich auf anstrengende Touren vorbereiten zu müssen – zumindest nicht südlich des Arno.

## Infobox

### Informationsbüros

**Prato:** S. 136
**Pistóia:** s. S. 139
**Lucca:** s. S. 154

### Internet

**www.pratoturismo.it:** Tourismusbüro Prato, Infos zur gesamten Provinz; auch gute Seite für die Suche nach Übernachtungsmöglichkeiten (auch auf Deutsch).
**www.pistoia.turismo.toscana.it:** Tourismusbüro Pistóia, Abetone und Montagna Pistoiese mit Infos zur gesamten Provinz.
**www.luccaturismo.it:** Tourismusbüro Lucca für die gesamte Provinz.

### Anreise und Weiterkommen

**Flug:** Prato und Pistóia liegen zwischen den Flughäfen von Florenz und Pisa; es gibt gute Anbindungen per Bus und (speziell von Pisas Flughafen) auch per Bahn. Dasselbe gilt für Lucca, das auch eine empfehlenswerte Bahntour in die Garfagnana ermöglicht (s. u.).
**Bahn:** Prato, Pistóia und Lucca sind Bahnstationen auf der EC-Strecke vom Norden über den Brenner, Verona, Bologna Florenz, in der Verlängerung der Strecke Florenz–Lucca.
**Bus:** Die lokalen Busgesellschaften verbinden die drei Provinzhauptstädte vor allem im Schul- und Berufsverkehr mindestens im Stundentakt mit den anderen Provinzhauptstädten.

## Prato ▸ G 4

20 km nordwestlich von Florenz liegt in 63 m Höhe die Stadt, die sich 1992 von der Florentiner ›Fuchtel‹ als Provinzhauptstadt befreien konnte und nun eigenständig und darauf sehr stolz ist. Wahrscheinlich siedelten schon die Etrusker hier, erstmals urkundlich erwähnt wird Prato aber im 10. Jh. Bereits im Mittelalter entwickelte es sich zu einem bedeutenden Wollimperium. Das ›Lumpenzentrum‹ Europas, ein wichtiges Einwanderungsgebiet für Italiener aus dem Süden, wuchs schließlich zur florierenden Industriestadt mit heute rund 191 000 Einwohnern heran, nach wie vor mit Schwerpunkt im Bereich der Textilproduktion (s. S. 62). Prato gilt als die am stärksten kaufmännisch geprägte Stadt der Toscana. Und das hat Tradition: 1330 bis 1410 lebte hier Datini, einer der reichsten Kaufleute seiner Zeit, der den Wechsel und die doppelte Buchführung entwickelte.

Das historische Zentrum Pratos blieb in seinen mittelalterlichen Mauern in Form eines unregelmäßigen Sechsecks erhalten. Wundervolle Paläste und Kirchen sowie ein in seiner Form für Nord- und Mittelitalien einmaliges Kastell prägen das Stadtbild. Fast das gesamte historische Zentrum ist bereits seit vielen Jahren Fußgängerzone, was Prato zu einer angenehmen Einkaufsstadt macht. Und nicht zuletzt zu einer Stadt der zeitgenössischen Kunst: Außer dem Centro per l'Arte Contemporanea Luigi Pecci (s. u.) besitzt sie, über das Stadtgebiet verteilt, zahlreiche hervorragende Kunstwerke der Moderne.

### Duomo Santo Stefano

*Piazza del Duomo, werktags 7.30–19, So/Fei 7.30–12, 13–19 Uhr, Eintritt frei, Chorkapelle Mo–Sa 10–17, So 13–17 Uhr, Erw. 3 €*

Der Dom (1385–1489) ist die größte Sehenswürdigkeit der Stadt: Eindrucksvoll ist der teils marmorinkrustierte **Campanile**, dessen Fensteröffnungen nach oben an Zahl zunehmen, damit der Turm optisch an Leichtigkeit gewinnt. Die **Domfassade** zeigt grün-weiße Streifen, die Lünette »Madonna mit Kind und Heiligen« von Andrea della Robbia (1489). Die schwebend wirkende, fast vollrunde **Außenkanzel** (Kopie, Original im Museum, s. u.) von Donatello und Michelozzo bildet den absoluten Blickfang. Sie wurde speziell für die bedeutendste Reliquie Pratos, Marias heiligen Gürtel, angebaut.

Auch innen ist die dreischiffige, im Grunde romanische Basilika im besten pisanischen Stil quer gestreift und reich freskiert. Die **Cappella della Sacra Cintola** im linken Seitenschiff wurde im 14. Jh. zur Aufbewahrung des Heiligen Gürtels hinzugebaut und von Agnolo Gaddi mit der Gürtellegende freskiert. Die **Cappella Maggiore**, die Hauptchorkapelle, zeigt Bilder von Fra Filippo Lippi. In der Gestalt der tanzenden Salome hat Lippi seine Geliebte, die von ihm entführte Nonne Lucrezia, in ihrer ganzen Anmut festgehalten.

### Museo del Duomo

*Piazza Duomo 49, Mo, Mi, Do 9–13, Fr, Sa 10–13 und 15–18, So nur 10–13 Uhr, Erw. 5 €, mit Museo di Pittura Murale (z. Zt. geschl.), 8 €*

Das relativ kleine, aber wunderschöne Dombaumuseum Pratos befindet sich im Palazzo Vescovile links vom Dom. Es birgt außer sakralen Kunstschätzen die gut erhaltenen originalen Steinmetzarbeiten der Außenkanzel.

### Palazzo Pretorio

*Piazza del Comune 1, www.palazzopretorio.prato.it, Öffnungszeiten und Eintritt hängen von den jeweiligen Ausstellungen ab*

In wenigen Minuten ist vom Domplatz die Via Cairoli erreicht, wo Ecke Via Santa Trinità der Palazzo Comunale steht. Der trutzig-strenge **Palazzo Pretorio** entstand aus einer Ansammlung mittelalterlicher Turmhäuser. Zinnen, Turm und Freitreppen stammen aus der ausgehenden Renaissance. 1850 wurde hier die **Galleria Comunale** eingerichtet mit Werken toscanischer Künstler, u. a. von Luca Signorelli und vom aus Prato stammenden malenden Mönch Filippino Lippi. Auch einige neapolitanische und holländische Meister sind in der Galleria vertreten. Im Erdgeschoss Wechselausstellungen.

### Santa Maria delle Carceri

*Piazza Santa Maria delle Carceri 21, tgl. 7–12, 16–19 Uhr, Eintritt frei*

Über die Via Mazzini gelangt man zum zweiten sakralen Kleinod Pratos: zur Kirche Santa Maria delle Carceri, deren Kuppelgewölbe im Stil Brunelleschis ein Meisterwerk der Frührenaissance darstellt. Von Giuliano da Sangallo wurde die Kirche 1484–95 mit ihrer schlichten Fassade aus weißen und grünen Marmorstreifen für ein wundertätiges Marienbild errichtet und im Inneren von Andrea della Robbia mit Terracotta-Medaillons ausgestattet.

### Castello dell'Imperatore

*Piazza Santa Maria delle Carceri, April–Sept. 10–13, 16–20, Okt.–März*

**Ein Ort für zeitgenössische Kunst: Pratos Centro per L'Arte Contemporanea Luigi Pecci**

*10–16 Uhr, , Eintritt frei außer bei Abendveranstaltungen*
Direkt neben der schönen Kirche ist das zinnenbekrönte Castello dell'Imperatore nicht zu übersehen, das sich heute auf einer Verkehrsinsel ausbreitet. 1237 bis 48 ließ Friedrich II. dieses imposante Bauwerk mit stark vorspringenden Bastionen unter Einbeziehung älterer Türme an der Kaiserstraße, der Nord-Süd-Verbindung von Deutschland nach Apulien bauen. Lediglich im Süden Italiens findet man noch vergleichbare Kaiserburgen Friedrichs II., für Mittel- und Norditalien dagegen ist die Festung von Prato einmalig.

## Centro per l'Arte Contemporanea Luigi Pecci

*Viale della Repúbblica 277, z. Zt. geschl., Wiedereröffnung für Okt. 2016 geplant, www.centropecci.it, Erw. 4 €; Bibliothek Eintritt frei*
Museum zeitgenössischer Kunst, ständig erweitert und mit seiner großen Sammlung sowie den zahlreichen Wechselausstellungen immer wieder ein Magnet. Die Fahrt an den südöstlichen Stadtrand, wo sich das Museumsgelände zwischen dem Viale della Repúbblica und der Ausfahrt Leonardo da Vinci ausbreitet, lohnt sich bestimmt (Buslinie 7 ab Bahnhof).

## Museo del Tessuto

*Via Santa Chiara 24, www.museodeltessuto.it, Di–Do 10–15, Fr, Sa 10–19, So 15–19 Uhr, Erw. 6 €, Prato MuseiCard 13 €*
Hier befindet sich in einem wunderbar restaurierten historischen Industriebau des 19. Jh. das einzige Museum zur Geschichte der Stoffherstellung Italiens. Besonders kostbar ist die Sammlung aus dem 16. und 17. Jh. sowie die antiker orientalischer Stof-

fe. Man darf bestimmte Stoffe sogar anfassen!

## Poggio a Caiáno

*Località Poggio a Caiáno (FI), nur noch auf Voranmeldung zugänglich: außer 2. und 3. Mo im Monat tgl. je nach Jahreszeit ca. 8.15–15.30/16.30/17.30/18.30 Uhr, ca. stdl. Führungen, Eintritt frei*

Die Medici-Villa mitten im Städtchen Poggio a Caiáno, 9 km südlich von Prato, wurde 1480 von Giuliano da Sangallo entworfen und mit einem zauberhaften Park umgeben. Die großzügig geschwungenen Außentreppen kamen im 19. Jh. hinzu, sonst blieb die Villa in den klaren Linien der frühen Renaissance gut erhalten. Die Eingangshalle stützt sich auf vier Säulen und wird oben durch ein dreieckiges Giebelfeld abgeschlossen. Eine großzügige Terrasse umgibt im ersten Obergeschoss die eigentliche Villa, deren Räume sich auf zwei Geschossen um einen einzigen offenen Salon gruppieren, dem Prunksaal. Er wurde im 16. Jh. von den bedeutendsten Florentiner Künstlern mit Freskenzyklen ausgeschmückt.

Seit 2013 steht die Villa zusammen mit den anderen des Polo Museale Firenze als Kulturgut der Menschheit unter UNESCO-Schutz. Im Obergeschoss zeigt das **Stillleben-Museum** rund 200 Gemälde aus den Medici-Sammlungen (stdl. 9–12, 14–16/17/18 Uhr).

## Übernachten

*Jugendstilig* – **Flora:** Via Cairoli 31, Tel. 057 43 35 21, www.hotelflora.info. DZ/ÜF 75–140 €, Wochenendangebote. Familiäres Hotel nahe dem Castello mit 29 Zimmern und 2 Suiten mit Jugendstildekorationen, Parkplatz, Garage.

*Familiär* – **San Marco:** Piazza San Marco 48, Tel. 057 42 13 21, www.hotelsanmarcoprato.com. DZ/ÜF 75–90 €. Familiäres Hotel mit 40 Zimmern zwischen Castello und Bahnhof.

*Zentral* – **Giardino:** Via Magnolfi 4, Tel. 05 74 60 65 88, www.giardinohotel.com. DZ/ÜF 60–135 €, Wochenendangebot. Kleines ordentliches Stadthotel mit 28 Zimmern.

## Essen & Trinken

*Superfein* – **Il Piraña:** Via Valentini 110, Tel. 057 42 57 46, Aug. geschl., Ruhetage Sa mittags, So. Vielgelobtes Feinschmecker-Restaurant mit Spezialitäten von Meeresfischen; festes Fischmenü 60 €, sonst ab 47 €.

*Fischig* – **Tonio:** Piazza Il Mercatale 161, Tel. 057 42 12 66, die letzten 2 Wochen im Aug. geschl., Ruhetage So und Mo Mittag. Degustationsmenü ab 25, sonst ab 40 €. Klassisches, familiär geführtes Lokal; Fischspezialitäten.

*Tolle Trattoria* – **La Vecchia Cucina di Soldano:** Via Pomeria 23, Tel. 057 43 46 65, So/Fei und Aug. geschl. Menü ab 15 €. Nahe der Piazza San Marco gelegene, alteingesessene und preiswerte Trattoria in gemütlichen Räumen.

## Einkaufen

Wer gerne ab Fabrik, vom Weingut etc. einkauft, ist in Prato genau richtig, denn die Stadt und die dazugehörige Provinz erleichtern einem die Suche mit diversen Programmen, sogar geführten Einkaufstouren zu Modefabriken. Unter www.pratoturismo.it findet man die Outletadressen u.v.m.

*Nicht nur Brot* – **Panificio Loggetti:** Via Matteotti 11. Pratos beste Bäckerei!

*Cantucci* – **Biscottioficio Antonio Mattei:** Via Ricasoli 20–22. Die besten Biscotti di Prato, auch *cantucci* genannt, *das* Mandelgebäck der Toscana.

## Aktiv

*Zu Fuß* – **Trekking:** Informationen für Wanderungen mit einer der vielen lokalen Gruppen über CAI Prato www.caiprato.org oder die Kooperative Alta Via Trekking, die So geführte Touren anbieten, www.altaviatrekking.prato.it.

## Abends & Nachts

›Man trifft sich‹ auf dem Domplatz von Prato in einem Caffè mit Blick auf den Dom bzw. auf die wunderschöne Außenkanzel. Am besten schon zur Aperitif-Zeit. Derselbe Tipp gilt für die Piazza del Comune, also dem hübschen Rathausplatz mit der wiedereröffneten Pinakothek im historischen Rathaus, wo man sich im stylischen **Caffè delle Logge** (Piazza del Comune 16) zum Aperitif, aber auch zum Essen einfindet.

## Infos & Termine

### Information

**Ufficio Informazioni Turistiche:** 59100 Prato, Piazza Buonamici 7, 59100 Prato, Tel./Fax 057 42 41 12, www.pratoturismo.it; hervorragende Seiten über die gesamte Provinz.

### Termine

**8. Sept.:** An Mariä Geburt wird das wichtigste Fest der Stadt begangen, mit einem prächtigen Umzug in historischen Kostümen und dem Herzeigen des heiligen Gürtels (s. S. 133).
**Messen:** Das ganze Jahr über finden vor allem für die Stoff- und Modeindustrie bedeutende Messen statt.

### Verkehr

**Bahn:** Die Bahnen halten auf der Strecke Florenz–Lucca oft in Prato, zur Hauptverkehrszeit alle 30 Min.
**Busse:** Die Busgesellschaften COPIT, CLAP und LAZZI teilen sich ebenfalls die Strecke zwischen Florenz und Prato, die in dichter Folge befahren wird (ca. alle 15 Min.), Fahrzeit 20 Min.

# Pistóia ▸ F 4

Nur 10 km westlich von Prato beginnt die Provinz Pistóia, und nach weiteren 10 km ist die gleichnamige Provinzhauptstadt erreicht. Pistóia breitet sich in der hier sehr flachen Arno-Ebene aus und besitzt nur wenige Türme, also von Weitem nichts Markantes. Die Sehenswürdigkeiten der gemütlichen Stadt liegen nah beieinander und können leicht zu Fuß erreicht werden.

Pistoriae war ein römisches *oppidum,* eine befestigte Station an der Via Cassia. Unter den Langobarden begann sich die Festung zu entwickeln. Ihre Blütezeit erlebte sie aber nach dem Tod Mathildes von Canossa, als sich die Kommune 1117 für unabhängig erklärte, Prunkpaläste baute und sich hinter einer 60-türmigen Mauer verschanzte. Die Stadt stand in Feindschaft zu Florenz und Lucca, wurde von ihnen 1306 erobert, die Mauer geschleift. Im 14. Jh. wurde die dritte Mauer mit vier Bastionen und der späteren **Fortezza Santa Barbara** 1 (Viale Arcadia) errichtet, die noch zum größten Teil erhalten ist.

Das gerade einmal 95 000 Einwohner große Pistóia ist ein wichtiges Wirtschafts- und Handelszentrum der recht großen Provinz: Das Handwerk, darunter viele Betriebe der Textil-, Bekleidungs- und Stickereiindustrie, sowie die Landwirtschaft stehen im Vordergrund.

Im Bergland bei Pistóia bestimmt nicht nur der Tourismus die Wirtschaft, sondern auch die traditionelle Metallverarbeitung. Feinmetall- und Maschinenbauindustrien herrschen vor (z. B. als Zulieferer für Fiat).

### Cattedrale San Zeno 2

*Piazza del Duomo, tgl. 8–12.30, 15.30–19, So/Fei 8.30–13, 15.30–19 Uhr, Eintritt frei; Jakobus-Schrein zu unsicheren Zeiten, Erw. 2 €; Campanile tgl. 9–13, 16–19 Uhr nur nach Voranmeldung, beim Touristenamt, Erw. 8 €*

Der Dom San Zeno wurde im 12. Jh. wohl auf einem Vorgängerbau aus dem 5. Jh. errichtet. Die Fassade kam erst 1311 hinzu und zeigt über einem siebenbogigen Portikus gleich drei Reihen mit Blendarkaden, die über den Seitenschiffen abgetreppt sind. Die dreischiffige Basilika birgt den **Silberschrein des hl. Jakobus,** von 1287 bis ins 15. Jh. geschaffen, ein Meisterwerk der Silberschmiedekunst mit 628 Figuren. Bis auf den Vollender Filippo Brunelleschi sind alle Künstler unbekannt. Die Kapelle mit dem Schrein ist gegen Gebühr zu besichtigen, man kann seine Prunkseite aber auch durch das Gitter recht gut erkennen. Die **Torre Campanaria,** der Glockenturm, ist mit seinen 67 m der einzige wirklich auffallende Turm der Stadt.

### Battistero 3

*Piazza del Duomo, Fr–So 10–13, 15–18 Uhr, sonst zu Ausstellungen geöffnet, Eintritt frei*

Am Domplatz mit seinen geradezu zierlich wirkenden Bauten wirkt das Baptisterium wie ein Schatzkästlein auf einem niedrigen Podest mit wenigen Stufen. Querstreifen aus weißem und dunkelgrünem Marmor weisen stilistisch nach Pisa: Cellino di Nese vollendete die Taufkirche 1359 nach Plänen Andrea Pisanos. Blendarkaden im oberen Teil verleihen dem oktogonalen Bauwerk Leichtigkeit. Rechts neben dem figurengeschmückten Eingangsportal ist eine kleine Außenkanzel in die Mauer eingelassen. Innen beherrscht die überraschende Höhenwirkung der Kuppel den Raum.

### Museo Civico 4

*Piazza del Duomo, April–Sept. Di–Sa 10–18, So 9–13.30–12.30, Okt.–März Di–Sa 10–17, So 9–12.30 Uhr, Erw. 3,50 €, Sammelticket 6–9 €*

Der schöne **Palazzo Comunale** mit dem Städtischen Museum wirkt trotz seiner langen Bauzeit (1294–1385) sehr harmonisch: Fünf gleich große, runde Bögen bilden die Eingangsloggia, darüber fünf gotische, zweibogige Fenster mit einfachem Maßwerk, gefolgt von einem Halbgeschoss mit winzigen Fenstern und dem obersten Stockwerk mit fünf Triforien als Fenster.

Das Museo Civico mit großartigen Werken der meist anonym gebliebenen Pistoieser Maler ist auch schon wegen des grandiosen offenen Dachstuhls des Palastes einen Besuch wert.

### Palazzo Rospigliosi della Ripa del Sale 5

*Via Ripa del Sale 3, Di–Sa 10–13, 15–18 Uhr, Erw. 3,20 €, Sammelticket 6–9 €*

Den Süden des Domplatzes nimmt der ehemalige **Bischofspalast** ein (bisher Aufbewahrungsort für den Domschatz), im Anschluss daran steht dieser Renaissance-Palazzo des aus Pistóia stammenden Papstes Clemens IX., der u. a. das **Museo del Ricamo** (Stickerei-Museum mit Kostbarkeiten aus dem 17.–20. Jh.) sowie das **Museo della Cattedrale di San Zeno** mit dem Domschatz beherbergt.

### Ospedale del Ceppo 6

*Piazza Giovanni XXIII , tgl. Führungen Okt.–März 10–18, April–Sept. 10–19 Uhr, Erw. 9 €*

Inzwischen wurde das Findelhaus von 1514, ganz offensichtlich dem Findelhaus Brunelleschis in Florenz nachempfunden, restauriert. Besonders sehenswert ist jedoch der mehrfarbige **Terracotta-Fries** aus der Schule della Robbias mit der Darstellung der

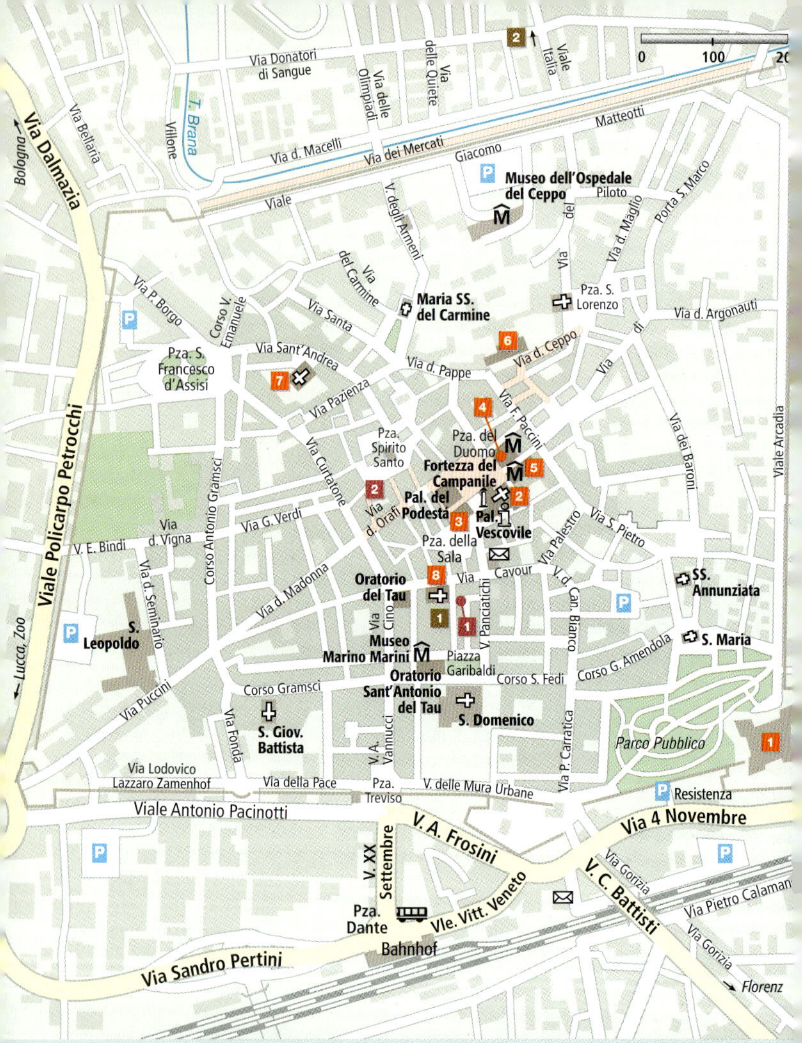


# Pistóia

**Sehenswert**

1. Fortezza Santa Barbara
2. Cattedrale San Zeno
3. Battistero
4. Museo Civico
5. Palazzo Rospigliosi della Ripa del Sale
6. Ospedale del Ceppo mit Museo Sotteraneo
7. Sant'Andrea
8. San Giovanni Forcivitas

**Übernachten**

1. Patria
2. Villa Cappugi

**Essen & Trinken**

1. Osteria La Cantinetta
2. Trattoria dell'Abondanza

sieben Werke der Barmherzigkeit und der Tugenden, für die das Ospedale ja eingerichtet wurde. Inzwischen hat man im aufgelösten Krankenhaus das Museum der chirurgischen Instrumente mit dem **Museo Sotteraneo**, also mit den freigelegten 650 m langen unterirdischen Gewölben, zusammengelegt zu einem der meist besuchten Orten der Stadt.

### Sant'Andrea 7

*Via Sant'Andrea s/n, tgl. 8–18 Uhr*
Geradezu versteckt scheint die Kanzel von Giovanni Pisano (1298–1301) in diesem Kirchlein, die Geschichten aus dem Alten Testament in den fünf plastisch skulptierten Feldern zeigt.

### San Giovanni Forcivitas 8

*Via Cavour s/n, tgl. 7.30–12, 17–18.30 Uhr, Eintritt frei*
Pisano schuf auch die »Weltlichen Tugenden« am Weihwasserbecken dieser Kirche, die ab dem 8. Jh. entstand und seine heutige Gestalt Umbauten im 12. bis 14. Jh. verdankt. Sie lag damals weit südwestlich vom Domplatz südlich der ersten Stadtmauer, weshalb man auf die übliche Ost-West-Richtung verzichten musste. Schauseite ist hier daher die Nordwand. Diese Fassade gehört zu den schönsten im Pisaner Stil überhaupt: drei Stockwerke übereinander, schwarz-weiß quergestreift mit Rhomben um die Fensterchen, in beiden oberen ›Etagen‹ ruhen Rundbogenfriese auf kurzen Rundpfeilern.

## Übernachten

*Zentral und komfortabel* – **Patria 1**: Via Crispi 8, Tel. 05 73 35 88 00, www.patriahotel.com. DZ/ÜF 129–260 €. Zentral gelegenes Stadthotel mit 26 komfortablen Zimmern.
*Am nördlichen Stadtrand* – **Villa Cappugi 2**: Via di Collegigliato 45, Tel. 05 73 45 02 97, www.hotelvillacappugi.com. Zu einem der besten Hotels der Gegend avanciertes, 2006 erbautes Hotel inmitten von Ölbäumen. 77 Zimmer, Restaurant, Pool etc. DZ/ÜF 109–129 €.

## Essen & Trinken

*Geschmackvoll* – **Osteria La Cantinetta 1**: Via Crispi 17, Tel. 057 31 78 11 13, Ruhetag So. Menü ab 30 €. Neue Osteria in alten Mauern mit Backsteingewölben, typisch toscanische Küche und Gerichte mit frischem Fisch.
*Einfach super* – **Trattoria dell'Abondanza 2**: Via dell'Abbondanza 10/14, Tel. 05 73 36 80 37, 2 Wochen im Mai und Okt. geschl., Ruhetage Mi, Do mittags. Menü 27–36 €. Leckere traditionelle Pistoieser Küche und gute Tischweine zu moderaten Preisen.

## Infos

### Information

**Informazioni:** 51100 Pistóia, Palazzo Vescovile, Piazza del Duomo 4, Tel. 057 32 16 22, Fax 057 33 42 27, www.pistoia.turismo.toscana.it.

### Verkehr

**Flug:** Pistóia liegt günstig zwischen den beiden Flughäfen von Florenz und Pisa, mit Bahn- bzw. Busanbindung.
**Bahn:** Gute Verbindung auf der Strecke Florenz–Lucca, ca. stündlich.
**Bus:** Linienbusse der COPIT (Busbahnhof direkt beim Bahnhof) verbinden Pistóia u. a. mit Abetone, Cutigliano, Empoli, Florenz, Gavinana, Maresca, Pian di Novello, Poretta Terme und Vinci; LAZZI-Busse zwischen Pistóia und Florenz, Montecatini Terme, Pé-scia, Lucca, Viaréggio, Forte dei Marmi (Versilia), Sarzana und La Spezia. ▷ S. 142

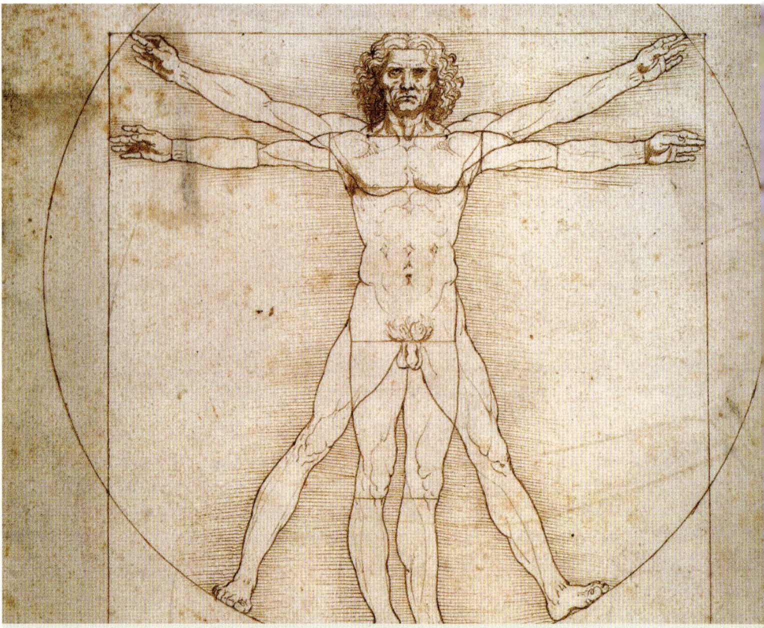

# Auf Entdeckungstour: Bei Leonardo da Vinci zu Hause

**Vinci gab dem Universalgenie Leonardo seinen Beinamen. Für Leonardo-Fans und Naturliebhaber lohnt sich der Ausflug in das nette befestigte Dorf im sanfthügeligen Gebiet des Montalbano, das ebenso bekannt ist für guten Wein und für vielleicht noch besseres Olivenöl.**

**Reisekarte:** ▶ F 5

**Planung:** Casa Natale di Leonardo in Anchiano, www.casanataledileonardo.it, tgl. 10–19, im Winter bis 17 Uhr, Erw. 3 €; Museo Leonardiano in Vinci März–Okt. 9.30–19, Nov.–Feb. Bis 18 Uhr, Erw. 7 €, Sammelticket für alle Museen des Systems 8 €; Museo Ideale Leonardo Da Vinci ist derzeit leider immer noch geschlossen.
**Start:** Anchiano bei Vinci, Geburtshaus Leonardos

Leonardo da Vinci (1452–1519) hatte mehr als nur eine Begabung und mehr als nur ein Interesse. Bekannt vor allem als ein begnadeter Maler, Zeichner und Bildhauer, war er aber ebenso ein innovativer Architekt, ein erfindungsreicher Techniker und nicht zuletzt ein unermüdlicher Naturforscher.

Leonardos Geburtshaus in Anchiano, wenn es wirklich authentisch ist, steht mitten in einem Olivenhain auf einer sanften Anhöhe, die im Frühsommer mit rotem Klatschmohn übersät ist. Es wurde zum Pilgerziel all derer, die dem Künstler und Wissenschaftler Leonardo huldigen möchten. Es ist eine gute Idee, hier in der Nähe den Wagen auf dem ausgewiesenen Parkplatz abzustellen und diesem Anwesen einen Besuch zu widmen. Viel ist innen allerdings nicht zu sehen, leider wurde auch der informative Laden mit Leonardo-Literatur abgeschafft; die Kustoden freuen sich über jeden Besuch.

## Zu Fuß nach Vinci

Gleich beim Geburtshaus Leonardos, ein Stück Straße Richtung Vinci, zeigt links ein Hinweis (CAI-Weg Nr. 14) in einen Olivenhain hinein. Gemütlich auf einem Trampelpfad geht es durch ein echtes Stück Montalbano mit alten und (nach dem Frostwinter Anfang der 1980er-Jahre) verjüngten Olivenbäumen hindurch. Im Frühsommer ist der Grasboden durch die tiefroten Tupfer des Klatschmohns aufgelockert, im Spätherbst begegnet man den Olivenbauern, die ihre wackeligen Leitern aufstellen und sich an die mehr oder weniger reifen Früchte machen. Möglichst schnell werden sie ins *frantoio,* in die Olivenölpresse gebracht, um eines der begehrtesten Öle der Toscana zu gewinnen.

Nach einer halben Stunde schon ist eine kleine Gruppe verlassener Bauernhäuser erreicht, bald darauf eine neue Siedlung, und schon steigt man in Serpentinen eine schmale Asphaltstraße abwärts zur Hauptstraße, die den Wanderer schnell in den Ortskern von Vinci führt.

## Die Leonardo-Museen

Im **Castello di Vinci,** das die Conti Guidi zur eigenen Verteidigung errichten ließen, befindet sich das bekannte **Leonardo-Museum** mit vielen nach seinen Zeichnungen nachgebauten Konstruktionen und einem interessanten Video. Schön ist es überhaupt, in diesem relativ kleinen Castello herumklettern zu können und die weiten Ausblicke ringsum zu genießen.

In den Gewölben des Castello konkurriert seit Jahren ein privates Museum namens **Museo Ideale Leonardo Da Vinci** (Via Montalbano 2) mit dem oberen. Es versteht sich als eine Art Gegenmuseum und kümmert sich um die Nachfolge bzw. die Wirkung Leonardos z. B. auf die moderne Werbung.

Unterhalb des Castello wurde in der **Palazzina Uzzieli** ein Ableger des Castello-Museums eingerichtet. Hier sind u. a. Baumaschinen frei nach Leonardo aufgestellt und Webapparate. Die Piazza Nuova vor dem Palazzo wurde etwas eigenwillig vom zeitgenössischen Künstler Mimmo Paladino gestaltet – wenn man darüber geht, könnte es einem schwindelig werden angesichts der gewollten Unebenheiten. Anders die Piazza Guido Masi auf einer ausladenden Panoramaterrasse über der Ortsmauer zwischen beiden Museumsteilen. Hier erhebt sich seit 1987 die Holzskulptur von Mario Ceoli (»L'Uomo di Vinci«), die man auch als den »Idealen Menschen nach Vitruv« (s. Abb. links) kennt.

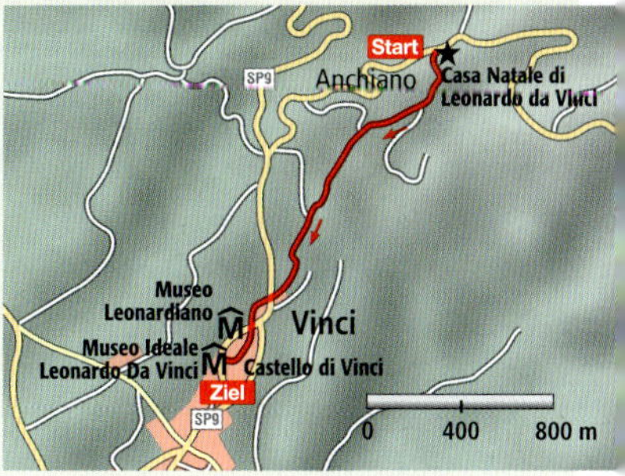

# Südlich von Pistóia

Man verlässt Pistóia im Süden auf der Verlängerung der SP 9 Richtung Empoli, unterquert die Autobahn FirenzeMare und fühlt sich spätestens ab **Casalguidi** (7 km) in eine andere Welt versetzt. 17 km lang schlängelt sich die Straße den Monte Albano hinauf, erreicht nach 7 km **San Baronto,** um sich bis **Vinci** (s. S. 140) wieder in scharfen Kehren hinabzuwinden. Lichtdurchflutete Ölbaumkulturen auf sanften Hügeln, terrassierte Weingärten und Steineichenwälder prägen die Landschaft.

## San Miniato al Tedesco

▶ F 5

Südlich des Arno, von Vinci auf Schleichwegen (12–15 km) zu erreichen, erhebt sich in imposanter Panoramalage San Miniato al Tedesco. Im Geburtsort der Mathilde von Canossa (1046) ließ Friedrich II. 1218 eine **Kaiserburg** erbauen (s. S. 143), deren hoch aufragender Turm im Zweiten Weltkrieg ausgerechnet von einem deutschen Offizier gesprengt wurde.

Unterhalb des zum Stadtpark gestalteten Gartens mit dem Friedrich-Turm dehnt sich auf einer Terrasse der **Domplatz** aus, darunter, über Treppengassen angebunden, der ovale Hauptplatz mit der städtebaulich großartigen **Piazza della Repúbblica** mit dem Bischöflichen Seminar. Überhaupt macht das Bummeln in den Gassen des Städtchens, das ähnlich Siena auf drei Berggraten errichtet wurde, besonderes Vergnügen. Wer hier übernachtet, findet am Abend sogar ein paar nette Lokale oder bleibt zum Abendessen gleich im Hotel mit dem schönsten Talblick (Miravalle, s. u.).

Alle Sehenswürdigkeiten San Miniatos lassen sich mit einem Sammelticket besuchen, man kauft es am ersten Besichtigungspunkt des Sistema Museale San Miniato. Am wichtigsten ist das **Museo Diocesano** (Piazza del Duomo, Do–So 10–17/18 Uhr, Erw. 2,50 €, Sammelticket 4/5 €) u. a. mit wundervollen Bildern von Lorenzo Lippi sowie Teilen des Kirchenschatzes aus dem Dom. Der prächtige Ratsherrensaal des **Palazzo Comunale** birgt die schöne »Madonna mit Kind« der Giotto-Schule (Via Vittime del Duomo, So, Fei April–Sept. 15–18, sonst 14–16 Uhr, Sammelticket 5 ).

*Mein Tipp*

**San Miniatos Trüffelmesse**
An den drei letzten Wochenenden im November verwandelt sich das sehenswerte Renaissance-Städtchen in einen duftenden Markt: Toscanas größte Trüffelmesse zieht Kenner und Käufer aus ganz Italien an, in den Restaurants werden Trüffelspezialitäten angeboten, in den Marktzelten aber auch andere toscanische Leckerbissen, Backwaren, Pecorino und würzige Wurst, jungfräuliches Olivenöl und Wein aus besten Lagen. Rechtzeitig einen Tisch für ein Trüffelmenü reservieren!

### Übernachten

*Mit Talblick –* **Miravalle:** Piazza Castello 3, Tel. 05 71 41 80 75, www.albergo miravalle.com. DZ/ÜF 100–130 €. Renoviertes Altstadthotel mit 18 Zimmern und großartigem Panoramablick auch vom beliebten Restaurant.

### Essen & Trinken

*Freundlich und gut –* **Vecchio Cinema:** Via IV Novembre 30, Tel. 057 14 25 18,

Lieblingsort

**Panoramablick von der Rocca Federiciana**

Mit einem herrlichen Rundblick wird der Aufstieg über die 192 Stufen des Friedrich-Turmes (s. S. 142) belohnt. Man sieht über die roten Dächer der hübschen Stadt auf drei Graten, San Miniato al Tedesco, und weit hinaus aufs Land (Di–So April–Sept. 11–18, Okt.–März Sa, So, Fei 11–17 Uhr, Sammelticket für alle Sehenswürdigkeiten 5 €).

**Genussvolle ›Hölle‹: Entspannt schwitzen in der Grotta Giusti von Monsummano Terme**

www.pizzeriavecchiocinema.it Ruhetag Mo. Pizza ab 5 €. Freundliche, bei Einheimischen beliebte Abendpizzeria mit Osteria mit Riesenpizzen und einfachen, aber schmackhaften Primi. Guter Hauswein.

*Angenehmer Treff* – **Antico Bar:** Via IV Novembre 29, Tel. 05 71 40 08 12. Mo–Sa 7–21 Uhr. Beliebte Bar mit Trattoria. Einfache Mittagsmenüs.

## Infos

**San Miniato Promozione:** 56028 San Miniato al Tedesco (PI), Piazza del Popolo 1, Tel./Fax 057 14 27 45, www.sanminiatopromozione.it. Sehr freundliche Mitarbeiter mit gutem Informationsmaterial.

# Montecatini Terme ▶ E 4

Der wohl bedeutendste Kurort der Toscana (19 500 Einw.) liegt 15 km westlich von Pistóia und bietet eine hervorragende Infrastruktur mit Hotels in allen Kategorien. Das Kurviertel ist im Gegensatz zum geschäftigen Stadtzentrum zu den Ruhezeiten von Autoverkehr weitgehend freigehalten. Wunderbar grün und ausladend ist der **Kurpark** mit seinen Baumriesen. Sehenswert sind die Thermenanlagen, vor allem das **Tettuccio** (Viale Verdi 41, nur zur Besichtigung ab 11 Uhr Erw. 6 €). Einen Bummel wert sind die **Portici Gambrinus** (Viale verdi 30), wo abends Musik gespielt wird.

Von besonderem Charme ist **Montecatini Alto** oberhalb der Kurstadt. Die aufsteigende Piazza Giusti erinnert ein wenig an die weltberühmte Piazzetta von Capri: ringsum Caféhaustische, sobald die ersten Sonnenstrahlen den Platz erwärmen. Eine Zahnradbahn verbindet in wenigen Minuten Unter- und Oberstadt, aber auch der Fußweg hinauf ist nicht allzu langwierig, besonders hübsch mitten durch einen dichten Wald entlang der **Via Crucis,** dem Prozessionsweg.

**Ausflüge** führen in die waldgrüne und dörferreiche **Valdiniévole** nördlich der Kurstadt, wo viele Gäste mit dem Mountainbike oder zu Fuß unterwegs sind (siehe z. B. s. S. 146). Oder in den Süden nach **Mosummano Terme,** wo man sich auch ganz ohne Kur in der Therme kosmetisch verwöhnen lassen oder den 750 m² großen, 35 °C warmen Thermalpool genießen kann.

## Übernachten

*Am Kurpark* – **Grand Hotel Croce di Malta:** Viale IV Novembre 18, Tel. 05 72 92 01, www.crocedimalta.com. DZ 180–260 €. Angenehmes Hotel mit 137 Zimmern und Suiten; Pool, Restaurant.
*Familiär* – **Torretta:** Viale Bustichini 63, Tel. 057 27 03 05, www.hoteltorretta.it. DZ/ÜF 75–140 €. Familiär geführtes Hotel oberhalb des Kurparks, Restaurant für die Hausgäste mit guter Küche; schöner Pool mit Kaskade im kleinen Garten. 63 modernisierte Zimmer. Parkplatz. Der Hausherr klärt in der Enoteca seine Gäste über toscanische Weine auf, bietet Wellnesstage in der Therme Excelsior oder Kochkurse auf seinem Landgut oberhalb der Stadt an.
*Einfach nett* – **Locanda Talenti:** Montecatini Alto, Via Talenti 2, Tel. 057 290 01 19. DZ/ÜF 50–70 €. Nette kleine Familienpension mit nur 8 Zimmern (2 zur Piazza Giusti!) in der ›Oberstadt‹. Restaurant mit Tischen auf der Piazza.

## Essen & Trinken

*Top für Weinliebhaber* – **Enoteca Giovanni:** Via Garibaldi 25/27, Tel. 057 27 16 95, www.enotecagiovanni.it, Ruhetag Mo. Menü ab 40 €. Enoteca mit urigem Lokal und feinem, teuren Restaurant; Sommerterrasse.
*Einladend* – **La Torre:** Montecatini Alto, Piazza Giusti 8, Tel. 057 27 06 50, Ruhetag Di. Menü ab 24 €. Nettes Restaurant mit Enoteca am Hauptplatz des hübschen oberen Ortsteils.

## Einkaufen

In Montecatini Terme finden meist nach 21 Uhr **Versteigerungen** *(asta)* statt. Die **Konditoreien** bieten eine Spezialität an: *cialde di Montecatini,* hauchdünne, nicht allzu süße Oblaten. Auf den Flaniermeilen der Unterstadt findet man viele **modische Geschäfte**.

## Aktiv

*Thermalbaden* – **Grotta Giusti Terme:** Monsummano Terme, Via Grotta Giusti 1411, 2 km östl. der Kurstadt, Tel. 057 29 07 71, www.grottagiustispa.com, Do–Di 10–18, Mi 10–15 Uhr. Eintritt in die Thermalbadelandschaft für alle, die nicht im Hotel wohnen: ab 17, So, Fei 20 € pro Tag, ab 14 Uhr ab 11 €.

## Abends & Nachts

Die **Pianobars** in den Hotels sind sehr einladend. Oder man fährt (bis Mitternacht auch mit der Zahnradbahn) hinauf nach Montecatini Alto und setzt sich in eines der Cafés rings um die Piazza Giusti, etwa ins **La Torre** oder in **La Rughetta** (beide Piazza Giusti 8).

Unten im Kurort zahlt man etwas mehr und wird richtig gepflegt verwöhnt in der **Enoteca Giovanni,** auch **Il Chicco d'Uva** am Viale Puccini 2D ist eine gute Weinprobierstube (im Kurviertel). Disco-Gänger finden zwischen Montecatini Terme und Alto die **Grotta Maona** (Via Maona 23, nur April–Okt.): mit sehenswerter Grotte, Café mit Bar und Tanz im Freien.

## Infos

### Information

**Azienda Autonoma di Cura e Soggiorno:** Viale Verdi 66a, 51016 Montecatini Terme (PT), Tel./Fax 05 72 77 22 44, www.montecatini.turismo.toscana.it.

**Verkehr**

**Bahn:** Montecatini Terme ist Bahnstation auf der Strecke Florenz–Lucca mit starker Frequenz im Berufsverkehr.

**Bus:** Die Linienbusse von LAZZI verbinden mindestens einmal stündlich Montecatini mit Pistóia (20 Min.) bzw. Florenz (50 Min.).

## Zu Fuß durch die Dörfer der Valdiniévole

*Start/Ziel: Dorf Massa, 6 km nördlich von Montecatini Terme*
*Dauer/Strecke: ca. 3 Std., ca. 6 km*

Die Hügel der Valdiniévole sind reich an hübschen Dörfern und bieten großartige Ausblicke. In **Massa** (312 m), unterhalb des gotisch zugespitzten Tores, kann man den Wagen parken und in den Ort zur einzigen Piazza-Bar gehen. Rechts von ihr führt ein mit dunklen Steinplatten gepflasterter Weg durch das nette Dorf mit schönen Ausblicken ins Niévole-Tal. Am Dorfende beginnt der Maultierpfad (gelb ausgeschildert), der recht steil nach Cozzile (410 m) führt, immer im Blick das hübsche Castello von Cozzile, das man nach ca. 40 Min. erreicht.

**Wanderung in der Valdiniévole**

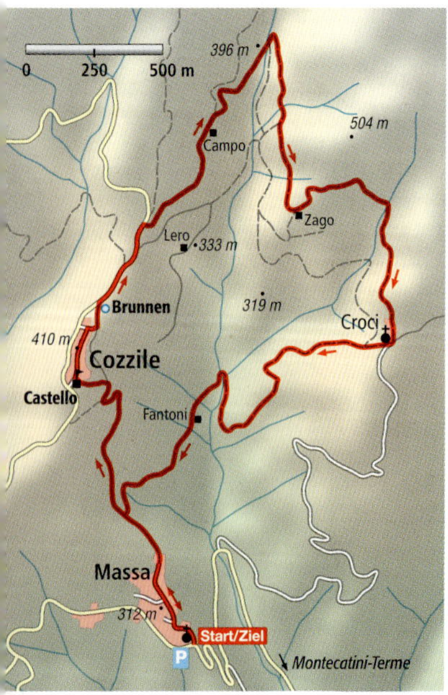


In **Cozzile** beginnt unterhalb der Burg ein Asphaltweg, und links führt bald ein Trampelpfad zur Burg hoch. Hochgehen und dann durch den Ort. An dessen Ende erreicht man die Straße und sieht ein gelbes Schild mit dem Hinweis **Margine di Cozzile,** hier steht ein Brunnen mit Marienaltar. Etwa 200 m weiter den nach links abbiegenden Weg ignorieren und erst 200 m weiter nach rechts in einen abwärts führenden Schotterweg einbiegen (grün-blau markiert als Valeriana Trekking). Immer weiter geradeaus gehen, bald über einen Bach und danach links hoch. Nun folgt man der Straße aufwärts und wendet sich bei einer T-Kreuzung nach rechts, leicht abwärts; links der Hang, rechts das Tal. Dann steigt der Weg wieder an, wendet sich nach links und steigt weiter an. Rechts ist ein eingezäuntes Grundstück mit Haus und kleinem Olivenhain. Nach ca. 400 m geht es wieder abwärts geradeaus. Kurz vor **Croci** gibt es eine Einmündung von rechts, wir bleiben links auf dem Hauptweg, der durch den kleinen Ort bis zur Kirche führt. Hinter der Kirche geht es scharf rechts runter und sofort wieder links abwärts (Massa ist ausgeschildert).

Ab hier geht es bei kleinen Gabelungen immer bergab, erst bei einer Rechtskurve führt die Schotterpiste geradeaus weiter in einen schmalen Wiesenweg. Der wildromantische Weg führt über eine alte Brücke und danach aufwärts. Etwas später passiert man links zur Bachseite ein verlassenes Häuschen, dahinter steigt man zu einer kleinen Asphaltstraße auf, auf dieser links abwärts gehen – rechts oben liegt unübersehbar Massa, das nach insgesamt 3 Std. wieder erreicht ist.

# Péscia ▶ E 4

Das Städtchen liegt 8 km nordwestlich von Montecatini am gleichnamigen Fluss, der historisch für seine Papiermühlen berühmt war und Péscia in zwei Teile gliedert. Mit 19 850 Einwohnern ist es die bevölkerungsreichste Gemeinde der Valdiniévole und ein Zentrum der Blumenzucht. Der **Blumenmarkt** hinter dem Bahnhof ist einer der bedeutendsten in Europa und eine Attraktion (Mo–Sa 6–8.30 Uhr)!

Das religiöse Zentrum der Stadt liegt im Osten, der eher profane Teil im Westen. Sehenswert ist in **San Francesco** (Piazza San Francesco, 14. Jh., stark barockisiert im 17. Jh.) das Franziskus-Tafelbild von Bonaventura Berlinghieri (1235). Die **Piazza Grande** (eigentl. **Piazza Giuseppe Mazzini**) im Westteil der Stadt ist einer der eindrucksvollsten Plätze in der Toscana. Ost- und Westflanke sind von Palazzi begrenzt: Die Schmalseiten bilden im Norden der **Palazzo dei Vicari** (Piazza Mazzini 1, 13. Jh., heute Rathaus) und im Süden die kleine barocke Kapelle **Madonna di Piè di Piazza**.

### Museo Civico Carlo Magnani

*Piazza Santo Stefano 1, über die Bibliothek zugänglich: am sichersten werktags 10–12 Uhr*

Links hinter dem Rathaus geht es zur kleineren **Piazza Santo Stefano,** wo das Städtische Museum unbedingt einen Besuch wert ist. Es beherbergt u. a. schöne Tafelbilder des 14. und 15. Jh., die größtenteils aus den Kirchen im Osten des Städtchens stammen.

## Übernachten

*Schöner Park* – **Villa delle Rose:** Via del Castellare 21, Località Castellare, Tel. 05 72 46 70, www.rphotels.com. DZ/ÜF 89–185 €. Hotel mit 103 Zimmern und 3 Suiten in einer Villa aus dem 18. Jh.; Restaurant, Pool, Parkplatz.

*In der Papiermühle* – **San Lorenzo e Santa Caterina:** Località San Lorenzo 2 km nördlich von Péscia, Tel. 05 72 40 83 40, www.rphotels.com. DZ/ÜF 82 €. Angenehmer Hotelkomplex in zwei Papierfabriken aus dem 18. Jh. über dem Fluss, mit insgesamt 63 Zimmern und 9 Suiten.

*Zentral und schlicht* – **Cecco:** Via Forti 96, Tel. 05 72 47 79 55, www.ristorantececco.com. DZ 50–70 €. 26 Zimmer, 1 Suite, z. T. mit Blick auf die Piazza.

## Essen & Trinken

*Kellerambiente* – **Restaurant Cecco:** Via Forti 96, Tel. 05 72 47 79 55, www.ristorantececco.com. Ruhetag Mo außer April–Sept. Menü ab 25 €. *Das* historische Lokal (seit 1911) im Zentrum, in angenehmem Ambiente.

*Ländlich* – **Trattoria Da Nerone:** Loc. Pietrabuona, Via Mammianese 153, Tel. 05 72 40 81 44, www.trattoriadanerone.it. Ruhetag Mi. Menü ab 20 €. Familiär geführte Trattoria 2 km nördl. von Péscia, zwischen San Lorenzo und Pietrabuona. Lokale Spezialitäten wie Steinpilzgerichte, Wild, hausgemachte Pasta, Fr Fischmenü inkl. Getränke 20 €.

## Infos

**Bus:** Die Linienbusse der LAZZI verbinden Montecatini mit Péscia im Berufsverkehr alle 30–60 Min.

## Mit dem Rad ins Hinterland von Péscia

*Start/Ziel:* **Piazza Grande** *in Péscia*
*Strecke: knapp 5 km, teilweise recht steiler Anstieg*

Péscia hat ein sehr schönes, gebirgiges Hinterland, das man hier *Svizzera Pesciatina* nennt. Um einen Vorgeschmack dieser Landschaft zu bekommen, kann man vom Zentrum aus in die Hügel hinauf in die Sommerfrische radeln.

Von der **Hauptpiazza** von Péscia, der prachtvollen, lang gestreckten Piazza Grande mit den sie umgebenden Palazzi, geht es an der Kapelle **Chiesa di Piè di Piazza** los, man bleibt auf dieser Flussseite und radelt Richtung alter **Blumenmarkt.** Kurz dahinter, an der Via Dante, beginnt bereits der leichte Aufstieg in bequemen Kehren. Auf der Rückseite des Klosters von **Colleviti** in 84 m Höhe geht es über die Via di Marzalla Separata weiter bergauf. Nun muss man schon ordentlich in die Pedale treten, denn es geht immer weiter hinauf zur Kirche von **Collecchio** (224 m Höhe) und an ihr vorbei zu einem kleinen Aussichtspunkt mit Parkplatz (289 m Höhe). Man fährt parallel zum lang gestreckten Péscia wieder nach Norden und hat deshalb immer wieder hübsche Aussichten auf die Stadt.

Am **Parkplatz** beginnt links ein kurzer, aber steiler Aufstieg, nicht leicht zu fahren, weil der Weg recht steinig ist (man könnte aber auch auf der asphaltierten Straße bleiben). Beide Wege enden an der kleinen Landkirche von **Monte a Péscia** in 306 m Höhe, dem Ziel dieser Tour. Zu den Essenszeiten kann man sich hier in der Trattoria stärken, bevor es auf dem gleichen Weg wieder zurück nach Péscia geht.

**Radtour ins Hinterland von Péscia**

## Collódi ▸ E 4

### Parco di Pinocchio

*Via di S. Gennaro 3, 51012 Collódi (PT), www.pinocchio.it, März–2. Nov. tgl. 8.30 Uhr bis 1 Std. vor Sonnenuntergang, sonst nur Sa, So, Fei, Erw. 11–12 €; Sammelticket mit Villa Garzoni (s. u.) 15–21 €*

Nur 5 km weiter westlich an der Provinzialgrenze mit Lucca, ist Collódi auch dann ein nettes Ausflugsziel, wenn man keine Kinder dabei hat. Der Geburtsort der bekannten hölzernen Puppe Pinocchio (ihr ›Vater‹ Carlo Lorenzini, der von hier stammte, gab sich den Künstlernamen Collódi) lockt während der italienischen Schulferien Tausende von Familien in den Parco di Pinocchio. Man wandelt auf einem schönen Parkgelände am Fluss zwischen nachgestellten Szenen aus dem Buch, begehbaren Figuren etc.

### Parco della Villa Garzoni

*Piazza della Vittoria 3, März–2. Nov. tgl. 8.30, Nov.–Feb. nur Sa, So, Fei 10 Uhr bis Sonnenuntergang, Erw. 8–13 €, Sammelticket mit Pinocchio-Park 15–21 €*

Kunstreisende dürften sich eher für die Villa Garzoni (Baujahr 1630) gegenüber bzw. ihren aufsteigenden Garten mit den wunderbaren Wasserspielen interessieren, der das gleichnamige Dorf darüber in die Landschaftsarchitektur integriert hat. Es handelt sich hierbei um einen der schönsten Barockgärten Italiens, der inzwischen wieder wunderbar gepflegt wird. Hinzu gekommen ist ein Schmetterlingshaus.

Die Villa ist normalerweise nicht zu besichtigen, es sei denn zu besonderen Anlässen. Die geschäftstüchtigen Besitzer haben am Eingang des Parks ein Lokal mit Weinprobierstube und Laden eingerichtet (auch ohne Eintritt zu betreten) und veranstalten dort diverse Happenings.

## Essen & Trinken

*Bei Pinocchio* – **Ristorante Villa Garzoni:** beim Eingang zum Park der Villa, Tel. 05 72 42 85 45, tgl. außer Di Abend 9–24 Uhr durchgehend geöffnet. Toscanisches Gourmetrestaurant mit Bar; im Pinocchio-Park wurde das familiengeeignete Restaurant **Osteria del Gambero Rosso** wieder eröffnet, Via San Gennaro 3.

# Lucca ! ▶ D 4

Lucca ist eine echte Bummelstadt! Es bereitet ein großes Vergnügen, innerhalb der Stadtmauer auf persönliche Erkundungsgänge zu gehen, speziell aber zu Fuß oder mit dem Fahrrad wie die Luccheser den Wall der Stadtmauer zum Umrunden zu benutzen.

Die Geschichte kolportiert, die edle Stadt sei auf Seide gebettet, weil sie durch Seide reich geworden ist. So reich, dass sie sich eine ovale Mauer leisten konnte, die als die schönste der Toscana gilt. Berühmt ist innerhalb wiederum das Oval der römischen Arena, das die Form der heutigen Piazza del Mercato bestimmt.

Die Provinzhauptstadt mit 89 000 Einwohnern blieb innerhalb der schönen Backsteinmauern fast vollständig intakt. Von der Fußgängern und Radfahrern vorbehaltenen Mauerpromenade ringsum bieten sich herrliche Ausblicke auf die roten Dächer der schönen Stadt. Helles Ockergelb, ein wenig Rosa und das Weiß des Marmors von Carrara sind die Farben Luccas.

### Seide und Musik

Lucca ist eine durch die Seidenindustrie schon traditionell wohlhabende Stadt. Heute leben sie und ihre Provinz hauptsächlich von der Blumenzucht und der Verarbeitung zu Trockenblumen, von Luxusstoffen, Schmiedeeisen, Keramik und Bronzearmaturen; auch von der Holzverarbeitung, von Fertigbauelementen und Fertighäusern, Papier- und Kartonprodukten, Schuhen, Marmor aus der Garfagnana, Farben, Plastikteilen. Nicht zu vergessen die hochgerühmte Lebensmittelproduktion aus/mit Luccheser Olivenöl, Wein sowie Brot und Feingebäck speziell aus Lucca, Porcari und Altopáscio.

Auch musikalisch war Lucca fruchtbar und setzt diese Tradition mit zahlreichen Veranstaltungen (u. a. in der Sagra Musicale Lucchese, Musikfestival April–Juni) fort: Luigi Boccherini (1743–1805) und Giacomo Puccini (1858–1924) sind in Lucca geboren.

**Ruhiger Lebensrhythmus: Die Autos bleiben in Lucca weitgehend ausgesperrt**

# Die Stadtmauer

Der dritte elliptische Befestigungsgürtel Luccas entstand 1544 bis 1645, tatsächlich als Investitionsobjekt der Republik und sogar als Arbeitsbeschaffungsmaßnahme: 4,2 km lang, 12 m hoch, an der Basis bis zu 12 m breit, mit zwölf Bastionen, von denen elf übrig geblieben sind. Die herzförmig aus der Mauer hervorragenden Bastionen stehen dort, wo vor der dritten Stadtbefestigung Wachtürme aufgestellt waren. 6 Mio. Ziegelsteine wurden für die Mauer verbaut, die allerdings nach ihrer Vollendung niemandem mehr Widerstand leisten musste. Eine doppelte Baumallee krönt den Mauerring, den man zur **Passeggiata della Mura** (Mauerspaziergang) ausgebaut hat und die schöne Einblicke in die einzelnen Stadtteile ermöglicht. Auch einige der Bastionen sind zugänglich.

# Das historische Zentrum

In Lucca bereitet es besonderes Vergnügen, ohne Programm durch die Altstadt zu schlendern, denn sie wurde fast vollständig restauriert. An vielen Häusern sind, so man ihnen nicht ganz ihr mittelalterliches Aussehen zurückgeben konnte oder wollte, Mauerteile, Fensterbögen etc. freigelegt worden. So hat man fast das Gefühl, durch ein lebendiges Museum

zu wandeln. Ein günstiger Startpunkt ist der Bahnhof im Süden, wo es ein Parkhaus gibt und von wo aus man schnell zur Porta San Pietro gelangt. Man kann auch innerhalb der Mauern gebührenpflichtig parken, etwa am Corso Garibaldi, von aus man in wenigen Gehminuten zum sakralen Zentrum der Stadt kommt, zur **Piazza San Martino** mit dem Dom.

### Duomo San Martino 1

*Piazza San Martino, Mo–Fr 9.30–17.45, Sa bis 18.45, So 9–10.15, 11.30–18 Uhf, im Winter 1 Stde. früher geschl.; Grabmahl der Ilaria inklusive, Erw. 3 €, Sammelticket mit Dombaumuseum (10–18, im Winter Mo–Fr 10–14, Sa, So bis 18 Uhr) 7 €*

Der dreischiffige Dom entstand ab dem 6. Jh., wurde im 8. Jh. Bischofssitz, im 11. und 12. Jh. grundlegend verändert sowie im 14. und 15. Jh. innen neu ausgestattet. Dieser bedeutendste Sakralbau Luccas besitzt eines der zauberhaftesten Grabmäler der Frührenaissance, die der Sienese Jacopo della Quercia schuf: das **Grabmal der Ilaria del Carretto.** Die Gattin eines der strengsten Herren von Lucca, des Paolo Guinigi, starb im Kindbett. Der frei stehende Sarkophag von 1406, der nun in der Sakristei aufgestellt ist, zeigt ein sehr zartes junges Antlitz, der Körper mit einem dünnen Tuch so bedeckt, als sei es nicht aus Stein geschlagen.

Wichtigster sakraler Schatz im Dom aber ist der **Volto Santo** (Heiliges Antlitz), ein Holzkruzifix, das im 11. Jh. aus dem Orient nach Lucca gekommen ist und das hoch verehrt am 13. September in einem grandiosen Umzug durch Luccas Straßen getragen wird.

### Torre Guinigi 2

*Via Sant'Andrea, tgl. 9.30–16.30/17.30/18.30/19.30 Uhr, je nach Jahreszeit, Erw. 4 €*

Das auffälligstes Merkmal des 44,24 m hohen Wohnturms (14. Jh.) sind die Steineichen auf dem Dach. Insgesamt bietet der Bau eines der besten Beispiele profaner Architektur im mittelalterlichen Lucca und den besten Überblick über die rote Dachlandschaft.

### Piazza dell'Anfiteatro 3

Ein Katzensprung ist es bis zum römischen Amphitheater, dessen Grundmauern im Mittelalter als Fundament für die Wohnhäuser dienten. Wunderschön ist dieser Platz, auf dem seit Jahrhunderten Markt abgehalten wird. Die Bürgerhäuser sind zwei- bis sechsstöckig, das letzte Geschoss meist so zurückversetzt gebaut, dass es vom Platz aus unsichtbar bleibt. 56 Bögen

spannen sich hier, von denen vier größere auf die einstigen Eingänge ins Amphitheater hinweisen. Der ovale Innenraum des römischen Amphitheaters wurde im Mittelalter komplett mit Wohnhäusern zugebaut. Diese riss man im 19. Jh. im Zuge historisierender Restaurierungen ab, um wenigstens die Konturen des Platzes erkennen zu lassen. Die hübschen Geschäfte im Erdgeschoss, die je einen Zugang vom Platz und einen von der umgebenden Ringstraße haben, verlocken zu einem Einkaufsbummel, Cafés laden zum Verweilen ein.

## San Frediano 4

*Piazza San Frediano, werktags 8.30–11.45/12, 15–17, So/Fei 10.30–17 Uhr, Eintritt frei*

Der nördliche Abschnitt des Marktovals entspricht der von schönen Geschäften gesäumten **Via Fillungo.** Hat man sie überquert, ist man auf dem schnellsten Weg bei der Kirche San Frediano an der gleichnamigen Piazza

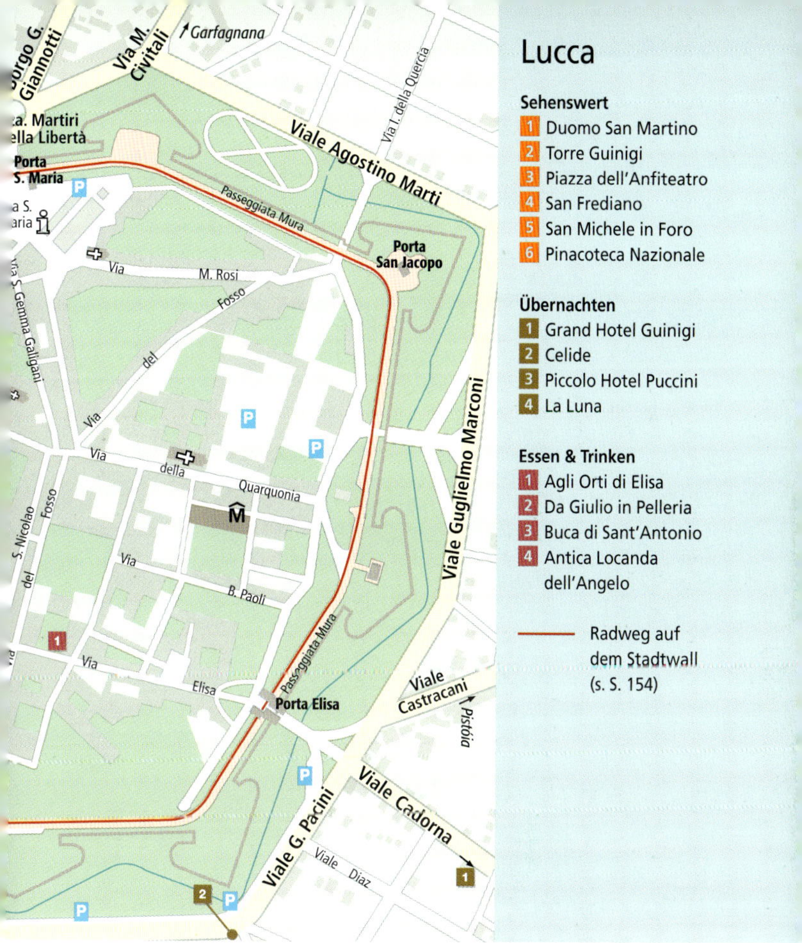


angelangt. Die recht kleine Kirche (ab erste Hälfte 12. Jh., Umbau 13. Jh.) ist zwischen Stadtwall und Platz so eingezwängt, dass entgegen der christlichen Tradition seit ihrem Umbau die Hauptfassade nicht im Westen, wo die Mauer angrenzt, sondern im Osten steht. Ihre hohe, schmale Fassade leuchtet weithin durch das für die Toscana eher ungewöhnliche goldgrundige Mosaik im byzantinischen Stil, das Christus in der Mandorla über den zwölf Aposteln zeigt, von zwei Engeln flankiert.

### San Michele in Foro 5

*Piazza della Catena, tgl. 8.30–10.30, 15–17/18 Uhr, Eintritt frei*

Vollkommen mit Carrara-Marmor verkleidet, wurde diese Kirche ab der ersten Hälfte des 12. Jh. errichtet und besticht durch eine großartige fünfstöckige Fassade mit Blendarkaden. Außen bietet sie die schönste lucchesisch-pisanische Architektur und innen eine reiche Ausstattung mit Werken von Andrea della Robbia, Filippino Lippi u. a.

**Pinacoteca Nazionale** 6
*Via Galli Tassi 43, Di–Sa 8.30–19.30 Uhr, Erw. 4 €*
Die Pinakothek im **Palazzo Mansi** birgt eine reiche Sammlung von Gemälden italienischer und ausländischer Künstler. Besonders sehenswert sind die Werke von Bassano, Tintoretto und Andrea del Sarto. Elisa Bacciocchi, die Schwester von Napoleon, gründete die Sammlung.

## Übernachten

*Modern* – **Grand Hotel Guinigi** 1: Via Romana 1247, Tel. 05 83 49 91, www.grandhotelguinigi.it. DZ/ÜF 100–210 €. Das beste Haus am Platze, wenn auch in einem modernen Bau und abseits des Zentrums am östlichen Stadtrand. 156 komfortable Zimmer und 11 Suiten; mit Restaurant.
*Aufgemöbelt* – **Celide** 2: Viale Giusti 27, Tel. 05 83 95 41 06, www.albergocelide.it. DZ/ÜF 95–250 €. Schön renoviertes Stadthotel am südöstlichen Rand des Stadtwalls mit 52 Zimmern.
*Freundlich* – **Piccolo Hotel Puccini** 3: Via di Poggio 9, Tel. 058 35 54 21, www.hotelpuccini.com. DZ/ÜF 78–108 €. Kleines Stadthotel, sehr freundlich geführt. Mit 14 schlichten Zimmern direkt bei San Michele.
*Angenehm zentral* – **La Luna** 4: Via Fillungo/Corte Compagni 12, Tel. 05 83 49 36 34, www.hotellaluna.com. DZ/ÜF 75–140 €. Renoviertes Stadthotel beim römischen Amphitheater, mit Dependance über Eck. Nur 27 Zimmer und 2 Suiten.

## Essen & Trinken

*Junges Ambiente* – **Agli Orti di Elisa** 1: Via Elisa 17, Tel. 05 83 49 12 41, www.ristorantegliorti.it, Ruhetage So Abend, Mi. Menü ab 25 €. Moderne Trattoria. Garfagnana-Spezialitäten.
*Abendlokal* – **Da Giulio in Pelleria** 2: Via delle Conce 45/Piazza San Donato, Tel. 058 35 59 84, Ruhetage So. Menü inkl. Wein ab 24 €. Bei den Einheimischen sehr beliebtes und relativ preiswertes Lokal (vorbuchen!).
*Schönes Ambiente* – **Buca di Sant'Antonio** 3: Via della Cervia 3, Tel. 058 35 58 81, www.bucadisantantonio.com, Ruhetage So abends und Mo. Mittagsmenü 22 €, sonst ab 35 €. Traditionelles Restaurant mit guter lucchesisch-toscanischer Küche.
*Elegant* – **Antica Locanda dell'Angelo** 4: Via Pescheria 21, Tel. 05 83 46 77 11, www.anticalocandadellangelo.com. Ruhetage So abends, Mo außer im Sommer. Mittagsmenü inkl. Wasser 15, 20 oder 25 €, sonst ab 39 €. Traditionelle Locanda mit Luccheser Hausmannskost; Tische im Freien.

## Aktiv

*Radfahren* – Lucca lässt sich herrlich per Rad erkunden, so z. B. auch **auf dem Stadtwall**. Einige Hotels stellen ihren Gästen kostenlos Fahrräder zur Verfügung, sonst kann man sie mieten, u. a. bei **Antonio Poli,** Piazza Santa Maria 42, Tel. 05 83 49 37 87, www.bicicletepoli.com.

## Infos & Termine

### Information

**InfoPoint Lucca Turismo:** 55100 Lucca, Piazzale Verdi (Porta San Donato), Tel. 05 83 58 31 50, www.comune.lucca.it/Turismo, www.luccaturismo.it, www.luccaterre.it.

### Termine

**Summer Festival:** meist im Juli (www.summer-festival.com). Zeitgenössische Musik verschiedener Stilrichtungen, schon traditionell auf der Piazza Napoleone, jeweils um 21.30 Uhr.

**Casa Natale di Puccini:** Diverse Puccini-Veranstaltungen z. B. in Kirchen, auf der Piazza Anfiteatro etc., www.puccinielasualucca.com.

### Verkehr

**Flug:** Der internationale Flughafen von Pisa ist nur 22 km entfernt.

**Bahn:** Bahnknotenpunkt auf der Strecke Florenz–Pisa und weiter nach Süden oder nach Norden.

**Bus:** Lucca ist eine wichtige Umsteige-Station für Überlandbusse der CLAP und LAZZI (Busbahnhof am Piazzale Verdi): innerhalb der Provinz bis in die Garfagnana (Bagni di Lucca, Barga) und an die Küste der Versília (Viarégio, Lago Puccini) sowie außerhalb der Provinz in die gesamte Toscana, auch nach Genua, Rom etc.

*Mein Tipp*

**Unterwegs in der Garfagnana**
Am besten kommt man in der Garfagnana mit dem Wagen voran, wenn man die verwirrende neue Straßenführung durch den neuen Ausbau überwunden hat. Oder mit den CLAP-Linienbussen ab dem Piazzale Verdi in Lucca. Für Leute mit Zeit empfehle ich die unterhaltsame Bahnfahrt von Lucca nach Aulla – umsteigen in Piazza al Serchio und je ein Stopp in Bagni di Lucca (Busanschluss), Barga-Gallicano und Castelnuovo di Garfagnana.

## Garfagnana ▸ D 2 - D 4

Die Kastanienwälder des Gebirgstals Garfagnana sind unter Kennern berühmt, nicht nur wegen der Kastanienspezialitäten im Herbst, wenn viele Wildgerichte auf den Speisekarten der Berglokale stehen, sondern auch wegen der tiefgrünen, wilden Landschaft und ihrer interessanten Ortschaften. Ein Garfagnana-Ausflug führt am besten am Ostufer des Serchio entlang. In **Borgo a Mozzano** spannt sich der **Ponte della Maddalena** mit unterschiedlich hohen Bögen über den Serchio, der sich in der Nähe zu einem See aufstaut. Mathilde von Canossa soll sie 1101 in Auftrag gegeben haben.

### Bagni di Lucca ▸ E 3

Bis zur Abzweigung der SS 12 nach Osten sind es von Lucca 23 km, dann folgt man nur kurzweilige 4 km dem Lima-Flüsschen und erreicht Bagni di Lucca in schöner Hanglage (ab 150 m). Den kleinen Kurort entdeckten vor allem britische Reisende schon im 18. Jh. für sich. Böse Zungen behaupten, weil es dort genauso häufig regne wie in ihrem Heimatland. Heinrich Heine setzte dem Ort 1828 in den »Bädern von Lucca« ein literarisches Denkmal.

19 Thermalquellen mit Temperaturen von 38 bis 54 °C und verschiedenartige Kureinrichtungen helfen bei der Genesung von Frauenleiden und Stoffwechselkrankheiten. Bagni ist aber vor allem eine herrliche Sommerfrische.

#### Infos

**Informazioni Turistiche:** 55201 Bagni di Lucca (LU), Via Umberto I, Tel. 05 83 80 57 45, turismobagnidilucca@gmail.com.

### Barga ▸ D 3

Die kurze Strecke zurück zum Sérchio und an ihm entlang über die SR 445 bis zur ersten Kreuzung nach Bar-

*Lieblingsort*

**Aussichtsbalkon** ▶ D 3
Wie ein Balkon thront Barga über der Garfagnana. Den schönsten Blick genießt man von der Terrasse des Domes, weil man ihn hier über die Dächer des Städtchens schweifen lassen kann. Hinter seiner strahlend weißen Fassade verbirgt sich im Dunkeln von San Cristoforo eine der schönsten Kanzeln der Toscana (s. S. 157).

ga, wohin es in steilen Kehren hinaufgeht. Kleine Dörfer hängen wie Schwalbennester an den Hügeln, für ihre Felder mussten die Bewohner mühsam Terrassen anlegen. Barga (10 300 Einw.) ist allein wegen seiner Lage einen Ausflug wert (von Lucca ca. 35 km). Kunstinteressierte pilgern wegen Guido da Comos für die für **San Cristoforo** (Piazza Beato Michele 1, 10.–15. Jh.) geschaffene Kanzel dorthin. Tagsüber geöffnet.

### Castelvecchio Páscoli

*Via Caprona 4, 55020 Castelvecchio Páscoli (LU), Geburtshaus Okt.–März Di 14–17.15, Mi–So 9.30–13, 14.30–17.15, April–Sept. Di 15.30–18.45, Mi–So 10.30–13, 15–18.45 Uhr, Erw. 3 €*

Auf einem schönen Schleichweg oder über die 445 erreichbar liegt am östlichen Ufer des wilden Sérchio der Geburtsort des politisch engagierten Dichters Giovanni Páscoli (1855–1912).

## Infos

### Information

**Pro Loco:** 55051 Barga (LU), Piazza Angelio 2, Tel. 05 83 72 47 45, www.prolocobarga.it sowie www.comune.barga.lu.it.

## Castelnuovo di Garfagnana ▸ D 3

Der 6000 Einwohner kleine Hauptort der Garfagnana liegt am Sérchio in 277 m Höhe. In der trutzigen **Rocca** (Piazza Umberto I, ab 13. Jh.), dem Wahrzeichen der Stadt, residierte 1522 bis 25 der Dichter Ludovico Ariost als Gouverneur der Este von Ferrara. Der **Dom** von 1504 (Piazza Duomo) besitzt u. a. die Terracottagruppe »Josef und seine Brüder« aus dem Umfeld der Künstlerfamilie della Robbia (tagsüber offen).

## Essen & Trinken

*Urig* – **Vecchio Mulino:** Via Vittorio Emanuele 12, Tel. 058 36 21 92, www.vecchiomulino.info. Ruhetag Mo, geöffnet 11–21 Uhr, danach auf Verabredung. Osteria mit typischen Produkten der Garfagnana.

## Infos

**Pro Loco:** 55032 Castelnuovo di Garfagnana (LU), Via Cavalieri di Vittorio Veneto, Tel. 05 83 64 10 07, www.castelnuovogarfagnana.org.

## Zur Grotta del Vento

▸ D 3

*Via Grotta del Vento 1, Fornovolasco, Vergemoli, Tel. 05 83 72 20 24, www.grottadelvento.com, April–Okt. je nach Tour von 10–18 Uhr, im Winter z. T. nur Sa/So/Fei bzw. Tour 1, Erw. 1 Std. 9 €, 2 Std. 14 €, 3 Std. 20 €*

Für die Weiterfahrt sollte man auf der westlichen Seite des Sérchio bleiben, um nach 10 km bei **Gallicano** in die Apuanischen Alpen abbiegen zu können. Es folgen acht schönste Kilometer am wilden Turrite-Bach entlang, durch Tunnels und unter Felswänden hindurch bis zur Grotta del Vento. Es werden drei geführte Wanderungen (1–3 Std.) durch das verzweigte, bis zu 3,5 km lange Karstsystem der Grotte angeboten (Höhenunterschied von bis zu 132 m). Kostenloser Audioguide auch in deutscher Sprache erhältlich.

## Essen & Trinken

*Zauberhaft* – **Al Ritrovo del Platano:** 55027 Gallicano (LU), Loc. Ponte di Campia, Via Giovanni Pascoli 1, Tel. 05 83 68 99 22, www.osteriaalritrovodelplatano.it, Ruhetag Mi. Menü ab 25 €.

Das Beste auf einen Blick

# Carrara und die Versilia

## Highlight!

**Riviera della Versilia:** Kilometerlange Strände, feinsandig, breit und sehr flach abfallend – ein Genuss für Strandwanderer und für Familien mit Kindern. S. 165

## Auf Entdeckungstour

**Aufregende Tour durch die Marmorbrüche von Carrara:** Eine Fahrt in die Berge von Carrara und zu den Marmorsteinbrüchen ist ein Erlebnis besonderer Art. S. 162

## Kultur & Sehenswertes

**Die Marmorkünstler von Pietrasanta:** Nirgendwo findet man so viele Werkstätten von Marmorkünstlern wie in und um Pietrasanta. S. 167

**Der Jugendstil von Viaréggio:** Ob Hotels oder Cafés an der Strandpromenade, der oft mit bunten Kacheln bekrönte Jugendstil der Stadt kann sich noch heute sehen lassen. S. 169

## Mit dem Rad unterwegs

**Eine schöne Radtour führt von Viaréggio nach Lucca:** Von der schönen Jugendstil-Stadt am Mittelmeer durch die langen Dünen und dann landeinwärts durch Flussauen zur backsteinernen mittelalterlichen Stadt in ihren trutzigen Mauern. S. 171

## Genießen & Atmosphäre

**Karneval von Viaréggio:** In keiner anderen italienischen Stadt dürfte der *Carnevale* so politisch-kritisch ausfallen wie in Viaréggio. S. 171

## Abends & Nachts

**Turbulentes Nachtleben:** Die besten Tipps für das aktuelle Nachtleben findet man unter www.vacanzeinversilia.com, weiter zu Disco. Besonders viel geboten wird in Marina di Massa und in Marina di Pietrasanta. S. 165

**Puccini-Festival:** Freunde klassischer Musik zieht es allsommerlich zum Musikfestival am Lago Puccini. S. 172

# Marmor und Badevergnügen

Wo meerwärts die Apuanischen Alpen weiße Wunden zeigen, die aussehen, als seien die Berge ganzjährig schneebedeckt, wird der schönste Stein der Welt gebrochen: der weiße Marmor von Carrara. Massa und Carrara, die weniger bekannten Hauptorte der Doppelprovinz, bilden zusammen mit Pietrasanta im Nordwesten der Toscana den kulturellen, nicht unbedingt den urbanen Kontrast zur Badeküste der Versilia, die nur 4–6 km von ihnen entfernt zu den schönsten Strandgebieten des Mittelmeers zählt.

Zwei der Küstenstädte können sich durchaus sehen lassen: Forte dei Marmi, der alte Marmorhafen und neuer Urlaubsort der Luxusklasse, sowie Viaréggio, die Stadt des berühmten, im Gegensatz zu dem Venedigs etwa mehr politischen Karnevals und die Stadt des Jugendstils mit einigen wenigen, aber sehr schönen architektonischen Hinterlassenschaften.

Abwechslung bietet auch der Lago Massaciúcoli, besser bekannt als Lago Puccini, der dem Musiker aus Lucca seinen Ruhm und daher auch seinen geläufigeren Namen verdankt: Giacomo Puccini und das Musikfestival locken jeden Sommer Musikfans an.

## Infobox

### Internet

**www.rivieratoscana.com:** Hotelangebote mit genauen Beschreibungen und deren Telefon- und Faxnummern. Außerdem Kulturangebote, Freizeit, auch andere Unterkunftsmöglichkeiten wie Campingplätze; Badeanstalten. Weitere nützliche Infos, auch Stadtbeschreibungen u. Ä., auch auf Deutsch.

**www.vacanzeinversilia.com:** eine private Website mit vielen nützlichen Links, auch auf Deutsch.

### Anreise und Weiterkommen

Massa und Carrara sowie die Versilia-Orte sind hervorragend sowohl an die Bahn La Spezia–Rom als auch an die Autobahn A12 angebunden. Die Bahnlinien und ihre Stationen liegen ebenso wie die Autobahn und die Staatstraße 1 Aurelia etwas landeinwärts, stören also die Badestrände nicht, die über parallel verlaufende Zubringerstraßen erreichbar sind. Entlang der Versilia sind die Badeorte durch eine schnurgerade, sehr breite Strandstraße miteinander verbunden, parallel dazu verlaufen die ebenfalls breiten Promenaden, voll gespickt mit Restaurants, Pizzerien, Cafés und Boutiquen aller Art. Dahinter: die meist bunten Kabinen an den wundervollen Sandstränden.

## Carrara ▸ B/C 3

Wer an die Marmorküste fährt, sollte das Städtchen unbedingt besichtigen, dessen Name für den weißesten Marmor überhaupt steht. Die Vorligurer, die hier vor den Römern lebten, nannten den Ort *kar*, Stein. Also werden wohl schon sie den Marmor gekannt haben, den erst die Römer später systematisch abbauten. 1235 wurde Carrara freie Kommune mit dem speichenreichen Rad im Wappen, das einem überall in der Stadt begegnet. Sonst zeigt sie außer im engsten historischen Zentrum wenig Traditionsbewusstsein. Denn für ihre rund 64 500

Einwohner hat sie sich schneller als es für ihre Schönheit nützlich sein konnte ausbreiten müssen und im Faschismus erhielt sie einige der berühmt-hässlichen Bauten der Epoche. Carrara ist nebenbei bemerkt die Stadt der Marmorarbeiter, in der 1945 der erste Anarchistenkongress stattfand.

### Duomo Sant'Andrea

*Piazza del Duomo, tgl. 7–12, 15.30–19 Uhr, Eintritt frei*

Das Schönste im engen und z. T. recht finster wirkenden historischen Zentrum ist der Dom (11.–14. Jh.) mit seiner Fassade im Pisaner Stil aus weißem und grünem Marmor: im unteren Bereich noch romanisch geprägt, im oberen schon gotisch mit Spitzbögen und Maßwerk und einer markanten, sehr fein gegliederten Rosette. Die schlichte Schönheit ihrer schlanken Säulen verdankt die dreischiffige Basilika erst der Neuzeit, als sie von Plüsch und greller Farbigkeit befreit wurde. Beachtenswerte Freskenreste fand man dabei an den Seitenwänden.

### Weitere Sehenswürdigkeiten

1769 wurden Malaspina-Schloss und fürstbischöflicher Palast zusammengelegt, um als Gebäudekomplex die Kunstakademie **(Accademia di Belle Arti Carrara,** Via Roma 1) aufzunehmen, die auf Anfrage kostenlos zugänglich ist.

Das **Marmormuseum** im Vorort Stadio (Museo Civico del Marmo, Viale XX Settembre, Mo–Sa 9–12.30, 14.30–17, Juni–Sept. 8.30–19 Uhr, Erw. 4,50 €) bietet v. a. Exponate und Informationen zur Geschichte des Marmorabbaus, auch mit interaktiven Medien.

## Übernachten

*Wohltuend* – **Michelangelo:** Corso Carlo Rosselli 3, Tel. 05 85 77 71 61, www.michelangelocarrara.it. DZ/ÜF 95–200 €. Zu einem Design- und Relaxhotel umgebautes Haus.

*B & B* – **Effe:** Via Garibaldi 27, Handy 33 56 81 82 99, va.endriz@tin.it. DZ/ÜF um 70 €. Familiär geführtes B & B in einem hübsch restaurierten Stadthaus. 3 DZ, 2 mit Terrasse, Frühstückszimmer mit Leseecke.

*Für Bescheidene* – **Da Roberto:** Via Apuana 5, Tel. 058 57 06 34. DZ ohne Bad 42 €, mit Bad 47 €. 13 Zimmer, kleines, schlichtes Haus.

## Essen & Trinken

Bars/Restaurants in den Bagni. Wer gut speisen will, fährt in die Berge nach **Colonnata,** 7 km nordöstlich von Carrara:

*Berühmt* – **Da Venanzio:** Piazza Palestro 3, Tel. 05 85 75 80 33, www.ristorantevenanzio.com. Ruhetage So Abend, Do. Mittags um 25 €, Sommermenü mit Wasser und Hauswein 45 €. Verfeinerte apuanische Küche im Mini-Lokal.

*Sehr lecker* – **Locanda Apuana:** Via Comunale 1, Tel. 05 85 76 80 17, www.locandaapuana.com, Mitte Dez.–Jan. geschl., Ruhetage So abends, Mo. Menü ab 20 €. Viel gelobte Trattoria in angenehmem Ambiente. Colonnata-Speck aus Eigenproduktion, gute Hausweine.

*Urig in den Marmorbergen* – **L'Incanto:** Via Fantiscritti 13, Tel. 058 57 52 37, tgl. 8–17 Uhr, im Sommer bis 20 Uhr. Urige Marmorarbeiterkneipe, mit Kleinigkeiten zu essen und interessanten Bildern sowie Literatur über die Marmorarbeiter und den gefährlichen Abbau des ›weißen Goldes‹ von Carrara; Souvenirs.

## Einkaufen

**Marmor** und wieder Marmor, ob als originales Kunstwerk oder als kleines Replikat (auch im Danesi-Museum). ▷ S. 164

# Auf Entdeckungstour: Aufregende Tour durch die Marmorbrüche von Carrara

**Dort, wo schon Michelangelo und vor ihm die Römer den weißesten Marmor der Welt für ihre Skulpturen und Paläste abbauten, wird noch immer der wunderbar weiße Stein aus dem Berg geschlagen. Eine Tour entlang der alten Transportwege führt mitten hinein ins Herz der Marmorberge.**

**Reisekarte:** ▶ B/C 3

**Zeit:** ca. 2 Std.

**Planung:** Marmortour ins Bergwerk von Ravaccione Juni 11–18, Juli, Aug. 10–18, April, Sept., Okt. 11–17 Uhr (alle 30 Min. ab Piazzale Fantiscritti 84, Miseglia, Erw. 10 €, www.marmotour.com). Ganzjährig ist das gegenüberliegende Marmormuseum von Walter Danesi geöffnet (Eintritt frei), www.cavamuseo.com.

**Anfahrt:** Von Carrara führen Hinweisschilder nach Colonnata bzw. zu den Vie Cava/Marmortour.

Mit Blick auf die zerfressenen Marmorberge, die auch im Sommer aussehen, als wären sie verschneit, einem dicken roten Pfeil folgend. Vorbei an Werkstätten, in denen Marmorskulpturen und andere Gegenstände aus Marmor produziert werden, mehr oder weniger künstlerisch zu verstehen. Abzweigen Richtung Fantiscritti.

## Ferrovia Marmifera

Rund 10 km lang ist die abenteuerliche Marmortour, die durch 15 Tunnels und über 16 Brücken führt. Zwischen 1876 und 1964 fuhr hier die dampfbetriebene Eisenbahn mit tonnenschweren Marmorblöcken hinunter ins Tal bzw. ans Meer nach Marina di Carrara. Um die wertvollen Steine auf die Waggons zu hieven, mussten sie zuerst auf steilen Holzrutschen über die Berghänge abwärts bewegt werden. Eine schwere und lebensgefährliche Arbeit. Die Eisenbahnschienen wurden entfernt, auf der alten Trasse übernahmen riesige Lastwagen den Transport. Am eindrucksvollsten sind hier der Tunnel zwischen Fantiscritti und Ravaccione, die Brücken von Vara, Vezzala und Ravaccione sowie die auf hohen Pfeilern und Bögen ruhenden Viadukte von Miseglia.

## Ravaccione mit Marmormuseen

Zwei Stationen kann man in die auch landschaftlich interessante Tour einbeziehen: Einmal das skurrile, aber dennoch interessante private **Cava Museo** in Fantiscritti, dessen Markenzeichen ein großes marmornes Ochsengespann ist, das einen hölzernen Karren zieht. Abwechselnd mit seinem Sohn Alberto erklärt Walter Danesi den Besuchern gerne die Geschichte des Marmorabbaus. Der Eintritt ist frei, verdient wird am Verkauf von kleineren und größeren Marmorandenken.

Die **Cava di Ravaccione** (Piazzale Fantiscritti 84, Miseglia) bietet ebenfalls geführte Besichtigungen an, was richtig aufregend sein kann. Man wird mit einem klapprigen VW-Bus hinein gefahren, muss sich einen Helm aufsetzen und darf der polyglotten Führerin tief ins Bergwerk folgen und den Arbeitern zuschauen, während von der Decke herabtropfendes Wasser die Besucher erfrischt. Es ist übrigens der einzige Marmorbruch mitten im Berg, auf einer jeweils 600 m langen Trasse von zwei Seiten erreichbar, einer alten Bahntrasse mitten durch den Berg folgend. Als die Bahn eingestellt wurde, bekamen die Betreiber die Erlaubnis, hier mitten im Berg Marmor abzubauen, übrigens einen besonders dichten und damit besonders kostbaren Marmor, weil das ganze Gewicht des schweren Gebirges darauf lastet.

Neben aller atemberaubenden Faszination des Ambientes erfährt man auch noch viel über die Arbeit im Marmorsteinbruch: wie das für das Schneiden bzw. Fräsen notwendige Wasser vor Ort gesammelt wird, wie viele Zentimeter die Säge in der Minute (5 cm) bzw. Stunde schafft (9–15 m²) und dass dieser Aufwand mitten im Berg sich nur bei wirklich hochwertigem Marmor lohnt. Die Marmorblöcke, die hier abgebaut werden, erreichen eine Höhe von 7–15 m, draußen schafft man höchstens Blöcke von 6 m Höhe, weil sie nur in Terrassen am Berg herausgeholt werden können.

Die Rundtour durch Tunnels und über Brücken macht im engen bzw. interessanten Bereich rund 5 km aus. Der Abstecher nach Colonnata ins Bergarbeiterdorf kostet hin und zurück zur Abzweigung 4 km.

**Lardo di Colonnata:** Der weiße zarte Speck des Marmorarbeiterdorfs, in den sogenannten *larderie* zu haben; auf das Echtheitszertifikat achten!

## Infos

### Information

**Informazioni Turistiche:** 54033 Carrara (MS). Ganzjährig Viale XX Settembre 152/a, Località Stadio, Carrara (MS), Tel. 05 85 84 41 36. Saisonbetrieb in Marina di Carrara, Viale Colombo c/o Parco Guccinelli, Mo–So 10.30–12.30, 16.30–18.30 Uhr.

### Verkehr

**Bahn:** Haltestelle Avenza di Carrara auf der Strecke La Spezia–Viaréggio, im Berufsverkehr gute Anbindung per Bus an Carrara (4 km).
**Bus:** Zwischen Carrara und Marina di Carrara relativ dichter Fahrplan.

# Massa ▸ C 3

Der Monte Belvedere (895 m) ist für die Provinzhauptstadt Massa mehr als nur Kulisse. Das Städtchen (69 000 Einw.) schmiegt sich an die Berghänge, was einen schönen städtebaulichen Akzent setzt. Für die Architektur waren in der Hauptsache die Familie Malaspina zuständig, die hier vom 15. Jh. bis ins 18. Jh. das Sagen hatte.

### Castello Malaspina

*Via del Forte 15, www.istitutovalorizzazionecastelli.it, Sa/So/Fei 16–20 Uhr, bei Ausstellungen und Veranstaltungen auch werktags und länger, Erw. 5,50 €*
An höchster Stelle steht das mittelalterliche Castello. Der 15-minütige Fußweg hinauf ist nicht anstrengend und eröffnet wundervolle Ausblicke auf die Stadt und zur Küste. Während der Renaissance wurde die Burg um einen zauberhaften Palast erweitert, dessen Fassade eine 15-bogige zierliche Loggia bekam, gestützt auf Doppelsäulchen. Der Innenhof ist mit Sgraffiti verziert, und man sollte von hier aus auf Erkundungstour gehen – außen wie innen gibt es Einiges zu entdecken wie freskierte Decken und auf der Rückseite des Palastes noch eine, sogar längere Loggia, und immer wieder sagenhafte Blicke aufs Meer.

### Rund um die Piazza Aranci

Die große, mit Orangenbäumen geschmückte Piazza unter dem Castello bildet das Zentrum der Stadt und wird geprägt vom mächtig ausladenden **Palazzo Cybo Malaspina** (ab 1560, heute Präfektur) mit seinem von Arkaden geschmückten Renaissance-Innenhof.

Der **Dom** (Piazza del Duomo 1, ab 14. Jh., Fassade 1936), der um die Ecke am Ende einer leicht ansteigenden Rampe steht, birgt die Grabkapelle der Malaspina-Fürsten, die auf Voranmeldung vormittags besichtigt werden kann.

Viele mittelalterliche Häuser wurden im Zuge der Stadterneuerung von den Malaspina abgerissen und neue, gerade Straßenzüge geschaffen. Um 1920/30 entstanden darüber hinaus einige überdimensionale Paläste im Stil der Zeit, also des Fascismo.

## Rund um Massa

Knapp 4 km fährt man bis zum Strand nach **Marina di Massa**, weitere 25 km über zahlreiche Kurven mit Panoramapunkten zu den **Marmorbrüchen von Arni,** die von Weitem wie Wunden inmitten dichter Kastanien- und Steineichenwälder der Garfagnana-Ausläufer aussehen. Zu Spaziergängen oder längeren **Wanderungen** laden die darunter liegenden herrlichen Bergterrassen mit jahrhundertealten Olivenbäumen ein.

## Übernachten

*Freundlich* – **Annunziata:** Via Villafranca 4, Tel. 058 54 10 23, www.hotelannunziata.com. DZ/ÜF 75–85 €. Nettes Stadthotel mit 38 Zimmern, Bar, Frühstücksraum, Restaurant.
*Echt italienisch* – **Italia:** 54037 Marina di Massa (MS), Viale Vespucci 3, Tel. 05 85 24 06 06, www.hotelitaliamarinadimassa.com. DZ/ÜF 70–120 €. Familiär geführtes Hotel von 1913 mit 25 unterschiedlich ausgestatteten Zimmern an der Parallelstraße zum Strand. Großes Veranda-Restaurant.
*Zentral* – **Galleria:** Viale Chiesa/Galleria Michelangelo, Tel. 058 54 21 37, www.galleriahotel.it. DZ/ÜF ab 70 €. 23 ruhige Zimmer im Zentrum, Panoramaterrasse.

## Essen & Trinken

*Strandbad* – **La Meridiana:** Marina di Massa, Lungomare Vespucci 34, Tel. 05 85 62 40 05, www.lameridiana-ms.it. Das ehemalige Sandro Rossi von 1895 ist eine gemütliche Adresse am schönen Sandstrand, mit Bar und kleinem Restaurant, im Sommer tgl. durchgehend bis spät geöffnet. Es gibt *panini*, aber auch frischen Fisch und leckere Salate.
*Authentisch* – **Osteria del Borgo:** Massa, Via Beatrice 17, Tel. 05 85 81 06 80. Ruhetag Di (außer Juli, Aug., außer So mittags geschl.). Menü ab 25 €. Kleine Osteria nahe der Piazza degli Aranci. Freundlicher Service. Fisch-, Wild-, Pilzgerichte.

## Infos

**APT Massa-Carrara:** 54100 Marina di Massa (MS), Lungomare Vespucci 24, Tel. 05 85 24 00 63, www.aptmassacarrara.it.

*Mein Tipp*

**Turbulentes Nachtleben**
Die Versilia lebt im Sommer vor allem bei Nacht, sagen Insider und solche, die es wissen müssen. Natürlich gibt es schon am Abend Konzerte und Shows. Aber sonst heißt es, fit zu bleiben bis nach Mitternacht! Am besten, man fragt sich nach den neuesten Hits durch, um die passenden Diskotheken und/oder Nachtclubs herauszufinden. Oder schaut sich die entsprechenden Websites an wie www.vacanzeinversilia.com. Richtige Partyfreaks bleiben natürlich nicht an ihrem Ferienort, sondern pilgern von einem angesagten Lokal zum anderen.

# Riviera della Versilia ! ▶ B 3–C 4

## Forte dei Marmi ▶ C 4

Mit der ›Königin der Versilia‹ beginnt die Riviera della Versilia, auch Versiliese genannt. Südlich davon zählen dazu auch Badeorte wie Marina di Pietrasanta, Lido di Camaiore und, eine zweite Königin, Viaréggio. Forte dei Marmi verdankt seinen Namen einer Festung, die ursprünglich der Sicherheit des Verladeplatzes für den Marmor diente. Schon 1890 war Forte ein viel besuchtes Seebad. Alles, was Rang und Namen hatte, kam, um sich sehen zu lassen. Dies ist bis heute so geblieben, was sich entsprechend an den Preisen ablesen lässt.

Die Häuser stehen im dichten Pinienhain, die Strandpromenade ist ein Jahrmarkt der Eitelkeiten, ebenso der feinsandige Strand und die *bagni* mit ihren bunten Kabinen. Nachmittags trifft man sich in der Fußgängerzone oder an der Promenade zur *passeggiata*, abends zum Drink und später noch zum Eis oder einem Mitternachtssnack am Meer.

Dass Forte so beliebt geblieben ist, hat seinen Grund sicher auch in einer klugen, die Landschaft schonenden Baupolitik: Von je 100 m² Land durften nur 20 bebaut werden. So bleibt genügend Grünfläche erhalten, vor allem stehen überall die herrlich breitschirmigen, Schatten spendenden Pinien, auch in den großzügigen Gärten.

## Übernachten

*Im Pinienhain* – **Le Pleiadi:** Via Civitali 51, Tel. 05 84 88 11 88, www.hotellepleiadi.it, April–Sept. DZ/ÜF 109–220 €. Sehr freundliches Hotel mit 30 Zimmern in schattigem, großem Piniengarten mit Kinderspielplatz; 300 m vom Strand. Familienfreundlich und mit gutem Restaurant.

*Ruhig* – **Giulio Cesare:** Via Giulio Cesare 29, Cinquale, Tel. 05 85 30 93 18, www.hotelgiuliocesarecinquale.com. Ostern–Sept. DZ/ÜF 75–160 €. Familiär geführtes Hotel mit kleinem Garten. 12 renovierte Zimmer.

*Großzügig* – **Park Hotel Cinquale:** Via delle Pinete 2, Cinquale, Tel. 05 85 30 95 05, www.parkhotelcinquale.com. DZ/ÜF 67–150 €. 43-Zimmer-Hotel in einem Park mit Kinderspielplatz; Pool und Restaurant.

## Essen & Trinken

Die Restaurants von Forte sind wie die Hotellerie hochpreisig. Entlang der Strandpromenade findet man jedoch auch hier preiswerte Pizzerien und Bars. Und es gibt ja noch die berühm-

**Strandvergnügen im Edelbadeort Forte dei Marmi, im Hintergrund die ›Marmorberge‹**

ten Strandbäder mit ihren Bars und Restaurants aller Couleurs.

*Erstklassig* – **Lorenzo:** Via Carducci 61, Tel. 058 48 96 71, www.ristorantelo renzo.com. Ruhetage Mo, Di Mittag, 15. Juni–15. Sept. nur abends geöffnet. Degustationsmenü ab 60 €. Seit Jahren michelinbesternt, eine Art Wintergarten als Spitzenrestaurant mit Fischspezialitäten und ausgesuchtem Weinkeller.

*Traditionsreich* – **La Barca:** Viale Italico 3, Tel. 058 48 93 23, www.labarcadel forte.it. 2. Nov.–Hälfte geschl., Ruhetag Mo oder Di. Fischmenü um 50 €. Das älteste Restaurant Fortes, seit 1906 am schönen Strand in Betrieb. Berühmt für seine Fischgerichte aus dem Holzofen; ausgesuchte Weinkarte.

## Aktiv

*In die Wellen* – **Wassersport:** Verleih von Motor- und Segelbooten, Surfbrettern u. a. Wassersportgeräten bei den Badeanstalten, den *bagni*.

## Infos

**Ufficio Informazioni Turistiche:** 55042 Forte dei Marmi (LU), Via Spinetti 14, Tel. 05 84 28 02 92, 05 84 28 02 53, forte.info@comunefdm.it.

**APT Versilia:** www.aptversilia.it.

# Pietrasanta ▸ C 4

Der vielleicht hübscheste Ort im Hinterland der Versilia ist mit seinen rund 25 000 Einwohnern vor allem für seine Bildhauerkurse und hervorragenden Gießereien bekannt, die so ziemlich von allen bedrohten Kunstwerken Italiens und insbesondere der Toscana Kopien herstellen – von der Paradiespforte des Baptisteriums in Florenz bis zu den Bronzetüren der Porta di San

*Mein Tipp*

### Zu den Marmorwerkstätten

Pietrasanta ist berühmt für seine zahlreichen Kunstateliers. Die meisten von ihnen sind organisiert in der **Associazione Artigian Art,** die kostenlose Führungen anbietet unter www.artigian art.org. Zu den interessanten Ateliers gehören solche für Marmor, Bronzegießereien, Bildhauerei generell, Eisenschmiede, Kunstdruckereien, Mosaiken, Keramik und Werkstätten für Gipsmodelle bekannter Skulpturen. Die **Associazione Cose Vive,** 1996 gegründet, organisiert Feb. bis Sept. jeden zweiten Sonntag des Monats die Kunst- und Kunsthandwerksmesse Cose Vive, doch leider sind die Märkte z. Zt. aus politischen Gründen gefährdet ...

Wer jedoch auf eigene Faust losziehen möchte, um sich bei einigen Künstlern und Kunsthandwerkern umzuschauen, hier ein paar Tipps:

**Fondazione SEM,** 55045 Pietrasanta (LU), Via della Gora 4, www.fondazio nesem.org. Kooperative international bekannter Marmorkünstler mit unterschiedlichen **Kursangeboten.**

**Asart – Artisti Scultori Associati,** 55045 Pietrasanta (LU), Via Osterietta 135, Handy 33 42 18 81 32, http://associ azioneasart.jimdo.com.

**Fondazione ARKAD,** 55047 Seravezza (LU), Viale Amedei 230, Tel. 05 84 75 70 34, www.arkad.it. Am Ortsrand gegenüber dem Palazzo Mediceo, eine Marmorwerkstatt und gleichzeitig Kulturinitiative mit zahlreichen Wechselausstellungen in den Räumen der früheren Fischzucht und späteren Mühle der gegenüber liegenden Medici-Villa (Öffnungszeiten je nach Veranstaltung, aber besser vorher anrufen).

Ranieri in Pisa. Nicht zu vergessen: die vielen Marmorwerkstätten (s. Mein Tipp S. 167).

Doch die Luccheser Gründung von 1255 ist auch eine lebhafte Flanierstadt mit einer angenehmen Fußgängerzone entlang der **Via Mazzini** mit ihren zahlreichen Boutiquen, der weitläufigen **Piazza Bruno Giordano** mit dem hübschen Dom (Piazza Giordano), eigentlich **Collegiata di San Martino** (ab 13. Jh.), und den netten Cafés. Ein paar riesige Bronzeskulpturen stehen scheinbar unkoordiniert herum – insbesondere die mächtigen Werke des kolumbianischen Malers und Bildhauers Fernando Botero (geb. 1932), der Pietrasanta (neben New York und Paris) zu seiner dritten Heimat gemacht hat.

*Mein Tipp*

**Bei Roberto**

Sagenhaft schönes B & B in Panoramalage oberhalb von Camaiore, beim Maler und Bildhauer Roberto Barberi, der sich vor allem auf seinen Reisen (gerne Wüstentouren) durch Licht und Farben inspirieren lässt und außerdem ein begnadeter Koch ist, der seinen Gästen auf Wunsch am Abend ein wunderbares Menü zaubert. Wer will, kann Roberto sowohl beim Kochen helfen als auch bei ihm Malunterricht nehmen. Eine herrliche Bleibe für Leute, die Ruhe in einer großartigen Landschaft inmitten uralter Olivenbäume zu schätzen wissen. Nur fünf Zimmer im Haus, zwei davon mit Kochecke, eine Holzhütte ganz oben.

**Casa del Sole:** Via della Verdina 100, Handy 33 36 67 83 89, www.casadelsolecamaiore.it. DZ/ÜF 80–120 €.

## Essen & Trinken

*Erfrischend* – **El Barrio:** Via Barsanti 4, Handy 34 77 58 91 63, Ruhetage Mo und Do Mittag. Unkompliziertes, winziges Lokal mit ein paar Tischen auf der Gasse in Pietrasantas historischem Zentrum. Mittags vorwiegend Kleinigkeiten wie *bruschette,* Salate, diverse *carpacci* und *taglieri* (Platten). Abends: erst Aperitifs mit Knabbereien und dann tolle Cocktails.

## Infos

**APT:** 55045 Pietrasanta (LU), Piazza Statuto 11, Tel. 05 84 28 33 75, infocentro@comune.pietrasanta.lu.it.

# Camaiore ▸ C 4

Das Städtchen (32 800 Einw.), das bereits 1255 von Lucca als Vorposten verstärkt wurde, hat keine besonderen Highlights, aber eine angenehme Fußgängerzone entlang der Via Vittorio Emanuele mit vielen Einkehrmöglichkeiten und recht netten Geschäften. Es lockt auch ein wunderschönes Hinterland mit uralten Olivenbäumen auf mühsam gepflegten Terrassen und darin versteckt so manches hübsche Haus, in dem man sein Urlaubsquartier aufschlagen und stundenlang **wandern** kann. Die größte Sehenswürdigkeit Camaiores ist das schön restaurierte **Ospedale San Michele in Borgo** mitsamt Kirche (ab 12. Jh.), in dem das sehenswerte Museum für sakrale Kunst untergebracht ist.

### Museo d'Arte Sacra

*Via IV Novembre 71, www.museoartesacracamaiore.it. Juni–Sept. Di, Do, Sa 16–19.30, So 10–12, Okt.–Mai Do–Sa 15.30–18, So 10–12 Uhr, Eintritt gegen Spende*

Wunderschönes, wenn auch relativ überschaubares Museum in klösterlichem Ambiente. Auf der Website kann man sich die bedeutendsten Kunstwerke vorab anschauen.

## Übernachten

*Angenehm zentral* – **Locanda Le Monache:** Piazza XXIX Maggio 36, Tel. 05 84 98 92 58, www.lemonache.com. DZ/ÜF 65–90 €. 13 hübsche Zimmer über dem guten Restaurant, teilweise mit Stilmöbeln.

## Essen & Trinken

*Mit Osteria* – **Le Colonne:** Via Vittorio Emanuele 62, Tel. 05 84 98 13 77. Ruhetage Mo, Sa Mittag (nicht im Sommer). Menü ab 25 €, Pizza 6–8 €. Schöne Atmosphäre. Pilz- und Wildgerichte, gutes Fleisch vom Holzkohlengrill und leckere Pizza. Weinkeller/ Enoteca mit 350 Etiketten.

*Einfach, aber gut* – **Lo Zodiaco:** Via Vittorio Emanuele 188, Tel. 05 84 98 40 95. Ruhetag Do. Pizza, Focaccia und einfache Fleischgerichte 5–8 €. Kleine, einfache Pizzeria in der Fußgängerzone, freundlicher Service, die Pizza kommt aus dem Holzofen. Das Lokal wird gerne von Einheimischen aufgesucht.

## Einkaufen

*La dolce vita* – **Pasticceria Del Dotto:** Via Vittorio Emanuele 139, 7.30–20 Uhr, Mo Ruhetag, So Mittagspause 13–15.30 Uhr. Seit 1936 existiert diese herrliche Verführung mit unglaublich duftenden frischen Backwaren.

## Infos

**Consorzio di Promozione Turistica Camaiore:** 55043 Lido di Camaiore (LU), Viale Colombo 127/129, Tel. 05 84 61 77 66, www.versiliainfo.com.

# Viaréggio ▸ C 4

Der Karnevalsort und das Paradepferd der Versilia mit seinem städtischen und doch sehr ferienvergnügten Ambiente und der ausgewogensten Hotellerie dieses Küstenabschnittes ist angenehm und bietet für manche Reisende im ersten Moment eine Überraschung: Die meisten Betten gibt es wie fast an der gesamten Riviera della Versilia auch in Viaréggio in 1- und 2-Sterne-Häusern sowie in Ferienwohnungen.

Herzogin Maria Luisa von Bourbon-Parma verlieh Anfang des 19. Jh. dem Fischer- und Seefahrerort Viaréggio Stadtrechte, ließ das Hafenbecken und einen Stadtplan anlegen, dessen Struktur seitdem das Stadtbild geprägt hat. Immerhin wurde daraus eine sowohl kommerzielle als auch touristische Hafenstadt mit vier Schiffswerften, je einem Jacht- und einem Fischereihafen.

Der weitläufige, goldgelbe Sandstrand machte aus Viaréggio außerdem das bedeutendste Seebad der Toscana. Der Stil der Häuser, Strandpavillons etc. zwischen Klassizismus und **Jugendstil**, ist jedenfalls hübsch anzusehen und meist in gleißendem Weiß gehalten. Vor allem die noblen **Grandhotel & Royal** (Viale Carducci 44) oder das **Principe di Piemonte** (Piazza Giacomo Puccini 1) und dazu das berühmte **Caffè Margherita** (Viale Regina Margherita 30), dessen grün glänzende Kachelkuppeln im Zentrum der Meerespromenade weithin als Symbol des Badevergnügens sichtbar sind, auch wenn es inzwischen leider zu einem recht normalen Restaurant mit der unausweichlichen Pizzeria mutiert ist.

Gut 61 000 Einwohner zählt Viaréggio heute, eine richtig funktionierende Stadt, die im Februar zur Karnevalszeit aus den Fugen gerät und Italiens Politiker schaudern macht, weil die aktuellen Themen, und das ist die Politik immer, dankbare Opfer der Wagenbauer und Figurenbildner sind.

## Übernachten

*Stuckreich* – **Plaza e de Russie:** Piazza d'Azeglio 1, Tel. 058 44 44 49, www.plazaederussie.com, www.softliving places.com. DZ/ÜF 110–300 €. Angenehmes, stilvolles Hotel von 1871 mit Dachterrassenrestaurant *La Terrazza* mit wunderbarem Blick. 47 meist großzügige Zimmer, 4 Suiten. Kein eigener Parkplatz!

*Liberty-Stil* – **Villa Tina:** Via Aurelio Saffi 2, Tel. 058 44 44 50, www.villatinahotel.it. Feb.–März, Anf. April–Anf. Nov. DZ/ÜF um 80–260 €, z.T. Strandbad inkl. Kleines Hotel mit 12 Zimmern und 2 Suiten in einer Jugendstilvilla von 1929 ›in zweiter Reihe‹ mit schönen Aufenthaltsräumen und Stilmöbeln. Kein Restaurant.

*Preiswert* – **Lupori:** Via Galvani 9, Tel. 05 84 96 22 66, www.luporihotel.it. 22.–27. Dez. geschl. DZ 80–120 €. Kleineres Hotel weiter vom Strand mit nur 19 komfortablen Zimmern, z. T. mit Terrassen; ohne Salon. Seit Jahrzehnten familiär geführt.

## Essen & Trinken

Die Restaurants sind im Allgemeinen gut bis sehr gut, aber recht teuer. Preiswerter isst man in den Pizzerien und Bars sowie in den Strandbädern.

*Michelinbesternt* – **Romano:** Via Mazzini 120, Tel. 058 43 13 82, www.romanoristorante.it, Jan. geschl., Ruhetage Mo, Di mittags. Menü ab 49 € (werktags, So, Fei ab 62 €). Seit Jahrzehnten bekannt, feines Fischrestaurant mit garantiert frischem Fang (im Zentrum abseits vom Meer). An der kühlen Atmosphäre des schmalen Hauptraumes darf man sich nicht stören; sehr gute Weine.

*Einfach, aber super* – **Cicero:** Via Coppino 319, Tel. 05 84 39 30 89, Ruhetag Do. Menü ab 40 €. Schlichtes Ambiente mit toller Fischküche. Abends unbedingt reservieren.

*Mitten im Pinienwald* – **Buonumore:** Viale Capponi 1/Via Marco Polo, Handy 339 692 09 36. Ruhetag Mo (nicht im Sommer), im Winter Mi, Do nur abends. Tagesmenü 35 €. Sehr schlichtes, aber super gemütliches, familiär geführtes Lokal. Mittags kleine Gerichte, abends festgelegtes Menü aus fangfrischem Fisch und Bio-Gemüse.

*Tradition ade* – **Ristorante Margherita:** Viale Margherita 30, Tel. 05 84 58 11 43, www.ristorantemargherita.info, Ruhetag Mi. Menü ab 25 €, Pizza ab 6 €. Einst traditionsreichstes Café im Jugendstilambiente an der Strandpromenade, jetzt freundliche große Restaurant-Pizzeria.

*Gut und preiswert* – **Osteria N° 1:** Via Pisano 140, Tel. 05 84 38 89 67, 2. Nov.–Hälfte geschl., Ruhetag Mo. Menü ab 20 €, Pizza ab 5 €. Gute Fischküche am südlichen Ortsrand bei den Campingplätzen jenseits des Kanalhafens. Besonders gut: das für hiesige Verhältnisse preiswerte Mittagsmenü (Wein inkl.).

## Aktiv

*Biciclette* – **Fahrradverleih:** u. a. an den Campingplätzen Italia und Dei Tigli, beide am zu Torre del Lago Puccini gehörenden Teil der schönen Allee auf endlosen Radwegen.

*Zu Wasser* – **Wassersport:** Verleih von Motor- und Segelbooten, Surfen u. a. Wassersportgeräte bei den Badeanstalten erfragen bzw. buchen.

## Infos & Termine

**Ufficio Informazioni Turistiche:** Viale Carducci 10, 55049 Viareggio (LU), Tel. 05 84 96 22 33 und 058 14 88 81, www.luccaturismo.it. Info-Kiosk nahe der zentralen Bushaltstelle und am Bahnhof.

### Termine

**Karneval:** Sechs Umzüge mit riesigen Wagen, die über 2 km an der Promenade entlangziehen; teilweise Abschluss mit riesigem Feuerwerk. Am Rand stehen Verkaufsbuden und Musikstände. Infos und Tickets über Tel. 058 41 84 07 55, 058 45 80 71 oder www.ilcarnevale.com. Außerhalb der Karnevalssaison kann man das moderne Karnevalszentrum (Città del Carnevale) und das Museo del Carnevale besichtigen (Do–Sa 6–19, Juni–Sept. Fr–So 21–23 Uhr, Eintritt frei).

### Verkehr

**Bahn:** Bahnhof am Ende der Via Mazzini; dichter Fahrplan (stdl.) zwischen Ligurien/La Spezia und Viaréggio, weiter nach Pisa bzw. dort umsteigen nach Lucca und Florenz.
**Busse:** Linienbusverbindungen (Busbahnhof an der Piazza d'Azeglio nahe Kanalhafen im Süden Viaréggios) praktisch auf den gleichen Strecken wie die Bahn.

## Mit dem Rad von Viaréggio nach Lucca

*Start/Ziel: Viaréggio/Lucca*
*Strecke/Länge: 42 km, rund 3 Std.; Kieselweg, leicht befahrbar, kaum Höhenunterschiede (unter 100 m); Radverleih in Viaréggio (s. S. 170); die Rückfahrt kann man auch mit der Bahn antreten, Fahrräder werden transportiert*

Die schöne Radtour beginnt in Viaréggio und führt parallel zum Meer und an der Flussmündung des Sérchio vorbei sowie ein schönes Stück dem Flusstal entlang, bevor es zu guter Letzt in das wunderschöne, urbane Lucca geht.

Am Beginn des **Canale Burlamacca** im Stadtbereich von Viaréggio schaukeln noch kleine Boote im Kanalwasser, dann kommt man zur **Marina di Torre del Lago Puccini,** dem bei der einheimischen Bevölkerung sehr beliebten Badeort, der zum landeinwärts liegenden Städtchen am Puccini-See gehört (s. S. 172). Kein Wunder, denn die Strände sind hier endlos lang und feinsandig, von bewachsenen Dünen begrenzt.

**Radtour von Viaréggio nach Lucca**

Weiter nach Süden führt der Radweg zur **Marina di Vecchiano** und zur **Bocca di Sérchio,** der weiten Mündung des Sérchio-Flusses. Hier ist alles noch recht wild belassen – ein wichtiger Teil des Naturparks Migliarino-Massaciùccoli, der sich nach Süden mit seinen dichten Pinienwäldern über den Arno hinweg bis Livorno erstreckt.

Jetzt geht es landeinwärts und nicht immer über klar gekennzeichnete Wege, erst am **Kletterwald von Vecchiano,** dann an **San Giuliano Terme** vorbei (ein hübscher Ort mit legendärem Kurhaus, heute eine Luxusherberge) und in hohem Bogen nach Norden, wo man südlich der Autobahn auf das Dorf **Ripafratta** zuradelt. Vom Westen her geht es nun nördlich der Autobahn durch den Flusspark des aus der kühlen Garfagnana kommenden Sérchio bis zur Terrazza Guglielmo Petroni an der Nordseite der Stadt.

Ein Schlenker nach Süden, und schon erblickt man die prächtige **Stadtmauer von Lucca** – und fährt hinein in eine der schönsten Städte der Toscana (s. S. 149).

Ein besonderes Erlebnis: Auf der Mauerkrone der Sadtbefestigung lässt sich die Altstadt von Lucca übrigens auch noch mit dem Fahrrad umrunden, und man genießt dabei großartige Ausblicke über die backsteinroten Dächer.

## Torre del Lago ▸ C 4

Der übersichtlich kleine Ort am Lago di Massaciúccoli, den man der Einfachheit halber lieber nur **Lago Puccini** nennt, hat seinen Ruhm tatsächlich dem Musiker (1858–1924) aus Lucca, der in der gesamten Provinz mehrere Häuser besaß, zu verdanken, in seiner Villa am See aber besonders gerne verweilte und auch verstarb. Er ist hier im eigenen Haus beigesetzt worden, das seine Nachfahren bis heute hüten und ordentlich als Museum vermarkten.

Auf dem See und in seinen Seitenkanälen kann man zu **Bootsausflügen** ausfahren, ob organisiert oder mit einem kleinen Leihruderboot. Ringsum Schilfgürtel, Wasserpflanzen und -vögel, überall am Ufer fest montierte Fischernetze, die bei Bedarf in den See abgelassen werden – eine pittoreske Landschaft, nur nicht für Leute, die vor kleinen Stechbiestern Angst haben!

### Museo Villa Puccini

*Viale Puccini 266, www.giacomopuccini.it, Nov.–Jan. 10–12.40, 14–17.20, Feb./März 10–12.40, 14.30–17.50, April–Okt. 10–12.40, 15–18.20 Uhr, Eintritt 7 €*

Im früheren Wohnhaus von Giacomo Puccini mit einigen Gedenkstücken und Musikinstrumenten, Möbeln von Bugatti und Tiffany entstanden die bedeutendsten Werke des Komponisten, u. a. »Manon Lescaut«, »La Bohème«, »Tosca« und »Madama Butterfly«.

## Aktiv

*Über den See* – **Bootstour über den Lago Puccini:** von Torre del Lago aus über Eco-Idea, Piazzale Belvedere, Tel. 08 54 34 20 69, Handy 33 89 02 94 65, www.laversilia.it/eco-idea.

## Infos & Termine

### Informationen

**Pro Loco:** 55049 Torre del Lago (LU), Viale Kennedy/Ecke Viale degli Tigli, Tel. 05 84 35 98 93, www.prolocotorredellagopuccini.it.

### Termine

**Juli/Aug.: Festival Pucciniano.** Infos und Kartenvorverkauf: Tel. 05 84 35 05 67, www.puccinifestival.it. Das einzige Puccini gewidmete Festival der Welt besteht seit 1930, sein neues Open-Air-Theater am Ufer des Sees kann bis zu 3400 Zuschauer aufnehmen.

**Der üppige Charme der Villa von Puccini**

Das Beste auf einen Blick

# Pisa, Livorno und der toscanische Archipel

## Highlights!

**Pisa:** Kein Turm dürfte berühmter sein als der schiefe von Pisa, kein Platz vielleicht harmonischer als derjenige, auf dem er steht, die Piazza dei Miràcoli. Doch die lebendige Studentenstadt birgt noch zahlreiche weitere Schätze. S. 176

**Insel Elba:** Einfach ein Muss für alle, die Naturschönheit, glasklares Wasser mit großartigen Tauchgründen und gutes Essen schätzen. S. 198

## Auf Entdeckungstour

**Den Minenarbeitern von San Silvestro nachgespürt:** Ein ganzes Dorf, das nur von Bergarbeitern bewohnt wurde – von der Antike bis ins Mittelalter. S. 190

**Populónia – wo das Eisenherz der Etrusker schlug:** Mindestens einen halben Tag sollte man sich für das weitläufige Ausgrabungsfeld im dichten Steineichenwald Zeit nehmen. Danach geht es hinauf zur römischen Akropolis. S. 194

## Kultur & Sehenswertes

**Livorno:** Unbedingt sehenswert sind die toscanischen Impressionisten im Städtischen Museum. S. 185

**Archäologisches Museum in Piómbino:** Die schönsten etruskischen und Römischen Funde der Umgebung. S. 193

**Napoleons Residenz:** Für die Elbaner die wichtigste Gedenkstätte. S. 199

## Aktiv unterwegs

**Exzessives Strandleben:** Feinen Sand kann man vor Pisas Haustür und südlich bis Tirrenia und Calambrone genießen. S. 183

**Tauchen und mehr:** Wassersportmöglichkeiten werden im toscanischen Archipel allerorten angeboten. S. 200, 203, 204

## Genießen & Atmosphäre

**Marina di Pisa:** Fischessen in den Pfahlbaurestaurants. S. 182

**Venturina:** Sich wohlig rekeln und verwöhnen lassen im *Calidario*. S. 188

## Abends & Nachts

**Kneipentour auf Elba:** Ein genüsslicher Rundgang für Nachtschwärmer. S. 200

# Pisa ! ▸ D 5

Pisa (89 500 Einw.), die Stadt des Schiefen Turms mit der wunderbaren Piazza dei Mirácoli darf man sich als Italienreisender keinesfalls entgehen lassen! Ein reges Studentenleben lässt sie jünger als so manche andere toscanische Stadt erscheinen. Und nicht zu vergessen: ihre Küste mit feinsandigen Stränden, speziell vor Tirrénia. Pisa hat aber auch im Kern zahlreiche weitere Schätze zu bieten und vor allem ein wunderschönes Stadtbild am Flussufer mit vielen imposanten Palästen.

Die mittelalterliche, von Zinnen bekrönte Stadtmauer ist fast vollständig erhalten bzw. nach starker Beschädigung im Zweiten Weltkrieg wiederaufgebaut worden. Am eindrucksvollsten ist dies nördlich des Arno zu sehen. Im Süden dagegen musste sie für die Stadterweiterung niedergerissen werden. Im Südosten setzt die trutzige Bastion Sangallos einen städtebaulichen Akzent.

Aller Wahrscheinlichkeit nach etruskischen Ursprungs, wurde der Lagunenort zu einem wichtigen römischen Flottenstützpunkt. Im 4. Jh. war Pisa wie alle großen toscanischen Orte Bischofssitz und entwickelte sich im 8. und 9. Jh. zu einer der mächtigsten Seerepubliken, die militärisch und damit auch wirtschaftlich das Mittelmeer beherrschte. 1096 begann der erste Kreuzzug zur Befreiung Jerusalems von den Muslimen, der Pisa noch mehr Handelsmacht brachte. Die Schiffswerften genossen Weltruhm, die Flotte besaß mindestens 300 Galeeren.

Das geistige Leben wurde vom Orient befruchtet, die islamischen Naturwissenschaften sowie Kunstformen hielten Einzug in Europa – über Pisa. Pisa florierte, nahm stark an Bevölkerung zu, verschanzte sich hinter seiner Mauer, die nicht nur das historische Zentrum, sondern auch die Gärten und das nahe Ackerland mit einbezog.

Hauptproblem Pisas im 13. Jh. war die unaufhaltsame Versandung des Hafens, die Stadt rückte immer mehr

## Infobox

### Infos

**APT:** 56100 Pisa, Piazza Vittorio Emanuele II 16, Info-Tel. 05 04 22 91. Auch für die Provinz Pisa.

### Internet

**www.pisaunicaterra.it:** offizielle Website der Provinz Pisa, auch auf Deutsch.

**www.pisaonline.it:** Hotel-Website, recht gute Links für die gesamte Provinz Pisa.

**www.costadeglietruschi.it:** sehr gute Websites der Livorno-Küste.

### Anreise und Weiterkommen

**Flug:** Der Flughafen Galileo Galilei (Tel. 050 50 07 07, www.toscana-aeroporti.com) ist nur 3 km vom Stadtzentrum von Pisa entfernt. Ab September 2016 gelangt man in wenigen Minuten umweltfreundlich mit dem neuen People Mover zum Bahnhof im Süden der Altstadt.

**Bahn:** Pisa ist direkt mit Florenz verbunden: www.discovertuscany.com/attachments/map-rail-lines-tuscany.pdf

**Bus:** Die Busgesellschaft LAZZI (Tel. in Pisa 05 04 62 88) setzt Busse mindestens im 1-Std.-Takt ein, Fahrzeit ca. 2 Std. (nach Florenz via Lucca). Die gesamte Provinz wird mit Bussen der **compagnia toscana trasporti** (ctt, www.pisa.cttnord.it) erschlossen.

ins Land. Heute beträgt der Abstand mehr als 8 km. 1284 wurde Pisa durch die feindliche Seerepublik Genua vernichtend geschlagen, 1406 unterlag die Republik Pisa dem verhassten Florenz, wurde nur 1494–1509 kurzfristig durch die Hilfe Karls VIII. unabhängig und dann wieder bis zur Einigung Italiens florentinisch.

## Zwischen Bahnhof und Arno

Vom Bahnhof kommend geht man über den Viale Gramsci zur **Piazza Vittorio Emanuele II** und weiter über den Corso Italia, das kommerzielle Zentrum der Stadt. An dessen Ende stehen die **Logge di Banchi** 1 (Corso Italia/ Ecke Ponte di Mezzo) von 1603 und der **Palazzo Gambacorti** 2 (Lungarno Gambacorti 1) aus dem 14. Jh., heute das Rathaus. Geradeaus erkennt man den **Ponte di Mezzo,** Pisas wichtigste Brücke über den Arno. Hier wird im Juni das schönste, erst 1982 wiederentdeckte historische Fest Pisas veranstaltet, der Gioco del Ponte.

## Durch die Altstadt zum Dom

Hinter der Piazza Garibaldi beginnt der geschäftige Straßenzug des **Borgo Stretto.** Wählt man im Anschluss daran die schräg nach links führende Via Dini, stößt man auf einen der anmutigsten Plätze Pisas: die **Piazza dei Cavalieri** mit der **Chiesa di Santo Stefano dei Cavalieri** 3 (Piazza dei Cavalieri 1), 1565 von Vasari anstelle einer älteren Kirche erbaut. Daneben bestimmt der **Palazzo della Carovana** 4 (Piazza dei Cavalieri 7), seit Napoleon bzw. 1810 eine Eliteschule, auch Palazzo dei Cavalieri genannt, das Gesicht des harmonischen Platzes. 1562 baute Vasari ihn für den heiligen Ritterorden von Santo Stefano um. Das Besondere an ihm: die doppelläufige Freitreppe, die Fassade mit ihrem Graffiti- und Wappenschmuck sowie den sechs Büsten der toscanischen Großherzöge. Davor steht ein Denkmal für Cosimo I (1596).

## Piazza dei Mirácoli

Nach kurzem Bummel durch die Gassen der Altstadt ist die **Piazza dei Mirácoli,** ›Platz der Wunder‹ oder ›Piazza del Duomo‹, erreicht. Sie nimmt nur einen Bruchteil der Fläche im Nordwesten Pisas ein. Als Erstes stößt man auf das Dombaumuseum rechts von der Torre Pendente, dem Schiefen Turm von Pisa. Sammelticket 8 € für drei Monumente (außer Campanile), www.opapisa.it.

**Campanile** 5
*Piazza del Duomo, ganzjährig tgl. je nach Jahreszeit ab 9–20, Juli/Aug. bis 22, 22. Dez.–6. Jan. 9–19 Uhr; alle 20 Min. höchstens 35 Pers., möglichst vorher anmelden! Erw. 18 €*
Der Schiefe Turm ist mit seinen wie fein ziselierten, weißmarmornen Rundbogenumläufen sicher das fotogenste Bauwerk des Platzes, er bietet außerdem von seinem Glockenaufsatz aus den schönsten Überblick über das marmorne ›Wunder‹ der Piazza.

Nach der Grundsteinlegung 1173 unter dem Dombauarchitekten Bonanno erfolgt schon 1178 ein erster Baustopp, weil sich der Boden zu neigen beginnt. 1298 versucht eine Baukommission die Neigung des Turmes durch Bleizüge unter Kontrolle zu bringen. 1360–70 misst man bereits eine Neigung von bis zu 1,63 m. Giorgio Vasari stellt 1550 schon 3,79 m Neigung am siebten Stockwerk fest, auf die Gesamthöhe von 57,90 m umgerechnet ergibt das 4,75 m Überhang. 1817 werden 4,97 m gemessen.

Seit 1926 wird ständig am Campanile herumexperimentiert: 1992 werden 600 t schwere Bleigewichte an der Nordseite angebracht und Stahlseile, um den Turm gerade zu stellen, 1999 folgen Bohrungen, um Erdmaterial zu entfernen. Der Turm bleibt stehen.

### Duomo Santa Maria Assunta 6

*Piazza del Duomo, tgl. 10–18/19/20, im Winter 10–12.45, 14–17 Uhr, Eintritt frei, aber nur mit einem anderen Ticket für den Domplatz*

Allein schon seine unglaubliche Größe macht den Dom zu einer Sehenswürdigkeit ersten Ranges. Er wurde 1063 begonnen, 1118 unvollendet geweiht und erst im 13. Jh. fertiggestellt. Sein imposanter Außenbau beeindruckt mit einer ausgeprägten romanisch-pisanischen Formensprache mit zahllosen Kreisen und Rhomben, Pilastern und Bogenfriesen.

Berühmtestes Kunstwerk im Dom ist die **Kanzel** von Giovanni Pisano (1302–11, heute links vor dem Hochaltar aufgestellt): Acht Säulen aus verschiedenfarbigem Marmor, zwei von ihnen auf Löwen ruhend, tragen im Wechsel mit wunderbar plastisch ausgearbeiteten Figuren die eigentliche Kanzel.

Das Tor zum Campanile hin ist, wenn auch inzwischen nur noch in Kopie, das kunstvollste des Domes: **Porta San Ranieri,** dem Stadtpatron geweiht, 1180 von Bonanno, dem Baumeister des Campanile, in Bronze gegossen. Es ist als einziges der vier Domportale nach dem Brand von 1595 erhalten geblieben: 24 Tafeln zeigen in klarer, fast naiver Plastizität die Lebensgeschichte Christi. Nach der Restaurierung durch die für solche Arbeiten bekannte Bologneser Familie Morigi kamen die originalen Portaltüren ins Dombaumuseum. Die herrlichen Kopien wurden 2007 in der Werkstatt von Massimo del Chiaro aus Pietrasanta gegossen.

### Battistero San Giovanni 7

*Piazza del Duomo, tgl. 10–17/18/19/20, im Winter 10–17/18 Uhr, Erw. 5 €, Sammelticket 8 €*

Diese größte Taufkapelle der Welt (107,25 m Umfang) finanzierten ab 1153 die Bürger von Pisa. Der romanisch-gotische Raumeindruck (das Gewölbe wurde erst 1358 vollendet) ist gewaltig und trotz der langen Entstehungszeit harmonisch. Grüne Marmorstreifen setzen sich ausgehend

**Piazza dei Miràcoli, der ›Platz der Wunder‹ mit Baptisterium, Dom und Campanile, ist und bleibt der größte Besuchermagnet Pisas**

vom oktogonalen **Taufbecken** in der Mitte an den Wänden fort. Wegen der hervorragenden Akustik werden hier gerne ›Hörproben‹ durchgeführt.

Nicola Pisano schuf mit der **Kanzel** 1259/60 das wohl schönste plastische Meisterwerk der Romanik. Außerdem ist es die erste freistehende Kanzel überhaupt, sie brauchte weder Wand noch Pfeiler als Stütze. Ihre sechs Relieffelder zeigen lebhafte Bilder nach griechisch-römischem Vorbild, darunter die Geburt Jesu und seine Kindheit, »Verkündigung«, »Anbetung der Hirten«, »Anbetung der Könige«, »Kreuzigung«, »Jüngstes Gericht«.

### Camposanto Monumentale 8

*Piazza del Duomo, tgl. je nach Jahreszeit 8/9/10–17/18/19/20, Aug. bis 22 Uhr, Erw. 5 €, Sammelticket 8 €*

Diesen monumentalen Friedhof erbauten die Pisaner angeblich, nachdem ihnen Erzbischof Ubaldo de' Lanfranchi vom Kreuzzug mehrere Schiffsladungen Erde von Golgatha mitgebracht hatte: daher *camposanto,* weil man hier in heiliger Erde begraben wurde.

Im 14. und 15. Jh. wurden die Wände freskiert, nach einem Bombenangriff am 27. Juli 1944 aber durch geschmolzenes Blei der Dä-

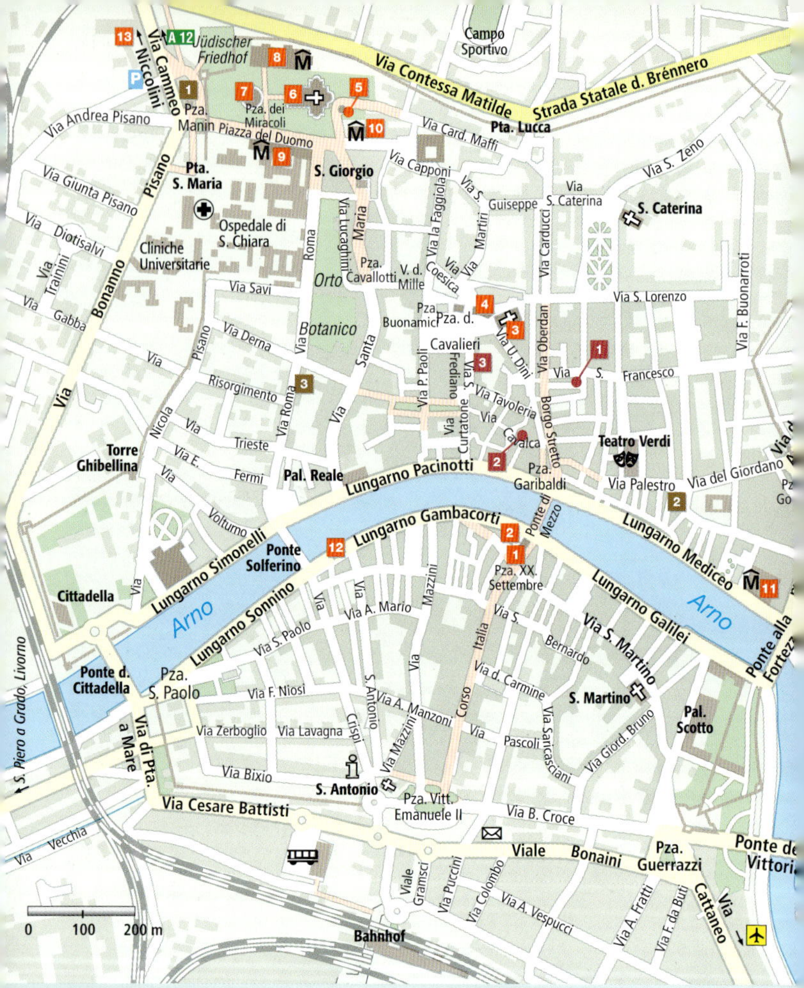


# Pisa

**Sehenswert**

1 Logge di Banchi
2 Palazzo Gambacorti
3 Chiesa di Santo Stefano dei Cavalieri
4 Palazzo della Carovana
5 Campanile
6 Duomo
7 Battistero San Giovanni
8 Camposanto
9 Museo delle Sinopie
10 Museo dell'Opera del Duomo
11 Museo Nazionale di San Matteo
12 Santa Maria della Spina
13 Cantiere delle Navi Antiche

**Übernachten**

1 Giardino
2 Verdi
3 Amalfitana

**Essen & Trinken**

1 La Grotta
2 Osteria La Mescita
3 Osteria dei Cavalieri

cher fast vollständig zerstört. Dem Versuch, sie zu restaurieren, verdankt man eine große Entdeckung: die Sinopien, also die Unterzeichnungen, die jetzt teilweise im Nordflügel des Camposanto, zum größten Teil aber gegenüber im ehemaligen Kloster Santa Chiara im speziell für sie errichteten Sinopien-Museum (s. u.) untergebracht sind. Das großartigste Fresko und gleichzeitig eines in seinen Ausmaßen größte Bild des 14. Jh. ist der »Triumph des Todes« (noch im Camposanto).

### Museo delle Sinopie 9

*Piazza del Duomo 17, tgl. 8–20, im Winter 10–17 Uhr, Erw. 5 €, Sammelticket 8 €*

Das Sinopien-Museum, das die größte Sammlung von Freskenvorzeichnungen aus dem 14. und 15. Jh. zeigt, hat man ab 1979 im früheren Hospital Santa Chiara (1257–86) eingerichtet. Als Museum sucht es seinesgleichen im wunderbaren Zusammenspiel von mittelalterlicher Spitalarchitektur mit moderner Museumsarchitektur, eine solch interessante und außergewöhnliche Leistung, das die Architekten Gaetano Nencini und Giovanna Piancastelli dafür 1989 den Architekturpreis Italiens erhielten.

### Museo dell'Opera del Duomo 10

*Piazza Arcivescovado 6, noch längere Zeit wegen Umbauten geschl.*

Das Dombaumuseum in den früheren Räumen der Domkanoniker ist eines der schönsten Museen der Toscana. Es beherbergt in seinem klösterlichen Ambiente Kunstwerke aus allen bedeutenden Sakralbauten der Stadt, den gesamten Domschatz sowie die restaurierte **Porta di San Ranieri** des Domes. Vom Kreuzgang des früheren Klosters aus genießt man einen großartigen Blick auf den Campanile.

## Weitere Sehenswürdigkeiten

### Museo Nazionale di San Matteo 11

*Piazza San Matteo in Soarta 1, Di–Sa 8.30–19, So/Fei 9–13.30 Uhr, Erw. 5 €*

Das schöne Museum im ehemaligen Benediktinerkloster San Matteo (ab 11. Jh.) am Lungarno Mediceo ist vor allem interessant wegen der hier aufgestellten Skulpturen, die an ihren Originalstandplätzen durch Umwelteinflüsse stark gefährdet waren. Auch zahlreiche Tafelbilder aus sakralen Bauten haben dem Museum eine reiche Sammlungen toscanischer Kunst aus dem 13. und 14. Jh. beschert.

### Santa Maria della Spina 12

*Lungarno Gambacorti, März–Okt. Di–So 10–14, April–Sept. Di–Fr 10–14, 15–18, Sa, So 10–14, 15–19 Uhr, Erw. 2,50 €*

Auf der südlichen Arno-Seite, am Hochufer des Lungarno Gambacorti vor dem Ponte Solferino, steht diese zauberhafte kleine Kirche (ab 1325), außen mit reichem Skulpturenschmuck verziert (Originale in diversen Museen der Stadt). Laufend Wechselausstellungen auch zeitgenössischer Kunst.

### Cantiere delle Navi Antiche 13

*Mitsamt dem Centro di Restauro del Legno Bagnato (Restaurierungszentrum des ›nassen Holzes‹) Führungen Fr–So 10, 11, 12, 14.30, 15.30 Uhr nur nach Voranmeldung, Tel. 05 53 21 54 46 (längere Zeit jedoch geschl.), allgemeine Infos unter www.navipisa.it*

Funde eines antiken römischen Hafens, den man als letzte Sensation Pisas 1998 auf dem Gelände des Nebenbahnhofs San Rossore beim Aushub für dessen Erweiterungsbauten entdeckt hat. Es werden begleitete Besuche der Ausgrabungsstätte organisiert, die nicht nur Fachleute faszinieren dürften. Man bewegt sich dabei mitten durch eine Art maritimes Pompeji, wohl von einem Fluss-Tsunami erwischt.

## Marina di Pisa

Fährt man die schmale, mit prächtigen Platanen bestandene Allee westwärts, erreicht man den netten Badeort Marina di Pisa. Hier kann man in den **Pfahlbautenrestaurants** vor allem Fisch schlemmen und im dazugehörigen Strandbad den ganzen Tag am Meer verbringen. Dass die Pisaner diesen Strand lieben, sieht man schon daran, dass immer mehr Lokale öffnen, auch auf der anderen Seite der Strandpromenade, die am Wochenende verkehrsberuhigt ist. 2013 wurde der Jachthafen Boccadarno in der Arno-Mündung eingeweiht – Pisa hat damit stolz, das (durch Versandung verloren gegangene) Meer wieder erobert ...

Von hier kann man 5 km weiter südlich nach **Tirrénia** fahren, zum mondänsten, doch recht angenehmen Badeort Pisas. Mit seinem Anhängsel **Calambrone** liegt Tirrénia fast schon an der Grenze zur Provinz Livorno.

## Übernachten

*Kunstvoll* – **Giardino 1**: Piazza Manin 1, Tel. 050 56 06 88, www.arthotelil giardino.it. DZ/ÜF um 160 €. Kleines Design-Hotel vor dem Tor zur Piazza dei Mirácoli, von Zimmer Nr. 4 hat man einen schönen Blick auf Kuppeln und Turm, nicht sehr ruhig.
*Komfortabel* – **Verdi 2**: Piazza Repúbblica 5/6, Tel. 050 59 89 47, www.verdi.hotel.pisa.it. DZ/ÜF 60–135 €. Zentral gelegenes Hotel mit 32 Zimmern ohne viel Schnickschnack. Kein Parkplatz!
*Gemütlich* – **Amalfitana 3**: Via Roma 44, Tel. 05 02 90 00, www.hotelamal fitana.it. DZ/ÜF 55–65 €. Nettes, wenn auch enges Hotel (21 Zimmer) in ruhigem Altstadtviertel.

## Essen & Trinken

Pisa verfügt über eine große Anzahl an Restaurants und Pizzerien, die meisten sind um den Domplatz angesiedelt. Sie bieten selten Besonderes, dafür teils zu günstigen Preisen – man ist auf eilige Besichtigungstouristen eingestellt. Bessere Küche findet man Richtung Arno um den Marktplatz herum, z. B.:
*Angenehm* – **La Grotta 1**: Via San Francesco 103, Tel. 050 57 81 05, www.osterialagrotta.com. Ruhetag So. Sympathische Mischung aus traditioneller Osteria und Restaurant in Gewölbeambiente.
*Feinste Käseauswahl* – **Osteria La Mescita 2**: Via Cavalca 2, Tel. 050 95 70 19, www.osterialamescitapisa.com. Ruhetag Mo. Menü 30–35 €. Aufgemöbelte Trattoria in einem Palazzo aus dem 15. Jh.
*Authentisch* – **Osteria dei Cavalieri 3**: Via San Frediano 16, Tel. 050 58 08 58, www.osteriacavalieri.pisa.it, Aug. geschl., Ruhetage Sa mittags, So. Mittags Tagesteller inkl. Beilage für 12 €, 4-Gang-Menüs 26–32 €. Gemütliche Osteria mit lokaler Küche im historischen Zentrum. Wechselndes, fantasievolles Menü für Vegetarier!

## Aktiv

*Bootstouren* – Die einstige Seerepublik Pisa sollte man vom und auf dem Wasser erkunden. Gelegenheit dazu bieten die Bootstouren in den Naturpark von San Rossore mit **Il Navicello:** Centro Visite San Rossore, Tel 050 53 01 01, www.top5viaggi.com, Juli,

**Schmaler Strand, feiner Sand: an der Promenade von Marina di Pisa**

Aug. Mo–Fr 9–13, 14–16, Sa, So, Fei bis 18.30 Uhr.

*Strandleben* – Strandbäder mit Restaurant locken vor allem an den Wochenenden ganz Pisa nach Marina di Pisa ans Meer.

## Abends & Nachts

Pisa bietet als Studentenstadt eine besondere Atmosphäre, speziell in der Altstadt rings um die Uni am Lungarno Pacinotti und um die Scuola Superiore an der Piazza Cavalieri, im Dreieck der Piazze Cavalieri, Dante und Garibaldi.

Am wunderschönen, langen Strand von **Tirrénia** stehen die zahllosen Strandbäder, die sich nachts z. T. in Diskopubs o. ä. verwandeln. Auch der kleine Kurort **San Giuliano Terme** 5 km nordöstlich von Pisa ist wegen seiner netten Cafés als Ausgehziel beliebt.

## Infos & Termine

### Information

**APT:** 56124 Pisa, Galleria Gerace c/o Centro Forum; Infostellen Piazza dei Miràcoli/Complesso Santa Chiara und Bahnhof, Tel. 05 04 22 91, Fax 050 92 97 64; am Flughafen, Tel. 050 50 25 18, www.pisaunicaterra.it. Auch www.comune.pisa.it für Infos der Gemeinde von Pisa.

### Termine

**Letzter Juni-Sonntag:** Gioco del Ponte.
**17. Juni:** Regatta di San Ranieri. Im Turnus alle vier Jahre (in Pisa 2017, 2021 etc.): Wie in den drei anderen früheren Seerepubliken Italiens findet die Regata Storica delle Repúbbliche Marinare statt (die Termine können schwanken).

### Verkehr

**Flug, Bahn, Bus:** s. Infobox S. 176.
**Innerstädtisch:** Busse vom Bahnhof zum Stadtzentrum und zur Piazza dei Miràcoli/Domplatz Nr. E, 4, Nachtlinie Nr. 21; dichter Fahrplan der insgesamt 15 Buslinien (alle 10 Min.) 6–23.30 Uhr.
**Parkplätze**: Empfehlenswerter als die Parkmöglichkeiten außerhalb der Stadtmauern ist wegen Einbruch- und Diebstahlgefahr der gebührenpflichtige Parkplatz nahe der Piazza dei Miràcoli (nur für Pkw, keine Camper).

# Livorno und die Costa degli Etruschi

Es ist die Provinz der eher stillen und wenig bekannten Hafenstadt Livorno mit ihren lebensbejahenden Bewohnern, die ihre Küste mit den vorgelagerten Inseln als Ausflugsziel zu schätzen wissen. Allen voran Elba, schönster ›Ferienort‹ der Toscana, so die Elbaner über ihre Insel.

## Infobox

### Infos

**APT Livorno:** 57100 Livorno, Piazza Cavour 6, Tel. 05 86 89 42 36, Fax 05 86 89 61 73, www.costadeglietruschi.it. Für die gesamte Provinz von Livorno.

### Internet

**www.costadeglietruschi.it:** ausführliche Infos zur gesamten Provinz mit guten Links, auch in Deutsch.
**www.aptelba.it** für Elba und dem zur Provinz Livorno gehörenden Archipel (ohne Giglio). Auch in Deutsch.
**www.giglioinfo.it:** speziell für Giglio. Mit ausführlichem Veranstaltungsprogramm.

### Anreise und Weiterkommen

Der **Flughafen** von Pisa ist nur 20 km von Livorno entfernt, von dort Bahn- und Busanbindung nach Livorno und entlang der gesamten Provinz.
Auch **Autoreisende** folgen der Küstenautobahn A 12, die einen Bogen um Livorno schlägt und bis Cécina ausgebaut ist bzw. der parallel zur Küste verlaufenden SS 1 Aurelia folgt.
**Bahn:** Livorno ist Bahnstation auf der EC-Strecke Genua–Rom.

Auffällig lang und schmal ist die Form der Provinz Livorno mit 100 km Küstenlänge von Livorno bis kurz vor Follónica, so schmal, dass es bei Cécina vom Meer bis zur Westgrenze der Provinz Pisa nur knapp 3 km sind.

Zur Provinz Livorno gehören außer der namengebenden Provinzhauptstadt Livorno der Industriehafen von Vada und die Hafenstadt Piómbino an der Riviera degli Etruschi sowie die Inseln Elba, Gorgona, Capráia, Pianosa und Montecristo. Sehr unterschiedliche Badeorte wie Castiglioncello mit winzigen Buchten oder Marina di Castagneto Carducci und San Vincenco mit flachen, weiten Sandstränden ergänzen das touristische Angebot der Provinz. Aber auch die Küsten-Maremma im Süden gehört dazu. Dichte Wälder aus uralten, hohen, breitschirmigen Pinien prägen sie.

## Livorno ▸ C 6

Gleich hinter dem schmalen Naviglio di Novicelli südlich vom pisanischen Calambrone beginnt das Stadtgebiet von Livorno (159 500 Einw.). Ein Ausflug hierher ist für Feinschmecker schon wegen der berühmten Fischsuppe *cacciucco* zu empfehlen. Die drittgrößte Stadt der Toscana ist eine typische Hafenstadt, während der Medici-Dynastie entstanden, doch architektonisch hat sich die Zeit des Faschismus ordnend, aber nicht gerade der Schönheit dienlich ›ausgetobt‹.

Aber Livorno ist auch eine Stadt der Kanäle, ihre **Fortezza Nuova** (1590, Zugang über Scali Fortezza Nuova) hockt im Norden der Altstadt auf einer eigenen Insel. Die Festung wurde erst 2013 so wiederhergestellt, dass darin Ausstellungen stattfinden können. Davor liegt das **Venezianische Viertel.** Die Stadt hat sich in den letzten Jahrzehnten herausgeputzt; ihr historisches Zentrum wurde schon früh eine großzügige Fußgängerzone mit schönen Auslagen.

Zahlreiche *bagni* südlich der Stadt zeugen von der langen Badetradition Livornos. Der **Viale Italia** als Meerespromenade ist zumindest im Sommer die reinste Vergnügungsmeile. Doch wer es sich leisten kann, wohnt in den Villenvororten am 193 m hohen **Montenero**, wo die frische Brise vom Meer die heißen Sommer erträglich macht.

### Museo Civico Giovanni Fattori

*Via San Jacopo in Acquaviva, http://pegaso.comune.livorno.it, Di–So 10–13, 16–19 Uhr, Erw. 4 €*

Das Museum befindet sich in der schönen Villa Mimbelli etwa in Höhe der weit ins Meer ragenden **Terrazza Mascagni.** Es beherbergt einige der bedeutendsten Kunstwerke der Stadt: etruskische und römische Funde, eine Münzsammlung, Skulpturen und vor allem Bilder der toscanischen Impressionisten, der *macchiaioli* und anderer Maler des 19. Jh. Allen voran von Fattori, Nomellini, Signorini und Modigliani, der aus Livorno stammte.

## Übernachten

*Traditionsreich* – **Gran Duca:** Piazza Micheli 16, Tel. 05 86 89 10 24, www.granduca.it. DZ/ÜF 100–250 €. Hotel mit 62 Zimmern und Suiten in Teilen der historischen Bastion, schön gegenüber dem Hafen gelegen. Fitnessraum. Gutes Restaurant mit Bar und Café.

*Zentral* – **Città:** Via di Franco 32, Tel. 05 86 83 95 90, www.hotelcitta.it. DZ/ÜF 75–120 €. Kleines Stadthotel mit 20 für Geschäftsleute gut eingerichteten Zimmern; Multimediaraum, Garage.

*Freundlich* – **Touring:** Via Goldoni 61, Tel. 05 86 89 80 35, www.hoteltouringlivorno.it. DZ/ÜF 95 €. Stadthotel nahe der zentralen Piazza Cavour. 20 renovierte Zimmer. Parkplatz, Garage (10 €).

## Essen & Trinken

*Schnörkellos* – **Osteria del Mare:** Borgo dei Cappuccini 5, Tel. 05 86 88 10 27, im Sept. 3 Wochen geschl., Ruhetag Do. Menü ab 26 €. Freundliche Atmosphäre in zwei kleinen Räumen im Hafenviertel, gute Fischküche, toller Fischrisotto.

*Nur tagsüber* – **Cantina Nardi:** Via Cambini 6–8, Tel. 05 86 80 80 06, www.cantinanardi.com, Ruhetag So. Menü ab 25 €. Angenehmes Weinlokal mit zwei Speiseräumen, wo man zu moderaten Preisen echt toscanisch isst und trinkt (berühmte Aperitivi).

## Einkaufen

*Kulinarische Fundgrube* – **Mercato Centrale:** Die Markthalle an den Scali Sassi ist eine wahre Fundgrube für Feinschmecker: u. a. Fisch und Fleisch, Wurst, Gemüse, Früchte und biologisch angebaute Getreidesorten.

*Wein* – **Enoteca Faraoni:** Via Mentana 85, Tel. 05 86 88 60 78. Die größte Weinauswahl der Stadt zu leckeren Speisen.

## Aktiv

*Baden* – **Die Badeanstalten** im südlichen Stadtbereich sind beliebtester Treff bei Jugend und Familien. Kein breiter Strand, weil die Küste hier mit Klippen verziert ist, dafür das lustvolle Nichtstun mit Blick über die Wellenbrecher aufs Meer (Geräteverleih).

## Abends & Nachts

Wieder sind die **Badeanstalten** gefragt, an deren Bartheke es im Sommer bis spät in die Nacht rundgeht. Sonst Discopubs und vor allem für Weinliebhaber Enotheken. Besonders schön ist das Flanieren entlang der kilometerlangen **Meerespromenade,** die sich vom Hafen bis in die südlichen Vororte, die hoch über der zerklüfteten Küste liegen, hinzieht. In den letzten Jahren schön verbreitert und mit ein paar Kiosken versehen, sodass man unterwegs nicht verdurstet …
*Historisch* – **Teatro Goldoni** und **Goldonetta:** Lyrik und Prosa, Ballett und Sonderveranstaltungen rund ums Jahr im hübschen historischen Theater (auch Jazz), Via Goldoni 83, Tel. 05 86 20 42 25, www.goldoniteatro.it.

## Infos & Termine

### Information

**Ufficio Informazioni:** Informationsbüro für die Stadt im Sommer am Hafen, sowie im Zentrum an der Via Pieroni 18, Tel. 05 86 89 42 36, www.costadeglietruschi.it.

### Termine

**Juli:** Immer eine große Aufregung verursacht alljährlich ca. Anfang Juli die farbenprächtige Ruderregatta Livornos, *Palio Marinaro* genannt, die mit sehr schweren Booten vor der Terrazza Mascagni ausgetragen wird.

### Verkehr

**Bahn:** Die Strecke Genua–Rom führt durch Livorno (Abfahrt im Stundentakt).
**Busse:** Verbindungen mit allen Provinzhauptstädten der Toscana, im dichten Takt natürlich mit dem nahen Pisa.
**Auto:** Auf der direkten Staatsstraße Nr. 1 (Aurelia) ist Livorno keine 20 km von Pisa entfernt. Parallel zur Via Aurelia verläuft die Autobahn.

# Costa degli Etruschi ▶ C 6–D 10

Die Küste von Livorno bis Piómbino, auch Costa oder Riviera degli Etruschi genannt, besitzt ein paar sehr lange feinsandige Strände, von hohen Schirmpinien beschattet und mit nicht gerade pompösen Hotels und Pensionen bestückt. Dafür an einigen Strecken mit vielen gut bis sehr gut ausgestatteten Campingplätzen, speziell nördlich und südlich von Cécina, zwischen Vada und dem Forte di Bibbona. Die Städtchen selber haben nichts Besonderes aufzuweisen, aber die Italiener lieben sie für ihre Sommer- bzw. Badeferien.

## Castiglioncello ▶ D 7

Das ist vielleicht der hübscheste Badeort der Etruskerküste, schön eingewachsen inmitten ausladender Schirmpinien, mit nur wenigen winzigen Badebuchten. Sonst ist hier die Küste wie bei Livorno durch hohe Klippen gestaltet – eine herrliche Kulisse für hübsche Villen über dem Meer. Dafür wenig Platz für größere Hotels – zum Glück ist also Castiglioncello fast so geblieben, wie es die Italiener Ende des 19. Jh. als Sommerfrische entdeckten.

Bis nach Marina di Bibbona zieht sich ein schmaler, aber herrlich hoch gewachsener naturgeschützter Pinienhain, als **Riserva Naturale di Cécina** geschützt. Man kann ihn ganz mit dem Fahrrad durchqueren oder zu Fuß für sich entdecken, immer wieder mit Trampelpfaden zum Meer.

## Übernachten

*Im Pinienhain* – **Park:** Via Fellini 19, Tel. 05 86 75 22 29, www.hotelpark castiglioncello.it. DZ/ÜF 84–126 €. Familiär geführte Villa aus dem 19. Jh. unter hohen Pinien. Historische Terrazzo-Böden, 15 renovierte Zimmer, Restaurant, kleiner Parkplatz.
*Urgemütlich* – **Bartoli:** Via Martelli 9, Tel. 05 86 75 20 51, www.albergobar toli.com, Ostern–Okt. DZ/ÜF 70–80 €. Älteres Haus mit Stilmöbeln, kleinem Vorgarten und Meerblick. 10 einfache Zimmer. Restaurant für Hausgäste.

## Aktiv

*Tauchen* – **Chioma Beach Diving Center,** Porticciolo del Chioma, Via Aurelia km 300, Tel. 05 86 75 46 35, www.utrtek.it, und **Sub C.I.S.A.N.,** Località Rosignano Solvay, Via Aurelia 250, Tel. 05 86 76 01 15, www.cisansub.it. Bei rechtzeitiger Anmeldung kann man an einer Unterwasser-Exkursion teilnehmen bzw. einen Ausflug mit Mittagessen oder sogar Übernachtung mitmachen, je nach Nachfrage z. B. im Golf von Barátti oder zur Insel Gíglio.
*Radfahren & Baden* – **Pedalo**-Verleih bei den Strandbädern **Bagni Etruria** und **Bagni Italia.**

## Infos

**Information**
**Ufficio Informazioni Turistiche:** 57012 Castiglioncello (LI), Via Aurelia 632, Tel. 05 86 75 32 41 (nur Juli–Sept.), www.costadeglietruschi.it.

# Bólgheri ▸ E 8

Eines der schönsten Ausflugsziele ist das winzige Dorf Bólgheri, umgeben von Weinbergen und Olivenhainen, geschmückt mit prächtigen Landvillen, allesamt noch privat genutzt. Hierher führt die wohl bekannteste Zypressenallee der Toscana, knapp 5 km lang und schnurgerade. Aber nach Bólgheri kommt man zum Einkaufen von Wein, Olivenöl u.a. Culinaria sowie zum Schlemmen in den einladenden, wenn auch naturgemäß nicht gerade preiswerten Restaurants.

## Essen & Trinken

*Schön für den Abend* – **Osteria Magona:** Strada provinciale 16 B Bolgherese, Località Vallone dei Messi 199, Bolgheri, Tel. 05 65 76 21 73. Menü ab 30 €. Klassische Abend-Trattoria mit fleischlastiger lokaler Küche und Weinen. Im Sommer Tische im Freien. Für Vegetarier die perfekte Ribollita, die berühmte toscanische ›wiederaufgekochte‹ Gemüsesuppe. Unbedingt Tisch reservieren!

## Infos

**www.castagnetoedintorni.it:** erstklassige Website mit allem Wissenswerten zu Castagneto (s. u.) und Bólgheri; auch www.bolgheri.biz.

# Castagneto Carducci ▸ E 8

Im langjährigen Wohnort des italienischen Dichters Giosuè Carducci (1835–1907) stehen die recht hohen Wohnpalazzi ziemlich eng beisammen und es geht etwas unübersichtlich, aber verlockend durch das enge Gassengewirr.

**Casa Giosue Carducci**
*Via Carducci 1, Di–Fr 10–13, Sa/So/Fei 15–18 Uhr, Info und Buchung Tel. 05 65 76 50 32, Erw. 2 €*
Im Geburtshaus des Dichters sind unzählige Erinnerungsstücke und Schriften zu sehen.

## Infos

**Ufficio Informazioni Turistiche:** 57022 Castagneto Carducci (LI), Località Marina di Castagneto, Tel. 05 65 74 42 76, www.costadeglietruschi.it sowie im Carducci-Museum.

## Suvereto ▸ E 9

Über das fast noch mittelalterlich finstere **Sassetta** in rund 400 m Höhe geht es durch tiefen Macchiawald mit hohen, markanten Korkeichen über die kurvenreiche Provinzialstraße abwärts nach **Suvereto,** das relativ steil einen sonst mit Ölbäumen bestückten Hang hinaufklettert. In seinen mittelalterlichen Mauern eingeschlossen und doch weltoffen, fast ein Pilgerziel für Reisende im Spätherbst, wenn die Wildschweinsaison eingeläutet wird und ganz Suvereto nach Wildschweinspezialitäten duftet.

Eine einzige, recht breite und gepflasterte Hauptstraße durchzieht das Burgdorf mit schöner Bausubstanz von der **Porta di Sopra** bis zur **Porta di Cima**. Parallel verlaufen schmale, ebenfalls Kopfsteinpflastergassen, die teils mit hohen Bögen überwölbt sind. Kleine Plätze bestimmen das Ortsbild.

### Thermalvergnügen im Calidario

*Via del Bottaccio 40, 57021 Venturina, Tel. 05 65 85 15 04, www.calidario.it, tgl. 9–20.30, Mai, Juni, Sept. 9–21.30, Juli/Aug. bis 24 Uhr, dann eindrucksvoll beleuchtet, Erw. 20 €*

Früher konnte man einfach ins herrlich warme Thermalwasser des kleinen Sees von Venturina zu Füßen von Suvereto steigen, heute zahlt man Eintritt. Dafür bietet das völlig umgekrempelte Thermalzentrum Behandlungsräume, Liegen rings um das architektonisch gekonnt gefasste Becken, ein gutes Restaurant und sogar Apartments in unmittelbarer Nähe für Leute, die ernsthaft kuren wollen. Nichts Uriges mehr, aber dafür grundsolide und nun auch während der kalten Jahreszeit ein interessantes Ausflugsziel. Schließlich sprudelt das wohltuend warme Wasser (36 °C) mit einer Leistung von 12 000 l pro Min. direkt ins große Becken.

Integriert ist ein sogenanntes **Thermarium** mit Calidarium, Frigidarium Tepidarium etc., wie zur Zeit der Etrusker und Römer, die schon Venturinas Quellen nutzten (inkl. Eintritt Erw. 40–50 €).

## Übernachten

*Im Kloster* – **Il Chiostro:** Via del Crocifisso, Tel. 05 65 82 70 67, www.vacanzeilchiostro.it. Suite oder Apartment für 2 Pers. 372–741 €, 3-Zi-Whg. 664–937 €/Woche. Großartig im aufgelassenen Franziskaner-Kloster innerhalb der mittelalterlichen Mauern.

*Im Olivenhain* – **Il Falcone:** Località Il Falcone, Tel. 056 82 93 31, www.ilfalcone.net. 2-Zi-Whg. für 2 Pers. 450–760 €, 3-Zi-Whg. für 4 Pers. 630–990 €/Woche. Wunderschönes, rund 100 ha großes historisches Landgut mit uralten Olivenbäumen und 20 ha Wein. 8 Ferienwohnungen. Den Gästen stehen ein Gemüse- und Kräutergarten zur Verfügung sowie ein Kinderspielplatz und der Pool mit Blick bis zum Meer.

## Essen & Trinken

*Gewölbe reservieren* – **La Loggia:** Via Magenta 6, Tel. 05 65 82 70 57. Ruhetag Di. Polenta mit Wildschwein 9,50 €, *pici* mit diversen Soßen 7–8 €. Lange Marmortheke als Bar im Eingangsbereich, dahinter ein netter Raum unter Holzbalkendecke mit wenigen Tischen. ▷ S. 193

## Lieblingsort

**Suvereto** ▶ E 9
Der kleine, mittelalterlich geprägte Ort an den Abhängen der Maremma atmet Meerluft, genießt über dichte Macchia, Weingärten und Olivenhainen hinweg großartige Blicke auf die Küste und ist im Kern von schlichten Steinhäusern an steingepflasterten Gassen geprägt, die z. T. durch steile Treppen miteinander verbunden sind.

# Auf Entdeckungstour: Den Minenarbeitern von San Silvestro nachgespürt

**Schon die Etrusker erschlossen die Erzminen, gefolgt von den Römern. Im Mittelalter baute man darüber eine stark befestigte Burg für die Bergarbeiter, inklusive Verhüttungsöfen.**

**Reisekarte:** ▶ E 9
**Zeit:** mindestens einen halben Tag
**Planung:** März–Mai, Okt. Sa/So/Fei 10–17 Uhr, Juni, Sept. Di–So 10–18, Juli/Aug. tgl. 9.30–20 Uhr, Erw. 11–16 €, Familienticket 5 Pers. 34–40 €, www.parchivaldicornia.it.
**Start:** am Infozentrum Parco Archeominerario di San Silvestro zwischen Campiglia Maríttima und Rocca San Silvestro (von der Küste gut ausgeschildert), Via San Vincenzo 34A, 57021 Campiglia Marittima, Tel. 05 65 83 86 80
**Einkehren und Übernachten:** Im Parco Archeominerario San Silvestro wird in der Hochsaison zu Füßen der Rocca eine Cafeteria, am Eingang des Temperino-Bergwerks sogar ein Restaurant betrieben. Sonst Picknick mitnehmen, es gibt schöne Plätze!
**Palazzo Gowett:** Parco San Silvestro, 57020 Campiglia Maríttima (LI), www.gowett.it. DZ/ÜF 55–80 €; warme Mahlzeit 16–18 €. Schön gelegene Herberge in großartiger Panoramalage, einst das Verwaltungsgebäude der britischen Bergwerksgesellschaft.

450 ha groß ist das Gebiet des Parco Archeominerario, der sich mit der Archäologie des Bergbaus beschäftigt. In einem aufgelassenen Bergwerk, das man fast kontinuierlich 2 ½ Jahrtausende lang für die Gewinnung von Eisen und Blei, Zink und Kupfer und sogar für Silber betrieb. Eine aufregende Entdeckungstour erwartet den Besucher, der zuerst beim Infozentrum ein Ticket lösen muss für den Eintritt in das weitläufige Areal, das nur z. T. ein Freilandmuseum ist.

## Besucherzentrum und Il Temperino

Einstieg ist beim Infozentrum das interessante **Mineralienmuseum** im Verwaltungsgebäude des aufgelassenen Bergwerks Il Temperino, mit Buchladen sowie Bar-Restaurant. Von hier geht es in den Stollen des gleichnamigen Bergwerks, der 360 m lang ist. Man kann, mit Helm ausgestattet, in rund 40 Minuten in sachkundiger Begleitung begreifen, wie die Etrusker und alle ihre Nachfolger den Bergbau betrieben. Sogar bis zum Beginn des 20. Jh. war die Mine in Betrieb, als sich hier die englische *Etruscan Copper Estate Mines* engagierten und vor allem mehrere Stollen- und Abtransportbahnen anlegten. Nahe dem Ausgang wartet schon am **Bahnhof Pozzo Earle** die Bergwerksbahn mit ihren offenen gelben Wagen. Mit ihr fährt man in den im 19. und 20. Jh. gegrabenen, 1 km langen Stollen Lanzi-Temperino ein, wo über die zuletzt benutzten Werkzeuge und Techniken des Bergbaus informiert wird. Auch sind mehrere bereits von den Etruskern entlang von Mineralienadern in den Felsen geschlagene Schächte zu sehen, die im 16. Jh. im Auftrag von Cosimo I de' Medici erweitert bzw. wieder genutzt wurden – und auch im 19./20. Jh. Während der Fahrt Hände und Kopf einziehen, denn manchmal geht es ganz eng an den rauen Stollenwänden entlang!

Das letzte Stück der Fahrt führt ins Freie und leicht ansteigend zur **Station Valle Lanzi.** Über die Via dei Lanzi geht es zu Fuß weiter aufwärts, aber nicht anstrengend bis zur **Burg San Silvestro.**

## Das Dorf der Bergleute

Einfach toll, dieses Dorf der Bergarbeiter und Metallgießer aus dem 10./11. Jh., auch wenn es nur noch als Ruine dasteht. Aber was für eine! Hoch aufragend auf einem in der Sonne geradezu blendend weißen Kalkfelsen, teils aus ihm herausgeschlagen, mit einer 400 m langen Mauer ringsum. Eine uneinnehmbare Festung, die sogar einen doppelten Mauerring besaß. Sie wurde von bewaffneten Soldaten bewacht, denn es handelte sich um die Gewinnung der Metalle für die toscanische Münzprägung, zuerst für Lucca und dann für Pisa. Im 12. Jh. weiß man die Burg im Besitz der Grafen Gherardesca und schließlich ihrer zu Herren aufgestiegenen militärischen Stellvertreter, die sich nach der Rocca (Burg) Signori della Rocca nannten.

Die Rocca war völlig autark, hatte einen Backofen, einen Keramikofen und eine Ölmühle. Für das Seelenheil ihrer

Bewohner sorgte die Kirche, vor der sich auch der kleine Friedhof befand. Nur Quellen gab es nicht, man musste das Regenwasser in Zisternen sammeln (was zuletzt zum Verlassen der Festung führte). Die 42 Wohnungen mit nur winzig kleinen Räumen sollen 200 bis 250 Menschen aufgenommen haben, im Obergeschoss schliefen 4 bis 5 Personen, unten befanden sich Feuerstelle, Stall und Lagerraum. Auch der Graf, der nur selten zu Besuch war, besaß an höchster Stelle nur eine kleine Wohnung. Denn man brauchte Platz vor allem für die Werkstätten zur Gewinnung von Kupfer, die sich auf der Rückseite des Dorfes befanden.

Tritt man über die hohen Steintreppen durch das einzige Tor in die Rocca, sollte man gleich auf das im Boden eingeritzte Mühle-Spiel achten: Die Wachsoldaten vertrieben sich wohl mit diesem bereits 1283 belegten Spiel die Langeweile. Dann geht es über gesicherte Stege zwischen den Resten von Wohnhäusern zur Kirche, weiter hinauf zum *Cassero,* der Wohnung des Grafen bzw. Statthalters, Wand an Wand mit der größten Regenwasserzisterne, die es zu schützen galt.

Die Besucher können herumschlendern und auf eigene Entdeckungstour durch die gut ausgeschilderte Anlage gehen. Immer wieder sind die herrlichen Ausblicke ins Hinterland, aber auch auf das Meer und auf das nahe Bergarbeiterstädtchen aus der Neuzeit, Campiglia Maríttima zu genießen. Im Sommer pendelt ein kostenloser Bus zwischen beiden Orten! Auf der Rückseite des Burgdorfes schaut man auf den **Palazzo Gowett** am Hang – es ist heute die Jugendherberge des Parks.

## Quota 212

Naturliebhabern ist dieser Weg entlang der aufgelassenen Schmalspurbahn des Bergwerks in 212 m Höhe (daher ihr Name), unbedingt zu empfehlen. Von den **Etruscan Mines** wurde die Bahnlinie als Verbindung zwischen den Gruben und den Eisenverhüttungsanlagen am Ende der Valle dei Manienti gebaut. Am Wegrand blüht schönste duftende mediterrane Macchia. Ein leichter Spaziergang auf einem Schotterweg führt in einer knappen Stunde wieder zum Temperino, dem Ausgangspunkt.

## Das Pyritbergwerk von Gavorrano ▶ F 10

Wer sich für historische Bergwerke interessiert, sollte noch das Bergwerk von Gavorrano einplanen (1898–1981 in Betrieb, 1984 endgültig aufgelassen). Es verfügt über das größte und bis heute nicht ausgeschöpfte Pyrit-Vorkommen Europas und liegt unterhalb des beschaulichen Dorfes Gavorrano wenige Kilometer landeinwärts von Follónica. Es wird allmählich ebenfalls zu einem archeomineralischen Park ausgeweitet. Vorerst ist dort das frühere Sprengstoffdepot zu einem sehr interessanten musealen Gang ausgebaut worden. Hier haben die ehemaligen Bergleute ihr ganzes Wissen bei der Einrichtung des ca. 250 m langen Stollens eingebracht, sowie Werkzeug und Kleidung hinterlassen (sehr unsichere Öffnungszeiten, lieber vorher im Internet nachschauen oder anrufen, Tel. 05 66 84 62 31; im Prinzip So/Fei ganzjährig 10–13, 15–18 Uhr (Kernzeit), sonst Di–Sa 10, 11, 12, 16, 17, 18 Uhr, Erw. 5–8 €).

Wenn der Park fertiggestellt sein wird, dürfte die Besichtigung zusammen mit dem ebenfalls gesicherten, 700 m langen Impero-Schacht ca. 2 Std. dauern. Eine profunde Führung in deutscher Sprache wird bei rechtzeitiger Voranmeldung jeweils um 11 und 17 Uhr angeboten; s. auch www.parcominerario.it.

*Super und günstig* – **Peccati di Gola:** Via Don Minzioni 12, Tel. 05 65 82 82 38. Über eine unglaublich große Karte verfügt die *rosticceria,* an deren Theke man alles in der Küche dahinter Frischgemachte zum Mitnehmen bestellt. Im Nebenraum unter Backsteingewölben gibt es auch eine richtig gemütliche Kneipe (langsamer Service).

## Einkaufen

*Olivenöl und Wein* – **Il Falcone:** Azienda Agricola Il Falcone (s. S. 188) sowie in den Enotheken und den Lebensmittelläden von Suvereto.
*Frisch gepresst* – **Il Coppaio:** Via San Leonardo 29. Wunderschöner kleiner Laden, in dem eine alteingesessene Familie in ihrem Wohnpalazzo das in der Nähe in der eigenen Olivenpresse produzierte Öl verkauft.

## Infos

**Ufficio Informazioni Turistiche:** 57028 Suvereto (LI), Via Matteotti 42, Tel. 05 65 82 93 04, www.costadeglietruschi.It.

# Populónia und der Golfo di Barátti ▸ D 9

Das wunderhübsch auf einsamem Hügel hoch über dem Golfo di Barátti gelegene, stark befestigte Dorf mit trutziger, einst sicherlich abschreckender Rundbastion ist an den Wochenenden und während der italienischen Ferien total überlaufen. Schicke Souvenirläden, die Lokaltypisches, vor allem Culinaria anbieten, eine einladende Bar sowie ein kleiner kulinarischer Tempel und nicht zuletzt ein privates Museum mit Funden aus der Umgebung hat Populónia zu bieten. Auf dem Turm, den man normalerweise besteigen darf, kann man dann noch mehr Panorama als ohnehin geboten genießen.

## Essen & Trinken

*Stylish* – **Taverna di Populónia:** 57025 Populónia Alta), Via San Giovanni/ beim Stadttor, Tel. 056 52 95 41. Im Sommer den ganzen Tag bis spät geöffnet. Moderne Bar mit Freisitz an der Mauer. Gute Drinks und lokale Spezialitäten.
*Am Strand von Barátti* – mehrere Lokale, u. a. **Bar-Ristorante La Perla,** ideal vor allem für Besucher des Archäologischen Parks, die auch die Badehose eingepackt haben.

# Piómbino ▸ D 10

Die große Hafenstadt (34 500 Einw.) liegt strategisch günstig in der Mitte der toscanischen Küste. Unglaublich, in welchem Tempo sich im Zuge der Altstadtsanierung *Progetto Città Antica* die Stadt zum Positiven verändert hat: die Fassaden wurden aufwendig restauriert und alle Markisen vor den Restaurants bekamen eine einheitliche Farbe, ein angenehmes Kardinalrot.

Der wichtige Ausgangspunkt für die Fähren zur toscanischen Inselwelt hat einen zur Fußgängerzone erklärten historischen Kern: zwischen der dekorativen **Porta Terra** (ab 1212) und dem Meer, entlang dem **Corso Vittorio Emanuele II** und bis zur **Piazza Corvo**, einer Mole gleich weit ins Meer hinausragend, vorbei am **Rathaus** (Via Ferruccio 4, ab 15. Jh., 1935 neugotisch nachempfunden).

### Museo Archeologico del Territorio di Populónia

*Piazza Cittadella 8, www.parchivaldicornia.it, unsichere Öffnungszeiten, normalerweise Okt.–März* ▷ S. 197

# Auf Entdeckungstour: Populónia – wo das Eisenherz der Etrusker schlug

**Die schönste Ausgrabungsstätte weit und breit zeigt nicht nur, wie fantasievoll die Etrusker beim Bau ihrer Nekropolen vorgegangen sind, sondern auch, wie sie das Eisen vom vorgelagerten Eiland Elba verhütteten.**

**Reisekarte:** ▶ D 9

**Zeit:** mindestens einen halben Tag.
**Planung:** Nov.–März Sa/So/Fei 10–17, April–Mai, Okt. Di–So 10–18, Juni, Sept. 10–19, Juli/Aug. tgl. 9.30–20 Uhr, Erw. 14–16 €, Nov.–Feb. 5–9 €; weitere Infos unter www.parchivaldicornia.it.
**Museo Etrusco Gaspari** in Populónia Di–So 9–19 Uhr, im Winter nur Sa/So/Fei, Erw. 2–4 €.

**Start:** Parkplatz bei den Ausgrabungen gegenüber vom Barátti-Strand.

Rund 100 ha groß ist die Fläche des Archäologischen Parks von Barátti und Populónia, der interessante Funde ab dem 7. Jh. v. Chr. aufweist und mit einer großartigen Landschaft geradezu protzt. Fünf Wege (Faltplan mit allen Wegen und nummerierten Punkten an der Kasse erhältlich) führen durch den Park, man muss z. T. aus dem gesperrten Bereich hinausgehen und wieder hinein. Eine Rundtour führt zu den schönsten und interessantesten Punkten der etruskischen Stadt und ihrer Nekropolen. Populónia lag damals übrigens im Herzen der etruskischen Welt, die das große erzreiche Hinterland sowie die erzreichen Inseln Elba und Capráia einbezog.

## Necrópoli

Am praktischsten beginnt man den Besuch unten am Barátti-Golf und arbeitet sich langsam, aber genüsslich hinauf zur Akropolis. Zwei Wege erschließen die Nekropolen, die **Via del Ferro** (Eisenweg, ca. 1,5 Std., lila) und die **Via delle Cave** (Grottenweg, ca. 2 Std., rot), die man zu einem Rundweg verbinden und durch die **Via del Monastero** (gelb), den Klosterweg, verlängern kann, der bis zur Akropolis hinaufführt.

## Necrópoli di San Cerbone

Gleich rechts vom Eingang, sozusagen als Wurmfortsatz der Via del Ferro, befinden sich die **Necrópoli di San Cerbone** (7.–5. Jh. v. Chr.) mit den attraktivsten etruskischen Gräbern von Barátti, die man sogar von der Straße her erkennen kann. Am allerschönsten und ganz einfach zu betreten ist die **Tomba del Bronzetto di Offerente**, einem Steinhaus nachgeahmt und wunderbar erhalten. Benannt ist das Grab nach dem Fund einer opfernden Bronzefigur, die wie alle wichtigen Funde aus diesen Gräbern im Museum in Piómbino aufbewahrt wird.

Von erstaunlicher Größe ist gleich beim Eingang die **Tomba dei Carri** – ein perfekt rundes Hügelgrab, in dessen Mitte man Karren für die Bestattungszeremonie gefunden hat. Sonst einfach herumschlendern zwischen den diversen Gräbern, die teils im Boden eingelassen, teils als Sarkophage ausgebildet sind. Man tritt mit Sicherheit über duftende Wildkräuter wie Oregano, Minze und Kamille und schaut über die hohen Schirmpinien hinweg auf den lockenden Golf von Barátti, wo man im Sommer auch Delphine entdecken kann.

## Via del Ferro

Ein wilder, dunkler und im Sommer herrlich schattiger Wald mit Steineichen und dichtem Unterholz wird durch die Via del Ferro erschlossen. Gemütlich geht es hinauf und hinab; überall, vor allem im ersten Bereich, führen Schilder zu Felsengräbern, aber auch zu industriellen Gebäuderesten *(edifici industriali)* – schließlich wurde hier Eisen verhüttet!

## Via delle Cave

Am **Fosso delle Grotte** wechselt man, vorbei am Experimentierareal mit Metallwerkstätten zur Via delle Cave über, die ringförmig durch ein Areal voller Grottengräber führt, für das man 2 Std. einplanen sollte. Unbedingt den **Punto Panorámico** aufsuchen, der einen schönen Überblick auf die Anlage verschafft und einen spektakulären Blick über den Golf von Barátti. Interessant sind nicht nur die wie Waben in haushohe Felsen gehauenen Gräber, die man allerdings nur von oben bewundern sollte, sondern auch der Steinbruch gegenüber.

## Via del Monastero

Der am Südzipfel der Via delle Cave beginnende Klosterweg fällt recht steil ab, bis zum Drehkreuz, das den Besucher nach draußen, ins frei zugängliche Gelände des Parks entlässt. Man folgt der ausgeschilderten Via del Monastero, doch nur das erste Stück, denn das Kloster bietet außer seiner schönen Lage nicht viel. Bei der kleinen **Cappella di San Quirico** also lieber in spitzem Winkel rechts hinauf durch den angenehmen Wald wandern. Anfangs ist der Weg schön geräumt, nach Queren der Asphaltstraße ziemlich weit oben aber meist verwildert (man kann auch auf der Straße bleiben). Insgesamt benötigt man vom Verlassen der Nekropolen bis zum Eingang der Akropolis zwar anstrengende, aber schöne 1,5 Std. Man kann natürlich auch den Wagen nehmen oder auf den öffentlichen Bus warten.

## Acrópoli

Die Akropolis, zu der früher auch das nun befestigte und außer an den Wochenenden verschlafene **Castello di Populónia** gehörte, wurde im 6./5. Jh. v. Chr. völlig ummauert. 1 Std. sollte man für sie einplanen, man startet gleich hinter dem informativen Besucherzentrum mit der Kasse und folgt dem *Inizio Percorso.* Gleich zu Beginn erfreuen einen die drei römischen Tempel aus dem 2./1. Jh. v. Chr., deren Aufbau anschaulich auf bunten Tafeln genau erläutert wird. Ein breiter, mit großen Steinplatten belegter Prozessionsweg führt auf den Hügel.

## Die Venus-Therme

**Le Logge,** wie die hohe Steinmauer mit eingelassenen Nischen genannt wird, war schon immer zu sehen, man hatte darüber einen Weinberg gepflanzt. Als ihn die Archäologen entfernt hatten, entdeckten sie darunter ein großes quadratisches Becken inmitten einer Thermalanlage, deren Mauern prunkvoll mit Tafeln verschiedener Marmorimitationen bedeckt und deren Fußboden mit Mosaiken geschmückt waren. Die Motive (s. Tafel) deuten auf einen Aphrodite- bzw. Venuskult hin. Besonders hübsch ist die auf der Schautafel wiederholte Szene des nun im Museum von Piómbino gezeigten Mosaiks: neben den Venussymbolen, also den beiden Muscheln, von denen eine sich als Vogel entpuppt, die Darstellung eines durch eine Riesenwelle in Seenot geratenen Fischers.

Worauf wir aber unterhalb der Logge schauen, ist ein typisches römisches Wohnhaus mit Atrium und kleiner Thermalzone, vielleicht das Haus eines Priesters. Links davon das **Loggiato,** Fischaufzucht und Verarbeitungsort zugleich (fürs Einsalzen oder Trocknen zum Haltbarmachen).

## Capanne Etrusche

Der Wald, in den man anschließend geführt wird, besteht aus dichter mediterraner Macchia, durchsetzt von Zypressen, Lorbeer und anderem Nutzholz, das für die frühere Landwirtschaft angepflanzt wurde. Es ist einfach herrlich, durch die blühende Natur zu spazieren, Wildkräuter und Blumen zu entdecken, die in erstaunlicher Größe wachsen wie Lichtnelken und die Jungfer im Grünen, wie der Damaszener Schwarzkümmel viel hübscher genannt wird.

Der steinerne Sockel einer Windmühle aus dem 19. Jh. steht recht verlassen da, ein Picknicktisch lädt zu einer Pause ein. Oder man schlendert zum Eingang zurück und das kurze Stück hinauf ins Castello di Populónia.

*Sa/So/Fei 10–17, April, Mai, Juni, Sept. Di–So 10–13, 15–19, Juli/Aug. 10–13, 16–20 (Fr bis 23) Uhr, Erw. 6 €*
In der didaktisch hervorragend aufgebauten Ausstellung sind Funde aus dem Gebiet von Populónia zu sehen. Zu den Prunkstücken zählen die 1968 entdeckte große, silberne Amphore, ringsum mit Medaillons raffiniert verziert, aber auch der 2002 vor der Küste gehobene Schatz von Silbermünzen aus der römischen Kaiserzeit.

## Übernachten

*Eigenes Strandbad* – **Esperia:** Lungomare Marconi 27, Tel. 056 54 22 84, www.hotelristoranteesperia.it. DZ/ÜF um 120–160 €. 27 komfortable Zimmer und Suiten.
*Für Individualisten* – **Italia:** Via XX Settembre 39, Tel. 05 65 22 09 22, www.hotelpiombino.com. DZ 59–80 € (online nach Sonderangeboten fragen). Ein Kleinod inmitten der Altstadt.

## Essen & Trinken

*Professionell* – **Taverna dei Boncompagni:** Corso Vittorio Emanuele II 38, Tel. 05 65 22 21 76. Ruhetag Di. Kleines, angenehmes Lokal in der Fußgängerzone. Fischmenü im Sommer um 30 €.
*Viel gelobt* – **Il Garibaldi innamorato:** Via Garibaldi 5, Tel. 056 54 94 10, www.ristoranteilgaribaldinnamorato.com. Ruhetag (außer Juli, Aug.) Mo. Menü ab 29 €. In der engen Altstadtgasse. Großes Meeres-Antipasto und *primo* 30 €.

## Infos & Termine

### Information

**Ufficio Informazioni Piómbino Centro:** Via Ferruccio 4, Tel. 05 65 22 56 39, apt7piombino@costadeglietruschi.it sowie am Fährhafen, Tel. 05 65 22 66 27, www.piombino.it.

*Mein Tipp*

**Faszinierende Wasserwelt**
Interessantes über das Leben im Mittelmeer kann man in diesem neuesten Museum der Stadt erleben, das auf einer weit ins Meer ragenden Halbinsel angesiedelt ist – genauer im Palazzo Appiani. Das Aquarium besteht aus 15 Becken mit fast durchweg einzigartigen und nur im Mittelmeer vorkommenden Meerestieren. Manche wurden hierher gebracht, weil sie in Not geraten waren (wie etwa eine Meeresschildkröte). Wer sich genauer informieren möchte, kann an geführten Besuchen teilnehmen.
**Museo del Mare e Acquario Città di Piómbino:** Piazza G. Bovio, 57025 Piómbino (LI), www.biomare.it. Da das Museum im Meeresinstitut integriert ist, kann man Mo–Fr um Einlass bitten.

### Termine

**Juli/Aug.: Piómbino Estate,** den ganzen Hochsommer wird ab Mitte Juni–Ende Aug. laufend gefeiert, wie etwa die Festa marinara oder die Sagra del Pesce, beides Fischerfeste (je eine Woche lang).

### Verkehr

**Bahn:** Haltestelle auf der Strecke Livorno–Rom in Campiglia Maríttima, von dort Bus nach Piómbino.
**Bus:** Linienbusverbindungen von Tiemme (ex ATM) zwischen der Stadt und dem Golf von Barátti, Campiglia, Cécina , Follónica, Suvereto etc. Infos unter www.tiemmespa.it.
**Schiff:** Fährverbindungen mit Elba durch Toremar (www.toremar.it), Moby Lines (www.moby.it).

# Der toscanische Archipel

Richtig für den Fremdenverkehr erschlossen sind nur die großen der insgesamt sieben (mit dem Monte Argentario acht) Inseln des toscanischen Archipels. Zur Provinz Livorno gehören Elba (223 km$^2$), Gorgona (2,23 km$^2$), Capráia (19,5 km$^2$), Pianosa (10,25 km$^2$) und Montecristo (10,39 km$^2$), zur Provinz Grosseto Gíglio (21,21 km$^2$), Giannutri (2,62 km$^2$) sowie die mit dem Festland verbundene, frühere Insel Monte Argentario (ca. 50 km$^2$).

Ihre Beliebtheit verdanken die Inseln ihren noch immer urwüchsigen Landschaften mit stark duftender und blühender mediterraner Macchia, steil abfallenden Felsen, die meist nur kleineren Sandbuchten Platz lassen, sowie dem tiefklaren Wasser ringsum. Deshalb wurden sie zum **Parco Nazionale dell'Arcipelago Toscano** erklärt.

## Elba! ▶ B 10/11–D 10/11

Die beste touristische Infrastruktur besitzt die Insel Elba mit ihren rund 32 000 Einwohnern. Bis zu 2 Mio. Touristen kommen im Jahr auf die Insel, die meisten im Sommer. Außerhalb der Hochsaison aber verteilen sich die Urlauber so, dass man kaum etwas von ihnen bemerkt. Elbas Touristiker waren von Anfang an darauf bedacht, die Natur ihrer Insel zu erhalten und die Hotels meist behutsam zu integrieren. Trotz florierendem Tourismus leben die Elbaner aber immer noch

## Anreise und Verkehr

### Elba

**Flug:** Der Flughafen von Elba wird vor allem im Sommer auch international angeflogen (www.elba-airport.it).
**Schiff:** Fährverbindungen ganzjährig mit Piómbino; Überfahrt ca. 1 Std., mit dem Schnellboot 35 Min; s. S. 197.
**Bus:** Auf der Insel verkehren die öffentlichen Busse während der Saison in dichter Folge, Anfahrt aller wichtigen Badestrände.
**Leihwagen:** am Flughafen und über die zahlreichen Agenturen, im Sommer unbedingt vorher reservieren!
**Seilbahn:** von Marciana zum Monte Capanne (bis auf 960 m). April–Sept. 10–13, 14.20–17.30/18 Uhr, Tel. 05 65 90 10 20, www.cabinovia-isoladelba.it).
**Rio nell'Elba:** Per Fähre mit Piómbino sowie Porto Azzuro und Pianosa verbunden; regelmäßiger Schnellbootverkehr nach Piómbino.

### Gíglio

**Boote:** Per Fähre von Porto Santo Stefano in 1 Std., per Schnellboot ca. 35 Min. Im Sommer nur eingeschränkte Mitnahme von Autos.

### Boote zu kleineren Inseln

Nach **Capráia** verkehren ganzjährig Fähren ab Livorno. Wechselnde Zeiten, meist morgens hin, nachmittags zurück (u. U. via Gorgona). Fahrtzeit 2 Std. Nach **Pianosa** von Elba und Piómbino nach Gorgona von Livorno. **Giannutri** besucht man im Sommer als Tagesausflug von Gíglio aus bzw. ab Monte Argentario via Gíglio. Info und Vorbestellung, Tel. 199 11 77 33, www.toremar.it.

hauptsächlich vom Fischfang und von der Landwirtschaft.

Landschaftliche Akzente setzt der 1019 m hohe **Monte Capanne** (Gondelbahn von Marciana bis 960 m). Die 147 km lange Küste bietet sowohl lange und tiefe wie miniaturhafte Sandstrände sowie Felsbuchten jeder Couleur.

## Portoferráio ▸ C 10

Der Hauptort (12 200 Einw.) mit seinem fast runden großen Hafenbecken hat seinen Namen vom Eisen *(ferro)*, das bereits durch die Etrusker und Römer verhüttet wurde. Der hübsche und lebhafte Ort wird von der doppelten mediceischen Festung (1548) überragt. Innerhalb der mediceischen Stadtmauer stehen die Häuser eng beisammen. Treppengassen führen zur Festung, die sich Napoleon, der auf Elba 1814/15 knapp zehn Monate als souveräner Verbannter lebte, z. T. zu seiner bescheidenen Residenz ausbauen ließ (s. u.).

### Palazzina dei Mulini

*Via dei Mulini, Mo, Mi–Sa 8.30–19, So/Fei 8.30–13 Uhr, Erw. 5 €, mit Villa San Martino 8 €*

An höchster Stelle ragt aus der mediceischen Festung die cremefarbene Palazzina aus dem 18. Jh. heraus, die 1814 für Napoelon als Residenz ausgebaut wurde. Heute ist sie Gedenkstätte mit Napoleons Bibliothek.

### Museo Archeologico

*Località Linguella, 15. Juni–15. Sept. tgl. 9.30–13.30, 17.30–24, sonst 10–13, 15.30–19 Uhr; im Winter besser vorher anrufen: Tel. 05 65 94 40 24, Erw. 3 €*

Am östlichen Ende des Hafenrundes ist das Archäologische Museum zwar der ganze Stolz der Insel, aber leider sehr unzuverlässig geöffnet. Doch man kann sogar kostenlos die **Fortezza della Linguella** (16. Jh.) mit der **Torre del Martello** besichtigen, die den Medici als Salzlager diente und in der nun das Museum mit interessanten Fundstücken aus dem 8. Jh. v. Chr. bis zum 5. Jh. n. Chr. untergebracht ist.

### Villa Napoleonica

*Villa San Martino, Località San Martino, Di–Sa 8.30–19, im Winter bis 15, So/Fei 9–13 Uhr, Erw. 5 €, zusammen mit der Palazzina 8 €*

6 km südwestlich von Portoferráio erhebt sich in 370 m Höhe die Villa Napoleonica, wohin während der Saison auch ein Linienbus von Portoferráio fährt. Napoleon hatte sich zwar die Villa als Wohnsitz ausbauen lassen, aber darin nicht gewohnt. Den Namen erhielt die Villa erst 1851, als der russische Prinz Demidoff, ein großer Verehrer des französischen Kaisers, daraus eine Gedenkstätte machte.

### Die Strände im Westen

Westlich von Portoferráio ist **Prócchio** ein typischer Badeort mit dem vielleicht schönsten öffentlichen Strand der Insel. Richtung Portoferráio liegt das hübsche **Biódola**. Als beliebtestes Seebad Elbas gilt bei den Italienern jedoch trotz des kiesigen Strandes **Marciana Marina**. Die Pinien reichen hier bis ans Meer, am Bootshafen wacht ein Turm, kleine Häuser halten die Felsvorsprünge besetzt, als Kulisse dienen Weinberge und der höchste Berg der Insel. Wild und wenig bekannt ist der dahinter liegende Westen der Insel.

## Übernachten

*Am Strand* – **Desirée:** Località Spartaia, 12 km östlich von Prócchio, Tel. 05 65 90 73 11, www.htdesiree.it. Mai–Mitte Okt. DZ/ÜF 150–340 €. Beliebtes Ferienhotel mit 78 hellen Zim-

mern und Familiensuiten. Garten mit Meerwasser-Pool, Strand.
*Park zum Meer* – **Casa Rosa:** Località Biódola, Tel. 05 65 96 99 31, www.elbasolare.it. DZ/ÜF 72–190 €. Nur 38 Zimmer in einem zum Meer hin abfallenden Park mit Pool.
*Wie einst* – **Ape Elbana:** Salita Cosimo de' Medici, Tel. 05 65 91 42 45, www.ape-elbana.it. DZ/ÜF 70–120 €. Kleine Pension im historischen Zentrum, 24 einfache Zimmer, Terrasse zur Piazza.
*Super Camping* – **Acquaviva:** Località Acquaviva, Tel. 05 65 91 55 92, www.campingacquaviva.it. Pro Pers. 6,50–15,50 €, Stellplatz 6,50–22 €; auch Mietwohnwagen, Ferienwohnungen. Einer der beliebtesten Campingplätze am Meer im Pinienhain; Tauchschule.

## Essen & Trinken

Rund um das große Hafenbecken findet man bis spät in die Nacht Bars, Cafés u. a. Lokale, in denen man Kleinigkeiten oder ein richtiges Essen bekommt. Gleiches gilt für die Piazza della Repúbblica. Was die richtigen Restaurants angeht, so haben allein in den letzten zwei Jahren die beiden wichtigsten Adressen ihre Tore für immer geschlossen: Stella Marina und das familiäre La Barca, um die nicht nur Einheimische, sondern auch Generationen von Elba-Liebhabern trauern.

## Abends & Nachts

Nachtschwärmer beginnen ihren Rundgang am besten im **Caffè Roma** (Piazza Cavour 14) oder begeben sich gleich ins **Rifrullo** (Via Carpani 113) oder ins **Inferno Pub** (Località Le Foci 2), zwei große Lokale, in denen man essen und Musik hören kann. Ebenfalls Livemusik im nahen **Club 64** (Località Capannone, Kreuzung Procchio/Boni), zu der auch gerne getanzt wird.

## Aktiv

Auf Elba wird vor allem **Wassersport** betrieben, aber auch **Golfer** kommen etwas auf ihre Kosten auf dem 9-Loch-Golfplatz von Acquabona 7 km südöstlich von Portoferráio und dem 6-Loch-Golfplatz Hermitage, La Biódola. **Tennisplätze** gibt es in den meisten größeren Hotels, wo man sich als Tagesgast von außerhalb zum Spielen anmelden kann.
*Tauchen* – Der bei Portoferráio genannte Campingplatz hat eine eigene Tauchschule (Rosselba Le Palme, Blue Diving, www.bluelbadiving.it), die auch interessant-aufregende Tauchtouren anbietet zu den schönsten Tauchspots der Insel. Unter ihnen ist auch das beeindruckende Meeresschutzgebiet rund um **Lo Scoglietto** (kleiner Felsen). Alle angebotenen Tauchspots befinden sich an der Nordküste der Insel zwischen Punta Nisporto und dem Golf von Enfola. Abfahrt vom Ottone-Strand mit einem 7,5 m langen Zodiak, das von einem 200 PS starken Außenborder angetrieben wird. Die Gruppen werden nach der jeweiligen Taucherfahrung eingeteilt, bevor es zweimal täglich zu den zweistündigen Ausfahrten geht – eine um 9 Uhr und eine um 15 Uhr.
*Segelferien* – **www.segelferien.de** für **Segelzentrum Elba** in Portoferráio, info@segelzentrum.de oder in Bagnaia/Prócchio: segelschule@elbalink.it.

## Infos

**Ufficio Turistico Arcipelago Toscano:** 57037 Portoferráio (LI), Calata Italia 44, Tel. 05 65 91 46 71, Fax 05 65 91 46 72, super Seiten: www.infoelba.net, auch www.aptelba.it.
**Parco Nazionale dell'Arcipelago Toscano:** Calata Italia 4, Tel. 05 65 90 82 31, www.islepark.it.

# Marciana und Marciana Marina ▸ C 10

Zu Füßen des hübschen mittelalterlichen Dorfes Marciana mit seiner **Fortezza Pisana** (mit Museum, s. u.) und dem nahen **Monte Capanne** darüber dürfte Marciana Marina das schönste Seebad der Insel sein. Dabei besitzt Marciana Marina gar keinen besonderen Strand, er ist kiesig und schmal. Aber die Fischerdorfatmosphäre der wunderbar restaurierten **Via Cotone** oberhalb der fjordartig engen Bucht, bewacht von einem dekorativen Turm, und die kleine, aber nette Altstadt rund um die Piazza Vittorio Emanuele gefallen. Auch lockt die Meerespromenade mit unzähligen einladenden Cafés.

## Madonna del Monte

Vom hübschen Marciana mit seinem kleinen **Archäologischen Museum,** das allerdings selten geöffnet ist (Via del Pretorio 66, nur im Sommer Mo–Sa 10–13, 16–19, So nur 10–13 Uhr, Erw. 2 €), mitten im engen Gassengewühl, führt ein steiler, aber wunderschöner Auf-

**Während der mittäglichen Hitze sind auch die Straßen von Portoferráio leergefegt**

stieg zur Einsiedelei (1 Std.), die Inselgeschichte schreiben sollte (tagsüber meist geöffnet). Am 15. August pilgern Marienverehrer zum Madonnenbild aus dem 15. Jh. Doch Touristen und Romantiker zieht es zur Einsiedelei in 630 m Höhe mit erfrischender Quelle unter herrlich ausladenden Kastanienbäumen, weil es der Ort einer Romanze war: Hier traf sich am 1. September 1814 Napoleon heimlich mit seiner polnischen Geliebten, der Gräfin Maria Walewska und deren gemeinsamem Sohn für nur zwei Tage.

### Monte Capanne

1019 m hoch ist der Inselhöchste, aber immer einen Ausflug wert, etwa von Marciana auf den Wanderpfaden oder mit der lustigen kleinen Gondelbahn aus engen Zweier-Käfigen (s. S. 198).

## Übernachten

*In schönem Garten* – **Piccolo Hotel Barsalini:** Località Sant'Andrea 6 km nordwestlich von Marciana, Tel. 05 65 90 80 13, www.hotelbarsalini.com. April–Okt DZ/HP pro Person 59–140 €. 32 Zimmer in einem schönen Garten mit Pool.

## Essen & Trinken

*Schönster Inselblick* – **Publius:** Località Póggio, Piazza del Castagneto 11, Tel. 056 59 92 08, www.ristorantepublius.it, April–Nov., Mo mittags geschl. Menü ab 34 €. Das vielleicht beste Restaurant der Insel mit schönstem Blick, Fischspezialitäten, solide Küche; gute Weine.

*Unzählige Bruschette* – **La Porta:** Piazza For di Porta 3. Ruhetag außer im Sommer Mi. Der Wintertreff der Einheimischen am Eingangstor zum Oberdorf von Marciana, im Sommer der Touristen, die es leger mögen. Größte Auswahl an *bruschette, panini,* Salat.

## Aktiv

*Für Kletterer* – Nicht nur Romantiker finden Gefallen am Monte Capanne, sondern auch – neben den Wanderern natürlich – Kletterer. Wer diesen Extremsport noch nicht richtig beherrscht, kann sich unterweisen lassen vom **Elba Free Climbing Club,** der seinen Sitz in der Via Montecristo 16 in Portoferráio hat, Tel. 05 65 91 71 40; weitere Infos und Sportmöglichkeiten unter www.elba-online.com.

# Marina di Campo ▸ C 11

Im Süden breitet sich dieser hübsche Badeort an den hier von Pinien, Ölbäumen und Weingärten übersäten Südhängen des Monte Capanne aus. Der Strand ist lang, tief und feinsandig, durch eine entsprechend ausgedehnte Promenade erschlossen und belebt mit einigen hübschen Strandlokalen mitsamt Badebetrieb. Größere Hotels stehen gegenüber, kleinere im netten Ortskern.

## Übernachten

*Familiär* – **Elba:** Via Mascagni 51, Tel. 05 65 97 62 24, www.hotel-elba.it. Ostern–Okt. Nur HP möglich, pro Pers. 46–88 €. Familiär geführtes kleines Hotel mit 21 Zimmern, Pool und Restaurant für die Hausgäste. Dazu gehört die **Residence dei Fiori** mit Apartments für 2–4 oder 5 Personen.

*Zentral* – **La Barcarola:** Via Verdi/Piazza del Municipio, Tel. 05 65 97 60 41, www.labarcarolahotel.it. Ganzjährig! DZ 70–161 €. Nettes Hotel mit 30 komfortablen Zimmern, im Ortskern gelegen, nur 100 m vom Strand.

## Essen & Trinken

*Abends fein* – **La Lucciola:** Viale Nomellini 64, Tel. 05 65 97 63 95, www.lalucciola.it. Ostern–Okt., Ruhetag außerhalb der Saison Di. Menü ab 35 €. Beliebtes Strandbad, tagsüber leger, abends feines Restaurant mit Fischspezialiäten.

## Abends & Nachts

Die Nachtschwärmer-Saison beginnt am Vorabend von Johannes dem Täufer, San Giovanni Battista, also am 23. Juni mit der Notte Bianca mit Musik und Tanz leckeren Aperitivi – und natürlich einem riesigen Johannes-Feuer. Erst später geht es in die umgebenden Diskotheken wie Tinello oder Rifrullo, die Shuttle-Service zurück anbieten.

## Infos

**Ufficio Informazioni Turistiche:** 57034 Marina di Campo (LI), Piazza dei Granatieri 5, Tel. 05 65 97 67 92.

# Capoliveri ▸ D 11

Mitten auf der südöstlichen Halbinsel steht in 167 m Höhe das von Weinbergen umgebene Bergdorf Capoliveri (3900 Einw.). Riesige Parkplätze zu seinen Füßen zeigen schon an, dass der Ort im Sommer viele Urlauber verkraften muss, wenn sie vor allem an den Abenden von den Stränden hierher in die ein wenig kühlere Luft fliehen. Außerdem ist Capoliveri bekannt für seine guten Restaurants.

Rings um die Halbinsel das Meer, klar, dass man in den unten liegenden Vororten Wassersport treiben kann, und im Vorort Morcone lockt sogar eine Tauchstation (s. u.).

## Essen & Trinken

*Kaum zu toppen* – **Il Chiasso:** Vicolo Nazario Sauro 13, Tel. 05 65 96 87 09. Ostern–Sept., nur abends geöffnet, Ruhetag außerhalb der Saison Di. Menü ab 39 €. Heimelig und intim im Gewusel der Gassen von Capoliveri und seit Jahren kaum zu toppen – trotz Erweiterung über die namengebende Gasse.

*Erfrischend* – **Summertime:** Via Roma 56, Tel. 05 65 93 51 80. April–Okt. geöffnet, kein Ruhetag. Menü ab 30 €. Elbanische Küche, mit sizilianischer gemischt, nach eigenem Gusto variiert.

## Aktiv

*Für Taucher* – **Mandel Diving Center:** Località Morcone, Tel. 05 65 96 85 28, besser per Handy 34 87 92 56 53, www.mandeldivingcenter.com. Wer den Südosten Elbas unter Wasser erkunden möchte, findet hier den richtigen Ansprechpartner und zuverlässigen PADI-Einweiser.

## Infos

**Touristenbüro:** 57031 Capoliveri (LI), Via Palestro, Tel. 05 65 96 70 29 (nur Juni–Mitte Sept.). Website der Gemeinde mit allen Aktivitäten: www.comune.capoliveri.li.it.

# Porto Azzuro ▸ D 11

Bei Mitteleuropäern am beliebtesten ist auf Elba gerade dieses malerische Fischerdorf (4600 Einw.). Kein Wunder, denn zumindest die Restaurants auf hohen Stelzen, Pfahlbauten nachgeahmt, sind eine Attraktion und zusammen mit den bunten Booten im Wasser ein beliebtes Fotomotiv. Überragt wird der um den Hafen entstandene, übersichtlich kleine Ort von seiner sternförmigen Festung namens **Fortezza San Giacomo di Portolongone** von 1603, die noch immer als Strafanstalt benutzt wird.

Eine nur kurze Wanderung führt auf einen kleinen Hügel zur Wallfahrtskirche **Madonna di Monserrato** aus dem 17. Jh., Ziel vieler Pilger an Mariä Geburt, dem 8. September, wenn die kleine Kapelle geöffnet wird. Auch sonst ein schönes Ausflugsziel.

### Piccola Miniera

*Via Provinciale Est, 57036 Porto Azzurro (LI), www.lapiccolaminiera.it, gut ausgeschildert. April/Mai, Sept. tgl. 9–13, 14.30–19/20, Juni–Aug. 9–20 Uhr, sonst kürzer, Erw. 9 € (inkl. Kaffee und Kostprobe)*

Mit einer alten Bahn fährt man ins künstlich geschaffene, kleine private Bergwerk, in dem sich außer der Verkaufsausstellung auch ein sogenanntes Laboratorium befindet, wo die Bearbeitung von Natursteinen demonstriert wird, sowie ein Museum.

## Übernachten

*Am Hafen* – **Belmare:** Banchina IV Novembre 21, Tel. 056 59 50 12, www.elba-hotelbelmare.it. Ganzjährig DZ/ÜF 90–160 €. Familiäres Hotel an der Panorama-Hafenpromenade (20– 1 Uhr Fußgängerzone); 25 Zimmer, Restaurant.

*Familiär* – **Barbarossa:** Loc. Barbarossa 1,5 km östl., Tel. 056 59 50 87, www.elbalink.it/elba/hotel-barbarossa. April–Okt. DZ/*ÜF 60–100* €. 18 teils große und komfortable Zimmer. Gutes Restaurant für die Hausgäste.

## Abends & Nachts

Rund um den Hafen und in den Gassen dahinter hat sich eine dichte Barszene etabliert. Am späten Abend tanzt man im Vorort Mola im **Morumbi** (Baia di Mola) zu lateinamerikanischer Musik. Wegen der häufig wechselnden Szene sollte man besser im Hotel nachfragen.

## Aktiv

Bei Porto Azzuro beginnt ein Unterwasserparadies, weshalb es viele **Taucher** hierherzieht. Auch **Bootsausflüge** werden angeboten, per Charterboot ebenso wie auf Ausflugsbooten.

*Tauchbasis* – **Leviathan:** Banchina IV Novembre 2, www.italiasub.it.

*Seglen und Surfen* – **Circolo Velico:** Via Veneto 13, Tel. 05 65 95 78 67, www.spaziomare.it. Segel- und Surfschule, Geräteverleih.

# Rio nell'Elba ▶ D 10

Es ist einer der ältesten Orte Elbas (1300 Einw.), liegt in 165 m Höhe und wird optisch von der Ruine des **Forte Volterraio** (11. Jh.) über einer etruskischen Akropolis beherrscht. Schon früh war Rio nell'Elba das Zentrum der elbanischen Erzindustrie, wie viele interessante Funde im **Museo Archeologico del Distretto Minerario** belegen, die seit einigen Jahren systematisch gesichtet und in der modernen Sala Barcocaio unterhalb der Terrazza del Barcocaio zu bewundern sind (Do–Di 10–13, 17–20 Uhr, Erw. 5 €). Besonders interessant sind jedoch die geführten Touren durch nahe Erzgruben im **Parco Minerario dell'Isola d'Elba** (s. u.).

### Die Erzminen von Rio Marina

*Via Magenta 26, www.parcominelba.it, März–Juni, Sept., Okt. 9.30–12.30, 15.30–18.30, Juli, Aug. 9.30–12.30, 16.30–19.30, manchmal auch 21–23 Uhr. Führungen zu den Erzminen um 10 bzw. 18 Uhr, aber normaler-*

**Im Hafen von Gíglio Porto kommen die Besucher vom Festland an**

*weise nur nach Anmeldung, Tel. 05 65 96 20 88, Museum Erw. 2,50 €, mit Bergwerksführung 5 €, Bähnchenfahrt zu den Bergwerken inkl. Museum, nur auf Voranmeldung, Erw. 12 €*
Das einladende Hafenstädtchen Rio Marina zu Füßen von Rio nell´Elba hat sogar eine noch größere Sammlung zur Bergarbeitergeschichte im Palazzo del Burò untergebracht.

## Übernachten

*Klein, aber nett* – **Mini Hotel Easy Time:** Rio Marina, Via Panoramica del Porticciolo, Tel. 05 65 96 25 31, www.minihotelelba.com. Ganzjährig, DZ/ÜF 70–144 €. 10-Zimmer-Hotel (z. T. mit Kochnische) in schöner Lage.

## Essen & Trinken

*Super* – **Da Oreste (La Strega):** Rio Marina, Via Vittorio Emanuele 6, Tel. 05 65 96 22 11. Außer Juni–Sept. Ruhetag Di. Menü ab 30 €. Ein sehr gutes, jedoch winziges Lokal mit größerer überdachter Terrasse. Echt elbanische Küche mit Fischgerichten und Meeresfrüchten.

## Infos

**Proloco Rio Marina e Cavo:** 57038 Rio Marina (LI), Lungomare Marconi s/n, Tel. 05 65 96 20 04, proloco@comuneriomarina.it.

# Gíglio ▸ F 13

Traurige Berühmtheit erlangte 2012 die nur 15 km südwestlich vom Monte Argentario liegende, schön wilde Insel bei der grauenhaften Havarie des Kreuzfahrtschiffes Costa Concordia. Der Inselgipfel **Poggio della Pagana** erreicht 498 m Höhe, knapp 1500 Menschen leben ständig auf dem Eiland, und die Fremdenbetten sind im Juli und August vorwiegend von italienischen Feriengästen besetzt.

Gíglio ist für viele die schönste Urlaubsinsel des toscanischen Ar-

## Lieblingsort

**Isola del Gíglio** ▶ F 13
Nach Beseitigung des havarierten Kreuzfahrtschiffes ist der bis zu 498 m hohe Granitfels hoffentlich wieder ein Paradies für alle, die sich dem *Dolcefarniente* oder dem Wassersport widmen wollen: drei kleine Orte, ein einziger nennenswerter Strand, enge Felsenbuchten für Robinsonferien und nette Lokale – nicht mehr und nicht weniger!

chipels. Den Granitfelsen bedeckt duftende, fast das ganze Jahr über blühende Macchia. Viel ist nicht los, man muss schon mit sich selber etwas anfangen können, z. B. mit einem Schlauchboot die Insel umrunden und jeden Tag eine andere Badebucht für sich entdecken. Wer kein Italienisch spricht, wird sich schwertun; doch mit etwas Sprachkenntnissen fühlt man sich hier schon bald sehr wohl.

Eine Gíglio-Reise sieht meist so aus: Ankunft im netten kleinen Hafenort **Gíglio Porto** mit seinen bunt bemalten Häusern. Der Bus für die Weiterfahrt zu den beiden anderen Orten der Insel steht bereit: zum bäuerlichen **Gíglio Castello** (6 km) in der Mitte des Nordens (407 m hoch) und zum einzigen nennenswerten Strandort der Insel, nach **Gíglio Campese** (8,5 km) im Nordwesten, mit schoner Sandbucht und Fremdenzimmern, Campingplatz und einem Drei-Sterne-Hotel direkt am Strand.

## Übernachten

*Echtes Strandhotel* – **Campese:** Gíglio Campese, Tel. 05 64 80 40 03, www.hotelcampese.com. 15. Mai–Sept., DZ/ÜF 116–210, HP pro Person 80–127 €. Das bescheidene ›Paradehaus‹ direkt am einzig breiten Sandstrand der Insel. Gutes Restaurant mit Fischküche.

*Schöner Meerblick* – **Arenella:** Gíglio Porto, 2,5 km nordwestlich vom Hafen, Tel. 05 64 80 93 40, www.hotelarenella.com. April–Sept., DZ/ÜF 90–190/220 €. Fast schon ein Design-Hotel mit 26 Zimmern.

*Schlossartig* – **Castello Monticello:** Gíglio Porto, Kreuzung nach Arenella Nord/1 km, Tel. 05 64 80 92 52, www.hotelcastellomonticello.com. März–Okt. DZ/ÜF 99–190 €. Obwohl schlossartig, ein eher schlichteres Hotel mit 29 Zimmern, große Terrasse, Meerblick. Restaurant für Hausgäste; Tennis, Parkplatz.

*Mit Hafenblick* – **Bahamas:** Gíglio Porto, Via Oreglia 22, Tel. 05 64 80 92 54, www.bahamashotel.it. Fast ganzjährig DZ/ÜF 80–105 €. Sehr nettes einfaches, familiär geführtes Hotel mit Terrasse in erhöhter Lage mitten im Hafenstädtchen; Parkplatz.

## Essen & Trinken

*Mittelalterliches Ambiente* – **Da Maria:** Gíglio Castello, Via della Casamatta 12, Tel. 05 64 80 60 62. März–Dez., Ruhetag außer im Hochsommer Mi. Menü ab 32 €. Beliebtes, gehobenes Restaurant mitten im Castello.

*Fischig* – **La Vecchia Pergola:** Gíglio Porto, Via Thaon de Revel 31, Tel. 05 64 80 90 80. März–Okt., Ruhetag Mi. Menü ab 30 €. Gemütliches Restaurant mit Terrassenservice direkt am Wasser, natürlich vor allem mit Fischgerichten.

## Infos & Termine

### Information

**Pro Loco:** 58013 Gíglio Porto (GR), Via Umberto I 44, Tel. 05 64 80 94 00, Fax 05 64 80 87 21, www.isoladelgiglio.com. Fährverbindungen: Toremar (www.toremar.it), Maregiglio (www.maregiglio.it).

### Termine

**Festa di San Lorenzo:** 10. Aug. mit dem Bootswettbewerb der drei Inselgemeinden, ausklingend mit prächtiger Fackelbeleuchtung des Hafens.

**Festa di San Rocco:** 14.–16. Aug. in Campese mit Meeresprozession und Feuerwerk.

**Festa di San Mamilliano:** Mitte Sept. in Castello mit liturgischen Riten, traditionellen Tänzen und kulinarischen Ständen zu Ehren des Inselheiligen.

Das Beste auf einen Blick

# Grosseto und der Süden

## Highlight!

**Sorano:** In der Renaissance trutzig aufgebaute Festungsstadt mit engen Gassen zwischen alten Steinhäusern auf schmalem Felsgrat auf den Grundmauern einer bedeutenden etruskischen Siedlung. Herrliche weite Panoramablicke sind ringsum vom Ort aus garantiert. S. 225

## Auf Entdeckungstour

**Taubenschlag im Etruskergrab:** Vor allem die fantasievollen Nekropolen und die Hohlwege in und um Sovana faszinieren. Noch immer werden neue Gräber entdeckt. S. 220

**Im Wildpark des Monte Amiata:** Der Apenninwolf wurde hier wieder angesiedelt, der Amiata-Esel pflanzt sich gut fort und die Flora ist geradezu prächtig, von der Schönheit der Landschaft im Schatten des Monte Amiata ganz zu schweigen. S. 226

## Kultur & Sehenswertes

**Grosseto:** Provinzhauptstadt inmitten fast intakter Mauern. S. 210

**Roselle:** Eine der bedeutendsten etruskischen Ausgrabungsstätten der Maremma, wunderbar aufbereitet. S. 211

**Vetulonia:** Ein ganzer Wald voller etruskischer Nekropolen. S. 212

**Sovana:** Mittelalterliches Kleinod auf steilem Tuff. S. 223

## Aktiv unterwegs

**Reiten und Natur genießen:** Besonders schön auf den weitläufigen Landgütern Montebelli bei Caldana und Il Poggio bei Celle sul Rigo. S. 216, 228

## Genießen & Atmosphäre

**Castiglione della Pescáia:** Hübschester Badeort der Maremma-Küste. S. 216

**Porto Santo Stéfano:** Schöne Atmosphäre des regen Fischereihafens mit den aufsteigenden Häusern. S. 217

**Kostenloses Thermalvergnügen:** Bei San Casciano dei Bagni locken kleine Thermalwannen im Freien. S. 229

## Abends & Nachts

**Cafés rund die Piazza Dante:** Grossetos Hauptplatz lockt ringsum mit netten Cafés und Bars. S. 214

**Ausgelassenes sommerliches Follónica:** Stranddiskotheken aller Couleurs. S. 217

# Naturschönes Etruskerland

Ebenso wie das kleinere Massa Marítima zählt die Provinzhauptstadt Grosseto zu den weniger besuchten Schönheiten der Toscana. In der weitläufigen Provinz trifft man überall auf Reste und Nekropolen der zahlreichen etruskischen Gründungen. Im Hinterland prägt der höchste Gipfel der Toscana, der Monte Amiata (1738 m) die Szenerie bis weit in den Norden der Region. Zwischen ihm und der Küste breitet sich in der oft dichten Macchia der Maremma das einstige Land der Etrusker aus mit wundervollen Ortschaften wie Saturnia und Sorano, Sovana und Pitigliano. Am Meer lockt der Parco dell'Uccellina, der Naturpark der Maremma. Strenger ist kaum einer geschützt. Trotz der dort intensiven, aber eben nicht schädlichen Landwirtschaft der Region, Pferdehaltung und Rinderzucht mithilfe der toscanischen Cowboys, den *bùtteri* (s. S. 52).

## Infobox

### Infos

**APT Grosseto:** 58100 Grosseto, Viale Monterosa 206, Tel. 05 64 48 48 48, Fax 05 64 45 46 06, www.turismoinmaremma.it.

### Internet

**www.lamaremma.it:** Informative Seiten für die Provinz Grosseto, deren Herzstück die Maremma ist (mit vielen Agriturismi bzw. Ferienhäusern).

**www.provincia.grosseto.it:** Alles Sehenswerte der Provinz und viele Tipps.

### Anreise und Weiterkommen

Grosseto ist **Bahnstation** auf der Linie Genua–Pisa–Livorno–Rom, mind. im 2-Std.-Takt befahren, meistens häufiger; zumindest die Stadt ist hervorragend erreichbar. Für die Fahrt über Land, durch die Maremma, zu den Etruskerstädten braucht man jedoch ein **Fahrzeug**, denn die **Busverbindungen** taugen eher zwischen den Provinzhauptstädten der Toscana als zu den kleineren Provinzorten, s. RAMA, Tel. 05 64 47 51 11, 199 84 87 87, www.griforama.it.

## Grosseto ▸ G 11

Die Provinzhauptstadt (82 000 Einw.) ist zugleich Hauptort der Maremma, in ganz typischer Lage nur 13 km vom Meer entfernt, mitten im Schwemmland des Ombrone. Allein schon ihre mediceische Stadtmauer ist einen Besuch wert: Die Mauer aus rotem Backstein, die als unregelmäßiges Sechseck um die Stadt verläuft, weist an jeder Ecke eine fünfeckige Bastion auf.

Das kleine Kastell an der Aurélia war noch im frühen Mittelalter eine der letzten Bastionen Sienas vor Rom. Erst 935 wurde die Stadt als Ersatz für das von den Sarazenen zerstörte Roselle im Landesinneren Bischofssitz. Gewisse wirtschaftliche Bedeutung erlangte sie jedoch erst in der Zeit des toscanischen Großherzogtums, immer wieder beeinträchtigt durch die klimatischen Verhältnisse in der Maremma. Der Zustand der Entwässerungskanäle war stets von entscheidender Bedeutung, und 1930 begann man schließlich dieses ›verfluchte Land‹, wie die Maremma von ihren Bewohnern genannt wurde, systematisch trockenzulegen. Das Land ringsum wurde so zu einem der fruchtbarsten der Toscana und Grosseto zu einem bedeutenden Verwaltungs- und Landwirtschaftszentrum.

Im Zweiten Weltkrieg erlitt Grosseto durch Bombenangriffe der Alliierten große Schäden, wurde aber bald wieder aufgebaut.

## Altstadt

Das historische Zentrum von Grosseto, größtenteils Fußgängerzone, ist klein und übersichtlich. Es wird von der mediceischen Stadtmauer (1574–93) mit ihren sechs Bastionen und den beiden Haupttoren **Porta Nuova** im Norden und **Porta Vecchia** im Süden umschlossen. Die Mauer wurde bis auf die Durchstiche für drei weitere Straßen vollständig erhalten bzw. liebevoll saniert. Auf ihrer breiten Krone kann man lustwandeln.

### Piazza Dante

Die großzügig wirkende Piazza mit dem Denkmal für Leopoldo II (1846) in der Mitte und tiefen Bogengängen auf zwei Seiten ist sowohl sakrales als auch profanes Zentrum Grossetos: Im Norden steht der **Duomo San Lorenzo** (1294–1302, tagsüber außer zur Mittagszeit meist geöffnet), der im 19. Jh. eine historisierende Fassade im Sieneser Stil mit abgetreppter Zwerggalerie und großer Fensterrose erhielt.

Auch der **Palazzo Comunale** direkt hinter dem Dom im Norden wurde im 19. Jh. im Stil eines Florentiner Stadtpalastes errichtet, wie der **Palazzo della Provincia,** der damals als Ostflanke der Piazza Dante entstand.

### Museo Archeologico e d'Arte della Maremma

*Piazza Baccarini 3, www.museidimaremma.it/it/museo.asp?keymuseo=15, Di–Fr Nov.–März 9–15, Sa, So, Fei 10–13, 16–19, April, Mai, 16. Sept.–Okt. Di–Fr 10–17, Sa, So, Fei 10–13, 16–19, Juni–15. Sept. Di–Fr 10.30–17.30, Sa, So, Fei 10–13, 17–20 Uhr, Erw. 5 €*

An der Piazza Baccarini lohnt das bereits 1860 gegründete, jüngst völlig neu geordnete, wunderschöne Archäologische und Maremma-Museum unbedingt einen Besuch. Es besitzt Funde aus den großen etruskischen Siedlungen der Maremma, u. a. aus Roselle, Vulci, Vetulonia, Pitigliano und Populónia. Auch die in der Maremma entdeckte Villanova-Kultur ist vertreten. Das Ganze wird durch interessante Abteilungen mit dokumentarischen Zeugnissen und Erläuterungen etwa über Roselle (s. u.) ergänzt.

### Cassero Senese

*Via Aurelio Saffi 6, Di–So 9.30–12.30, 15.30–18.30, im Sommer 17–20 Uhr, Eintritt außer bei Veranstaltungen frei; im Sommer auch InfoPoint der Stadt*

1345 errichteten die Seneser diese große Bastion der Stadtmauer, um darin ihre Soldaten unterzubringen. Mit einem riesigen Waffenhof und darunterliegender Zisterne, um die Festung im Falle einer Belagerung durch genügend Wasser autark zu machen. Heute ist das Cassero Senese Teil der jungen Universität von Grosseto und Sitz eines virtuellen Museums. Es widmet sich der entbehrungsreichen Geschichte der Menschen in der einst malariaverseuchten Maremma. Doch ist es schön, in der weitläufigen Festung herumzustreifen. Noch schöner ist sie freilich bei Open-Air-Veranstaltungen, oder beim Freilichtkino im Sommer.

## Archäologische Ausflüge

### Roselle

*Via dei Ruderi, località Roselle (Gr), tgl. Nov.–Feb. 8.30–17.30, März, April,*

*Sept., Okt. 8.30–18.30, Mai–Aug. bis 19 Uhr, Erw. 4 €*
Knapp 8 km sind es von Grosseto Richtung Siena, dann eine kurze Abzweigung rechts in die Ausläufer des 371 m hohen Poggio di Moscona nach Roselle, das inzwischen zu einer der interessantesten Ausgrabungsstätten der Toscana geworden ist. Schließlich handelt es sich hier um die bedeutende etruskische Stadt *Rusellae* des Zwölferbundes, die später römisch wurde und Vorläuferin Grossetos als Bischofssitz. Zu sehen sind Reste der 3 km langen Stadtmauer mit sechs Toren, Teile des Amphitheaters, einer Thermenanlage und die Fundamente einiger Wohnhäuser. Aber auch die Aussicht von oben muss genossen werden!

### Vetulonia

*Zona Archeologica normalerweise außer Di, Fr Nov.–März 8–17, sonst 10–19 Uhr, frei zugänglich*
Fast noch mehr zu entdecken gibt es in Vetulonia und Umgebung, 22 km nordwestlich von Grosseto. Im 300-Einwohner-Bergnest blieben ein Stück der einst 5 km langen zyklopischen Mauer aus etruskischer Zeit (6. Jh. v. Chr.), eine römische Straße sowie ein Teil der mittelalterlichen Häuser erhalten. Atemberaubend schön sind die Ausblicke auf die dichten Pinienwälder und die tiefgrüne Macchia über efeuüberwucherte Steineichen.

Schon kurz vor Vetulonia (3 km) führen gelbe Hinweisschilder zu den Nekropolen der Etrusker. Die **Zona Archeologica** ist inzwischen gut zugänglich: Aus den Gräbern stammen viele Objekte aus dem wegen der Bodenschätze reichen etruskischen *Vatluna* (Mitglied des Zwölferbundes), die heute die Sammlungen der Museen in Grosseto und Florenz bereichern.

Dem ersten Hinweis vor dem Dorf folgend erreicht man über eine steile Straße nach 600 m den **Tumulo Etrusco della Pietrera** (7. Jh. v. Chr.). Ein langer, teils offener Gang führt in den zentralen Kuppelbau mit zwei Nebenkammern. Weitere 600 m abwärts gelangt man zur **Tomba del Diavolino II** oder **O Pozzo dell'Abate** (7. Jh. v. Chr.), eine quadratische Grabkammer.

Direkt vor Vetulonia liegen an der Straße die frei zugänglichen **Scavi Città**, das kleine Ausgrabungsfeld der etruskischen Stadt aus der hellenistischen Epoche im 3.–1. Jh. v. Chr. Der obere Wohnbereich entstand unter den Römern bzw. wurde von ihnen befestigt. Gut zu sehen ist die Via Decumanum, links die Reste von Handwerkerläden mit fließend Wasser und Toiletten.

Sakraler wie profaner Mittelpunkt der Stadt: Grossetos Piazza Dante mit dem Rathaus

Das **Museo Archeologico Antiquarium** (Piazza Vètluna, Okt.–Feb. 10–13, 14–17, März–Mai bis 18, Juni–Sept. 10–13, 16–21 Uhr, Erw. 4,50 €) im Dorf besitzt einige Fundstücke aus der Umgebung.

## Übernachten

*Zentral* – **Grand Hotel Bastiani:** Piazza Gioberti 64, Tel. 056 42 00 47, www.hotelbastiani.com. DZ/ÜF 118–150 €. Geschmackvoll eingerichtetes Hotel in der Altstadt nahe dem Dom; 48 Zimmer und 4 Suiten.

*Praktisch* – **Nuova Grosseto:** Piazza Marconi 26, Tel. 05 64 41 41 05, www.hotelnuovagrosseto.com. DZ/ÜF 70–110 €. Gutes, renoviertes Stadthotel am Bahnhofsplatz mit 37 Zimmern und drei noch eleganteren Junior Suiten.

## Essen & Trinken

*Gewölbeambiente* – **Ristorante Buca San Lorenzo:** Via Bertani 14, Tel. 056 405 00 15, Mitte Jan., Juli geschl., Ruhetage So/Mo. Menü ab 32 €. Ins Zentrum nördlich des Archäologischen Museums umgezogenes, viel gelobtes Restaurant.

*Heimelig* – **Il Canto del Gallo:** Via Mazzini 29, Tel. 05 64 41 45 89, www.ilcantodelgallo.com. Abendlokal, Ruhetag So. Menü ab 25 €. Kleine, feine Tratto-

ria an der Stadtmauer; lokale Gerichte aus biologischem Anbau.
*Gutes Preisniveau* – **Enoteca Canapione:** Piazza Dante 3, Tel. 056 42 45 46, 7 Tage Jan., 14 Tage Mitte Aug. geschl., Ruhetag Mi Abend. Wunderbare Enothek mit Kleinigkeiten zum Wein und Menüs (ab 22 €) nach Maremma-Rezepten.
*Gemütlich* – **Gusti in piazza:** Piazza Dante 18. Aus dem gemütlichen Cafè an der Hauptpiazza wurde 2015 ein Mix aus Bar, Restaurant und Pizzeria mit Ambitionen. Man will auch Kulturelles bieten wie Dichterlesungen und Musikabende. Mal abwarten!

## Abends & Nachts

*Südamerikanisch* – **Caffè Latino:** Via Garibaldi 17. 7 Uhr bis spät bzw. früh geöffnet. Peppige Drinks in südamerikanischer Atmosphäre; tagsüber auch einfach als Bar/Café aufzusuchen.

## Infos

**Ufficio Turismo Grosseto:** Piazza della Palma, Tel. 05 64 48 88 82, www.turismogrosseto.it. InfoPoint im Sommer im Cassero.
**Verkehr:** siehe Infobox S. 210.

# Massa Maríttima

▶ F 9

Die hübsche Stadt liegt etwas abseits, ganz im Nordwesten der Provinz. Doch dieses städtebauliche Juwel sollte man sich nicht entgehen lassen. Die Lage in 560 m Höhe über der Maremma begünstigt die architektonische Finesse: Die nur knapp 8500 Einwohner kleine Stadt steigt in drei Teilen (Città Vecchia, Città Nuova und Borgo) allmählich zum Monte Arsenti auf, einem Teil der Colline Metallífere. Im Mittelalter war sie Zentrum des Bergbaus (Kupfer- und Silberminen), weshalb hier 1310 der *Codice Minerario Massetano* entstand, der dem Bergbau erstmals eine gesetzliche Grundlage gab.

Wie in Grosseto wurde auch die Bevölkerung Massa Maríttimas durch die Malaria im 18. Jh. stark dezimiert. Im 19. Jh. blühte der Bergbau wieder auf, brachte Industrialisierung und Wohlstand. Mit der Schließung der Minen nach dem Zweiten Weltkrieg drohte erneut das Aus. Diesmal verlieh der Tourismus durch den Ausbau von Ferienhäusern in der meernahen Maremma der Stadt neuen Aufschwung.

### Duomo di San Cerbone

*Piazza Garibaldi 1, tagsüber immer offen*

In der **Città Vecchia** liegen alle wichtigen Gebäude an einem Platz, rings um die unregelmäßige, ansteigende **Piazza Garibaldi** mit ihrer sehr wohnlichen Atmosphäre. Der **Dom** (Vorgängerbau wahrscheinlich um 835, dann 11. Jh., in der heutigen Form 1228–67) steht auf einer breiten Treppe, die auch Campanile und Bischofspalast als Podest dient. Das Gotteshaus besitzt eine der anmutigsten Fassaden im pisanisch-romanischen Stil mit Blendarkaden, Rhomben und Kreisen sowie reichem Skulpturenschmuck. Die Figuren der mittleren kleinen Säulen der Zwerggalerie am Giebel schreibt man der Schule von Giovanni Pisano zu.

Das Innere ist reich mit Fresken und Gemälden geschmückt, das Taufbecken in der ersten Kapelle wurde von Giroldo da Como um das Jahr 1270 aus einem einzigen Travertinblock gehauen.

### Museo Archeologico

*Piazza Garibaldi, Nov.–März Di–So 10–12.30, 15–17, April–19. Juli und*

*22. Aug.–Okt. 10–12.30, 15.30–19, 20. Juli–21. Aug. tgl. 10–13, 16–22 Uhr, Erw. 3 €*
Direkt beim Dom steht der **Palazzo del Podestà** (oder **Pretorio,** ab 1225) aus weißgrauem Travertin mit den Wappen von Siena, Massa Maríttima und den *podestà* (Bürgermeister) bzw. *capitani della giustizia* (Richter). Hier ist der Komplex des Archäologischen Museums untergebracht, u. a mit Lorenzettis »Maestà« von 1335.

## Città Nuova

Über die zum Teil als Treppengasse ausgebaute, von mittelalterlichen Häusern eingeengte Via Moncini am nördlichen Ende des Platzes gelangt man durch die imposant wuchtige **Porta alle Silici** (14. Jh.) durch zwei Mauerringe zur Città Nuova, zur Oberstadt. Ein kühner Bogen, der **Arco dei Senesi** von 1377, verbindet die städtebaulich kunstvolle Anlage mit der Sieneser **Fortezza,** die man 1355 um das ältere Castello Monte Regio herum errichtet hatte.

### Museo di Arte Sacra

*Convento di San Pietro all'Orto, Di–So April–Okt. 10–13, 16–19, Nov.–März 11–13, 15–17 Uhr, Erw. 5 €*
An der Piazza Matteotti mit dem kleineren **Museo di Arte e Storia delle Miniere** beginnt der Corso Diaz zwischen einfacheren Wohnhäusern, die die Città Nuova prägen. Sie führt schnurgerade zum früheren Augustiner-Kloster San Pietro all'Orto, in dessen schön restaurierten Räumen das Museum für sakrale Kunst eingerichtet wurde: eine kleine Perle der Museumslandschaft Italiens, die in fünf Räumen die kostbaren Sakralwerke aus einigen von Massa Maríttimas Kirchen und Klöstern besitzt. Allesamt in der Blütezeit der Stadt (13./14. Jh.) entstanden. Zusätzlich befindet sich in den Ex-Konventsräumen eine Schenkung mit der **Collezione di Arte Contemporanea,** also zeitgenössischer Kunst.

### Museo della Miniera

*Im alten Bergwerk, Via Corridoni, nur mit Führung, ca. stdl.: Di–So je nach Jahreszeit 10–12/12.45, 15–16.45/17.45, letzte Führung ab 16.30 bzw. im Sommer 17 Uhr, Erw. 5 €*
Die von den Bergwerken geprägte Geschichte der Stadt begreift man am besten bei einem Besuch der entsprechenden Museen, am interessantesten und ausführlichsten gewährt einem das Museo della Miniera, Stollenbegehung inbegriffen, Einblick in diesen traditionsreichen Industriezweig.

## Übernachten

*Mit Meerblick –* **Duca del Mare:** Piazza Dante Alighieri 1/2, Tel. 05 66 90 22 84, www.ducadelmare.it. Ganzjährig DZ/ÜF 65–100 €. Sympathisches Stadthotel mit 30 Zimmern und gutem Restaurant, mit Pool im Garten sowie schönem Blick; mit Parkplatz.
*Zentral –* **Il Sole:** Via della Libertà 43, Tel. 05 66 90 19 71, www.hotelilsolesrl.it. DZ/ÜF 60–80 €, im Winter inkl. Garage. 50 angenehme Zimmer in der Fußgängerzone.

## Essen & Trinken

*Familiär –* **Osteria Da Tronca:** Vicolo Porte 5, Tel. 05 66 90 19 91. März–Mitte Dez., außerhalb der Saison nur abends geöffnet, Ruhetag Mi außer im Aug. Mittagsmenü 18, sonst ab 22 €. Hervorragende Maremma-Küche.
*Atmosphärisch –* **Taverna Vecchio Borgo:** Via Parenti 12, Tel. 05 66 90 39 50. Nur abends geöffnet, Ruhetag Mo. Menü ab 30 €. Tavernenatmosphäre

*Mein Tipp*

**Urlaubsoase**

Rund 10 km nordwestlich von Vetulonia wurde aus einer historischen Ölmühle eine familiär geführte Urlaubsoase inmitten eines weitläufigen Landgutes, wo Zypressen und jahrhundertealte Korkeichen die Landschaft bestimmen. Die Zimmer und vor allem die Suiten im neu errichteten Country House gegenüber der historischen Villa sind großzügig und komfortabel, mit Wellnessbereich in modernstem Ambiente. Restaurant mit lokalen Spezialitäten. Viele Möglichkeiten zum Wandern, Reiten, Tennis, Pool, Radfahren, außerdem gibt es in der Nähe zwei Golfplätze: Punta Ala und Golf Club Toscana.

**Montebelli:** 58023 Gavorrano, Loc. Molinetto di Caldana,Tel. 05 66 88 71 00, Fax 056 68 14 39, www.montebelli.com. DZ/ÜF 140–270 €.

in einem historischen Palazzo im Zentrum. Gute lokale Küche mit reichem Vorspeisenangebot.

## Infos

**A.MA.TUR:** Via Todini 3/5, Tel. 05 66 90 47 56, Fax 05 66 94 00 95, mitsamt der Maremma bzw. der Provinz Grosseto unter www.altamaremmaturismo.it.

# Castiglione della Pescáia

▶ F 11

Auf die Küste zufahrend, taucht bald auch schon der 342 m hohe Festungshügel Poggio di Petriccio von Castiglione della Pescáia auf, des wahrscheinlich schönsten Badeortes an der Küste von Grosseto. Dominiert wird der Ort von der mittelalterlichen **Rocca Aragonese** (14./15. Jh.), zu der man durch hübsche verwinkelte Gässchen aufsteigt. Breit und tief ins Land reichend ist die Lagunenlandschaft. Im natürlichen Fluss- und Meerhafen schaukeln Fischer- und Urlauberboote friedlich auf den Wellen. Im Sommer herrscht allerdings ein ständiges Kommen und Gehen.

## Übernachten

*Sportlich* – **Riva del Sole:** Viale Kennedy, Tel. 05 64 92 81 11, www.rivadelsole.it. April–Okt. DZ/ÜF 150–280 €. Beliebtes Feriendorf mit 175 Zimmern und Apartments, Restaurant-Pizzeria, Pool, viele Sportmöglichkeiten am Meer.

*Klassisch* – **Piccolo Hotel:** Via Montecristo 7, Castiglione della Pescáia, Tel. 05 64 93 70 81, www.hotel-castiglione.com. Ostern Mai–Sept. DZ/ÜF 130–170 €. Hotel mit 24 modernen Zimmern, fast herrschaftlich geführt. Obst und Gemüse aus eigenem Anbau und hausgemachte *dolci*.

*Familiär* – **Perla:** Via dell'Arenile 3, Tel. 05 64 93 80 23, www.hotelperla.net, Mai–Sept. DZ/ÜF 70–85 €. Kleines Hotel mit nur 13 Zimmern und Restaurant nur für die Hausgäste.

## Essen & Trinken

*›Im Loch‹* – **Osteria nel Buco:** Via del Recinto 11, Tel. 05 64 93 44 60. Ruhetag Juli/Aug. Mo., sonst 18.30–22, So auch 12–14 Uhr geöffnet. Menü 24–30 €. Traditionelle Osteria an der alten Stadtmauer. Lokale Küche, Fischspezialitäten.

*Günstig* – **Da Antonietta:** Via Colombo 24, Tel. 05 64 93 36 61. Ruhetag Di. Tagesmenü um 20 €. Familiäre, ambitionierte Trattoria an der Uferstraße.

## Abends & Nachts

Das nahe unscheinbare **Follónica** wird wie Marina di Grosseto im Sommer zum Ausgehparadies. Seit Jahren ›in‹: **Disco Village** (Via Sanzio, Zona Capannino, www.discovillage.it) unter freiem Himmel wie auch das **Tartana** in Puntone (Via della Dogana 2; seit 1968!). Die Strandlokale von Follónica sind bis zum frühen Morgen ein echter Magnet, z. B. die **Congo-Bar** (Via Spiaggia Levante) und die speziell bei Sonnenuntergang! Mehr Infos: www.wasabimagazine.com.

## Aktiv

*Golfen* – Einer der schönsten Plätze der Toscana: der **18-Loch-Golfplatz Punta Ala,** Tel. 05 64 92 21 21, www.golfpuntaala.it.

## Infos

**Pro Loco:** Castiglione della Pescáia (GR), Via Veneto 5, Handy 33 92 67 63 99, www.prolococastiglionedellapescaia.it.

# Parco Naturale della Maremma ▸ F/G 12/13

*Außer im Winter tgl. von 9 Uhr bis 1 Std. vor Sonnenuntergang; Tickets im Centro Visite di Albarese (s. u.)*

Die Einfahrt in den bedeutendsten Naturpark der Toscana, auch Parco dell' Uccellina genannt, ist nur mit den Bussen des Parks und auf kurzen Strecken möglich. Frei, aber bei weitem nicht so schön erreicht man den Park auch bei Marina di Albarese an der Ombrone-Mündung. Man sollte mindestens einen Tag einplanen, denn die Strecken, die man im Park zu Fuß zurücklegen muss, sind beträchtlich, aber lohnend.

## Infos

**Centro Visite di Alberese:** Via Bersagliere 7/9, Alberese, je nach Jahreszeit, im Prinzip tgl. 8.30–20, Info Point, Via Nizza 12, Talamone; mit dem Acquario di Talamone tgl. 16–20 Uhr, Tel. 05 64 40 70 98, www.parco-maremma.it.

# Monte Argentario ▸ G 13

Die bis zu 635 m hohe Insel Monte Argentario haben schon die Römer, wenn nicht gar die Etrusker, die in diesem südwestlichen Winkel der Toscana interessante Spuren hinterlassen haben *(Tagliata Etrusca),* mit dem toscanischen Festland verbunden. Drei Dämme führen über die flache Lagune von Orbetello, der südliche ist naturgeschützt. Die Ähnlichkeit mit Gíglio vis-à-vis ist geologisch sehr groß. Durch die einfache Anreise hat sich hier der Tourismus natürlich stärker entfaltet. Neben den guten bis sehr guten Hotels haben sich an der Nordseite der Lagune viele reiche und sehr reiche Italiener und andere Europäer wie das niederländische Königshaus niedergelassen. Doch die Südflanke blieb streng geschütztes Naturreservat mit prachtvollen Pinienwäldern.

Städtisches bietet im Nordwesten der Halbinsel **Porto Santo Stéfano,** hinter seinem Fischerei- und Fährhafen steigt ein buntes Häusermeer auf. Pures Urlaubsvergnügen bietet im Südosten **Porto Ércole** mit seinen beiden halbrunden, natürlichen Hafenbecken, in denen teure Segeljachten schaukeln und einige Fischerboote. Die Villen verstecken sich hinter dichter, hoher Macchia oder sind umringt von uralten Olivenbäumen. Schön, aber im Sommer leider von Moskitoschwärmen aus der Lagune geplagt. Das gilt auch für das Städtchen **Orbetello** mitten in der Lagune, das noch hübsche ältere Häuser besitzt und eine einladende Fußgängerzone.

## Übernachten

*Panoramisch* – **Vittoria:** Porto Santo Stéfano, Via del Sole 103, Tel. 05 64 176 81 71, www.hvittoria.com. Juni–Sept. DZ/HP 50–200 €. Hübsches Hotel mit 28 Zimmern, Pool und Tennisplatz; Meerblick sowie Parkplatz.

*An eigener Bucht* – **Villa Domizia:** Porto Santo Stéfano, Strada Provinciale 161 Nr. 40, Località Santa Liberata, Tel. 05 64 81 27 35, www.villadomizia.it. DZ/ÜF 106–236 €. Villenhotel in ruhiger Lage an eigener Bucht, 38 komfortable, helle Zimmer, Restaurant, Pool, Garten; Parkplatz.

## Essen & Trinken

In Porto Santo Stéfano und erst recht in Porto Ércole muss man meist tiefer in die Tasche greifen, auch um einfache Fischgerichte zu bekommen, so bei **Armando** (Via Marconi 2) oder im **Gambero Rosso** (Lungomare Andrea Doria 70). Nicht aber mitten in der Lagune in Orbetello, das für seine guten Restaurants berühmt ist. Zu ihnen zählen die **Osteria del Lupacante** am Corso Italia 103 (Tel. 05 64 86 05 84) und **Il Cavallino Bianco,** ebenfalls am Corso Italia 190 (Tel. 05 64 86 74 69); Menü ab 25 €.

## Aktiv

*Wassersport* – Infos in Porto Santo Stéfano bzw. direkt bei den Wassersportschulen: **Diving Center Monteargentario** (Tel. 05 64 83 42 00, www.argentariodiving.it) oder **Centro Immersioni Costa d'Argento** (Handy 33 91 15 42 92, www.centroimmersioni.com).

*Bootsausflüge* – mit **Vega Navigazione** zu den vorgelagerten Inseln (nahe Fähranlegerstelle, Tel. 05 64 81 80 22, www.veganavi.it).

*Wandern* – Beliebt ist auch das Wandern im naturgeschützten **Tómbolo di Feniglia** unter uralten Schirmpinien.

## Infos

### Information

**Ufficio Turistico:** 58019 Porto Santo Stéfano (GR), Corso Umberto 55/a, Tel. 05 64 81 42 08, Fax 05 64 81 40 52, www.monteargentario.it. Infos auch für Porto Ércole und Orbetello.

### Verkehr

**Schiff:** Fähren nach Gíglio während der Saison mind. 12 x tgl. mit Maregíglio, Porto Santo Stéfano, Via Umberto I 22,

Tel. 05 64 81 29 20, www.maregiglio.it. Auch Schnellbootverbindungen.

# Die Etruskerstädte der Südtoscana

Diese Städte liegen in typischer Hügellage auf Kalksand- oder Tuffsteinrücken, ihre Nekropolen zu Füßen und in der Umgebung. Sie gehören durch ihre Lage auch landschaftlich zu den sehenswertesten Orten der Toscana.

## Saturnia ▸ H 11

Das Städtchen etruskischen Ursprungs mit knapp 300 Einwohnern hat sich in den letzten Jahren schön herausgeputzt. Bars, Restaurants, ein kleines Hotel sowie eine Pension haben ihre Pforten geöffnet. Und mehr könnte folgen, hoffentlich ohne die historische Bausubstanz zu verändern.

Saturnia gehörte bis 280 v. Chr. zum Stadtstaat *Vulci*. Die wenigen noch erhaltenen und nicht in anderen privaten Sammlungen verschwundenen Funde der Familie Ciacci haben vor Ort einen gebührenden Rahmen in der ehemaligen Schule Via Italia gefunden **(Museo Archeologico,** 10–13, 16–19 Uhr, April, Juli, Aug.–13. Sept. tgl., Mai, Juni, 14. Sept.–Okt. nur Fr–So, Nov.–Jan. sehr reduziert, Erw. 2,50 €).

In dem verschlafenen Nest kann man die Seele baumeln lassen, gleich auf der Hauptpiazza unter Schatten spendenden alten Kastanienbäumen. Oder einen kurzen Abstecher zu den **Cascate del Mulino** mit ihren weißen Sinterterrassen machen, in denen man sich im warmen Wasser im Freien rekeln kann. Wer den Etruskern ▷ S. 223

**Ein Teil der Sinterterrassen der Cascate del Mulino war zeitweise weggespült worden**

# Auf Entdeckungstour: Taubenschlag im Etruskergrab

**Sovana bildet zusammen mit Sorano und Pitigliano das Dreigestirn der toscanischen Tuffsteinstädte. Der zauberhafte Ort ist umgeben von einigen der schönsten Etruskergräber sowie in den Tuff geschlagenen Wegen.**

**Reisekarte:** ▶ J 11

**Zeit:** mindestens ein halber Tag.

**Planung:** Im Sommer tgl. 10–19 (Aug. bis 20), im Winter nur Fr–So 10 Uhr bis Sonnenuntergang, Erw. 5 €, Sammelticket mit Sorano (auch Fortezza) und San Quirico/ Vitozza 8 €. Informationen auch zu den anderen Tuffstädten unter www.leviecave.it.

**Hinweis:** Festes Schuhwerk anziehen und im Sommer unbedingt an Kopfbedeckung sowie ausreichend Wasser denken, auch wenn der Ausflug meist durch kühlen dichten Steineichenwald führt!

Nur ein kurzes Stück (ca. 1,5 km) ist es vom Ortszentrum zum Parkplatz an der Nekropole, von dem eine Treppe zur Kasse führt. Von hier folgt man den Schildern zur **Tomba Ildebranda,** dem prächtigsten Etruskergrab der Region. Das tempelartige Grabmonument aus dem 3. Jh. v. Chr. stützte sich vorne ursprünglich auf sechs kannelierte Säulen und seitlich nochmals auf je drei. Erhalten ist allerdings nur eine einzige Säule, ein weiterer Säulenstumpf hängt von der Kassettendecke herunter. Unter dem ›Tempel‹ befindet sich hinter dem Korridor *(dromos)* die eigentliche, erstaunlich kleine Grabkammer. Rechts führt ein zweiter Dromos in eine etwas größere Grabkammer, die eventuell schon aus dem 4. Jh. v. Chr. stammt und wohl einem ebenfalls bedeutenden Toten zugedacht war.

2006 wurde links vom sogenannten Hildebrandtgrab ein weiteres Tempelgrab entdeckt, das wegen der wunderbar erhaltenen Skulptur **Grab des geflügelten Dämons** genannt wird.

## Tomba del Tifone und Il Cavone

Vom Hauptweg nahe der Kasse folgt man dem Hinweisschild »Tomba del Tifone/Via Cava«, um schon nach etwa 10 m rechts in einen tiefgrünen Steineichenwald abzubiegen. Am linken Wegrand kann man zunächst zahlreiche einfache Gräber entdecken. Nach wenigen Minuten gelangt man dann zu einer *tomba a camera*, einem in den Tuff geschlagenen Kammergrab, wie sie hier häufig vorkommen, mit einer Art Würfel als Grabmonument darüber und zwei altarförmigen Bestattungsplätzen rechts und links.

**Tomba del Tifone,** das Tempelgrab aus dem 4. Jh. v. Chr., stutzt sich auf je einen Pfeiler rechts und links und trägt einen Tympanon mit Kassettendecke. Der Kopf des Meeresmonsters, das dem Grab seinen Namen gab, ist leider nur in Resten erkennbar.

Rechts führt eine Treppe abwärts weiter durch den Wald zwischen großen Felsbrocken und natürlichen Grotten sowie Felsüberhängen. Der untere Kiesweg führt nun zur **Via Cava**, einem in den Tuff geschlagenen Hohlweg, wie es sie im Gebiet der Città del Tufo vielfach gibt und die noch heute als Verbindungswege zwischen den bäuerlichen Anwesen genutzt werden. Ein paar Bauern, die oben wohnen bzw. ihr Land haben, dürfen hier sogar noch mit ihrem Wagen durchfahren. Dieser Hohlweg, **Il Cavone** genannt, wurde im Laufe der Jahrtausende immer mehr abgesenkt, z. T. auch durch natürliche Erosion, wodurch die Seitenwände ihre imposante Höhe (links rund 20 m!) erhielten. An den Tuffwänden erkennt man immer wieder Ritzungen, darunter Ornamente. Ein interessanter Weg auch für Botanikfans: Hier gedeihen viele Pflanzengemeinschaften, die Feuchtigkeit und Kühle lieben wie diverse Farne und Efeuarten.

## Tomba della Sirena

Der Kasse schräg gegenüber, über die wenig befahrene Landstraße

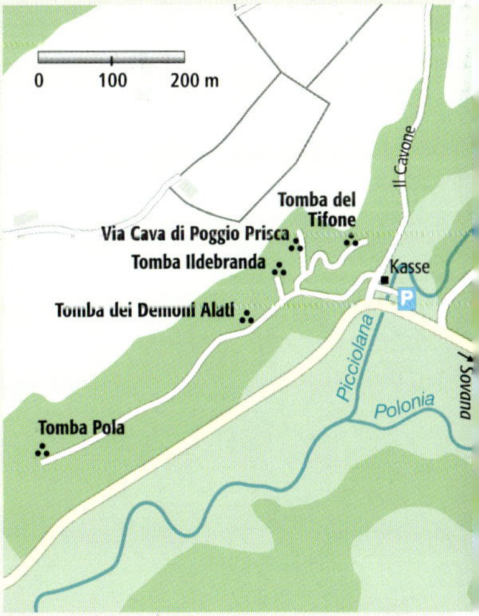

hinweg, befindet sich der Zugang zum noch wilderen Teil der Nekropolen von Sovana. Dem Trampelpfad zur Tomba della Sirena folgend, überquert man bald den Wildbach Calesina mit einer breiten Kaskade zu Linken, mit riesengroßen Huflattichblättern an den Rändern. Im Frühsommer bedecken Zyklamen den Waldboden und es duftet überall nach Wildkräutern. Die Infostelle (mit Buchladen und Getränken), befindet sich in der kleinen aufgelassenen Kirche **San Sebastiano.** Der Picknickplatz daneben bietet sich als Ruhepause bei der Rückkehr an.

Gut begehbare Stufen wurden in den Steineichenwald geschlagen, der mit Buchen und Kastanien durchsetzt ist. Rechts geht es in die imposante, 25–30 m hohe **Via Cava di San Sebastiano.** An ihren Rändern erkennt man hoch oben, wie die Baumwurzeln am Tuff nagen. Der linke Weg führt zur Tomba della Sirena. Doch schon vorher sind in den Tuffwänden die verschiedensten Grabtypen aus dem 3.–2. Jh. v. Chr. zu erkennen: vor allem Halbwürfel- und Kammergräber sowie ›falsche Würfelgräber‹ über den schmalen Gängen, die zu den Grabkammern führten. Und am Ende des Weges ganz links an der Felswand: die **Tomba della Sirena,** dekoriert mit der doppelschwänzigen Scilla, wie das Wasserfabelwesen genannt wird, sowie rechts und links in Resten je einem Dämon oder Wächter.

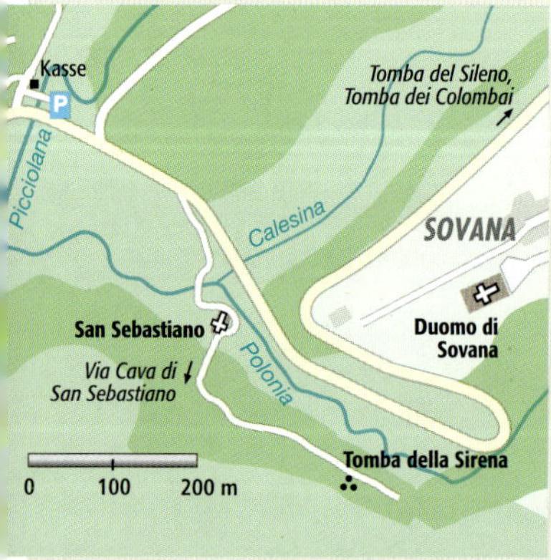


## Das Grab mit dem Taubenschlag

Zurück nach Sovana, zu Füßen der Festungsruine führt der mit Kopfstein gepflasterte Weg abwärts zur Landstraße, schräg gegenüber weist ein Schild zum Monte Rosello mit den Colombai aus dem 3. bis 2. Jh. v. Chr. und zur **Tomba del Sileno.** Der Weg ist meist überwuchert, weil ungepflegt, bietet aber gerade auch deshalb das schönste Erlebnis im Bereich Sovanas. Hier kann man sich noch eine ganze Weile als Entdecker fühlen! Überall im dichten Steineichenwald sind im Boden eingelassene Gräber zu entdecken, an den Tuffwänden kleinste Öffnungen, zu denen schmale Gänge führen. Vor größeren Gräbern finden sich bereits erklärende Tafeln.

Leicht kann man sich in diesem Waldabschnitt verirren, doch ein Blick nach oben zur Festungsruine von Sovana hilft bei der Orientierung. Dem Hinweis zur **Tomba dei Colombai** folgend, findet man, durch dichtes Gebüsch hindurch, das hier sicherlich schönste Grab aus dem 4./3. Jh. v. Chr.: Am Ende der Tuffwand mit einer kunstvoll aus dem Felsen geschlagenen vierteiligen Kassettendecke, an den Wänden unzählige Nischen, die für kleine Urnen gedacht gewesen sein sollen und später den Bewohnern als Taubenhäuser dienten – daher der Name ›Grab des Taubenschlags‹.

nachspüren möchte, sollte sich – mit Wanderstiefeln, Trinkwasser und Picknickkorb ausgerüstet – auf den ausgeschilderten Weg zum **Pian di Palma** aufmachen, wo man in der **Nekropole del Puntone** nördlich von Saturnia, einen herrlichen Tag verbringen kann.

## Übernachten

*Zentral* – **Villa Clodia:** Via Italia 43, Tel. 05 64 60 12 12, www.hotelvillaclodia.com. DZ/ÜF 100–120 €. In Panoramalage am historischen Zentrum, Pool, kleiner Fitnessraum; geschmackvoll, familiär. 9 Zimmer, ohne Restaurant.

## Infos

**Pro Loco:** 58050 Saturnia (GR), Piazza Benvenuto di Giovanni, Tel. 05 64 60 12 37; www.saturniaonline.it (kommerzielle Seiten) zu Unterkünften, Restaurants und Ausflugszielen.

# Sovana ▸ J 11

Der hübsche Ort mit seinen 200 Einwohnern liegt 291 m hoch über einem Zufluss des Fiore. Er ragt auf eigenem, steilem Tuffplateau aus der waldreichen Landschaft. Schon im 6. Jh. v. Chr. war Sovana eine bedeutende Etruskersiedlung, wie die vielen Nekropolen darunter beweisen. Die mittelalterliche Bausubstanz prägt das Bild des Städtchens bis heute. Auf der lang gestreckten **Piazza del Pretorio** stehen der **Palazzo Pretorio** (13. Jh.), die **Kirche Santa Maria** (16. Jh.) mit einem einzigartigen frühromanischen Altarbaldachin und das **Palazzino dell' Archivio** mit Uhrtürmchen (14. Jh.).

Am anderen Ende des Ortes ragt steil über dem Abgrund der **Dom** (Via del Duomo s/n) aus dem 8. Jh. mit einem reich geschmückten Portal aus älteren Bauteilen mit geometrischen und figuralen Motiven (Sommer 9–13, 15–20, im Winter 10–13, 15–18 Uhr).

## Übernachten

*Aufgemöbelt* – **Scilla:** Via del Duomo 5, Tel. 05 64 61 65 31, www.albergoscilla.com. DZ/ÜF 80–105 €. Acht helle, gemütliche Zimmer, sieben weitere über der Taverna Etrusca gegenüber. Als netter Aufenthaltsraum dient das helle Restaurant **Dei Merli** nebenan.

## Essen & Trinken

*Helles Ambiente* – **Ristorante dei Merli:** Via Rodolfo Siviero, www.ristorantedeimerli.com, Tel. 05 64 61 65 31, Jan./Feb. geschl., Ruhetag Di. Degustationsmenü 25 €. Terrassenrestaurant mit traditioneller Küche mitten im Ort.

*Klasse Pizza* – **Il Sibeno:** Via Duomo s/n, Tel. 05 64 61 63 07. Außer im Aug. Ruhetag Mi. Pizza ab 6 €. Schlichte Pizzeria mit urigem Wirt; im Winter lodert der offene Kamin, im Sommer sitzt man auf der Terrasse.

*Mein Tipp*

**Einfach zauberhaft!**
Kleines (nur 18 Zimmer), süß eingerichtetes Hotel in z. T. historischen Mauern eines Dorfhauses, aber mit modernstem Komfort ausgestattet. Schöne Aufenthaltsräume, großer Garten, alles geschmückt mit modernen Marmorskulpturen des Besitzersohnes Federico Caruso. Eine kleine Schönheitsfarm und ein Pool bieten Erholung pur.
**Sovana Hotel & Resort:** Piazza Duomo 66, Tel. 05 64 61 70 30, www.sovanahotel.it. DZ/ÜF 120–200 €.

## Infos

**Città del Tufo:** Palazzo Pretorio, www.leviecave.it.
**Cooperativa La Fortezza:** www.sovanaguide.it (auch Verfasserin interessanter Literatur über diese Etruskerecke sowie Organisation von Ausflügen).

## Pitigliano ▸ J 12

Eine der größten Ortschaften (3900 Einw.) etruskischen Ursprungs im Süden der Toscana breitet sich in 313 m Höhe auf einem Tuffstein-Bergrücken aus, den die Etrusker wie Bienenwaben ausgehöhlt hatten. Heute lagert der trockene Wein, der Bianco di Pitigliano, in diesen kühlen Kellerhöhlen.

Die Römer wussten wie ihre etruskischen Vorgänger die leichte Verteidigungsmöglichkeit der Stadt zu schätzen. Im Mittelalter gehörte sie den mächtigen Orsini, unter denen sie zu einer schönen Stadt mit Palästen und Kirchen innerhalb trutziger Mauern erblühte. Dann besaß die Familie Strozzi aus Florenz Pitigliano, bis es 1604 an das Großherzogtum Toscana fiel.

Außer dem schönen Stadtbild hoch über der tiefen Schlucht des Lente sind auch der 15-bogige **Aquädukt** in abenteuerlicher Höhe bewundernswert, die Toreinfahrt in die Stadt, der mittelalterliche Ortskern mit engen Gassen und der zinnenbekrönte **Palazzo Orsini** (14.–16. Jh.) mit Museum und den unterirdischen, in den Tuff geschlagenen Gängen. Der mittelalterliche **Dom Santi Pietro e Paolo** an der Piazza Gregorio VII wurde im 18. Jh. barockisiert, die Bärensäule erinnert an die Orsini.

### Museo Civico Archeologico

*Piazza Fortezza Orsini, www.palazzo-orsini-pitigliano.it, Di–So im Winter 10–13, 15–17, im Sommer 10–13, 15–19 , Aug. tgl. 10–19 Uhr, Erw. zusammen mit Museo Diocesano 4,50 €*
Giuliano da Sangallo baute die eindrucksvolle Festung, darin wurde der prächtige Palazzo der Orsini eingerichtet, in dem heute das Archäologische Museum der Stadt untergebracht ist (zusammen mit dem **Diözesanmuseum**). Auch wenn die Fundstücke aus der Umgebung, aus der Nekropole am Poggio Buco und aus der Nähe von Vulci durchaus sehenswert sind, beeindrucken im Museum vor allem die unterirdischen, von den Etruskern stammenden Gänge, die man durchlaufen kann.

### Das jüdische Ghetto

*Vicolo Marghera Traversa Via Zuccarelli, So–Fr April–Sept. 10–12.30, 16–19, Okt.–März 10–12.30, 15–17.30 Uhr, Erw. 5 €*
Das ausgedehnte Ghetto, hier Piccola Gerusalemme genannt, also Klein-Jerusalem, zeugt mit seiner Synagoge von der großen jüdischen Gemeinde im 15. Jh. Für den Kult im jüdischen Leben wichtige Einrichtungen wurden hier gerettet, etwa der Mazze-Ofen, die Kosher-Metzgerei und das Kultbad. Von einigen Bewohnern, die sich zur Erhaltung des historischen Gutes zu einer Kooperative zusammengetan haben, werden sie interessierten Besuchern gezeigt. Eine jüdische Gemeinde gibt es schon lange nicht mehr, doch in den Restaurants erinnert man gerne an die leckere jüdische Küche – auch wenn sie nicht wirklich koscher kochen dürften …

## Übernachten

*Ein Fossil –* **Guastini:** Piazza Petruccioli 16, Tel. 05 64 61 60 65, www.albergoguastini.it. DZ/ÜF 62–115 €. 27 Zimmer, mit Blick ins Tal. Gutes Restaurant mit Terrasse auf der Piazza davor (s. u.).

*Romantisch* – **Il Tufo Rosa:** Piazza Petruccioli 97, Tel. 05 64 61 70 19, www.iltuforosa.com. DZ 55–80 €. 5 komfortabel eingerichtete Zimmer in der Orsini-Festung. Eine Adresse für Romantiker!

## Essen & Trinken

*Lecker* – **Guastini:** siehe Hotel Guastini. Hausgemachte Pasta und jüdische Spezialitäten; Menü ab 22 €.

## Infos

### Information

**IAT:** 58017 Pitigliano (GR), Piazza Garibaldi 12, Tel./Fax 05 64 61 44 33, www.tuttopitigliano.com mit informativen Seiten zur Grossetaner Maremma.

### Verkehr

Gute **Busverbindungen** zu den Hauptverkehrszeiten mit Grosseto (RAMA, Tel. 05 64 47 51 11, 199 84 87 87, www.griforama.it).

## Sorano ! ▶ J 11

Ein reizvolles Panorama bietet auch das etwas kleinere Sorano in 374 m Höhe (3500 Einw.). Es besitzt ebenfalls einen intakten mittelalterlichen Kern: der Nordabschluss mit **Masso Leopoldino** (Via Santa Monica 21) mit weitem Blick von der Terrasse, und der Südabschluss mit der mächtigen **Fortezza Orsini** (1552; Piazza Cairoli 5, April–Sept. Di–So 10–13, 15–18/19 Uhr, sonst kürzer, Erw. 4 €, Sammelticket 8 €). Sie bildet eine interessante Variante der Renaissance-Militärarchitektur mit zwei Bastionen und Burgfried, heute multimediales Kulturzentrum. Nebenan kann man die **Camminamenti sotteranei** begehen, unterirdische Gänge aus der Renaissance in bester Militärarchitektur.

Die **Collegiata di San Nicolà di Bari** (12. Jh.) mit Travertin-Taufbecken von 1563 besitzt auch ein wunderschönes Kruzifix aus dem 17. Jh. und einige Bilder lokaler Künstler aus ▷ S. 228

**Sorano thront auf einem hohen Tufffelsen mit Blick über die Südtoscana**

# Auf Entdeckungstour: Im Wildpark – Besuch bei Wölfen und Wildeseln

**Zu Füßen des Monte Amiata wird ein mehr als 200 ha großes Stück Natur streng gehütet. Durch diesen besonderen Schutz bietet es vielen Tierarten des Apennin einen Lebensraum, so auch den vom Aussterben bedrohten Wölfen.**

**Reisekarte:** ▶ H/J 10

**Zeit:** halber bis ganzer Tag

**Planung:** Di–So 7.15 Uhr bis Sonnenuntergang, Erw. 3,50 €.
Für fachkundige Führungen anmelden, Tel. 05 64 96 68 67, www.terre-di-toscana.com/index.php/dal-parco-faunistico-del-monte-amiata-alla-cima-del-monte-labro.

**Anfahrt:** gut ausgeschildert von Arcidosso und von Santa Fiora aus

Der **Parco Faunistico del Monte Amiata** ist eine echte Neuheit unter den toscanischen, ja den italienischen Parks, was seine Einrichtung und Pflege angeht. Insbesondere wird hier auf die Erhaltung der natürlichen Ressourcen geachtet, sowohl die Flora als auch die Fauna betreffend. Der Schutz des Apennin-Wolfes ist sozusagen eine Extranummer. Vor allem möchte man damit den Besuchern, auch Schulklassen und Familien mit Kindern, eine intakte Natur demonstrieren, die erhaltenswert ist, und ihnen zeigen, wie man sie weiterhin schützen kann.

Die Ausblicke vom Park auf die umgebende Maremma sind einfach grandios, den **Monte Amiata** auf der einen, den **Monte Labbro** auf der anderen Seite sozusagen als Orientierungs-Höhepunkte.

## Tiere des Apennin

Kaum hat man den Wildpark betreten, begegnet man schon den ersten frei herumlaufenden Tieren, die von den Aussichtstürmen aus oder vom Gehegerand beobachtet werden können, die einem aber auch mal über den Weg laufen. Links vom Weg Hirsche und Rehe, rechts eine neugierige Mufflonherde oder eine große Gruppe Wildschafe. Man sollte den kleinen Holzschildern folgen, die auf die verschiedenen Areale verweisen.

Zu sehen sind hier generell Tiere, die im Apennin heimisch sind und vielleicht nur noch in der Vergangenheit eine bedeutende Rolle im natürlichen Gleichgewicht spielten. Das sind Hirsche und Damwild, Rehe und Gämsen sowie Mufflons, die mit den fast zum Kreis geschlossenen dicken Hörnern. Aber auch, leider nur schwer bzw. selten zu sehen, der scheue Apennin-Wolf, der in einem speziellen, wenn auch riesigen Gehege gehalten wird, das man vom Aussichtsturm einsehen kann, der über einen hohen Palisadenkorridor erreichbar ist.

Besonders hübsch anzuschauen ist der ebenfalls vor dem Aussterben gerettete Amiata-Esel, der sogenannte *Asino Sorcino Crociato*. Im Park leben meist sechs von ihnen, am Monte Labbro zehn mehr, im Frühsommer garantiert mit niedlichem Nachwuchs – alle mit einem geradezu kessen schwarzen Streifen am Nacken über dem sonst hellen grauen Fell.

## Wilde Bäche und Froschteiche

Ein Naturlehrpfad, der ca. 2 Std. beansprucht, führt zu einigen Quellen, die den rauschenden Onazio-Bach mit seinem kühlen Wasser speisen und der sich wiederum in den Zangona-Fluss im Osten des Parks ergießt. Es ist kein leichter Weg durch den dichten Wald und entlang der steilen Ufer, aber durch Holzbrücken und -stege erschlossen, und man kann sich immer wieder im klaren Wasser des Wildbaches erfrischen.

Wer nicht so weit gehen möchte, bleibt in der Nähe des Direktionsgebäudes (zeitweise mit Trattoria) und findet dahinter Pferde und Esel in ihren Ställen, die nachts bzw. bei Schließung des Parks frei herumlaufen dürfen. Und Richtung Ausgang einen kleinen Teich, in dem Frösche einen höllischen Lärm machen, aber nur solange man sich ihnen nicht nähert – dann wird es mucksmäuschenstill.

## Wege zur Kunst: Monte Labbro

Drei Stunden dauert der schwierigere Weg, der bis zum Gipfel des hier alles bestimmenden Monte Labbro mit seinen 1192 Höhenmetern führt. Er ist dem ›Propheten‹ vom Monte Amiata, David Lazzaretti gewidmet – großartige Panoramen inklusive.

dem 16. Jh. (Via Santa Monica 2, tagsüber durchgehend geöffnet).

Interessant ist auch das relativ kleine **jüdische Ghetto** von Sorano entlang der Via del Ghetto, in dem sich wieder einige jüdische Familien niedergelassen haben und wo man sogar übernachten kann.

### Übernachten

*Fast fürstlich –* **Hotel della Fortezza:** Piazza Cairoli, Tel. 05 64 63 20 10, www.fortezzahotel.it. DZ/ÜF 60–100 €, Suiten 130–140 €. Im teilweise restaurierten Komplex der Orsini-Festung untergebrachtes kleines Hotel mit völlig unterschiedlichen 16 Zimmern, teils mit tollem Panoramablick.

### Infos

**Informazioni Turistiche:** 58010 Sorano (GR), Piazza Busatti 8, Tel. 05 64 63 30 99, www.leviecave.it (Informationen für alle Orte der Città del Tufo, Tuffsteinstädte, auch für die Gräber von Sovana und Vitozza). Infostelle der Maremma in der Fortezza, von wo aus man die Touren durch die unterirdischen Gänge buchen kann.

## Monte Amiata ▸ J 10

Mit 1738 m ist der Berg vulkanischen Ursprungs der höchste Gipfel innerhalb der Toscana (am nördlichen Rand der Region, im Tosco-Emilianischen Apennin, stehen die allerhöchsten). Man erkennt ihn an seiner markanten Vulkanform mit einem kleinen Buckel. Im Winter öffnet hier sogar ein beliebtes Skigebiet mit ein paar Skiliften, im Herbst bleibt der Berg oft in dichten Nebel gehüllt. Von Frühjahr bis Herbst ist der Monte Amiata ein wunderbares **Wandergebiet** mit herrlichen Kastanien-, Eichen- und Buchenwäldern samt interessantem Wildpark, dem **Parco Faunistico del Monte Amiata** (s. S. 226).

## Radicófani ▸ K 10

Fast so markant wie der Monte Amiata, aber etwas kleiner, ragt ein Bergkegel mit dem mittelalterlichen Städtchen Radicófani in 718 m auf, von einem zinnenbekrönten Turm überragt. Ein nettes, wenn auch mitunter düster wirkendes, steil aufsteigendes Nest innerhalb alter Mauern, an dem über die Jahrhunderte viele Besitzer gebaut haben, darunter Päpste, Kaiser und die Medici. Ein schönes Plätzchen, um hier die Sommerfrische zu genießen.

### Übernachten

*Ländlicher Luxus –* **Il Poggio:** 53040 Celle sul Rigo (SI) nahe San Casciano dei Bagni, Tel. 057 85 37 48, Fax 057 85 35 87, www.ilpoggio.net. DZ/ÜF 160–220 €, Reitwochen ab 880 € pro Pers. Großartig gelegenes Landhotel mit Blick auf den Monte Amiata. Professioneller Reiterhof, außerdem Zucht von *Cinta senese*, einer uralten Schweinerasse.

### Essen & Trinken

*Schön & gut –* **Il Poggio:** s. Übernachten. Ruhetag Di (außer im Hochsommer), Menü ab 25 €. Gepflegtes Restaurant mit eigenen Produkten des Landgutes; hausgemachte Pasta, hervorragender Nachtisch.

*Urig –* **La Stalla:** Radicófani, Porta Da Piedi. Winzige Bar und Enoteca vor dem Stadttor, mit einer erstaunlichen Weinauswahl und leckeren Kleinigkeiten.

Lieblingsort

**Thermalbecken bei San Casciano dei Bagni** ▶ K 10
Ganz im Südosten der Toscana zwischen Celle sul Rigo und dem Thermalkurort San Casciano dei Bagni findet man in wilder Landschaft frei zugängliche kleine Thermalbecken, die zu einem Bad einladen.

Das Beste auf einen Blick

# Siena und der Südosten

## Highlights!

**Siena:** Die von backsteinroter Gotik geprägte Stadt gilt als die schönste der Toscana, was allein schon angesichts des riesengroßen, fächerförmigen Campo gerechtfertigt scheint. Wegen des Auf und Ab zwischen den drei Graten, auf denen sie errichtet wurde, sollte man gut zu Fuß sein! S. 232

**Crete:** Keine andere toscanische Landschaft dürfte so oft gemalt, nachgezeichnet und fotografiert worden sein wie die lehmigen Hügel der Crete im Südosten Sienas, die sich im Frühjahr wunderbar grün zeigen. S. 247

## Auf Entdeckungstour

**Brunnentour durch Siena:** Ohne Wasser wäre Siena bei Belagerungen verloren gewesen, daher baute die von Natur aus wasserlose Stadt ein raffiniertes Kanalsystem mit geschützten Brunnen, die zu den wenig bekannten Attraktionen der Stadt gehören. S. 240

## Kultur & Sehenswertes

**Die Paläste Sienas:** Gotik und Renaissance an der Piazza Salimbeni ... S. 233

**Museo Santa Maria della Scala:** Sienas eindrucksvolles Museum mit unterirdischen Gängen sowie freskierten Hallen und Kapellen. S. 243

**San Galgano:** Eine der schönsten Ruinen der Toscana war eines der bedeutendsten Klöster der Region. S. 246

**Sant'Antimo:** In wundervoller Lage erhebt sich die romanische Kirche südlich des berühmtesten Weinortes der Region, Montalcino. S. 265

## Zu Fuß unterwegs

**Wanderung von Buonconvento nach Sant'Antimo:** Eine lange, aber großartige Wanderung, die man alternativ auch in zwei Tagesetappen unterteilen kann. S. 250

## Genießen & Atmosphäre

**Pienza:** Auf dem Reißbrett entstandene Renaissance-Perle, heute auch ein Pilgerort für Schlemmer. S. 258

**Die Weinorte Montalcino und Montepulciano:** Nicht nur schön anzuschauen, sondern auch noch ideale Standorte für Weinkenner und -liebhaber: Montepulciano ist berühmt für seinen Nobile, Montalcino für seinen Brunello. S. 252, 265

## Abends & Nachts

**Enoteca Italiana:** Zum leckeren Abendessen kann man die besten Weine Italiens in Sienas schöner Fortezza Medicea genießen und erwerben. S. 245

# Blühende Kulturlandschaft für Genießer

## Siena ! ▸ H 7/8

Die backsteinrote Stadt gilt vielen als die schönste der Toscana: mit dem Campo, dem Platz aller Plätze und Schauplatz des aufregendsten Reiterwettkampfes, des Palio, dem kostbar ausgestatteten Dom und reichen Museen. Siena ist zudem dank Universität und diverser Hochschulen eine lebendige Stadt voller junger Menschen.

Ob von Castellina in Chianti, Monteriggioni oder von den unzähligen Panoramastraßen in einem Umkreis von mehr als 20 km, Siena (322 m Höhe, 52 800 Einwohner) ist immer zu sehen, bietet eine lang gestreckte Silhouette mit Türmen und Kuppeln.

Siena, die Stadt der Gotik, breitet sich innerhalb mächtiger mittelalterlicher Mauern auf den Hügelrücken **Terzo di Camóllia, Terzo di San Martino** und **Terzo di Città** aus. Dort, wo sich die Hügel treffen, bilden sie den berühmten **Campo** mit der tauben- und touristenumschwirrten Fonte Gaia.

Sienas Paläste, Kirchen und Brunnen sind ebenso wie die weit ins Land ausladenden Mauern fast unversehrt erhalten geblieben. Schon sehr früh wurde mit ihrer Sanierung begonnen und das Stadtzentrum zur ersten Fußgängerzone Italiens überhaupt erklärt.

Die Gründungsgeschichte Sienas liegt im Dunkeln, wahrscheinlich bestand eine Vorläuferstadt bereits zur Etrusker- und Römerzeit. Dass Siena wie Rom als Wahrzeichen die Wölfin hat, geht auf die mittelalterliche Geschichte von Senius und Aschinus zurück, die auf der Flucht vor ihrem Onkel Romulus hier das Castello Senio errichteten. Sie hatten die Wölfin bei sich und gaben dem Ort die Farben seiner Fahne: schwarz für die Satteldecke des Aschinus, weiß für die des Senius.

313 wurde Siena Bischofssitz. Seit 1114 sind Fehden zwischen dem

### Infobox

**Infos**

**Terre di Siena:** Offizielle Website der gesamten Provinz von Siena mit hervorragenden Informationen zu Kunst, Sport, Museen und Ausstellungen, Unterkunft und Restaurants: **www.terresiena.it.**

**Anreise und Weiterkommen**

Siena ist **Bahn**station mit Verbindung nach Florenz (und auch zum Flughafen von Pisa) nach Norden bzw. Grosseto nach Süden. Die **Bus**verbindungen innerhalb der Provinz sind mit Ausnahme der kleinen Ortschaften recht gut ausgebaut, auch die Verbindungen zu den anderen Provinzhauptstädten der Toscana sind gut, alles zentral ab/bis Piazza Gramsci/La Lizza nördlich der Kirche San Domenico. In der ältesten Fußgängerstadt Italiens fährt man nicht Auto, man sollte aber wegen der teilweise steilen Gassen zwischen den Stadtvierteln einigermaßen gut zu Fuß sein, da es kaum innerstädtischen Busse gibt, es sei denn vom und zum Bahnhof; immer mehr verfügt die Stadt aber über sehr bequeme Rolltreppen.

papsttreuen Florenz und dem kaisertreuen Siena belegt. Stets ging es um die Sicherung der Handelswege und um Wegezölle. Friedrich Barbarossa belohnte die Kaisertreue der ghibellinischen Stadt mit dem Münzrecht, der Gerichtsbarkeit und der Genehmigung, Konsuln zu wählen. Seit 1236 war Siena freie Kommune mit dem Rat der 24. 1240 folgte die Universitätsgründung. 1260 siegte Siena über Florenz, was noch heute gefeiert wird. 1555 geriet Siena dann endgültig unter Florentiner Herrschaft und wurde Teil des Großherzogtums Toscana.

## Von San Domenico zum Campo

### San Domenico 1

*Piazza San Domenico, März–Okt. tgl. 7–18.30, Nov.–Feb. 9–18 Uhr, Eintritt in die Oberkirche frei, Unterkirche nur bei Veranstaltungen geöffnet*

Die großzügige, imposante und für einen Bettelorden typische Hallenkirche San Domenico von 1225 bis 1254 birgt das einzige authentische Bild der heiligen Katharina von Siena (1347–80, Fresko von 1380) und in der kleinen Kapelle Katharinas von 1488 (Südwand) schöne Fresken (1526) mit der Leidensgeschichte der Heiligen sowie ihre Kopfreliquie. Die Unterkirche aus dem 14. Jh. ist normalerweise nur von außen zugänglich, wenn sie als Ausstellungsraum benutzt wird. Ihr hohes Backsteingewölbe, das die gesamte Schwere der Oberkirche trägt, ruht auf dicken Bündelpfeilern.

### Piazza Salimbeni 2

Von der Piazza San Domenico gelangt man über den breiten Viale Curtatone (Fahrstraße) oder die schmalere Via del Paradiso (nur für Fußgänger) zur großen Piazza Matteotti und über die schräg verlaufende kurze Via Piangiani zur Piazza Salimbeni. Drei Paläste umrahmen und prägen sie: der **Palazzo Tantucci** aus der Renaissance (im 19. Jh. verändert), der gotische **Palazzo Salimbeni** in der Mitte und der Renaissance-**Palazzo Spanocchi,** in dem die Schalterhallen untergebracht sind. Der Gebäudekomplex ist Hauptsitz der ältesten Bank der Toscana, Monte dei Paschi di Siena (seit 1472). Manchmal werden Führungen durch die historischen Bankgebäude angeboten. Außer der Architektur sind die Bildersammlung und die seit Jahrhunderten komplett erhaltenen Kontenbücher den Besuch wert.

### Banchi di Sopra und Banchi di Sotto

An der Piazza Salimbeni beginnt die Straße Banchi di Sopra, immer noch in gleicher Höhe wie die Piazza San Domenico. Die Fußgängerstraße führt an der winzigen Piazza Tolomei mit der Sieneser Wölfin, Senius und Aschinus auf hoher Säule vorbei. Hier steht der älteste Stadtpalast Sienas, der festungsartige **Palazzo Tolomei** 3 (Piazza Tolomei 11), heute Sitz der Cassa di Risparmio di Firenze. Er stammt von 1205 und wurde später aufgestockt und umgebaut.

Ein Stück weiter stößt die Straße auf die Banchi di Sotto, die hier in die Via di Città übergeht. An diesem Punkt wird man magisch in die Tiefe gezogen: durch den **Vicolo di San Pietro** direkt auf die Piazza del Campo hinab.

## Vom Campo zum Dom

### Piazza del Campo

Der Boden des muschel- oder fächerförmigen **Campo** zeigt ein Fischgrätmuster aus rotem Backstein. Die radiale Unterteilung übernehmen weiße Travertinstreifen, die unweigerlich den Blick über den um 10 m abfallenden Boden zur Geraden mit dem Palazzo Púbblico, der heute das Museo Civico birgt, lenken.

### Palazzo Púbblico 4

*Piazza del Campo 1, Museo Civico 16. Okt.–28. Feb. 10–18, März–15. Okt. 10–19 Uhr, Juli/Aug. z. T. 10–23 Uhr, Erw. 9 €, Torre del Mangia 10–16/ 19 Uhr, Erw. 10 €*

1297, zwei Jahre vor dem Palazzo Vecchio in Florenz, begannen die Sieneser mit dem Bau des Rathauses. Wie an der Fassade leicht zu erkennen ist, bestand er ursprünglich nur aus dem Mittelbau mit drei Geschossen. Das Obergeschoss wurde 1305 aufgesetzt, die Seitenflügel 1307 angebaut. Seine endgültige Form erhielt es 1680 mit Sockelgeschossen aus Travertin, die ersten zwei Obergeschosse mit gotischen Triforien-Fenstern aus Backstein.

Das **Museo Civico** lohnt allein schon wegen der Besichtigungsmöglichkeit des Palastes selbst den Eintritt. Sehenswert sind die **Sala del Mappamondo** mit den Fresken von Simone Martini (besonders die »Maestà« von 1315) und die **Sala della Pace** mit den Fresken von Ambrogio Lorenzetti: »Die gute Regierung« und »Die schlechte Regierung« (1337–39). Im obersten Geschoss auf der Rückseite des Palastes zum Markt hin befindet sich die große Loggia, von wo aus man eine wunderschöne Aussicht genießen kann. Und die ist von hier, über die aufgelöste Markthalle und das Servitenkloster hinweg, geradezu eine Sensation.

Die **Torre del Mangia,** das Wahrzeichen der Stadt, ragt 102 m in den Sieneser Himmel und wurde 1325 bis 44 errichtet. Obwohl der Turm an der niedrigsten Stelle am Campo zwischen

den drei Stadtvierteln steht, überragt er alle Türme der Stadt, auch den des Domes, was als Symbol der säkularen Macht durchaus gewollt war.

### Fonte Gáia 5

*Piazza del Campo*

Bekanntlich ist Sienas Prachtbrunnen (1409–19, von Jacopo della Quercia) nur eine Kopie, denn das Original steht nun völlig auseinandergenommen, aber immerhin fertig restauriert endgültig im Museo della Scala gegenüber dem Dom. Doch tut dies seiner Beliebtheit keinen Abbruch ... (s. auch Entdeckungstour S. 240).

Die muschelförmige Piazza del Campo ist am besten vom Rathausturm zu überblicken

## Palazzo Sansedoni 6

*Piazza del Campo*

Spätestens 1309 (das Datum ist unsicher) erließ die Stadt Vorschriften zur Gestaltung des Campo. 1359 wurde gar eine Verschönerungsbehörde eingerichtet, die dafür zu sorgen hatte, dass sich alle Fassaden des Platzes nach dem Muster des Rathauses richteten, keine Vorsprünge oder zu weit herausragende Vordächer erhielten. Ganz im Sinne der Verordnungen wurde schon 1339 der Palazzo Sansedoni in der nördlichen Kurve des Platzes aus mehreren Wohnhäusern gestaltet. Vom heutigen Sitz der Fondazione (Stiftung) Bank Monte dei Paschi di Siena ist nur die Fassade zu genießen, es sei denn bei Ausstellungen und anderen Veranstaltungen, die hier manchmal stattfinden.

## Palazzo Piccolomini 7

*Piazza del Campo, Eingang Banchi di Sotto 52/Ecke Via Rinaldini, Mo–Sa um 9.30, 10.30 und 11.30 Uhr, wegen Restaurierung evtl. geschl., Eintritt frei*

Der schon 1864 restaurierte Palazzo, 1460 bis 65 im Stil der wuchtigen Florentiner Renaissance erbaut, beherbergt das Staatsarchiv, **Archivio dello Stato.** Hier kann man die kostbaren Handschriften, die von Sieneser Künst-

lern zwischen 1258 und 1682 gemalten Bucheinbände und historische Karten betrachten.

## Via di Città

Schmale Gassen trennen den Campo von der Via di Città. Sie ist die wichtigste Geschäftsstraße im Zentrum und wird von meist nur zur Hauptstraße hin schön erhaltenen Wohnpalästen des Mittelalters flankiert, in denen sich zahlreiche Geschäfte, vor allem Delikatessläden einquartiert haben. Doch meist sind die hohen Tore an der Via di Città fest verschlossen: Banken haben hier ihren Verwaltungssitz, aber auch Privatwohnungen gibt es. Zumindest tagsüber geöffnet ist das Tor, das in den brunnengeschmückten Innenhof des **Palazzo Chigi Saracini** 8 (Via di Città 89) führt. Dies ist seit 1932 Sitz der **Accademia Musicale Chigiana** und

## Siena

**Sehenswert**

1 San Domenico
2 Piazza Salimbeni
3 Palazzo Tolomei
4 Palazzo Púbblico
5 Fonte Gáia
6 Palazzo Sansedoni
7 Palazzo Piccolomini (Archivio dello Stato)
8 Palazzo Chigi Saracini
9 Museo dell'Opera Metropolitana, Duomo Nuovo
10 Duomo di Santa Maria Assunta
11 Cripta del Duomo
12 Battistero San Giovanni
13 Santa Maria della Scala
14 Pinacoteca Nazionale
15 Santuario e Casa di Santa Caterina
16 Fontebranda

**Übernachten**

1 Palazzo Ravizza
2 Moderno
3 Duomo
4 Tre Donzelle

**Essen & Trinken**

1 Al Mangia
2 Medio Evo
3 Ristorante Numero Unico
4 Antica Trattoria Papei

einer wertvollen Instrumenten- und Gemäldegalerie, die Mo–Fr 10.30, 12, Sa 10.30 Uhr mit Führung zu besichtigen ist (Erw. 7 €) oder bei Sonderausstellungen; s. auch www.chigiana.it.

## Der Domplatz

Die Via del Castoro führt, an der Questura vorbei, direkt zur **Piazza Jacopo della Quercia** zwischen Dom und Neuem Dom mit dem Dombaumuseum. Gegenüber der Westfassade des Domes breitet sich der riesige Komplex des früheren Krankenhauses **Santa Maria della Scala** (s. u.) aus, das heute eines der wichtigsten toscanischen Museumskonglomerate aufgenommen hat.

An der Nordwestseite des Domes wurde der **Palazzo Vescovile** (Piazza del Duomo), der Erzbischöfliche Palast, 1718 bis 1723 in historisierender Manier gotisch angebaut. Da auch heute noch Amtssitz, kann er normalerweise nicht besichtigt werden.

### Museo dell'Opera Metropolitana und Duomo Nuovo 9

*Piazza Jacopo della Quercia/Piazza del Duomo 8, tgl. Nov.–Feb. 10.30–17.30, März–Okt. 10–19 Uhr, Erw. 7 €, nach Sammelticket Opa Si Pass mit Dom etc. fragen*

Der neue Dom wurde 1399 begonnen, doch nie vollendet, da die Statik misslungen und den Sienesen das Geld ausgegangen war. Charakteristisch ist die Fassade mit hohem Bogen, **Il Facciatone**. Man kann auch sie erklettern (Blick!).

Das sorgfältig gestaltete und nicht überladene Dombaumuseum im ›fertigen‹ Teil des Neuen Domes gehört zu den großen Sehenswürdigkeiten Sienas. Bei seinen bedeutendsten Kunstwerken handelt es sich um Originalskulpturen der Domfassade von Giovanni Pisano (1284–97), ein Relief von Jacopo della Quercia und um Duccio di Buoninsegnas »Maestà« von 1311, bis 1506 das Hauptaltarbild im Dom.

### Duomo di Santa Maria Assunta 10

*Piazza del Duomo, Mo–Sa wie Dombaumuseum, s.o., So/Fei nur 13.30–18, während der freigelegten Fußböden ca. 21. Aug.–21. Okt. 9.30–18 Uhr, inkl. Libreria Piccolomini Erw. 4 €, bei abgedecktem Fußboden, 7 €*

Der Dom wurde 1210 an der höchsten Stelle der Stadt begonnen. Ab 1297 schmückte Giovanni Pisano die Fassade mit Skulpturen aus, 1316 folgte die Chorerweiterung, 1369 die Erhöhung des Langhauses. Das Gotteshaus mit der geradezu farbenfrohen Inkrustierung seiner Westfassaden verfügt außerdem über eine überaus reiche Ausstattung im Inneren.

Die dreischiffige Basilika prägen innen hohe Arkadenbögen, Stützen und Wände sind in Querstreifen schwarzweiß marmoriert (Sienas Farben und zudem übernommen aus der Pisaner Romanik). Die Büsten unter dem umlaufenden Gesims zeigen die Päpste des 15. und 16. Jh. Die **Kanzel** schuf Nicola Pisano mit Gehilfen und seinem Sohn Giovanni 1265–68. Es handelt sich um eine der vier berühmten Kanzeln der Familie, neben denen in Dom und Baptisterium von Pisa sowie in der Kirche Sant' Andrea in Pistóia. Das runde Glasfenster an der Stirnwand über dem Chor soll nach einer Zeichnung Duccios (1287/88) entstanden sein und zeigt »Tod«, »Himmelfahrt« und »Krönung Mariä«. Das **Chorgestühl** (1363–97), bei einer offiziellen Stadtführung zugänglich, ist wundervoll mit perspektivisch verspielten Bildern intarsiert.

Eine Besonderheit bildet der **Marmorfußboden,** zwischen 1372 und 1562 entstanden, mit seinen dekorativen und bildlichen Einlegearbeiten. Die älteren Bilder (u. a. von Domenico Beccafumi, 1485/86–1551, von dem auch die meisten kerzentragenden Bronzeengel im Chor stammen) sind mit Teer gefüllte Ritzungen im Marmor. Die späteren Bilder sind mosaikartig aus Marmorstücken komponiert.

Am Langhaus links vom Chor ließ Francesco Todeschini Piccolomini, der spätere Papst Pius III., 1495 die **Libreria Piccolomini** anbauen, speziell für die wertvolle Handschriftensammlung seines Onkels Pius II., des Erbauers von Pienza in der südöstlichen Toscana. In schönsten Farben leuchtende Fresken von Pinturicchio über Le- ▷ S. 243

**Gotische Pracht: Duomo di Santa Maria Assunta**

# Auf Entdeckungstour: Brunnentour – Wasserversorgung und Kunst zugleich

**Siena ist eine Stadt mit wenig eigenem Wasser. Um auch im Belagerungszustand autark zu sein und der Gefahr des Verdurstens zu entgehen, wurden einst etliche, teils festungsähnliche Brunnen gebaut, die bis heute durch teils kilometerlange Kanäle miteinander verbunden sind.**

**Zeit:** mindestens einen halben Tag

**Planung:** Für die Besichtigung der Originalstücke der Fonte Gáia sind die Öffnungszeiten des **Museo della Scala** 13 zu beachten (Mo, Mi, Do 10.30–16.30, Fr–So 10.30–18.30 Uhr).

**Start:** Der Brunnen Fontebranda 16

**Infos:** Eine Sieneser Organisation kümmert sich um die geistige Vermarktung der *bottini*; über sie kann man einige *bottini* sowie das Museo dell'Acqua besuchen (nur nach Voranmeldung, siehe www.ladianasiena.it).
Eine Aufstellung aller Taufbrunnen der Contrade Sienas gibt es unter www.iltesorodisiena.net/2011/10/il-contradaiolo-tra-la-fonte-e-la-vita.html.

## Fontebranda in der Contrada dell'Oca

Der auffälligste und trutzigste Brunnen Sienas ist die Fontebranda unterhalb von San Domenico im schönen und reichen Stadtteil der Contrada dell'Oca. Mit diesem von vier Löwenköpfen ›geschützten‹ Reservoir hat Siena einst eine Demonstration der ›Macht des Wassers in der Stadt ohne Wasser‹ hinbekommen. Unter dieser festungsgleichen Konstruktion verlaufen die *bottini*, mit dem deutschen Begriff Fässchen nur unzureichend übersetzt: Auf einer Länge von rund 25 km bei einer Neigung von 1 m auf 1 km versorgten sie ganz Siena mit Wasser, eine beachtliche Ingenieursleistung. Überwölbt von falschen (weil aus dem Felsen geschlagen und nicht gemauert) und doch wunderbar gearbeiteten Kreuzgewölben.

Rechts und links dieser Wasserkanäle kann man noch heute unterirdisch entlangspazieren. Immer wieder finden sich darin große, z. T. auch oberirdisch zugängliche Becken, aus denen der abgesetzte Kalk geschöpft wird. So gereinigt findet man in dieser stets sauberen Kanalisation keine Ratten. Das Wasser nutzt man jetzt dennoch nurmehr für Schaubrunnen, denn das Trinkwasser kommt heute über große Überlandleitungen in die Stadt.

## Tauf- und Contrada-Brunnen

Bereits im 14. Jh. wurde die mutwillige, aber auch unabsichtliche Verschmutzung des Brunnenwassers rigoros verfolgt und für die Nutzung der Speicher, gleich ob privat oder öffentlich, galten strenge Gesetze. Bald übernahmen die Brunnen auch die Funktion von Taufbrunnen, besonders wichtig in den *contrade* (Stadtteilen, siehe auch S. 74), deren Hauptmann die Taufe der Neugeborenen übernahm. Bis heute hat jede Contrada noch ihren eigenen Taufbrunnen, manche sogar ganz moderne.

## Brunnen der Contrada della Selva

Schräg gegenüber der Fontebranda beginnt die Rolltreppe in die Stadt hinauf. Man kann aber an ihrer Seite auch den historischen *Costone* hochlaufen bis zur gleichnamigen Kleinkunstbühne. Oben angekommen schaut man gleich auf den **Brunnen der Contrada della Selva** (Piazzetta della Selva), eng in eine Hausecke gedrückt, den das Symboltier der Contrada, ein Nashorn aus Bronze, schmückt. Unglaublich hoch ragt hier auch das Hospiz des bereits um 1050

gegründeten Ospedale Santa Maria della Scala auf, inzwischen eines der schönsten Museen der Toscana (s. S. 243).

### Die Originalstücke der Fonte Gáia im Museo della Scala

Vor der Treppengasse des Vicolo di San Girolamo führt eine recht breite innere Straße durch (!) **Santa Maria della Scala** (s. S. 243). Und hier finden wir einen (Seiten-)Zugang zum gesamten Museumskomplex, wo die Originalstücke der Fonte Gáia vom Campo aufbewahrt werden. Leider hat man sie nach ihrer langwierigen Restaurierung aus unerklärlichen Gründen nicht wieder zusammengesetzt, aber einzelne Teile wie die beiden Brunnenfiguren »La Libertà« und »La Carità« lohnen wirklich den Besuch wie auch die vielen Vitrinen mit etruskischen und römischen Funden im ebenfalls hier untergebrachten Archäologischen Museum und überhaupt der aufregende Verlauf dieser ›Stadt unter der Stadt‹! Hier könnte man Stunden verbringen, dabei ist man in den unteren Etagen fast immer ganz allein.

### Fonte Gáia auf dem Campo

Immer schön den Hinweisen zur *uscita*, dem Ausgang, folgend, erreicht man über eine lange Treppe die Eingangshalle mit herrlichen Fresken, die auf die Funktionen des ehemaligen Hospitals hinweisen. Den Gebäudekomplex verlassend, steht man dann oben auf dem Domplatz. Von hier ist es nur ein Katzensprung zum **Campo** mit der tauben- und touristenumschwirrten Kopie der **Fonte Gáia** – allerdings ohne die beiden Standfiguren, die im Original heute nur im Museum (s. o.) zu sehen sind.

### Zum Fonte del Casato

Sienas Brunnen sind über die ganze Altstadt verteilt. Zu den bereits erwähnten seien ein paar weitere genannt: So etwa einer der tatsächlich schönsten privaten Renaissancebrunnen im Innenhof des eindrucksvollen **Palazzo Chigi-Saracini** (s. S. 236). Hier, wo auch die Musikhochschule untergebracht ist, kann man tagsüber problemlos in den Innenhof treten, um das schöne Stück zu bewundern.

Auf derselben Straßenseite des Palazzo führt eine enge Gasse abwärts zu dem unter dem Straßenniveau versteckten, aber über eine steile Treppe erreichbaren **Fonte del Casato** (Via del Casato di Sotto), auch Fonte Serena genannt. Das ist der Taufbrunnen der Contrada dell' Aquila, der mit einem großen imposanten Doppelbecken geradezu prahlt.

### Brunnen der Contrada della Torre

Durch ein recht mittelalterlich anmutendes Wohnviertel mit hohen Backsteinhäusern kommt man zum **Mercato Vecchio** (Piazza del Mercato) mit der wieder offenen ovalen Halle, deren weit vorkragendes Dach angenehmen Schatten spendet.

Von hier aus überblickt man den schönen Klosterkomplex der Servitenkirche und nach Überquerung eines tiefen Grabens mit einem großen Waschhaus, das vom Campo-Regenwasser gespeist wurde, geht es hinein in die Contrada della Torre. Auf der rechten Seite der Piazzetta Artemio Franchi breitet sich der moderne Taufbrunnen aus, symbolisiert durch den Elefanten mit einem Turm auf dem Rücken, dem Wappen der Contrada.

ben und Wirken des Papstes und Onkels schmücken die Wände im oberen Teil. Die Mondsichel aus dem Wappen der Piccolomini, die in Siena vieles hinterlassen haben, dient als häufiges Schmuckelement.

### Cripta del Duomo 11

*Scala di San Giovanni, Öffnungszeiten s. Dombaumuseum S. 238, Erw. 6 € (inkl. Audioguide!)*

Die Krypta des Domes befindet sich auf halber Höhe zwischen Baptisterium und Domchor. Nach aufwendiger Restaurierung kam ein wunderbarer Freskenzyklus (um 1280) zum Vorschein, der unbedingt betrachtet werden sollte. Doch so wie die Schönheit der Fresken verzaubert, so verwirrt hier die Architektur: Wo steht man gerade, wohin gehört mittendrin die Außenhaut der Kuppel (zum Baptisterium!) etc.?

### Battistero San Giovanni 12

*Piazza San Giovanni, Öffnungszeiten s. Dombaumuseum (s. S. 238 ), Erw. 4 €*

14 m tiefer als der Eingang des Domes, über eine endlos scheinende Treppe zwischen Museum und Domchor erreichbar, an der Krypta vorbei gelangt man an der Piazza San Giovanni in das Baptisterium. Der Raum entstand zunächst als stützendes Element bei der Erweiterung des Domchores 1316 und bot sich in der Folge gut als Unterkirche an (1325 fertiggestellt). Die Taufkapelle beeindruckt durch ihre schöne Raumwirkung und die gekonnte Statik; die großzügigen Gewölbe ruhen auf voluminösen Pfeilern. Das riesige Taufbecken mit Szenen aus dem Leben Johannes des Täufers schufen (ab 1417) die bedeutendsten Bildhauer ihrer Zeit: Donatello, Ghiberti, Giovanni Turino und Jacopo della Quercia.

### Museo Santa Maria della Scala 13

*Piazza Duomo, www.santamariadellascala.com, ganzjährig, Mo, Mi, Do 10.30–16.30, Fr–So 10.30–18.30 Uhr, Erw. 9 €*

Gegenüber der breiten Treppe der Domfassade steht das frühere Ospedale di Santa Maria della Scala aus dem 13. bis 14. Jh., das bis 1990 als Krankenhaus diente und jetzt u. a. das **Archäologisch-Etruskische Museum** mit Funden aus Siena und Umgebung sowie Chiusi beherbergt. Besonders eindrucksvoll ist das labyrinthische Untergeschoss, wo man den vorgeschlagenen Routen unbedingt folgen sollte (s. S. 242).

Es heißt, der Name des Hospitals beziehe sich auf die imposante Treppe (ital. *scala*) des Domes. Sehenswert ist in dem riesigen Gebäudekomplex, der zum größten Kulturzentrum der Stadt ausgebaut wurde, auch die **Sala del Pellegrino** mit einem eindrucksvollen Freskenzyklus von Domenico di Bartolo (1440–43). Zum Komplex gehört ferner die einschiffige **Spitalkirche** (1252 und 1466 verändert), die man auch ohne Museumsbesuch betreten darf (gleich hinter dem Eingang links).

## Weitere Sehenswürdigkeiten

### Pinacoteca Nazionale 14

*Via San Pietro 29, Mo 9–13, Di–Sa 8.15–19.15, So/Fei 9–13 Uhr, Erw. 4 €*

Die Pinakothek, die seit 1932 im **Palazzo Buonsignori** (mit schönem Renaissancebrunnen im Innenhof) untergebracht ist, zeigt eine bedeutende Sammlung früher Sieneser Meister des 13. und 14. Jh. wie Duccio, Simone Martini sowie die Brüder Pietro und Ambrogio Lorenzetti, die hier mit erstklassigen Werken vertreten sind.

**Santuario e Casa di Santa Caterina** 15

*Via Costa di Sant'Antonio 6, tgl. 9.30–12.30, 15–18/19 Uhr, Eintritt frei, Casa durchgehend*

Ein ganz anderes Treiben herrscht im Santuario und dem **Wohnhaus der Santa Caterina**, der Stadtpatronin von Siena. Fast immer ist die Wallfahrtskirche überlaufen, und das nicht nur mit Touristen und Pilgern. Auch die Sieneser kommen gerne hierher, und wenn es nur kurz ist. Die Wallfahrtskirche der heiligen Katharina zu Füßen von San Domenico steht unter der Obhut der mächtigen Contrada dell'Oca ebenso wie die darunter liegende **Fontebranda** 16 (s. S. 240), eines der eindrucksvollsten Brunnenhäuser der Stadt, die sie auch im Belagerungszustand relativ autark machten. In der jetzigen Form mit Zinnen und spitzbogigen Arkaden wurde der Brunnen im Jahr 1246 erbaut.

## Übernachten

*Für Romantiker* – **Palazzo Ravizza** 1: Pian dei Mantellini 34, Tel. 05 77 28 04 62, www.palazzoravizza.it. DZ/ÜF 130–230 €. Beliebtes Hotel in guter Lage, mit schönen Räumen in einem Palast aus dem 17. Jh. 39 eher schlichte Zimmer und Suiten, Garten. Parkplatz.

*Familiär* – **Hotel Moderno** 2: Via Baldassarre Peruzzi 19, Tel. 05 77 28 84 53, www.hotelmodernosiena.it. DZ/ÜF 75–120 €. Familiär geführtes Hotel mit hellem Ambiente und Garten unterhalb der Porta Ovile (Rolltreppe!). 64 kleine, aber freundliche Zimmer, Restaurant, Parkplatz.

*Bequem* – **Duomo** 3: Via Stalloreggi 38, Tel. 05 77 28 90 88, www.hotelduomo.it. DZ/ÜF 69–150 €. Einfacheres, gepflegtes Stadthotel mit nur 20 Zimmern unweit des Doms.

*Einfach, aber zentral* – **Tre Donzelle** 4: Vicolo delle Donzelle 5, Tel. 05 77 27 03 90, www.tredonzelle.com. DZ/ÜF 60–99 €. Aufpolierte Pension im Obergeschoss eines Stadtpalazzo auf der Rückseite des Campo.

## Essen & Trinken

*Am Campo* – **Al Mangia** 1: Piazza del Campo 43, Tel. 05 77 28 11 21, www.almangia.it, im Sommer tgl. geöffnet. Menü um 50 €. Beliebtes Restaurant in schöner Lage mit Blick auf den Palazzo Púbblico (sehr touristisch!).

*Gotisches Ambiente* – **Medio Evo** 2: Piazza del Mercato 34, Tel. 05 77 28 03 15, www.medioevosiena.it, Mitte Juli geschl., Ruhetag Do. Menü um 30 €. Auch nach dem Umzug an den alten Marktplatz hinter dem Rathaus dürfte das Medio Evo ein vielbesuchtes bleiben, denn die Küche ist einfach gut toscanisch zu relativ normalen Preisen.

*Modernes Ambiente* – **Ristorante Numero Unico** 3: Via di Città 125, Tel. 05 77 28 79 09, www.ristorantenumerounico.it. Kein Ruhetag. Klare Linien in historischen Mauern, gepflegte toscanisch-italienische Küche, Hauptgerichte (hauptsächlich Fleisch) mit Beilage.

*Ehrlich* – **Antica Trattoria Papei** 4: Piazza del Mercato 6, Tel. 05 77 28 08 94. Normalerweise kein Ruhetag. Menü ab 24 €. Einfache, familiäre, sehr gute Trattoria am alten Marktplatz hinter dem Campo, mit toscanischer Küche ohne Schnickschnack.

## Einkaufen

Rund um den Campo (z. B. im **Dolci Senesi**) und in vielen weiteren Geschäften entlang der Touristenmeilen wie den Banchi di Sopra und Banchi di Sotto (z. B. im **Morbidi**, Banchi di

Sopra 75) findet man auf drei Stockwerken typische Sieneser und toscanische Culinaria, allen voran alle Arten von Panforte, *das* Gebäck Sienas überhaupt, eine Art haltbarer Weihnachtskuchen, das ganzjährig produziert und verkauft wird. Der Vater der berühmten Rockerin Gianna Nannini hat ihn weltweit populär gemacht. Sonst kann man sich in praktisch jeder Bar oder jedem Delikatessenladen ein *panino* zubereiten lassen wie in der Via di Città 94/95 in der **Antica Pizzicheria de Miccoli**, die inzwischen zu Nepp neigt.

## Abends & Nachts

**Enoteca Italiana:** in der Fortezza Medicea, Piazza Libertà 1, Tel. 05 77 24 71 21, www.enoteca-italiana.it, Di–Sa 15–20 Uhr. In den schönen Räumen der Festung aus dem 16. Jh. kann man (gegen Bezahlung) italienische Weine mit kontrollierter Herkunftsbezeichnung, also DOC- und DOCG-Weine kosten und/oder kaufen (Neu: Restaurant Millevini, Mo–Sa bis spät).

Sonst trifft man sich auf dem Campo, ob zum *aperitivo* oder nach Dinner in einem der teuren Café-Restaurants ringsum.

## Infos & Termine

### Information

**Informazioni Turistiche:** Piazza Duomo 1, 53100 Siena, Tel. 05 77 28 05 51, Fax 05 77 27 06 76, www.terresiena.it.

### Termine

Alle interessanten Termine, die von der Stadt organisiert oder unterstützt werden, findet man aktuell unter SienaAgenda, www.sienagenda.it. Speziell Konzerte an wechselnden suggestiven Orten wie Kirchen und Klöstern, in romantischen Innenhöfen und kostbar ausgestatteten historischen Sälen, übersichtlich nach Datum sortiert bzw. anzuklicken.

**2. Juli** und **16. Aug.: Palio delle Contrade,** die wichtigste historische Veranstaltung zu Ehren der Madonna di Provenanzo bzw. der Madonna dell' Assunta (s. S. 74). Viele Infos unter www.ilpalio.org.

### Verkehr

Generelle Informationen bietet die Stadt unter **Siena mobilità**, kostenfreie Telefonnummer in Italien 800 92 29 84 (Festnetz), mobil 199 16 81 82 oder online unter sienamobilita.it.

**Bahn:** Stdl. Verbindung mit Florenz über Poggibonsi, Castelfiorentino und Empoli (von dort auch weiter nach Pisa und Livorno), nach Grosseto im Südwesten sowie nach Chiusi im Südosten. Zugauskunft s. www.trenitalia.com. Vom Bahnhof führen bequeme Rolltreppen in die Altstadt weit oben; auch Busse stehen bereit.

**Busse:** Information und Kartenvorverkauf an der Piazza La Lizza, Tel. 05 77 20 42 59. Ab Piazza La Lizza bzw. ab der benachbarten Piazza Gramsci. Nach Florenz fahren die SITA-Busse entweder als Schnellverbindung über die Superstrada oder mit Zwischenstopps auf der Landstraße etwa halbstündlich. Für Arezzo ist die LFI zuständig. Sonst sorgt die Sieneser TRAIN für Verbindungen in die Provinz: Colle Val d'Elsa wird halbstündlich und häufiger angefahren; nach Castellina zu den Hauptverkehrszeiten häufiger. San Gimignano ist meist hervorragend angebunden: alle 15 bis 55 Min. Weniger gut ist die Verbindung nach Volterra (über Colle Val d'Elsa).

**Taxi:** Funktaxi (7–21 Uhr) Tel. 057 74 92 22, www.taxisiena.it; Taxistände u. a. Piazza Matteotti und Bahnhof.

**Landschaft wie aus dem Bilderbuch: die Crete**

## Ausflug nach San Galgano ▸ G 8

Bis nach San Galgano sind es ca. 33 km. Man verlässt Siena im Südwesten an der Porta Fontebranda, folgt den Hinweisschildern nach Massa Maríttima und fährt weiter unter der westlichen Umgehungsstraße *(tangenziale)*. Die Straße windet sich zunächst in schönen Kurven abwärts, um dann auf der Geraden beim wegen der Ansiedlung einer pharmazeutischen Firma unglaublich gewachsenen **Rosía** bis auf 205 m Höhe abzufallen. 1 km danach ist die Abzweigung hoch nach **Torri** zu empfehlen (253 m). Hier befindet sich ein ehemaliges, winzig kleines, von den Piccolomini errichtetes Kloster mit wunderschönem Kreuzgang, das allerdings nur montags und freitags 9–12 Uhr zugänglich ist. Doch ein Besuch lohnt sich vor allem für Liebhaber der sakralen Architektur. Man meint in einem klar gegliederten Renaissance-Kreuzgang zu stehen, dabei entstand der fantasievoll dekorierte dreigeschossige Kreuzgang viel früher: der untere Bereich Ende des 12. Jh., die beiden oberen Geschosse im 13. und 14. Seine Farben: schwarzer und weißer Marmor sowie Cotto, also Backstein. Genauer zu betrachten sind die fein ausgearbeiteten Kapitelle!

Am Rande der dicht bewaldeten Montagnola-Hügel, einem großartigen Wandergebiet, geht es wieder hinauf, kurvenreich bis auf 436 m Höhe mit weiten Ausblicken in die südwestlich gelegenen Colline Metallífere. Weite Weizenfelder wechseln ab mit dichten Macchiawäldern.

Am **Bivio del Madonnino** erkennt man bereits ein Stück weiter südlich auf einem Hügel das **Eremo di Montesiepi.** Doch nicht diese runde Kirche, eine beliebte Hochzeitskapelle, ist normalerweise der Grund des Aus-

flugs, sondern die Klosterruine **San Galgano** in der Ebene darunter. Sie ist eine der schönsten sakralen Ruinen der Toscana und eine sehr bedeutende dazu. Die Zisterzienser errichteten das Kloster ab 1224 in 80-jähriger Bauzeit unterhalb der Einsiedelei Montesiepi, finanziell unterstützt von Adeligen aus Siena, künstlerisch von Mönchen aus dem französischen Clairvaux.

Eine Ruine ist San Galgano (tgl. ab 9 Uhr, Erw. 2 €) schon seit dem 15. Jh., 1789 wurde es säkularisiert, und seine Steine dienten in den folgenden Jahrzehnten als Baumaterial. Nur die eindrucksvollen Kirchenwände sind stehen geblieben, die Sakristei, der Kapitelsaal und die Schreibstube. Inzwischen ist von Olivetanern eine kleine Kunstwerkstatt eingerichtet worden, und man veranstaltet Ausstellungen sowie Konzerte.

Über das kleine **Monticiano** geht es auf schmaler, serpentinenreicher Provinzialstraße durch die Waldhügel der Montagnola 14 km bis zur Straße 223 (Siena–Grosseto) Richtung Siena. An der Kreuzung **Fabbricaccia** sollte man die Hauptstraße verlassen, um geradeaus auf die schmalere Straßenvariante über **San Rocco a Pilli** Richtung Siena auszuweichen, die durch das sanft gewellte Hügelland wieder auf die Hauptstrecke nach Siena und zurück zur Porta Fontebranda führt.

## Übernachten

*Eine Oase der Ruhe* – **Borgo di Stigliano:** Sovicille, Loc. Stigliano (SI) (10 km südwestl. von Siena), Tel. 05 77 34 22 74, http://borgodistigliano.it. DZ/ÜF 72–130 €. Wunderbar gelegenes, restauriertes bäuerliches Anwesen mit 10 Zimmern und schönem Blick auf Stigliano und die bewaldete Montagnola.

## Aktiv

*Das kleine Dorf im Rücken* – **Relais Borgo di Toiano:** Loc. Toiano, Sovicille, Tel. 05 77 31 46 39, www.borgoditoiano.it. DZ/UF 89–120 €. Das Dorf Toiano bildet sozusagen die Kulisse für das hübsche Anwesen aus angenehm-bäuerlichen Reihenhäuschen (10 Zimmer) und einer Villa, in der sich Rezeption und der großzügige Frühstücksraum, wo es auch leichte Mittagsessen und abends toscanische Brotzeiten gibt, befinden. Pool, Parkplatz. Kostenloser Radverleih.

# Crete ! ▶ H/J 8

Eine ca. 100 km lange Rundtour führt in die Crete, die sanft gewellte Hügellandschaft, bis **Buonconvento:** Von der Porta Pispini zur Kreuzung Due Ponti und dort zunächst auf der Landstraße 73 Richtung Arezzo, bei Taverna d'Ar-

## Lieblingsort

**Abbazia Monte Oliveto Maggiore** ▶ J 8

Die Olivetaner-Abtei besitzt nicht nur eine großartige Lage inmitten eines dichten Waldes, sondern auch einen wunderbaren Kreuzgang mit großartigen Fresken von Luca Signorelli und Sodoma zum Leben und Wirken des Ordensgründers, des hl. Benedikt (siehe rechts).

bia aber auf die 438 Richtung Asciano abbiegen, die in das schönste Stück der Sieneser Crete führt. Diese Landschaft gehört zu den geologischen Besonderheiten der Region, auch wenn sie sich in den letzten Jahren erstaunlich verändert hat, grüner, bewaldeter und dadurch artenreicher wurde.

Immer wieder taucht eine Farm auf, zu der eine Zypressenallee führt, je nach Jahreszeit umgeben von nackten, umgepflügten Hügeln, golden wogenden Weizenfeldern oder rostbraunen Hirserispen. Ab und zu ist ein kleiner natürlicher Teich mit grünblauem Wasser in einer Senke auszumachen.

## Asciano

Das geht so bis **Asciano,** das inzwischen außer seinem schönen großen Renaissancebrunnen auch ein neues Museumszentrum im **Palazzo Corboli** am Corso Matteotti zu bieten hat, an seiner Hauptachse also.

### Museo Archeologico e d'Arte Sacra

*Corso Giacomo Matteotti 122, www.museisenesi.org, Okt.–März Fr–So 10.30–13.30, 14.30–17.30, April–Sept. Mi, Do 10–13, Fr–So auch 14–18, 5 €*

In diesem schönen, gekonnt restaurierten Palast sind u. a. Funde aus der nahen etruskischen Nekropole von Poggio Pinci sowie Sieneser Malerei aus dem 14. und 15. Jh. ausgestellt. Schon der Palazzo selber ist den Rundgang wert, den man mit einer Audiovisionsschau beginnen oder beenden kann.

### Abbazia Monte Oliveto Maggiore

*53041 Asciano (SI), So nur vorm., sonst 9/9.15–12, 15/15.15–18 Uhr, im Winter bis 17 Uhr, www.monteolivetomaggiore.it, Eintritt frei*

In Asciano folgt man der Beschilderung zur Abbazia Monte Oliveto Maggiore. Etwa 1 km vor der prächtigen Abtei ist rechts ein stark erodiertes Crete-Stück zu erkennen. Die weitläufige Anlage der Abbazia in 273 m Höhe betritt man durch ein festungsartiges Tor und gelangt in eine großartige, halb naturbelassene Parklandschaft aus dichtem Eichen- und Pinienwald. Weil die Klosterräume um die Mittagszeit geschlossen sind, kann man es sich so lange in der netten Trattoria oder in ihrem Garten gemütlich machen, eine Kleinigkeit essen oder trinken.

In der Abtei auf dem Ölberg, wie der Name übersetzt lautet, gründeten Benediktinermönche 1313 den Olivetanerorden. Zu besichtigen sind die Kirche und der Kreuzgang mit den 36 Fresken von Luca Signorelli (1497/98) und Sodoma (1505–08), die das Leben des heiligen Benedikt illustrieren, und nun auch ein Museum und die kostbare Bibliothek, allerdings mit wenigen Büchern. Sie standen ohnehin schon lange wegen mehrfachen Diebstahls nur noch den Mönchen und den Mitarbeitern der 1954 geschaffenen Restaurierungswerkstatt zur Verfügung.

In der **Klosterapotheke** werden Souvenirs verkauft, in der neu eingerichteten **Enoteca** in historischen Gewölben wird der Klosterwein verkostet und verkauft.

## Übernachten

*Wahrlich klösterlich* – **Foresteria:** im Gästehaus des Klosters, Tel. 05 77 70 76 52, foresteria@monteolivetomaggiore.it. Übernachtung 25 €. Rund 70 Betten für Pilger wie für normale Gäste.

*Mit Panorama* – **Agriturismo di Monte Oliveto Maggiore:** 53041 Chiusure di Asciano (SI), Via delle Piazze 14, Tel. 05 77 70 76 47, azienda.agricola@monteolivetomaggiore.it. DZ/ÜF 70–80 €.

6 Zimmer mit Bad, Salon mit Kamin und Küche in einem historischen Bauernhaus an der Stadtmauer mit schönem Blick bis Siena und ins Casentino.

## Essen & Trinken

*Hausmannskost im Tor* – **Trattoria La Torre:** Abbazia Monte Oliveto Maggiore, Tel. 05 77 70 70 22. Ruhetag Di, Bar ab 8 Uhr durchgehend geöffnet. Menü ab 20 €. Trattoria im Torturm der Abtei mit herrlicher Terrasse und guter toscanischer Hausmannskost.

## Infos

**Ufficio Turistico delle Crete Senesi:** beim Souvenirladen des Klosters, www.cretesenesi.com.

# Buonconvento ▸H 9

Nur knappe 9 km sind es bis zur Via Cassia (SR 2), in deren Beuge das Festungsstädtchen Buonconvento liegt. Es diente Siena im 13. Jh. als Bollwerk gegen feindliche Kommunen an der alten Frankenstraße. Hier starb übrigens am 24. August 1313 der deutsche Kaiser Heinrich VII. auf dem Weg nach Pisa, kurz nach seiner Krönung in Rom.

Buonconvento scheint in seinen nur noch teilweise intakten mittelalterlichen Mauern recht geruhsam zu leben, ein wirklich netter Ort, der sich neuerdings mit mehreren Trattorien zu einem Schlemmernest zu entwickeln scheint. Doch auch interessantes ›Museales‹ hat es zu bieten.

### Museo della Mezzadria Senese und Museo d'Arte Sacra

*Piazzale Garibaldi, Via Soccini 18, April–Sept. Di, Do 10–13, Sa 11–13, 15–18, So 15–18, Okt.–März Di, Do 10–13, Sa 11–13 Uhr, Museo Arte Sacra April–Sept. Di–So 10–13, 15–19, Nov.–März bis 18 Uhr, Sammelticket Erw. 5 € (beide Museen z. Zt. noch wegen Wasserschäden geschl.)*

Dem Phänomen der *mezzadria*, der Halbpacht, die noch bis in die 60er-Jahre des 20. Jh. das Leben der Bauern bestimmte, wurde in Buonconvento ein eigenes Museum gewidmet, das in nachgestellten Szenen und Fotos das entbehrungsreiche, anstrengende Leben der Halbpächter darstellt.

Den Besuch kann man mit der Besichtigung des bescheidenen **Museo d'Arte Sacra** in einem Teil des eleganten Jugendstilpalastes Ricci Soccini an der Hauptgasse kombinieren und ganz nebenbei den floralen Jugendstil des Wohnhauses von 1907 bewundern.

# Wanderung von Buonconvento nach Sant'Antimo ▸H 9

*Start/Ziel: Buonconvento (Bahnhof)/ Sant'Antimo; Strecke/Länge: für die ca. 25 km lange Tour ist ein ganzer Tag einzuplanen*

Vom Bahnhof in Buonconvento folgt man der schmalen Landstraße Richtung Murlo; nach knapp 1 km stehen links zwei große Zypressen, bei denen ein Staubweg zum **Landgut Castelrosi** (ca. 700 m) führt. An der Mauer des Anwesens verläuft der jetzt schattige Weg nach rechts bis zu einer Gabelung, hier nach links über einen sanften Hügel auf einen einsam stehenden Baum zugehen. Jetzt ist schon die **Villa La Torre** mit ihren zwei Türmen auszumachen; dort führt ein breiter Fahrweg nach rechts zum Ort **Bibbiano.** Nun geht es eine schmale Landstraße südwärts leicht absteigend in den

Wald, wo sie zur Staubstraße wird und zur **Ombrone-Brücke** (normalerweise nur Fußgängern vorbehalten) führt. Nach der Flussüberquerung folgt man auf rund 4 km dem Weg Nr. 2, Schilder Richtung Montalcino weisen die Strecke zum ersten Etappenziel.

Die Wanderung führt durch ein leicht gewelltes, im Wechsel von Wäldern und Auen geprägtes Land, das teilweise für den Weinanbau genutzt wird. Auf einer bald erreichten Anhöhe bietet sich ein großartiger Blick auf Montalcino. Bisher ist es kein anstrengender Weg. Doch nun geht es bei Montosoli, kurz vor einer Landstraße, rechts ab, zwischen mehreren Weingütern hindurch, immer steil hinauf nach **Montalcino** (s. S. 265). Nach knapp 3 km stolpert man durch die Porta Burelli, nach Montalcino hinein – dem idealen Ort für eine kleine Stärkung.

Die Fortsetzung der Wanderung verläuft gleich unterhalb der hübschen Fortezza: Beim großen Parkplatz geht es in die Via del Poggiolo, vorbei am **Weingut Poggiolo.** Unten angekommen, führt unser Weg nach links ein Stück Asphaltstraße hinauf, dann weisen die weiß-roten Markierungen nach rechts in den Wald. Unter dem **Colle Civitella** überquert man die Straße Richtung Grosseto und betritt auf der anderen Seite einen dichten Steineichenwald (Hinweis: Villa a Tolli). Gleich am Anfang locken links Hinweisschilder zum *villaggio etrusco,* einer etruskischen Siedlung mit Festung, Hausfundamenten und Zisterne aus dem 6. bis 3. Jh. v. Chr., an der sicher noch länger gegraben wird.

Weiter geht es den rot-weißen, auf kleinen Meilensteinen angebrachten Markierungen folgend. Mäusebussarde kreisen über dem Wald, Eidechsen und harmlose Schlangen kreuzen den Weg, Schafe und Ziegen grasen auf den Weiden, und immer wieder genießt man weite Ausblicke auf den hier schon nahen **Monte Amiata** (18 km Luftlinie). Schließlich geht es vorbei am **Podere il Cocco,** an **Villa a Tolli** mit Kirchlein zur Fattoria La Magia, hinter der man einen wunderschönen Blick auf die einsam stehende **Abteikirche von Sant'Antimo** (s. S. 265) weit unten im Tal genießt. Man steigt nun mitten durch einen Weinberg bzw. an seinem Rand abwärts, es ist die einzige unbequeme Wegstrecke, weil man teilweise über große Steine

**Wanderung von Buonconvento nach Sant'Antimo**

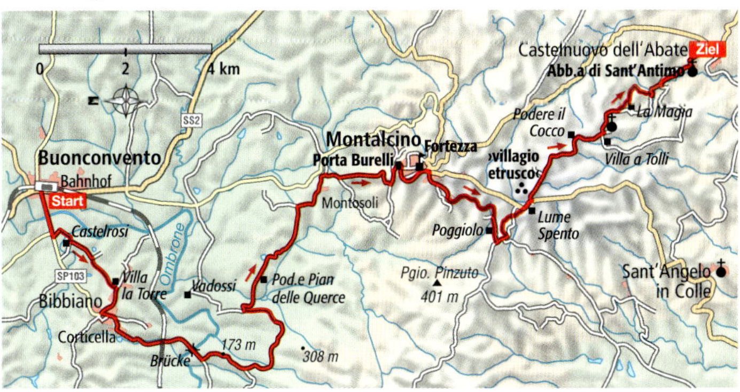

durch den Hohlweg stolpern muss. 1 km oberhalb von Sant'Antimo findet man in **Castelnuovo dell'Abate** die Bushaltestelle. Von hier hat man eine Busverbindung nach Montalcino und von dort weiter nach Buonconvento zum Bahnhof.

# Montepulciano ▸ K 9

In seinen trutzigen Mauern erhebt sich Montepulciano schön aus dem leicht gewellten, offenen Land zwischen Orcia- und Chiana-Tal im Südosten der Toscana und bildet eines der geschlossensten und harmonischsten Stadtbilder der Region. Weil das Frühmittelalter mit der Vorherrschaft der Adelsfamilien bis ins 18. Jh. hineinwirkte und das Bürgertum nicht hochkommen ließ, hat sich Montepulciano mit seinen zahlreichen Renaissancepalästen im historischen Zentrum kaum verändert. Es blieb ein architektonisches Juwel, das von Bürgerinitiativen liebevoll weitergepflegt wird.

Montepulciano ist inzwischen ein lebhaftes Handels-, Einkaufs- und Dienstleistungszentrum mit rund 14 300 Einwohnern. Die Hügellage ähnelt der Sienas, wer die Stadt durchstreifen will, muss sich auch hier auf steile Gassen einstellen. Die Häuser und Paläste tragen den grauen Schleier der Jahrhunderte, was ihnen einen zwar düsteren, aber würdevollen Eindruck verleiht.

## Stadtrundgang

Man betritt die Stadt von Norden kommend durch die imposante **Porta al Prato** (Viale I Maggio) – mit toscanischem Wappen und dem Löwen von Florenz – als Teil der Befestigungsanlage von Antonio da Sangallo (16. Jh.). So gelangt man auf den langen **Corso,** der von Nord nach Süd in leichten Windungen die Stadt durchzieht und mehrere Namen trägt. Südosttor ist die **Porta delle Farine** (Via delle Farine) oder **di Cagnano** aus der mittelalterlichen Stadtmauer (14. Jh.).

### Rechts und links des Corso

Hier reihen sich Palazzo an Palazzo: **Palazzo Avignonesi** (Nr. 91, 16. Jh.), **Palazzo Tarugi** (Nr. 80, 16. Jh.), **Palazzo Bucelli** (Nr. 73, 17. Jh.), **Palazzo Cocconi** (Nr. 26, 1518–34, Sangallo zugeschrieben). An der **Piazza Manin** schlägt eine Pulcinella-Gestalt aus der Commedia dell'Arte die Glocke der **Torre di Pulcinella**. An der Kreuzung, die zur Kirche Santa Lucia führt, erhebt sich vorne am früheren Kräutermarkt die **Loggia del Mercato** (Piazza delle Erbe, 16. Jh.).

### Piazza Grande

Im südlichen Drittel der Stadt breitet sich die Piazza Grande mit ihrer unregelmäßigen Architektur und schönem Backsteinbelag in Fischgrätmuster aus. Sie wird von den vielleicht wichtigsten Gebäuden der Stadt umrahmt. Neben dem Dom sind es der **Palazzo Contucci,** 1519 von Sangallo für Kardinal Giovanni Maria del Monte, den späteren Papst Julius III., begonnen. Gegenüber der **Palazzo Comunale,** das Rathaus, nach Entwürfen von Michelozzo 1440–65 erbaut und dem Palazzo Vecchio von Florenz recht ähnlich. Der Innenhof stammt von einem Vorgängerbau aus dem 14. Jh. Für den Aufstieg entschädigt reichlich der schöne Rundblick von oben (tgl. alle 30 Min. für max. 7 Personen in Begleitung 10–13, 14–18 Uhr, Erw. 5 €).

Nördlich der Piazza Grande schließt sich an der gleichnamigen Straße der **Palazzo Ricci** (16. Jh.) an als schönes architektonisches Beispiel der Hochrenaissance, heute Sitz der Europäischen Akademie für Musik und Darstellende Kunst (Via Ricci 9–11). Es folgen die zusammenhängenden **Palazzi Nobili Tarugi** (Piazza Grande), wieder Bauwerke Sangallos, diesmal mit einer offensichtlichen Verbeugung vor den Medici (Wappen zwischen zwei Löwen auf dem Brunnenbalken, 1520). Dahinter folgt zur Via Ricci hin der **Palazzo del Capitano del Popolo** (Piazza Grande 2/Ecke Via Ricci, 14. Jh.), der heute als Gerichtsgebäude dient.

### Duomo

*Piazza Grande, tgl. 8.30–13, 15.30–19 Uhr, Eintritt frei*

Auffälligstes Gebäude am Hauptplatz ist jedoch der Dom, der 1594 begonnen wurde und seitdem seine unvollendete Fassade behalten hat. Reinschauen lohnt sich allein schon wegen des wunderbaren Triptychon mit »Mariä Himmelfahrt« (15. Jh.) von Taddeo di Bartolo.

### Palazzo Neri-Orselli

*Via Ricci, April–Okt. Mo 15–20, Di–So 10–20, Nov.–März nur bis 18 Uhr, Erw. 8 €*

Im Anschluss an den Palazzo del Capitano steht der Palazzo Neri-Orselli, der heute das **Museo Civico** mit der **Pinacoteca Crociani** beherbergt. Ein schöner Backsteinbau des 14. Jh. mit quer verlaufenden Travertinbändern und Sieneser Fenster- und Türbögen. Im Doppelmuseum befinden sich fast alle wertvollen Kunstwerke Montepulcianos, und dies effektvoll aufgestellt.

## Übernachten

*Für Stadtromantiker* – **Il Marzocco:** Piazza Savonarola 18, Tel. 05 78 75 72 62, www.albergoilmarzocco.it. DZ/ÜF 90 €. Kleines Hotel mit 16 Zimmern in mehreren zusammenhängenden Gebäuden innerhalb der Stadtmauer. Sympathische, etwas angestaubte Atmosphäre.

**Montepulciano, eines der stimmungsvollsten Städtchen der südlichen Toscana**

*Familiär* – **Villa Ambra:** Località Sant'Albino, S.S. 146 Nr. 8, Tel. 05 78 79 80 55, www.villaambra.com. DZ/ÜF 80–94 €. Freundliches Hotel, 20 Zimmer, Pool; gutes Restaurant für Hausgäste. Zum selben Besitz gehört ein Weingut mit Olivenölproduktion und Agriturismo in herrlicher Lage mit 4 Zimmern.
*Wie bei Mamma* – **Il Cittino:** Via di Voltaia nel Corso 27/Ecke Via Nuova 2, Tel. 05 78 75 73 35. DZ/ÜF 50 €. 3 einfache Zimmer mit Gemeinschaftsbad; man wird liebevoll umsorgt von der Wirtin, die im selben Haus ihre kleine Trattoria führt.

## Essen & Trinken

*Stilvoll und gut* – **La Grotta:** Località San Biagio 15, Tel. 05 78 75 74 79, www.lagrottamontepulciano.it, Jan./Feb. geschl., Ruhetag Mi. Degustationsmenü 50 €. Stilvoll eingerichtetes, traditionelles Restaurant gegenüber der Kirche San Biagio, mit kleinem Garten, wunderschön an lauen Sommerabenden. Gepflegte toscanische Küche.
*Urig* – **Osteria Acquacheta:** Via del Teatro 22, Tel. 05 78 71 70 86. Ruhetag Di. www.acquacheta.eu. Menü ab 20 €. Schmales Lokal mit dunklen Holztischen, richtig deftigen toscanischen Gerichten und hausgemachten *dolci*. Berühmt: die Bistecca Fiorentina.
*Lecker und günstig* – **Il Cittino:** s. o. Kleine, gemütliche Trattoria mit guter toscanischer Küche wie Gemüse- oder Dinkelsuppen, Kaninchen, gegrilltes Fleisch. Menü ab 12 €.

*Mein Tipp*

**Madonna di San Biagio**
Außerhalb von Montepulciano Richtung Pienza steht auf einer natürlichen Terrasse der Zentralbau der Wallfahrtskirche Madonna di San Biagio, 1518 bis 1540 von Antonio da Sangallo d. Ä. erbaut, dem Montepulciano sein Renaissanceäußeres insgesamt verdankt. Brunnen und die loggiaverzierte **Canonica** gegenüber wurden ebenfalls nach seinen Entwürfen geschaffen (Localitá San Biagio, tgl. im Sommer 8.30–18.30, im Winter 9–13, 14–20 Uhr, Eintritt frei).

## Einkaufen

*Zum Stöbern* – **Antiquitätenmarkt:** Mitte Mai–Mitte Dez. jeden 2. Sa/So des Monats, auf der Piazza Grande; einer der schönsten Märkte seiner Art. Infos unter www.stradavinonobile.it.
*Ein Genuss* – **Wein und Öl:** Montepulciano ist berühmt für seinen **Vino Nobile,** der üblicherweise gleich nach dem Brunello di Montalcino genannt wird. Klar, dass man den in den *cantine* des Städtchens probieren und kaufen kann, da braucht man nicht weit zu gehen: den Corso entlang reicht! So trifft man auch auf die drei bekanntesten Kellereien: **Avignonesi** und **Redi** sowie **Poliziano**. In den verlockenden Auslagen der zahlreichen Weinläden findet man auch hervorragendes **Olivenöl** aus biologischem Anbau.

## Infos & Termine

### Information

**Pro Loco:** 53045 Montepulciano (SI), Piazza Don Minzoni 1 (unterhalb der Porta al Prato), Tel. 05 78 75 73 41, www.prolocomontepulciano.it.

### Termine

**Cantiere Internazionale d'Arte:** Meist in der letzten Juli-Hälfte findet die

Musikalische Kunstwerkstatt statt, das wichtigste kulturelle Ereignis der Stadt, vom deutschen Komponisten Hans Werner Henze bereits 1976 initiiert. Infos und Kartenbestellung sowie Anmeldung zu Kursen unter www.fondazionecantiere.it.

**Bruscello:** 4–5 Tage um den 15. Aug., ein farbenprächtiges Handwerker- und Bauernfest mit volkstümlichem Theater und Musik (www.bruscello.it).

**Bravio delle botti:** Meist am letzten So im Aug. Ausgelassen gefeierter Wettbewerb, bei dem schwere Weinfässer die steilen Gassen hochgerollt werden (www.braviodellebotti.com).

### Verkehr

**Bahn:** Montepulciano Stazione (9 km nordöstlich) an der Strecke Florenz–Chiusi; Anschlussbusse nach Montepulciano.

**Bus:** Von Siena verkehren Busse in relativ dichter Folge.

# Ins Chiana- und Orcia-Tal ▸ K 9

## Chianciano Terme

10 km südöstlich von Montepulciano liegt der Kurort **Chianciano Terme,** der auch ein interessantes Archäologisches Museum besitzt. Dicht dabei liegt das ältere, verschlafene Chianciano selbst in 550 m Höhe. Zusammen haben die beiden Orte knapp 7500 Einwohner. Wegen der hervorragenden Infrastruktur mit Hotels in allen Kategorien eignet sich Chianciano Terme sehr gut als Aufenthaltsort – nicht nur für Kurende, sondern auch für Reisende in Sachen Kultur und Natur.

### Museo Civico Archeologico Delle Acque

*Viale Dante, www.museoetrusco.it, Ostern–Okt. Di–So 10–13, 16–19 Uhr, im Winter nur Sa/So/Fei, Erw. 5 €*

Am Ortsrand lohnt das Archäologische Museum einen Besuch, übrigens auf Initiative der lokalen Hobbyarchäologen entstanden, die nicht müde werden, immer weiter zu graben und zu sichten. Dafür durfte das Museum als eines der ersten in der Toscana seine wichtigsten Funde behalten! Es birgt vor allem etruskische Funde aus der nächsten Umgebung, Prunkstück ist ein komplettes Fürstengrab. Es blieb so gut ›erhalten‹, weil es in sich zusammengebrochen war und so alle Beigaben etc. darunter konserviert hatte. Jüngste Ausgrabung ist das Wirtschaftsgewölbe der Villa, inzwischen voller etruskischer Funde.

## Übernachten

*Ganz fein* – **Grand Hotel Excelsior:** Via Sant'Agnese 6, Tel. 057 86 43 51, www.grandhotelexcelsior.it. DZ/ÜF 90–160 €. Feines Kurhotel (seit 1927, 2002 völlig renoviert) mit beheizbarem Pool und 72 großzügigen, kostbar handstuckierten und mit Antiquitäten eingerichteten Zimmern. Schöne Salons, Restaurant; Parkplatz. Alles in allem ein Haus, das an die ›gute alte Tradition‹ des Kurortes anknüpft.

*Modernisiert* – **Moderno:** Viale G. Baccelli 10, Tel. 057 86 37 54, www.hotelmodernochianciano.com. DZ/ÜF 80–150 €. Schön renoviertes Kurhotel mit beheizbarem Pool im Garten und Tennisplatz, 64 Zimmer.

*Einladend* – **Perugina:** Via Adig 31, Tel. 057 86 49 52, www.hotelperugina.com. DZ/ÜF 50–70 €. Freundliches kleines, familiär geführtes Hotel mit 20 Zimmern ohne großen Aufwand, aber komfortabel. Parkplatz.

## Essen & Trinken

Keine überragende Gastronomie, weil die meisten Hotels über recht gute Restaurants verfügen.

*Familiär* – **Hostaria il Buco:** Via della Pace 39, Tel. 057 83 02 30. Zwei Wochen im Nov. geschl., Ruhetag Mi. Menü ab 23 €. Lokal beim historischen Chianciano. Toscanische Küche, hausgemachte Pasta, im Herbst Pilzgerichte und Trüffel (dann teurer).

## Infos

**APT:** 53041 Chianciano Terme (SI), Piazza Italia 67, Tel. 05 78 67 11 22, www.chiancianotermeinfo.com. Allgemeine Infos über das Chianatal unter www.terredisiena.it.

# Chiusi ▸ K 9

Nur 14 km weiter östlich folgt jenseits der Autobahn A1 und hart an der umbrischen Grenze in 375 m Höhe Chiusi (8900 Einwohner). Als Camars war es eines der wichtigsten etruskischen Zentren. Heute wird der Ort touristisch nur wenig frequentiert, ausgenommen von Liebhabern etruskischer Kultur. Und ihnen hat er nicht nur das Archäologische Museum und die Nekropolen am Ortsrand zu bieten, sondern neuerdings auch ein Labyrinth. Nicht zu vergessen: das Museum der Kathedrale.

### Museo Archeologico

*Via Porsenna 93, tgl. 9–20, Winter bis 18 Uhr, Erw. 6 €. Nekropolenbesuch (3 €) ein paar Tage vorher anmelden (Tel. 057 82 01 77)*

Eines der ältesten Archäologischen Museen der Toscana zeigt nach seiner grundlegenden Neuordnung übersichtlich zahlreiche Funde ab der Bronzezeit um 1000 v. Chr. und bis zur Eisenzeit, als sich hier im Gebiet die Etruskerkultur zu etablieren begann. Interessant sind die kulturellen Auswirkungen auf die wirtschaftlichen Beziehungen mit anderen Völkern, wie man an Importware etwa aus Korinth, also Griechenland sieht, die gerne von den Etruskern nachgeahmt wurde. Im Untergeschoss des Museums sind römische Funde aus der Umgebung aufgestellt, auch eines der besten bekannten Porträts des Kaisers Augustus als junger Mann.

Der Besuch der Nekropolen wie der berühmten **Tomba della Scimmia**

Chiusis Archäologisches Museum birgt Schätze wie diesen reich verzierten Sarkophag

(Grab des Äffchens), **Tomba del Leone** (Grab des Löwen) sowie **Tomba della Pellegrina** (Grab der Pilgerin) muss im Museum angemeldet werden (Di, Do, Sa 11 und 16, im Winter um 14.30 Uhr). Zwar sind diese Gräber freskiert, doch ein Stück weiter südlich im Latium gibt es interessantere etruskische Grabanlagen zu sehen, deren Fresken zudem besser erhalten sind.

### Museo Civico Città Sotteranea

*Via II Cimina 2, Mai–Okt. Di–So 10.15, 11.30, 12.45, 15.15, 16.30, 17.45, Nov.–April Do/Fr 10.10, 11.10, 12.10, Sa/So auch 15.10, 16.10 und 17.10 Uhr, Erw. 4 €*

Richtig aufregend ist der geführte Besuch im **Palazzo delle Logge** und dem **Palazzo Bonci-Casuccini**. Die sogenannte Epigraphische Sektion führt zu Gängen voller etruskischer Urnen und zu einem rekonstruierten Verkaufsladen im mittelalterlichen Weinkeller unter dem Palast, in dem einst etruskische Funde gehandelt wurden. Interessant sind die zahlreichen Inschriften, die man auf rund 200 Dachziegeln gefunden hat, welche zugleich auch als Deckel für Ascheurnen genutzt wurden; in solcher Anzahl sind Inschriften nur aus Chiusi bekannt, ein Hinweis darauf, dass die hiesige Bevölkerung gebildet und des Lesens kundig war.

### Museo della Cattedrale

*Piazza Baldini ex Duomo 7, Juni–15. Okt. tgl. 9.45–12.45, 15.45–18.15, 16. Okt.–Mai meist nur vormittags, Erw. inkl. Labirinto 5 €*

Beim Dom und in dessen Unterbau hat man das Kathedralenmuseum eingerichtet, das eine bedeutende Sammlung an Chorälen und Codices aus dem 15. Jh. mit wunderschönen Miniaturen besitzt, außerdem sakrales Mobiliar, Schmuck und Gemälde (15.–17. Jh.) sowie ein paar vorgeschichtliche Funde in den Gängen des unterirdischen **Labirinto di Porsenna**. Diese interessante etruskische ›Unterwelt‹ kann man vom Dommuseum aus mit Führung besichtigen. Sie führt u. a. zu einer Brunnenkonstruktion, mit der die Römer die etruskische Anlage als Regenwasserspeicher ausgebaut hatten. Auch der Campanile ist zu besichtigen sowie zwei Katakomben (2 km außerhalb, je 5 €), die einzigen christlichen in der ganzen Toscana!

## Essen & Trinken

*Keller im Tuff* – **Zaira:** Via Arunte 12, Tel. 057 82 02 60, www.zaira.it. Außer Juni–Sept. Ruhetag Mo. Menü ab 28 €. Das traditionelle Lokal mit einem berühmten Weinkeller in etruskischen Gängen, den man als Hausgast auf Anfrage besichtigen kann, und typischen Gerichten genießt einen guten Ruf.

## Infos

**Ufficio Turismo:** 53043 Chiusi (SI), Via Porsenna 79, Tel. 05 78 22 76 67, www.prolocochiusi.it; allgemeine Infos zum Chianatal unter www.terresiena.it.

# Pienza ▸ J 9

Die kleinste Stadt der Südtoscana liegt in Hügellage auf 491 m Höhe und hat rund 2100 Einwohner. Der unterhalb des heutigen Städtchens im damaligen Corsignano als Enea Silvio Piccolomini 1405 geborene Dichter und Humanist ließ als Papst Pius II. seinen alten Heimatort von den besten und teuersten Stadtplanern seiner Zeit, Bernardo Rossellino und Leon Battista Alberti, auf dem nahen Hügel zu einem architektonischen Schmuckstück ausbauen.

Da der bebaubare Platz auf dem Hügel recht begrenzt war, wirkt die **Piazza Pio II,** das Herzstück des Städtchens, durch einen perspektivischen Trick deutlich größer, als sie in Wahrheit ist: Von dem aus Travertin gebauten Palazzo Púbblico mit seinem mächtigen Turm her gesehen, verlaufen die Palastfronten rechts (Palazzo Piccolomini) und links (Bischofspalast) vom Dom nicht parallel zueinander, sondern führen leicht auseinander und über die Domfront hinaus, eben um Größe vorzutäuschen.

### Duomo Santa Maria Assunta

*Piazza Pio II, tgl. 8–13, 14.30–19 Uhr, Eintritt frei*

Die klar gegliederte Fassade verweist auf die Renaissance, dabei versteckt sich dahinter eine dreischiffige Halle (1460–1464) im nordischen spätgotischen Stil, der dem Auftraggeber, Papst Pius II. besonders gefallen hatte. Eindrucksvoll sind die großen Maßwerkfenstern, in denen das Wappen der Piccolomini, die Mondsichel, auftaucht.

### Palazzo Piccolomini

*Piazza Pio II 2, Di–So 10–18.30, im Winter bis 16.30 Uhr, Erw. 7 €*

Der Besuch des Papstpalastes lohnt allein schon wegen der herrlichen Aus-

**Als Mitbringsel wärmstens zu empfehlen: der Pecorino aus Pienza**

sicht über das Orcia-Tal, die nach dem Willen des Piccolomini-Papstes in den Palastbau tatsächlich als ›Gemälde‹ integriert wurde.

### Museo Diocesano

*Corso Il Rossellino 30, Mitte März–Okt. Mi–Mo 10–19 Uhr, im Winterhalbjahr nur Sa/So/Fei 10–18 Uhr, Erw. 4,10 €*

Eine der neuesten Errungenschaften Pienzas und auch eines der hübschesten Museen der Gegend mit einem geradezu vornehmen Innenhof, wo sich auch das Informationsbüro des Städtchens befindet. Ausgestellt sind sakrale Kostbarkeiten aus Kirchen und Klöstern Pienzas und der Umgebung.

## Übernachten

*Panoramisch* – **Piccolo Hotel La Valle:** Via Circonvallazione 7, Tel. 05 78 74 94 02, www.piccolohotellavalle.it. DZ/ÜF 105–130 €. Komfortables kleines Hotel mit 15 Zimmern unweit des historischen Zentrums. Garage im Preis inkl.

*In Klostermauern* – **Il Chiostro di Pienza:** Corso Rossellino 26, Tel. 05 78 74 84 00, www.relaisilchiostrodipienza.com. DZ/ÜF 70–142 €. Nettes Hotel mit 37 kuscheligen Zimmern und Suiten im früheren Kloster. Riesige Panoramaterrasse und Restaurant zum Orcia-Tal.

*Pure Renaissance* – **Il Rossellino:** Corso Rossellino 97, Handy 33 81 22 64 21, www.rossellino.it. DZ/ÜF 60–120 €. Liebevoll in einem Renaissancepalast eingerichtetes kleines B & B.

## Einkaufen

Den ganzen **Corso Rossellino** entlang, aber auch sonst überall in Pienza, trifft man auf **Delikatessläden,** die unglaublich verlockend ausgestattet sind. Letztendlich bieten fast alle die gleichen, meist hochwertigen Produkte an, die tatsächlich um Pienza herum produziert werden, allem voran **Pecorino** in allen möglichen Variationen und Reifegraden. Aber auch Wein, Olivenöl, Wurst- und Schinkenwaren sowie Grappa.

## Infos

### Information

**Ufficio Turistico:** 53026 Pienza (SI), Piazza Dante Alighieri 18, Tel. 05 78 74 90 71, www.ufficioturisticodipienza.it. Außerdem das kommunale Informationsbüro, Corso Rossellino 30 (Museo Diocesano), Tel. 05 78 74 99 05.

### Verkehr

**Busse:** Relativ dichter Fahrplan zwischen Chiana- und Orcia-Tal (San Quirico d'Orcia und Chiusi). Zum Entdecken der hügeligen Landschaft benutzt man besser Wagen oder Fahrrad.

*Mein Tipp*

**Montichiello: Schlemmen im Tor**
Mittags muss man Glück haben, um hier einen der winzigen Tische im Lokal, auf seiner Empore, im Sommer auch auf der Stadtmauer zu erwischen, denn Arbeiter aus der Umgebung und Vertreter kommen gerne auf einen Suppenteller oder eine leckere Pasta vorbei. Man kann hier den ganzen Tag über eine Kleinigkeit essen und trinken oder auch Kulinarisches zum Mitnehmen einkaufen. Zu den Hausspezialitäten gehören Perlhuhn und Lamm sowie toscanische Schweineleber, im Herbst natürlich Wildgerichte.
**La Porta:** Via del Piano 1, Tel. 05 78 75 51 63. Ruhetag Do, sonst durchgehend geöffnet. www.osterialaporta.it. Menü um 30 €, mittags 23 €. Neu: das nahe La Cantina (Via San Luigi 3, Ruhetag Mi).

# Montichiello ▶ J 9

Ein winzig kleines, und dennoch urbanes Kleinod des Mittelalters ist dieses befestigte Dorf in 546 m Höhe (ca. 210 Einw.) mit Blick auf die wunderschöne Kulisse Pienzas. In den letzten Jahren in die italienischen Schlagzeilen gekommen, weil dem Dorf ein bauliches Spekulationsobjekt vorgesetzt wurde, für Legambiente u. a. italienische Schützer von Natur und Kulturlandschaften einfach eine Schande.

Aber das historische kleine Montichiello ist innerhalb seiner mittelalterlichen Mauern geblieben, wie es immer war, und seine Bewohner, die zu den aufmüpfigsten der Toscana gehören, nehmen noch immer kein Blatt vor den Mund. Gleich hinter dem Haupttor befindet sich das von den Bewohnern errichtete **Museo del Teatro Povero,** das interaktiv die Geschichte des Dorfes und seines Theaters erzählt (Piazza Nuova, tgl. 10, 11, 12, 15, 16, 17 Uhr, vorsichtshalber vorher anrufen, Tel. 05 78 75 51 18).

## Termine

**Juli/Aug.:** Teatro Povero. Früher wurde im ganzen Dorf, vor der Kirche, auf den kleinen Plätzen etc. gespielt, heute auf der leicht ansteigenden **Piazza Nuova** in der Nähe des Museums, wo man ganzjährig alles über die Theatertradition erfährt. Infos unter www.teatropovero.it.

# San Quirico d'Orcia

▶ J 9

Über kurvenreiche Straßen mit schöner Aussicht geht es weiter ins wehrhafte Städtchen San Quirico d'Orcia (563 m), das an der Via Cassia (SR 2) liegt und mittlerweile vollständig restauriert wurde. So bereitet es jetzt ein wahres Vergnügen, durch die mit Kopfstein gepflasterten Gassen zu ziehen und in einem der netten Lokale einzukehren.

Wohl etruskischen Ursprungs, war die Stadt schon im Jahr 550 Zankapfel zwischen den Bischöfen von Siena und Arezzo. Erst nach Beendigung der Streitigkeiten durch Papst Honorius III. 1220 wurde die Stadt aretinisch, 1462 von Papst Pius II. Pienza zugeschlagen und 1772 verleibte sie schließlich Clemens XIV. Montalcino ein.

Die wichtige strategische Position an der damaligen Hauptverkehrsader durch die Toscana, der Frankenstraße, machte San Quirico auch aus weltlicher Sicht bedeutend: Schon Barbarossa schlug hier 1154 sein Lager auf, was die Stadt mit einem Barbarossa-Fest im Juni fröhlich feiert. Nach einer wechselvollen Geschichte schenkte Cosimo de' Medici 1677 den Ort Kardinal Flavio Chigi, dessen Nachkommen er teils noch heute gehört – mit vielen Ländereien und kleinen Festungen in der Umgebung. Heute umfasst das Gemeindegebiet nur noch 42,17 km² und knapp 2800 Einwohner.

Stiftskirche, Palazzo Chigi (mit dem Rathaus) und Palazzo Pretorio reihen sich an der Via Dante, die sich durch den ganzen Ort bis in Richtung Bagno Vignoni zieht. Richtung Chianciano steht die trutzige Porta Cappuccini (12.–15. Jh.).

### Collegiata di Osenna

*Via delle Carbonaie 1*

Die Stiftskirche aus dem 12. bis 13. Jh. gehört zu den kunsthistorischen Sehenswürdigkeiten des Städtchens. Mit ausgewogenem romanisch-lombardischen Hauptportal (geknotete Rundpfeiler auf Löwen, 12. Jh.) und schönen romanisch-gotischen Seitenportalen (13. Jh.). Das figurengeschmückte Portal am rechten Seitenschiff wird Giovanni Pisano zugeschrieben. Ein Triptychon von Sano di Pietro (15. Jh.) lohnt einen Blick ins Innere (falls offen).

### Palazzo Chigi

*Piazza Chigi*

Nach jahrzehntelangen Renovierungsarbeiten ist dieser mächtige Palast endlich wieder der Öffentlichkeit zugänglich gemacht. Er wurde im Jahre 1679 für Kardinal Chigi errichtet. Heute beherbergt er ein Kulturzentrum mit Ausstellungsräumen sowie das Rathaus und ist tagsüber meist problemlos zu betreten, vor allem bei Ausstellungen. Interessant ist die größtenteils erhaltene Originalausstattung der Räume.

### Horti Leonini

*Piazza della Libertà, tgl. 8–20 Uhr, im Winter kürzer, Eintritt frei*

Im wahrsten Sinne eine Oase der Ruhe sind diese bereits im 16. Jh. eingerichteten Gartenanlagen. Sie sind zweigeteilt: oben im englischen Stil angelegt, also einem natürlichen Park nachempfunden, und unten im italienischen Stil, also wohlgeordnet. Alljährlich im Herbst wird hier eine Skulpturenausstellung junger Künstler veranstaltet, und im Sommer bilden die Gärten während des Val-d'Orcia-Festivals einen herrlichen Rahmen für Konzerte.

## Übernachten

*Gemütlich* – **Relais Palazzo del Capitano:** Via Poliziano 18, Tel. 05 77 89 90 28, www.palazzodelcapitano.com. DZ/ÜF 110–280 €, Suiten 170–390 €. Wunderschön renovierter, zu einem charmanten Hotel umgebauter schmaler historischer Palast (15. Jh.). Nur 8 Zimmer und 15 Suiten, teilweise mit romantischen Himmelbetten. Mit kleinem Restaurant, kleinem Weinkeller und einem ›hängenden Garten‹.

*Entspannend* – **Casa Lemmi:** Via Dante Alighieri 29, Tel. 05 77 89 90 16, www.casalemmi.com. Außer 7.–31. Jan., DZ/ÜF 89–149 €. 9 total moderne unterschiedliche Zimmer in einem mittelalterlichen Gebäude gegenüber der Collegiata. Kleiner Garten (Frühstück!), kleiner Pool. Parkplatz.

*Verführerisch* – **Il giardino segreto:** Via Dante Alighieri 62, Tel. 05 77 89 76 65, www.giardinosegreto.info. DZ/ÜF 70–100 €. Die Architektin Cristina Cioli hat sich in diesem schmalen historischen Stadthaus einen persönlichen Traum erfüllt: Direkt nebenan (durch einen geheimen Durchschlupf verbunden) hat sie ihr Architekturstudio, kann also jederzeit nach ihren Gästen schauen, die nur 6 sehr geschmackvolle, romantische Zimmer zur Verfügung haben, eine angenehme Wohnküche für das Frühstück und einen kleinen Salon.

## Essen & Trinken

*Gemütlich* – **Trattoria al Vecchio Forno:** Via Piazzola 8, Tel. 05 77 89 73 80. Jan. geschl., Ruhetag Mi. Menü ab 25 €. In einer alten Bäckerei und dennoch wie eine typische Trattoria eingerichtetes Lokal mit einem guten Preis-Leistungs-Verhältnis. Im Sommer mit Tischen auf der engen Seitengasse.

Sonst finden sich im Ort immer neue Locations für den kleinen Hunger und den Abend, sie nennen sich Osteria oder Enoteca und bieten doch alle Ähnliches. Einfach die verkehrsberuhigte Hauptgasse entlangschlendern und aussuchen …

## Infos & Termine

### Information

**Pro Loco:** 53027 San Quirico d'Orcia (SI), Piazza Chigi 2 (gegenüber dem Rathaus), Tel. 05 77 89 97 11, www.comunesanquirico.it.

### Termine

**2.–3. Juni-Wochenende:** Festa del Barbarossa, das historisierende Fest zu Ehren Kaiser Barbarossas, eigentlich Friedrich I. zu Hohenstaufen, der sich hier 1155 mit päpstlichen Abgeordneten getroffen hatte, um die Probleme an der Grenze zwischen dem Kirchenstaat und dem Kaiserreich zu besprechen. Falknervorführungen, Fahnenschwingen, mittelalterliche Szenen, am Sonntag Nachspiel des historischen Treffens, Armbrustschießen in den Horti Leonini (s. S. 261), mittelalterliche Vorführungen und Preisverleihung an die Sieger der verschiedenen Wettbewerbe. Überall in den vier Stadtteilen gibt es Stände mit ›mittelalterlichen‹ Leckereien.

**2. Dez.-Wochenende:** Festa dell'Olio mit gastronomischen Ständen, Musik und Spektakel.

# Bagno Vignoni ▸ J 9

Wie ganz San Quirico d'Orcia gehört auch der ›Vorort‹ Bagno Vignoni, rund 5,5 km südlich, der alteingesessenen Adelsfamilie Chigi. Ein wunderhübscher kleiner Ort, dessen Mitte von einem großen Thermalbecken eingenommen wird. Genauer, rings um dieses Becken ließ der Piccolomini-Papst im 16. Jh. die Therme errichten, darunter seinen eigenen Palast, in dem heute das nette Hotel Le Terme untergebracht ist. Noch bis um 1900 wurde in diesem Becken gebadet, dann aus hygienischen Gründen untersagt.

Bagno Vignoni ist so hübsch und im Winter, wenn das warme Thermalwasser Dämpfe aufsteigen lässt und den Ort in einen Nebelschleier verhüllt, geradezu mystisch, dass er dem Regisseur Andrej Tarkowski ideal erschien, ihn als Drehort für seinen Film »Nostalgia« zu wählen. Inzwischen wurden

*Lieblingsort*

**Bagno Vignoni** ▶ J 9
Der hübsche kleine Ort rings um das große historische Thermalbecken ist ein Muss für Romantiker, für Reisende, die nicht nur mal ihre Füße ins warme Thermalwasser an den restaurierten Mühlen tauchen, sondern vor allem die Seele baumeln lassen möchten. Man kann hier hübsch wohnen und vor allem hervorragend speisen sowie anregende Ausflugsziele anpeilen.

dank eines von der EU mitfinanzierten Projekts vier **historische Mühlen** gesäubert und hergerichtet und zu einem dekorativen Ausflugsziel am Ortsrand umgestaltet, bevor das Thermalwasser sich endgültig ins Tal darunter ergießt. Vor allem an den Wochenenden sieht man ganze Familien die Füße ins wohltuend warme Wasser der schmalen Kanäle tauchen.

## Übernachten

*Romantisch* – **Locanda del Loggiato**: Piazza del Moreto 30, Tel. 05 77 88 89 25, www.loggiato.it. DZ/ÜF 90–120 €. 6 liebevoll, z. T. mit Antiquitäten eingerichtete Zimmer. Kaminzimmer, auf dessen Tisch immer etwas zur Selbstbedienung bereitsteht. Das Frühstück wird im Loggiato am Thermalbecken schräg gegenüber serviert (s. u.).
*Historisch* – **Le Terme:** Piazza delle Sorgenti am alten Thermalbecken, Tel. 057 78 71 50, www.albergoleterme.it. DZ/ÜF 119–250 €. 29 Zimmer im wunderhübsch restaurierten Kurhotel in den Räumen des historischen Palazzo Piccolomini direkt am denkmalgeschützten Thermalbecken, mit eigener Kurabreilung. Sehr gutes Restaurant. Nach Relax-Paketen fragen!

## Essen & Trinken

*Angenehm* – **Osteria del Leone:** Via dei Mulini 3, Tel. 05 77 88 73 00, www.osteriadelleone.it. Ruhetag Mo. Menü ab 34 €. Land-Osteria in vier kleinen Räumen und Freisitz für den Sommer beim Thermalbecken. Touristisch, aber gute lokale Spezialitäten, saisonal Wild- und Pilzgerichte. Für Vegetarier interessant: Die hausgemachte Pasta wird auch nur mit Gemüse oder Trüffeln oder Käse serviert.
*Einfach klasse* – **Il Loggiato:** Via delle Sorgenti 36, Tel. 05 77 88 89 73. Ruhetag Do. Spezialitätenbrett um 15 €. Vinothek u. a. mit lokalen Käse- oder Wurst- und Schinkenwaren im Untergeschoss eines einfachen Dorfhauses beim Thermalbecken. Kellerambiente mit nackten Steinwänden in zwei einfachen Räumen, effektvoll mit Kerzen ausgeleuchtet. Hier kann man als *tagliere*, auf dem Brett angerichtet, lokale Spezialitäten wie Wurst- und Käsesorten, Eingelegtes und diverse Weine probieren.

## Einkaufen

*Köstlich* – **La Bottega del Cacio:** Piazza del Moretto, www.labottegadicacio.it. Ruhetag Di, im Winter 11–17 Uhr, im Sommer 11–19/21 Uhr. Winziger Käseladen (Cacio ist die Pecorino-Spezialität der Gegend), in dem man auch andere lokale Culinaria wie Wurst und Schinken sowie Eingelegtes (mindestens 15 Sorten) kaufen – oder es vor Ort an einem der beiden Tischchen, im Sommer auch draußen, zu einem Glas Wein verspeisen kann.

## Abends & Nachts

Eigentlich ist Bagno Vignoni ein ruhiger Ort. Doch die Jugend im weiten Umkreis zieht es neuerdings hierher ins **Barrino,** die angesagteste Bar im gesamten Orcia-Tal. Sie gehört zum Hotel Posta Marcucci am Ortsrand und wurde in der früheren, kleinen Dorfschule eingerichtet. Im Sommer lockt die Bar mit Jazz- und Blues-Abenden. Außerhalb der Saison werden gerne Degustationsabende organisiert (Via Gorello 44, www.ilbarrino.it).

## Infos

**Ufficio Informazioni Turistiche:** 53027 Bagno Vigoni (SI), Parco dei Mulini, Tel. 05 77 88 89 75.

## Sant'Antimo ▸ H 9

Ein schöner Ausflug führt 20 km von San Quirico nach Sant'Antimo: erst hinauf nach Castiglione d'Orcia (540 m) und dann wieder abwärts zum Weiler Monte Amiata (332 m, nicht zu verwechseln mit dem gleichnamigen Berg weiter südlich) bis nach Sant'Antimo, das 348 m (Abtei) bis 385 m (Castelnuovo dell'Abate) liegt.

Die Abteikirche gilt als eines der am besten erhaltenen Exemplare romanischer Klosterbaukunst in Italien. Karl der Große soll die Benediktinerabtei 813 gegründet haben, im 12. Jh. wurde sie im zisterziensischen Stil wieder aufgebaut. Sie liegt einsam im Tal zu Füßen von Castelnuovo dell'Abate mit einigen gut erhaltenen Renaissancepalästen in engen Gassen.

### Abteikirche

*Località Sant'Antimo, 53024 Castelnuovo Dell'abate (SI), www.antimo.it, Mo–Sa 10.30–12.30, 15–18.30, So/Fei 9.30–10.30, 15–18 Uhr, Eintritt frei*

Die Benediktinerabtei, von der fast nur noch die Kirche übrig geblieben ist, präsentiert sich nun als eine der am besten erhaltenen romanischen Klosterkirchen Italiens. Sie ist eine Bilderbuchschönheit: auf ausladender Wiese gelegen, umgeben von Olivenbäumen, strahlt sie beim geringsten Sonnenschein im hellen Travertin. Löwen und Fabeltiere schmücken die romanischen Portale, Säulen mit Alabasterkapitellen tragen den dreischiffigen Innenraum, dessen Emporen bereits durch gotische Bögen vom Mittelschiff abgegrenzt werden. Sehenswert ist hier vor allem auch die **Madonna di Sant'Antimo**, eine farbig gefasste Holzskulptur aus dem 13. Jh., die den Jesusknaben im Arm hält, geschaffen von einem unbekannten Künstler der Umbrischen Schule.

### Essen & Trinken

Zwei ländliche preiswerte, dennoch hervorragende Adressen mit lokaler Küche befinden sich in der Nähe des Klosters: **Antica Osteria del Bassomondo,** Località Castelnuovo dell' Abate, Tel. 05 77 83 56 19 (Ruhetag Mo., Menü ab 18 €), sowie **Il Pozzo,** Località Sant'Angelo in Colle, Tel. 05 77 84 40 15 (Ruhetag Di, Menü ab 20 €).

## Montalcino ▸ H 9

Montalcino – den Ortsnamen lassen sich Weinkenner normalerweise richtig auf der Zunge zergehen, trotz der unappetitlichen Affäre um den nicht ganz rezeptgerecht produzierten Brunello passend zur Vinitaly 2008, der wichtigsten Weinmesse Italiens in Verona – das ist hoffentlich Geschichte.

Es bleibt dabei: Der Ort in 564 m Höhe mit 5200 Einwohnern verdankt seinen Weltruhm dem Brunello. Zudem ist er besonders hübsch anzuschauen mit dem urbanen Charakter seines Auf und Ab von engen Gassen zwischen hohen historischen Palästen, die in den letzten Jahrzehnten grundlegend restauriert wurden. So erweist sich Montalcino nun innerhalb fast intakter mittelalterlicher Mauern als ein wahres architektonisches Schmuckstück in Konkurrenz zu den vielen anderen reizvollen Kleinodien der Toscana.

Auch die Ausblicke von Montalcino aus sind hinreißend, und die umliegenden, meist mit Weinstöcken (am schönsten im Spätherbst bei rostroter Blattfärbung!) bedeckten Hügel der Südosttoscana eignen sich hervorragend zum Wandern oder für ausgedehnte Radtouren durch die herrliche, sanfthügelige Landschaft ringsum.

### Fortezza

*Piazzale della Fortezza, www.enotecalafortezza.com, April–Okt. Di–So 9–20, sonst 9–18 Uhr, Aufstieg zum Wehrgang Erw. 4 €, Sammelticket mit Museum (s. u.) 6 €*
Weinkenner zieht es in einen der vielen Weinläden des Städtchens oder in dessen Umgebung, um zu kosten und für den heimischen Weinkeller einzukaufen. Mit einer Besichtigung der mächtigen Fortezza lässt sich der Besuch der dort schon lange installierten **Enoteca** kombinieren, die sich natürlich vor allem auf lokale Weine spezialisiert hat, angeführt vom kostbar-schweren Brunello di Montalcino. Fraglich aber, ob sich die Eintrittsgebühr für den Aufstieg zum Wehrgang wirklich lohnt.

### Musei di Montalcino

*Ex-Convento di Sant'Agostino, Via Ricasoli 31, Di–So 10–13, 14–17.40/17.50 Uhr, Erw. 4,50 €, mit Fortezza 6 €*
Beherrscht wird Montalcino vom fast übertrieben hoch wirkenden Turm des **Palazzo Comunale** (Piazza del Popolo, 13. Jh.) mit **Loggia** (14.–15. Jh.). Zu einem Pilgerziel von Kunstliebhabern könnte jedoch das umgestaltete Städtische und Diözesanmusem werden, das eine reiche Sammlung kostbarer spätgotischer Altarbilder sienesischer Meister wie Simone Martini, Giovanni di Paolo oder Bartolo Fredi besitzt; außerdem Holzbildwerke aus dem 12. bis 17. Jh.

## Übernachten

*Gemütlich –* **Il Giglio:** Via Soccorso Saloni 5, Tel. 05 77 84 81 67, www.gigliohotel.com. 7.–31. Jan. geschl. DZ/ÜF 138–150 €, in der Dependance DZ 95 €; Übernachtung im Apartment für 2–4 Pers. 100–133 €. Kleines Hotel mit nur 12 Zimmern sowie Abendrestaurant in einem Palazzo aus dem 15. Jh.; außerdem Zimmer in der ebenfalls hübschen Dependance in einem Gebäude aus dem 16. Jh. in unmittelbarer Nachbarschaft.

*Rustikal –* **Bellaria:** Via Osticcio 19 (1,5 km südlich), Tel. 05 77 84 93 26. DZ/ÜF 62–95 €. Kleines Hotel mit 25 Zimmen etwas außerhalb von Montalcino mit netter Weinstube und Pool in Panoramalage über dem Orcia-Tal.

## Essen & Trinken

In Montalcino geht man zum Weinkosten in die **Enoteca La Fortezza** (s. o.) oder auch zum Kaffeetrinken in das historische **Caffè Fiaschetteria Italiana** (Piazza del Popolo 6) mit seinem angenehmen Jugendstilambiente mit Spiegeln und Schmiedeeisendetails (außer im Sommer Ruhetag Do). Sonst in der Umgebung etwa in die **Taverna dei Barbi** 5 km entfernt in Podernovi, Tel. 05 77 84 71 17 (Jan. geschl., Ruhetag Sa, unbedingt vorbestellen!).

## Einkaufen

**Wein,** vor allem den **Brunello di Montalcino,** kauft man natürlich am besten hier, also entweder in der Enoteca della Fortezza, in einer der inzwischen recht zahlreichen Enotheken oder auf einem der umgebenden Weingüter, z. B. auf der Fattoria dei Babi (s. o.).

## Abends & Nachts

Die **Fiaschetteria Italiana** (s. o.) bleibt bis 24 Uhr oder länger geöffnet, der In-Treff überhaupt, im Sommer mit Tischen auf der Piazza zu Füßen des schlanken, hohen Rathausturmes. Besonders empfehlenswert, wenn Weinverkostungen durchgeführt werden. Übrigens gehört die Fiascheria zu den Localin Storici d'Italia.

## Aktiv

*Wanderungen* – siehe S. 250.
*Weintouren* – Montalcino mit seinen vielen Weingütern ist ein idealer Ort, um eine Weinprobe mitzumachen oder gar eine Weintour. Etwa bei **Ciacci Piccolomini d'Aragona** in Molinello (Castelnuovo dell'Abate, 53024 Montalcino,Tel. 05 77 83 56 16, www.ciaccipiccolomini.com/).

## Infos & Termine

### Information

**Proloco Montalcino:** 53024 Montalcino (SI), Costa del Municipio 1, Tel./Fax 05 77 84 93 31, www.prolocomontalcino.com.

### Termine

**Juli:** Jazz & Wine, Teilnehmer sind international bekannte italienische wie ausländische Jazz-Interpreten. Austragungsort ist die Fortezza. Infos und Platzbuchung unter Tel. 05 77 84 93 31.
**Juli/Aug.:** Unter Kennern kein Geheimtipp mehr ist das allsommerliche **Festival Val d'Orcia**, für das Montalcino, aber auch San Quirico d´Orcia, Castiglione d'Orcia, Pienza und Radicofanin als Freilichtbühne und Schauplatz dienen. Geboten werden Theater, Musik und Ballett.

**Überall in Montalcino genießt man weite Ausblicke**

Das Beste auf einen Blick

# Arezzo und das Casentino

## Highlight!

**Arezzo:** Nur zu Fuß ist das am Hang gelegene, wunderschöne alte Zentrum der Stadt zu erreichen, wo Piero della Francescas Meisterwerk, die Fresken in der Hauptchorkapelle von San Francesco, das ganze Jahr über Kunstpilger anlockt. S. 270

## Auf Entdeckungstour

**Lebendige Vergangenheit – EcoMuseo del Casentino:** Mehrere kleine Einrichtungen, über das gesamte Gebiet des Casentino verstreut, bilden das interessante EcoMuseo. S. 278

## Kultur & Sehenswertes

**Arezzos Piazza Grande:** Einer der schönsten Plätze der Toscana mit der prächtigen Loggia Vasaris. S. 272

**Póppi:** Eine herrlich gelegene Burg mit einem fantastischen Treppenaufgang und großartigen Fresken. S. 276

## Zu Fuß unterwegs

**Camáldoli:** Wer zum Konvent und zur Einsiedelei am Gründungsort des Kamaldolenserordens fährt, sollte unbedingt auch die Wanderschuhe einpacken: Rings um die Klosteranlage erstrecken sich dichte Wälder mit uralten hohen Bäumen. S. 277

## Genießen & Atmosphäre

**Santuario della Verna:** Ruhe suchen, wo der hl. Franziskus seine Stigmata empfing. S. 283

**Caprese Michelangelo:** In Michelangelos Geburtsort kann man seinem Genius gut nachspüren. S. 283

## Abends & Nachts

**In der Filmkulisse:** Im Caffè dei Costanti in Arezzo wurden Szenen zu Roberto Benignis international erfolgreichen Film »Das Leben ist schön« gedreht. S. 275

# Arezzo! ▸ K 7

Die Stadt mit der schönen Piazza Grande ist italienweit berühmt wegen der Fresken Piero della Francescas und bei noch viel mehr Menschen wegen ihrer Antiquitätenmärkte. Und nicht zuletzt natürlich durch den Film »Das Leben ist schön« von Roberto Benigni, der aus Arezzo stammt und in seiner Stadt die Drehorte vieler Szenen fand.

## Infobox

### Infos

**Ufficio Informazioni:** morgens am Bahnhof, Tel. 057 52 68 50, nachmittags im Rathaus, Piazza della Libertà 1, Tel. 05 75 40 19 45, www.benvenutiadarezzo.it, für die gesamte Provinz www.turismo.provincia.arezzo.it.

### Internet

**http://arezzo.intoscana.it**
**www.arezzoweb.it**
**www.arezzoturismo.it**

### Anreise und Weiterkommen

Arezzo ist sowohl per Bahn als auch mit dem Wagen über Abzweigungen von den Hauptstrecken recht gut erreichbar: Die alte Bahnlinie Florenz–Rom führt über den Bahnhof Arezzos, die neuere Schnellstrecke rast in etwa 4km Abstand vorbei, die Autobahn A 1 sogar in 10 km Entfernung, dafür hat die Stadt eine spezielle Anbindung per Superstrada zur SS 3bis bekommen, die sie mit dem äußersten Osten der Region verbindet. So kommt man auch von der östlichen Emilia-Romagna recht schnell nach Arezzo.

Für Fahrten ins Casentino und überhaupt in der Umgebung Arezzos ist man mit einem eigenen Fahrzeug jedenfalls flexibler als mit den Linienbussen, die speziell zur Schulzeit und während des Berufsverkehrs fahren.

Doch Arezzo bietet sich auch als Ausgangspunkt an für eine Entdeckungstour auf Piero della Francescas Spuren und für Erkundungen des Etruskerlandes zwischen Tiber und Chianatal, aber auch ins nördliche Casentino mit seinen dichten Wäldern und dem mythischen Ort La Verna, an dem Franz von Assisi der Überlieferung nach seine Stigmata erhielt.

Arezzo, die Provinzhauptstadt mit knapp 99 500 Einwohnern, liegt im Schnittpunkt der relativ flachen Val di Chiana und dem bergigen, waldreichen Casentino im Nordosten der Toscana. Viele Jahre lockten die Antiquitätenläden mit ihren Auslagen in historischen Räumen mehr Neugierige in die Stadt, als das Werk Piero della Francescas in der Franziskanerkirche. Doch mittlerweile hat sich das geändert. Schon lange sind die weltberühmten Fresken der Hauptchorkapelle von San Francesco, die Piero seinen Beinamen della Francesca einbrachten, fertig saniert, der durch Feuchtigkeit entstandene Schaden zumindest gestoppt, und man kann in kleinen Gruppen dieses Wunderwerk der Freskomalerei bestaunen.

## Geschichte

Ab dem 7. Jh. v. Chr. besiedelten Etrusker den Stadthügel. 294 v. Chr. wurde Aretium etrusca, eine der bedeutendsten Metropolen im etruskischen Zwölferbund, Verbündete Roms. Im 4. Jh. war Arezzo bereits für die Produktion von Korallenvasen und anderen Keramiken berühmt; zu dieser Zeit wurde die Stadt Bischofssitz. Nach der Langobarden-Ära und kurzer Freiheit wurde Arezzo 1052 Sitz eines Fürstbischofs. 1287/88 attackierten Florenz und Siena abwechselnd die Stadt, und im Juni 1289 unterlag Arezzo den Florentinern.

Unter Bischof Guido Tarlati (1312–28) gedieh Arezzo, fand zu erneutem Wohlstand, baute 1317 eine weitere Stadtbefestigung und konnte sich gegen das feindliche Florenz wehren, um dann doch wieder abhängig und von Söldnerheeren beherrscht zu werden. 1538 bis 60 ließ Cosimo I de' Medici durch Francesco da Sangallo die vierte Stadtmauer mit wehrhaften Bastionen errichten, die bis heute das historische Zentrum, ein kleineres Stadtgebiet als die Mauer von 1317, umgürtet.

Zwar zerstörten die Alliierten im Zweiten Weltkrieg ganze 87 % der Stadt, doch hat man beim Wiederaufbau gute Arbeit geleistet und dem historischen Zentrum relativ stilecht sein Aussehen zurückgegeben.

## Altstadt

Arezzo schmiegt sich innerhalb seiner mediceischen Mauer in schöner städtebaulicher Manier an die Ausläufer des Casentino. Man muss sich also darauf einstellen, zumindest ein wenig ›kletternd‹ die Stadt zu erleben. Der historische Kern ist strenge Fußgängerzone.

### San Francesco 1

*Piazza San Francesco, Mo–Fr 9–19, Sa 9–17.30/18, So/Fei 13–17.30/18 Uhr, Voranmeldung für die Hauptchorkapelle www.pierodellafrancesca-ticketoffice.it, Tel. 05 75 35 27 27, Erw. 6 €, mit Voranmeldung 8 €, Sammelticket für die wichtigsten Sehenswürdigkeiten 10 bzw. 12 €*

Arezzos berühmteste Sehenswürdigkeit, die Fresken der Kreuzeslegende in der Hauptchorkapelle, sind zugleich das Hauptwerk Piero della Francescas. Links oben an der Wand ist als idealisierte Darstellung Jerusa-

**Piero della Francescas »Traum des Konstantin« in San Francesco**

lems das Stadtbild Arezzos zu sehen: der Dom an erhöhter Stelle, darunter der Campanile der Pieve, gotische Patrizierhäuser, trutzige Stadtmauern mit Toren und Eckbefestigungen sind auszumachen. Die Fresken, 1452 bis 1466 entstanden, erstaunen nicht nur durch das klare Spiel mit der Perspektive, sondern auch durch ihre Farbenpracht, den szenischen Aufbau und die schönen Porträts. Sie zeigen im Gesamtwerk Pieros häufig wiederkehrende fast bäuerliche Gesichter, die in ihrer Haltung jedoch etwas sehr Feierliches, geradezu Edles haben.

### Duomo San Donato 2

*Piazza Duomo, tgl. 7–12.30, 15–18.30, im Winter bis 17.30 Uhr, Eintritt frei*
Vorbei am mittelalterlichen **Palazzo Comunale** (Piazza della Libertà 1) von 1330 mit späteren An- und Umbauten, stößt man bald auf den Dom, zusammen mit dem Bischofspalast, der **Fortezza Medicea** (16. Jh.) und dem Stadtpark dazwischen der höchste Punkt Arezzos (290–305 m). Im Norden fällt der Hang steil ab und ist unbebaut geblieben (Parkplatz, Rolltreppe). Der San Pietro und San Donato geweihte Dom von 1277 wurde 1510 vollendet, der Campanile 1857 bis 1869 und die Fassade 1900 bis 1914 erneuert. Zum Hauptportal im Westen steigt man breite Stufen hinauf. Innen ist die Raumwirkung die einer typischen Bettelordenskirche. Umso überraschender ist die reiche Ausstattung. Zu den größten Kostbarkeiten des Gotteshauses gehört ein **Fresko der Maria Magdalena** von Piero della Francesca, fast versteckt rechts vom Kenotaph für den 1327 verstorbenen Bischof Guido Tarlati an der linken Seitenwand. Von besonderer Pracht sind die wundervoll strahlenden **Glasfenster von Guillaume de Pierre de Marcillat** (1518–24), der auch die **Deckenfresken** der ersten drei Mittelschiffgewölbe malte.

### MuDAS - Museo diocesano di arte sacra 3

*Piazza Duomo 1, tgl. 10–18.30 Uhr, Eintritt noch frei*
Das großartige, in Teilen des Bischofspalastes gegenüber dem Dom eingerichtete Museum birgt sakrale Kunst aus Arezzos Kirchen und Klöstern, befindet sich noch in der Aufbauphase.

### Casa Petrarca 4

*Via dell'Orto 28, www.accademia petrarca.it, Mo–Mi 11.30–16.30, Sa/So 10.30–17.30 Uhr, im Aug. nur auf Anfrage (Tel. 057 52 47 00), Erw. 4 €*
Die Casa Petrarca ist nicht das authentische Geburtshaus des Dichters und Humanisten Francesco Petrarca (1304–74), man weiß nur, dass es in der Via dell'Orto stand.

### Piazza Grande

Bald öffnet sich links der Durchblick über die gesamte Länge der **Loggia Vasari** 5, die bis zum Ende der Piazza Grande reicht und ihren Nordabschluss bildet. Die als Marktplatz konzipierte Piazza mit ihren Brunnen und dem Pranger war noch bis zum Zweiten Weltkrieg das wirkliche Herz Arezzos. Jetzt ist der Platz frei von Alltagsleben und Marktdüften, auch die abendliche *passeggiata* findet eher auf dem langen, geraden **Corso Italia** statt.

Arezzos Touristiker nennen den Platz gerne einen ›architektonischen Blumenstrauß‹. Tatsächlich sind von der Romanik und Gotik über die Renaissance und den Barock fast alle Stilepochen vertreten, ohne dass sie den harmonischen Gesamteindruck stören. Die leicht abfallende Lage, der Komplex des Chores der Pieve mit dem Justizpalast und der zierlichen Fassade der Laici-Kirche im Westen, die Loggia Vasari im Nor-

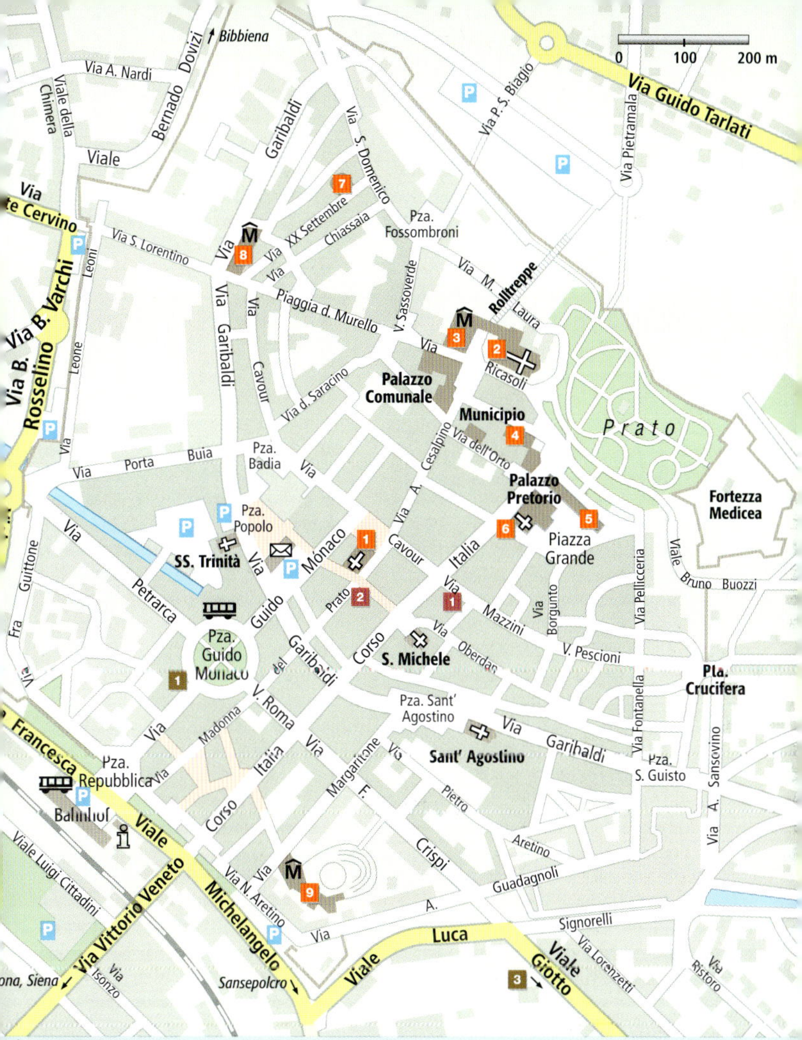


# Arezzo

**Sehenswert**

1 San Francesco
2 Duomo San Donato
3 MuDAS -
4 Casa Petrarca
5 Loggia Vasari
6 Santa Maria della Pieve
7 Casa Vasari
8 Museo Nazionale d'Arte Medievale e Moderna
9 Museo Archeologico

**Übernachten**

1 Continentale
2 Minerva
3 Casa Volpi

**Essen & Trinken**

1 Antica Osteria l'Agania
2 Il Grottino

**Authentische Filmkulisse**
Berühmtheit erlangte Arezzo auch durch Roberto Benignis Film »Das Leben ist schön«, der mit drei Oscars geehrt wurde. Die Plätze, an denen der Regisseur und Schauspieler seinen Film über den Holocaust als Tragikomödie gedreht hatte, sind über die Altstadt Arezzos verstreut und lassen sich bei einem Spaziergang alle leicht identifizieren: Piazza della Libertà, Piazza Grande, Piazza San Martino, Piazza San Francesco, Teatro Petrarca, Piazza della Badia, die Schule an der Via Porta Buia sowie die Via Garibaldi.

den als einzige architektonische Einheit sowie die Häuserfronten im Osten und Süden, schmalbrüstig und fensterreich, verleihen der Piazza einen wohnlichen Eindruck. Die Antiquitätenläden werden jedoch zunehmend von Restaurants und Cafés verdrängt.

### Santa Maria della Pieve 6

*Corso Italia 7, tgl. 8–12, 15–19 Uhr, Eintritt frei*

Im Südwesten des Platzes erhebt sich die Chorapsis von Santa Maria della Pieve, einfach Pieve genannt, die Pfarr- und Lieblingskirche der Aretiner, die sich hier im Zentrum der damaligen Stadt schon Ende des 12. Jh. ihr eigenes Gotteshaus sozusagen als Gegenkirche zum Dom auf dem Piona-Hügel bauen ließen. Mit ihrem hohen, massigen und durch 40 Biforienöffnungen doch leicht wirkenden Glockenturm von 1330 (›Turm der 100 Löcher‹ genannt) ist sie das Wahrzeichen der Stadt. Ihre mit nach oben immer zierlicheren Blendarkaden geschmückte Fassade ist wegen der Enge des Corso Italia nicht in allen Details zu erkennen. Ihre romanische Formensprache stammt aus Lucca und Pisa. Innen bildet der wundervoll restaurierte **Flügelaltar von Pietro Lorenzetti** (1320–24) auf Goldgrund die größte Sehenswürdigkeit.

Schöne Paläste stehen gegenüber und entlang dem Corso Italia, Arezzos Flaniermeile, der schnurgerade bis zur Stadtmauer/Bahnhof im Süden führt.

### Casa Vasari 7

*Via XX Settembre 55, Mi–Mo 8.30–19.30, So/Fei nur bis 13.30 Uhr, Erw. 4 €, Sammelticket für die wichtigsten Sehenswürdigkeiten 10 bzw. 12 €*

In der Via XX Settembre steht das geradezu gemütlich wirkende, dennoch ausgesprochen kostbar ausgestattete Haus Giorgio Vasaris (1511–1574), ›Vater der Kunstgeschichte‹, Maler, Architekt und Baumeister (Uffizien in Florenz, Loggia und dieses Wohnhaus). Der in der Nähe geborene, bald reich gewordene Künstler baute dieses Haus innen nach seinem Geschmack aus.

Besonders hübsch dekoriert ist das Schlafzimmer mit den Musen. Erato, die Muse der Liebeslyrik, ist das Ebenbild von Vasaris junger Frau Niccolosa Bacci. Die Familie Bacci war durch Stoffhandel sehr reich geworden und hatte die Fresken in San Francesco finanziert. Gegenüber der Erato hängt ein Diana-Bild, wahrscheinlich von Vasari selber gemalt. Schiebt man es an einem fast unsichtbaren Griff nach rechts, wird ein Spiegel frei, in dem sich das Antlitz der Muse spiegelt – vermutlich eine Hommage an die schöne Frau des Künstlers.

### Museo Nazionale d'Arte Medievale e Moderna 8

*tgl. 10–12 und 16–18 Uhr, Eintritt frei (Sammelticket jetzt wegen des freien Eintritts an dieser Stelle eigentlich unwichtig, dennoch: Erw. 12 €)*

Dieses Museum für mittelalterliche und moderne Kunst zeigt neben Aretiner Kunst italienische und ausländische Kunstwerke, auch eine der größten Majolika-Sammlungen Italiens.

**Museo Archeologico** 9
*Via Margaritone 10, tgl. 8.30–19.30 Uhr, Erw. 6 €, Sammelticket s. Casa Vasari*
In dem über dem **römischen Amphitheater** errichteten Museum werden antike Münzsammlungen sowie die berühmten, zartwandigen aretinischen Korallenvasen gezeigt.

## Übernachten

*Zentral* – **Continentale** 1: Piazza Guido Monaco 7, Tel. 057 52 02 51, www.hotelcontinentale.com. DZ/ÜF 108–138 €. Angenehmes, renoviertes Haus mit 73 Zimmern und 3 Suiten, einige davon großräumiger und mit Stilmöbeln eingerichtet.
*Geradlinig und hell* – **MInerva** 2: Via Fiorentina 6, Tel. 05 75 37 03 90, www.hotel-minerva.it. DZ/ÜF 80–200 €. Großzügiges Stadthotel westlich der Stadtmauer, 130 Zimmer. Restaurant mit günstigen Menüs.
*Parkvilla* – **Casa Volpi** 3: Località Le Pietre 2, Tel. 05 75 35 43 64, www.casavolpi.it. DZ 75–95, Suite 80–113 €; wunderbares Frühstücks-Buffet (9 € p. P.). Kleines Hotel mit 12 Zimmern und 3 Suiten in einer Villa aus dem 19. Jh. inmitten eines Parks rund 2 km vom Stadtrand. Sehr freundlich. Restaurant.

## Essen & Trinken

*Traditionell* – **Antica Osteria l'Agania** 1: Via Mazzini 10, Tel. 05 75 29 53 81, www.agania.it, Ruhetag Mo. Menü ab 15 €. Winzige Trattoria mit toscanisch-aretinischen Spezialitäten wie Kutteln und Dinkelsuppe, geröstete Schweineleber und Stockfisch zu günstigen Preisen.
*Simpel, aber gut* – **Il Grottino** 2: Via del Prato 1, Tel. 05 75 30 25 37. Ruhetag Mi. Menü inkl. Getränke ab 15 €. Einfach eingedecktes Lokal mit simpler, aber schmackhafter, nicht unbedingt toscanischer Kost.

## Einkaufen

Der **Corso Italia** ist die Shopping-Meile von Arezzo. An jedem ersten Wochenende des Monats findet im Zentrum ein **Antiquitätenmarkt** statt.

## Abends & Nachts

Durch den Film »Das Leben ist schön« weltberühmt wurde das **Caffè dei Costanti** an der Via San Francesco 19, www.caffedeicostanti.it (tgl. 7.30–2 Uhr). Schön, auch wenn der Besitzer gewechselt hat; tolle *aperitivi.*
Gemütlich in altem Gemäuer als Anhängsel der Osteria L'Agania (s. o.) nebenan lockt die **Antica Vineria dell´Agania** (Via Giuseppe Mazzini 14).

## Infos & Termine

### Information
**Ufficio Turismo:** siehe Infobox S. 270, Info-Büro im Rathaus und im Büro am Bahnhof, www.benvenutiadarezzo.it.

### Termine
**Juni und 1. So im Sept.:** Farbenprächtiges Fest, die **Giostra del Saracino**, s. www.giostradelsaracinoarezzo.it.

### Verkehr
**Bahn:** Stdl. Züge auf der alten Strecke Florenz–Rom.
**Busse:** In die nähere Umgebung fahren fast alle Busse vom Terminal am Hauptbahnhof oder von der Piazza Guido Monaco in dichter Folge ab; Fernbusse (CAT, LFI) durch die Provinz von Arezzo und über ihre Grenzen hinweg.

# Casentino

Zwischen der Emilia-Romagna im Norden und Arezzo im Süden hat sich das waldreiche Casentino am Oberlauf des Arno seine landschaftlichen Reize mit intakter Natur und einigen interessanten Städtchen sowie uralten Burgen bewahrt, weshalb es als Naturpark geschützt wird.

## Póppi ▸ K 5

**Castello di Póppi**
*Piazza della Repubblica 1, www.castellodipoppi.it, tgl. 10–18/19, im Winter nur Do–So 10–17 Uhr, Erw. 5 €*
Ein Paradestück in Sachen Festungsbau ist das Castello des hübschen mittelalterlichen Póppi, von den Conti Guidi im 13. Jh. errichtet und heute u. a. im Besitz einer bedeutenden Handschriftensammlung, die der Gemeinde von Póppi vermacht wurde und von ihr sorgsam gehütet wird: rund 600 Inkunabeln, also Drucke aus der Zeit vor 1500, 800 Manuskripte und rund 10 000 Bücher aus dem 10. bis 15. Jh.

Außerdem ist die trutzige Burg selber wunderschön anzuschauen, allein die steile Treppe im Innenhof, die zum Obergeschoss führt (s. Abb.), ist den Eintritt wert. Und erst die Fresken!

### Übernachten

*Gemütlich* – **Casentino:** Piazza della Repúbblica 6, Póppi (AR), Tel. 05 75 52 90 90, Fax 05 75 52 90 67, www.albergocasentino.it. DZ/ÜF 70 € (nur an Fest- und Ferientagen geöffnet). Ältliches und nur z. T. renoviertes, aber dennoch zauberhaftes kleines Hotel mit vielgelobtem Restaurant gegenüber dem Castello. 30 meist kleine, nette, z. T. etwas plüschig eingerichtete Zimmer.

### Essen & Trinken

*Lecker* – **Casentino:** s. o. Ruhetag außer im Sommer Mi. Menü um 20 €. Das Restaurant ist im ehemaligen Pferdestall des Castello gegenüber eingerichtet, mit gemütlichen Räumen sowie einem wunderbaren Garten unter schattigen Bäumen für laue Sommerabende. Das schnörkellose Essen, deftige casentinische Küche, ist hier auch noch besonders lecker, mit Vorliebe Fleisch vom offenen Holzfeuer (Rind, Schwein, Kaninchen, Lamm etc.) und haus-

gemachte Pasta. Vegetarier können sich mit Pasta sowie mit gebackenem Gemüse verwöhnen lassen.

## Infos

**Pro Loco:** PLZ 52014 Póppi (AR), Via Cesare Battisti 13, Tel. 05 75 50 72 27, www.prolococentrostoricopoppi.it.

# Camáldoli ▶ K 5

Ins Casentino fahren die meisten eher wegen seiner religiösen, spirituellen Stätten, also zur Einsiedelei und dem Kloster von Camáldoli sowie nach la Verna.

### Monastero di Camáldoli

*Località Camáldoli, 52010 Camáldoli (AR), www.monasterodicamaldoli.it, tgl. 9–13, 14–19.30 Uhr, Eintritt frei*

Der Gründungsort des Camaldolenser Ordens liegt in einem so herrlich tiefgrünen Wald, dass der allein schon die Anreise wert ist, um **ausgedehnte Spaziergänge und Wanderungen** zu unternehmen. Doch die große Abtei in 825 m Höhe hat auch Kunsthistorisches zu bieten: zwei Kreuzgänge aus dem 15. Jh. bzw. von 1543 sowie eine reiche Bibliothek. Und eine interessante Apotheke, in der die Mönche Klosterliköre und andere Eigenprodukte feilbieten. In der Klosterkirche findet man allein fünf ▷ S. 283

**Eindrucksvolle Architektur: die Freitreppe im Innenhof des Castello di Póppi**

# Auf Entdeckungstour:
# Im EcoMuseo del Casentino

**In der Toscana minore im Nordosten der Region hat man sich in Ermangelung imposanter historischer Highlights ein ökologisches Museum ausgedacht, das sich auf mehrere kleine Standorte verteilt.**

**Reisekarte:** ▶ J 5

**Start:** Marktplatz von Stía.

**Planung:** Bei der konkreten Planung hilft die informative Website www.ecomuseo.casentino.toscana.it von Unione dei Comuni Montani del Casentino, Via Roma 203, Ponte a Poppi (AR), Tel. 05 75 50 72 72–77, ecomuseo@casentino.toscana.it.
**Zeit:** Je nach Lust und Interesse wenige Stunden, aber auch gut mehrere Tage.

### Stía und seine Museen

Der ausnehmend hübsche Ort mit seinem tropfenförmigen ansteigenden Marktplatz, von engen Arkadengängen fast umrundet, ist ein idealer Ausgangspunkt, der auch an normalen Wochentagen und -abenden ein wenig Abwechslung bietet. Stía besitzt zumindest zwei interessante Einkaufsmöglichkeiten für die hier seit Jahrhunderten produzierten, gewalkten Wollstoffe mit Noppen, die Panno Casentino genannt werden. Die netten Geschäfte an der Hauptpiazza sind Ableger der Fabriken vor Ort: der traditionellen (Tessilnova im Ex-Lanificio di Stía mit eigenem Museum, s. u.) direkt am Fluss Stággia, der hier mit dem Arno zusammenfließt, und einer preiswerter arbeitenden Kooperative (TACS, Piazza Bernardo Tanucci 12, www.tacs.it). Entstanden ist der außerordentlich warme und dennoch atmungsaktive Stoff schon im Mittelalter im Auftrag der Florentiner Arte della Lana, damals noch in dunklen Farben und möglichst robust.

Wer mehr über die historischen Manufakturen im Ort erfahren möchte, findet alles im **Museo dell'Arte della Lana** der privaten Fondazione **»Luigi e Simonetta Lombard«** an der Via Sertori 2, www.museodellalana.it, Juni–Sept. Di–Fr 10–13, Do auch 16–19, Sa 16–19, So auch 10–13 Uhr, sonst auf Voranmeldung, Tel. 05 75 58 22 16 (oder gleich im Verkaufsraum der Wollmanufaktur, Erw. 3 €).

In Stía befinden sich zwei weitere Museen. Das eine ist nur einem Fortbewegungsmittel im Gebirge gewidmet: dem Ski. Das **Museo dello Sci** befindet sich im engen Vicolo de' Berignoli 6. Es ist zwar privat, arbeitet aber eng zusammen mit dem zum EcoMuseo gehörenden **Museo del Bosco e della Montagna**, also des Waldes und der Berge. Hier findet man eine wunderbare Sammlung, von der einheimischen Bevölkerung zusammengetragen: alles, was ihre Vorfahren für die harte Waldarbeit in den unwegsamen Bergen gebraucht hatten. Geräte wie Äxte und Spezialhammer oder alles, was man sich nach Maß vom Eisenschmied herstellen ließ, Behälter (auch für Wein aus ganz besonders leichtem Glas mit einer dünnen Korbummantelung, um Gewicht zu sparen). Ein paar Schuhe mit merkwürdig geformter dicker Holzsohle fallen besonders auf – man zog sie an, kletterte in das Kastanienfass und konnte so mit Hilfe ihrer groben Zacken die gerösteten Kastanien von ihren Schalen trennen, um sie darauf in der Steinmühle zu zermahlen. Wer Spaß daran hat, wird diverse andere Kuriositäten entdecken (offiziell geöffnet Sa 17–19, So auch 10–12 Uhr im Sommer, im Winter nur So 10–12, 16–19 Uhr. Spende als Eintritt wird gerne angenommen, Tel. für beide Museen, falls geschlossen: 05 75 58 13 23 oder 05 75 58 21 63).

## Die Entstehung der Burgen und Dörfer

In **Castello di San Niccolò** (auch Strada in Casentino genannt) mit der hübschen, teils nur als Ruine erhaltenen (privaten) Burg aus dem 12. Jh., bekommt man die Civiltà Castellana erklärt, also die Entstehung der Ortschaften aus einer befestigten Burg heraus. Ein typisches Beispiel für das Casentino, damals im Herrschaftsgebiet der Republik von Florenz. Ganz oben die Burg, darunter der *borgo*, zu dessen Füßen der später entstandene Marktort.

Man kann zwar einen Fahrweg bis zur Burg nehmen, hübscher ist aber

der Aufgang von der schön erhaltenen offenen Marktloggia im untersten Teil von Strada in Casentino. Eine relativ breite Treppe führt von hier zur schmalen Steinbrücke, dann links durch den engen Borgo hindurch zur Burg aufsteigend – man kommt am gotisch zugespitzten Burgtor mit der Stadtuhr nebenan heraus, deren historisches Uhrwerk im Castello zu bewundern ist. In einer Viertelstunde ist man oben und hat die Entwicklung der Burgorte sozusagen rückwärts durcheilt.

Die Burgen, zumeist von der im Mittelalter herrschenden Guidi-Familie errichtet, gestalteten und gestalten eigentlich bis heute ebenso wie die meist einsam stehenden Pfarrkirchen *(pievi)* und Klöster das gebirgige Casentino. Aus ihnen bzw. in ihrem Umfeld entstanden die Dörfer und *borghi* (quasi an die Burgtore angelehnte bürgerliche Straßen) sowie Marktplätze. Letztere waren besonders wichtig für die Entstehung von größeren Ortschaften, denn hier wechselten täglich Lebensmittel und Handelswaren den Besitzer, wurden Wochenmärkte, monatliche sowie Jahrmärkte abgehalten. So entstanden bald Häuser rings um den Platz, Werkstätten und Herbergen *(alberghi)* wie Lokale *(osterie)*, um reisende Händler u. a. Geschäftsleute aufzunehmen. Auch Handwerker und abhängige Bauern siedelten sich an, die das Land ihrer Herren beackerten – dankbar dafür, dass sie bei Gefahr sicheren Schutz in der Burg finden konnten. Die Häuser entlang der nach außen führenden Straßen besaßen Gärten u. a. für den täglichen Bedarf wie Haustiere, alles, was auch die Burgherren benötigten, um autark zu sein (Infos und Anmeldung für den Besuch des Castello di San Niccolò beim etwas eigenwilligen, aber sympathischen Besitzer, Maestro Giovanni Biondi, Tel. 05 75 57 29 61 freier Eintritt).

## Köhler ...

**EcoMuseo del Carbonaio:** Località La Chiesa im Ortsteil Cetica, 6 km von Strada. Infos beim Pro Loco, Tel. 05 75 55 52 80, www.cetica.it oder in der Bar La Porta, Tel. 05 75 55 51 24. Mai–Sept. Sa/So 15.30–18.30 Uhr.

Das kleine Museum mit Geräten der Köhlerei wurde in der alten Dorfschule eingerichtet. Aber auch im Freien davor (frei zugänglich) sollte man sich umsehen, denn hier stehen am Originalschauplatz Hütten und Kohlemeiler und zeigen, wie die Köhler bis in die Mitte des 20. Jh. arbeiteten und lebten. Angeschlossen ist die sogenannte **Casa dei Sapori,** in der man vieles anfassen, schmecken und riechen darf, was im Casentino gedeiht.

Einen Katzensprung von Cetica entfernt, den Pratomagno weiter ansteigend, befindet sich **Bagno di Cetica,** ein winziger Kurort in herrlicher Natur mit ein paar kleinen, in den Boden eingelassenen Thermalbecken (www.bagnodicetica.it). Hier ist Ende für normale Autofahrer, Geländewagen schaffen aber den Übergang über den bis knapp 1600 m hohen Pratomagno genauso wie Wanderer, um **Raggiolo** an seiner Ostflanke zu erreichen (die normale Straße führt von Bibbiena in 11 km hierher, zum Kastanienmusem, von Stía direkt, wären es ca. 27 km südlich).

## ... und Kastanienbauern

Das **EcoMuseo della Castagna** steht in Raggiolo an der Via Mulino, ebenfalls in der früheren Dorfschule: Juni/Juli, Sept./Okt. Sa/So, Aug. Di, Do, Sa/So 16–19 Uhr (unsicher), sonst auf Anfrage beim Kulturamt der Gemeinde Ortignano-Raggiolo, Tel. 05 75 53 92

14 sowie unter www.comune.ortignano-raggiolo.ar.it.

Die engen Dorfgassen ziehen sich an den walddunklen Abhängen des Pratomagno hoch und in den Wald hinein, bilden das Ende einer schmalen Straße, die sich durch dichtes Kastaniengebiet mit herrlich altem Baumbestand zieht. Es ist eines der hübschesten, kompaktesten und dazu wunderbar restaurierten Dörfer des Casentino. Freilich wird es nur mehr von wenigen Kastanienbauern und Schäfern, die hier eine lange Tradition hatten, bewohnt. Meist sind die alten Bewohner geblieben, den Jungen ist es zu einsam geworden. Aber sie haben ihre Häuser behalten, kommen gerne an den Wochenenden und in den Ferien in die Sommerfrische zurück. Ein paar Häuser wurden zu gerade luxuriösen Ferienwohnungen umgebaut und werden als *Borgo dei Corsi* verwaltet bzw. vermietet (www.borgodeicorsi.it). Ein Pool (nur im Sommer) und ein Restaurant gehören dazu, eine winzige Bar mit kleinem Lebensmittelladen sind sozusagen der Treffpunkt im Dorf.

Das Besondere an Raggiolo sind die noch erhaltenen traditionellen Kastanientrockenhäuser, auf deren Dachboden die kostbaren Früchte zum Trocknen ausgelegt wurden. Während man sich darunter am offenen Feuer erwärmen konnte und im Kamin Kastanien geröstet wurden, die man mit süffigem Rotwein zu genießen pflegte. Heute werden hier währenddessen ab und zu Dichterlesungen abgehalten.

Seit 2009 funktioniert wieder eine der historischen Kastanienmühlen tief im Wald, betrieben vom Wasser eines Wildbaches in einer geradezu dantesk wilden Landschaft mit riesigen Basaltbrocken, die das Wasser überwinden muss. Die Mühlen sind wichtig, denn das frisch gemahlene Kastanienmehl ist begehrt und bringt gutes Geld. Vor allem in den toscanischen Bergen liebt man Gerichte wie die leckeren flachen Kuchen aus Kastanienmehl *(castagnaccio)*. Echt natürlich nur im Winter zu haben. Genau die Jahreszeit, um den Ort aufzusuchen, weil hier immer noch traditionell gelebt und gearbeitet wird, wenn auch ein wenig ›auf Museum‹ getrimmt.

**Spezialität aus den Wäldern der Toscana: Maronen**

Altäre des aretinischen Universalgenies Giorgio Vasari, fast schon manieristisch, wenn man die Kreuzabnahme genauer betrachtet, und bereits ohne die klare Strenge der Renaissance.

**Eremo di Camáldoli**
*Località Eremo di Camáldoli, 52010 Camáldoli (AR), Mo–Sa 9–12, 15–17/18 Uhr, So/Fei zu den gleichen Zeiten, aber nur zwischen den Messen, Eintritt frei*
Etwa 300 m höher, immer tiefer hinein in den schönen, kühlen Wald, wurde der eigentliche Grundstein für den Orden gelegt, nämlich mit der Einsiedelei des Heiligen Romualdo (952–1027), dessen gar nicht so bescheidene Zelle ebenso besucht werden kann wie die reich ausgestattete Kirche San Salvatore. Doch das Schönste am Eremo ist seine Hanglage und der Blick auf die rechts und links des Weges aufsteigend angeordneten Einsiedlerhäuschen.

# Santuario della Verna ▸ K 5

*Via del Santuario 45, 52010 Chiusi della Verna (AR), www.santuariola verna.org, Kloster tgl. 6.30–22 Uhr, im Winter bis 19.30 Uhr, Cappella delle Stigmate 8–19, im Winter bis 17 Uhr, Eintritt frei*
Der eindrucksvolle Klosterkomplex am 1283 m hohen Monte Penna, wo nach der Überlieferung Franz von Assisi bereits 1214 eine Einsiedelei gegründet hatte und dort 1224 die Stigmata empfing, ist nicht nur für religiöse Pilger ein Ereignis. Der Konvent umfasst u. a. fünf Kreuzgänge, Dormitorien mit Zellen für über 100 Mönche, Refektorien, Hospital und Bibliothek. Wer die farbenfrohen Terracotta-Bildwerke der berühmten Künstlerfamilie della Robbia schätzt, wird nicht umhin können, auch deshalb La Verna aufzusuchen. Hier findet man die vielleicht größte Ansammlung ihrer Werke, dazu am Originalort, für den sie geschaffen wurden.

Einen großen Bogen sollte man um La Verna am 4. Oktober machen, am Franziskus-Tag, denn dann ist das Gedränge garantiert noch größer.

## Übernachten

*Klösterlich* – **Foresteria del Pellegrino:** Santuario della Verna, Chiusi La Verna (AR), Tel. 05 75 53 42 10, www.santua riolaverna.org. Vollpension p. Person im DZ 53–60 €. Großes renoviertes Pilgerhotel im Kloster mit 72 Zimmern (Einzel-, Doppel- u. Dreibettz.) sowie sehr beliebtem Restaurant (leckere casentinische Küche; festes Menü 16,50– 18 €), das die Pflichtvollpension rechtfertigt. Während des Aufenthaltes der Gäste werden die Zimmer nicht geputzt, man muss selber für Ordnung sorgen.

# Caprese Michelangelo ▸ K 6

**Castello di Caprese Michelangelo**
*Rocca, Caprese Michelangelo (AR), www.capresemichelangelo.net, Kernzeit im Sommer 11–18.30, im Winter nur Sa/So/Fei 11–17 Uhr, Erw. 4 €*
Nicht versäumen sollte man auch das kleine **Caprese Michelangelo,** den Geburtsort des Universalgenies Michelangelo Buonarroti (1475), in dessen Festungsruine mit dem Geburtshaus ein kleines Museum eingerichtet wurde. Im Hof stehen Bildhauerwerke zeitgenössischer Künstler, im **Palazzo del Podestà** Gipsabdrücke einiger bekannter Skulpturen von Michelange-

**Im Parco delle Foreste Casentinesi**

lo. Nichts Aufregendes also, aber ein wunderhübsches Plätzchen in einem sehr freundlichen, beschaulichen Ort (1600 Einwohner). Auch ein guter und preiswerter Standort für Ausflüge in die Umgebung.

## Übernachten

*Familiär* – **Buca di Michelangelo:** Via Roma 51, Caprese Michelangelo (AR), Tel. 05 75 79 39 21, www.bucadimichelangelo.it. Trattoria Ruhetage Nov.–Mai Mi, Do. DZ/ÜF 65 €, Apartments für 2 Pers. pro Woche 180 €. Kleines Hotel (23 Zimmer) in historischen Mauern mitten im Ort in schöner Panoramalage. Außerdem gibt es eine ausgezeichnete und preiswerte **Trattoria** (hausgemachte Pasta) über die Gasse. Menü ab 21 €, So inkl. Getränke 28–30 €. Vegetarier dürften die fantasievollen Pilz- und Trüffelgerichte ebenso genießen wie die hausgemachte Pasta und das gartenfrische Gemüse.

## Infos

**Comune:** Via Capoluogo 87, 52033 Caprese Michelangelo (AR), Tel. 05 75 79 39 12, www.capresemichelangelo.net.

# Ausflüge ins obere Chiana-Tal ▸ K 7/8

## Castiglion Fiorentino ▸ K 7

Man sieht es dem Städtchen auf den ersten Blick nicht an, dass es über 13 600 Einwohner zählt, die schon lange für eine Ausdehnung über die mittelalterlichen Stadtmauern hinaus gesorgt haben. Es ist eine lebhafte Provinzstadt mit guten Lebensmittelläden. Gerühmt werden vor allem das toscanische Brot vom Holzofen, das Lammfleisch und die frische Pasta sowie Gemüse aus dem Tal.

Castiglion Fiorentino besitzt noch mittelalterliche Türme, enge, mit Kopfstein gepflasterte, sehr saubere Gassen und schöne, aber z. T. noch restaurierungsbedürftige Renaissancepaläste. Die beiden mächtigen Stadttore könnten noch heute geschlossen werden. Vom unteren Stadttor zieht sich die schmale Hauptstraße hoch mit Abzweigung rechts zur Hügelkuppe und wieder leicht abwärts zum oberen Tor. Auf halber Höhe gelangt man zur romanisch-gotischen **Kirche San Francesco** am gleichnamigen Platz. In ihrem Inneren hängt ein kostbares Bild von Margaritone d'Arezzo.

An der höchsten Stelle der Hauptstraße öffnet sich linker Hand als Abschluss der großzügigen **Piazza Comunale** eine wunderschöne, geradezu vasarianische **Loggia** mit Panoramablick ins Chiana-Tal.

### Pinacoteca Comunale

*Via del Cassero 6, Fr–So Okt.–März 10–12.30, 15.30–18, April–Sept. 10–18 Uhr, Erw. 5 €; Casseretto Mai–Sept. Sa/So/Fei 10–13, 16–19 Uhr, Di–Fr nur auf Anfrage, Erw. 3 €*

Ein einmaliger Komplex diverser, der Gemeinde gehörender Gebäude, darunter **Palazzo Pretorio** und **Chiesa di Sant'Angelo,** wurde in jahrelanger Arbeit zu einer allein schon durch die besonderen Baulichkeiten wunderschönen Pinakothek gestaltet. Sie besitzt eine erstaunlich reiche Sammlung toscanischer und umbrischer Kunst, was wegen der geografischen Nähe zu Umbrien nicht wundern muss. Außerdem werden Sakralgegenstände und Mobiliar aus dem 12. bis zum 15. Jh. gezeigt.

In die **Torre del Casseretto,** den rückwärtig stehenden Turm von 1350, hat man eine Holztreppe eingezogen, mit deren Hilfe man 35 m zum offenen Glockenstuhl aufsteigen kann. Das großartige Panorama ins Chiana-Tal sowie ins Umbrische hinein belohnt einen schnell für den etwas mühsamen Aufstieg.

## Infos & Termine

### Information

**Pro Loco:** 52043 Castiglion Fiorentino (AR), Piazza Risorgimento 19, Tel. 05 75 65 82 78, www.prolococastiglionfi orentino.it.

### Termin

**3. Juni-So:** Palio dei Rioni, Pferderennen auf dem Piazzale Garibaldi sowie Umzug in historischen Kostümen.

### Verkehr

**Bahn:** Station auf der alten Strecke Arezzo–Chiusi, im Berufsverkehr ca. stdl. Anbindung.
**Bus:** Verbindung mit Arezzo und Cortona im Berufsverkehr alle 30 Min.

## Cortona ▶ K/L 8

Auf mehreren Bergetagen (bis 650 m) inmitten ausgedehnter Ölbaumterrassen erstreckt sich das von hohen Mauern umgebene und mit Stadttoren versehene Cortona (22 500 Einw.). Es ist eine sehr schöne, gut erhaltene Stadt des Mittelalters und der Renaissance, die noch heute traditionell von der Landwirtschaft und dem Kunsthandwerk lebt. Ähnlich wie in Arezzo floriert auch in Cortona der Antiquitätenhandel.

### Geschichte

Unter den Etruskern zählte das bereits im 7. Jh. v. Chr. besiedelte Gebiet von Cortona zu den bedeutendsten kulturellen und wirtschaftlichen Zentren. 2800 m Stadtmauer und zahlreiche Gräberfunde der Umgebung, u. a. im Archäologischen Museum (s. u.) zu sehen, legen beredtes Zeugnis davon ab. 310 v. Chr. schloss Cortona zusammen mit Arezzo und dem heute umbrischen Perugia einen 30-jährigen Friedensvertrag mit Rom. 89 v. Chr. erhielt es römisches Bürgerrecht, die Stadt blieb jedoch ohne allzu große Bedeutung.

450 zerstörten die Goten Cortona, und erst im 12. Jh. wurden die Bürger der Stadt politisch autonom. Doch schon 1258 nahm Arezzo Cortona ein, ab 1325 herrschte dann die Signoria der Casali, die diesen Besitz 1409 an den König von Neapel verkauften. Letzterer verschleuderte die Stadt 1411 für 60 000 Gulden an Florenz, das sie 1538 dem Herzogtum Toscana eingliederte.

### Centro Storico

Ein erster Anstieg führt über die serpentinenreiche Straße vom Chiana-Tal durch Ölbaumterrassen, Zypressen- und Pinienhaine des Monte Sant'Egidio-Ausläufers mit darin versteckten Villen und Kapellen. Der zweite Anlauf erstreckt sich vom unteren, sehr massigen Stadttor **(Porta Sant'Agostino)** durch die mit dunkelgrauen Steinplatten belegte Via Guelfa steil zur **Piazza della Repúbblica** hinauf, die sich plötzlich wie eine Arena öffnet. Hier wird der Blick vom Rathaus, dem **Palazzo Comunale** mit seiner breiten, steilen Treppe und dem wuchtigen Uhrturm angezogen: Bereits 1236 erwähnt, im 14. und 15. Jh. verändert, 1896 restauriert und bis heute Rathaus. Ihm gegenüber steht der **Palazzo del Popolo** (1267 und 1514) mit seinen offenen Arkaden. Dazwischen bleibt genug Raum für den Markt, der pulsierendes Leben in diese schöne Stadt trägt.

### Museo dell' Accademia Etrusca e della Città di Cortona MAEC

*Piazza Signorelli 9, www.cortonamaec.org, April–Okt. tgl. 10–19, sonst Di–So 10–17 Uhr, Erw. 10 €, Sammelticket mit Museo Diocesano 13 €*

Rechts an der Rathaustreppe vorbei gelangt man zur **Piazza Signorelli** mit ihren schönen Stadtpalästen, dem **Palazzo Fierli-Petrella** aus dem 15. Jh. und ihm gegenüber dem **Palazzo Pretorio** im ehemaligen Casali-Palast (ab 13. Jh. mit manieristischer Fassade). Dieser beherbergt im hoch modernen und kurz MAEC genannten Museum mehrere ständige Ausstellungen: eine ägyptische Sammlung sowie eine Pinakothek, die Städtische Bibliothek, das Stadtarchiv und die hervorragende etruskische Sammlung mit den wichtigsten archäologischen Funden der Umgebung. Prunkstück ist ein 16-schnäbeliger, 57 Kilo schwerer etruskischer Bronzeleuchter (5. Jh. v. Chr.).

### Museo Diocesano

*Piazza Duomo, April–Okt. tgl. 10–19, Nov.–März Di–So 10–17 Uhr, Erw. 5 €, Sammelticket 13 €*

Kurz danach erreicht man über die Piazza Trento e Trieste die **Piazza Duomo** mit dem **Dom** (ab 11. Jh., später baulich stark verändert) auf einer großen Panoramaterrasse mit weiten Ausblicken ins Chiana-Tal. Dem Dom gegenüber steht das Diözesan-Museum mit einer reichen Sammlung toscanischer Malerei, vor allem von Luca Signorelli, der aus Cortona stammte. Auch kostbare Werke sakraler Goldschmiedekunst sind ausgestellt.

### Fortezza Medicea di Girifalco

*Via Santa Margherita, tgl. April–Juni, Sept./Okt. 10–18, Juli/Aug. bis 19 Uhr, Erw. 3 €; vorsichtshalber anrufen, Tel. 05 75 63 72 35*

Oberhalb der Stadt, über steile Gassen erreichbar, prahlt die Fortezza mit schönem Panorama auf Cortona und das Chiana-Tal. Cosimo I. ließ diese Festung 1549 bis 1556 an der Nordostecke

**Geprägt von Mittelalter und Renaissance: Cortona**

der Stadtmauer errichten, die man zu Fuß zwar mühsam, aber in ca. einer halben Stunde erreicht, über die 3 km lange Straße auch mit dem Wagen. Trutzig, mit gut erhaltenen Wehrgängen und auf drei Stockwerken genug Platz für Ausstellungen und Konzerte zeitgenössischer Künstler.

### Convento delle Celle

*Strada dei Cappuccini 1, www.lecelle.it, 2 km abseits der Hauptstraße in der Verlängerung der Strecke zur Fortezza, mittags kurz geschl., sonst tagsüber zugänglich, Eintritt frei*
San Francesco hat hier ab 1211 in dem von ihm gegründeten Kloster seine Kammer gehabt, die nun ehrfurchtsvoll betreten wird. Dabei ist nur ein schlichtes Bild des sanften Heiligen zu sehen und seine hölzerne Liegestatt. Aber der gesamte Klosterkomplex, hoch über einem reißenden Wildbach und mit einem wunderbar dunklen Steineichenwald am Monte Sant´Egidio als Kulisse, ist eine Augenweide. Man kann hier sogar wohnen gegen eine Spende an die sieben Mönche, die hier leben, wenn man sich zum stillen Gebet zurückziehen möchte (Tel./Fax 05 75 60 33 62, info@lecelle.it).

## Übernachten

*Renaissancesalons* – **San Michele:** Via Guelfa 15, Tel. 05 75 60 43 48, www.hotelsanmichele.net, März–Okt. DZ/ÜF 99–250 €. Schönes Stadthotel im historischen Zentrum, mit 39 Zimmern und 3 Suiten; herrliche Salons im Renaissancepalast. Kleine Garage.
*Für Nostalgiker* – **Le Gelosie:** Via Dardano 6, Tel. 05 75 63 00 05, www.legelosie.com. DZ/ÜF 70–120 €. Frühstück in einer nahen Bar auf der Piazza (im Preis inkl.), 4 süße Zimmer im schmalen Stadthaus mit weiß gestrichenen Holzbalken und Cottoböden.

## Essen & Trinken

*Zentral und gut* – **Il Cacciatore:** Via Roma 11, Tel. 05 75 61 37 80, www.ilcacciatorecortona.it, Jan.–Mitte Feb., 1 Woche im Juli geschl., Ruhetag Mi Abend, Do. Volles Menü um 30 €. Gutes einfaches Restaurant im Zentrum mit schmackhafter toscanischer Küche.
*Rustikal und preiswert* – **La Grotta:** Piazzetta Baldelli 3, Tel. 05 75 63 02 71, www.trattorialagrotta.it, Jan., 10 Tage im Juli geschl., Ruhetag Di. Menü ab 17 €. Lokal im historischen Zentrum, mit Plätzen auf der Piazza.

## Einkaufen

**Antiquitätenmarkt:** Mostra Mercato Antiquariato e Modernariato jeden 4. So auf der Piazza Signorelli 9–20 Uhr. Ca. 22. Aug.–16. Sept.: **Mostra Mercato del Mobile Antico** im Palazzo Vagnotti, auf der seit 1962 die bedeutendsten Antiquitätenhändler Italiens ausstellen (www.cortonantiquaria.it).

## Infos

### Information

**InfoCortona:** Palazzo Casali, Piazza Signorelli 9, Tel. 05 75 63 72 69, www.comunedicortona.it. Im Gebäudekomplex des MAEC.
**APT:** 52044 Cortona (AR), Via Nazionale 42, Tel. 05 75 63 03 52, www.cortonaweb.net.

### Verkehr

**Bahn:** Mit dem Zug auf der Strecke Arezzo–Rom bis Camucia (5 km vom Zentrum Cortonas), wobei man vom Bahnhof Camucia nach Cortona hinauf einen recht beschwerlichen, aber schönen Fußweg hat oder den Bus nimmt.
**Bus:** Gute Anbindung mit den Bussen der LFI ab Arezzo, in dichter Folge.

# Sprachführer

## Ausspracheregeln

In der Regel wird Italienisch so ausgesprochen wie geschrieben. Treffen zwei Vokale aufeinander, so werden beide einzeln gesprochen (z. B. E-uropa). Die Betonung liegt bei den meisten Wörtern auf der vorletzten Silbe. Liegt sie woanders, ist die Verwendung eines Akzents möglich (z. B. città, mèdico).

| | |
|---|---|
| c | vor a, o, u wie k, z. B. conto; vor e, i wie tsch, z. B. cinque |
| ch | wie k, z. B. chiuso |
| ci | vor a, o, u wie tsch, z. B. doccia |
| g | vor e, i wie dsch, z. B. Germania |
| gi | vor a, o, u wie dsch, z. B. spiaggia |
| gl | wie ll in Brillant, z. B. taglia |
| gn | wie gn in Kognak, z. B. bagno |
| h | wird nicht gesprochen |
| s | teils stimmhaft wie in Saal, z. B. museo; teils stimmlos wie in Haus, z. B. sinistra |
| sc | vor a, o, u wie sk, z. B. scusi; vor e, i wie sch, z. B. scelta |
| sch | wie sk, z. B. schiena |
| sci | vor a, o, u wie sch, z. B. scienza |
| v | wie w, z. B. venerdi |
| z | teils wie ds, z. B. zero; teils wie ts, z. B. zitto |

## Allgemeines

| | |
|---|---|
| guten Morgen/Tag | buon giorno |
| guten Abend | buona sera |
| gute Nacht | buona notte |
| auf Wiedersehen | arrivederci |
| Entschuldigung | scusi |
| hallo/grüß dich | ciao |
| bitte | prego/per favore |
| danke | grazie |
| ja/nein | si/no |
| Wie bitte? | Come dice? |

## Unterwegs

| | |
|---|---|
| Haltestelle | fermata |
| Bus/Auto | autobus/màcchina |
| Ausfahrt/-gang | uscita |
| Tankstelle | stazione di servizio |
| rechts/links | a destra/a sinistra |
| geradeaus | diritto |
| Auskunft | informazione |
| Telefon | telèfono |
| Postamt | posta |
| Bahnhof/Flughafen | stazione/aeroporto |
| Stadtplan | pianta della città |
| alle Richtungen | tutte le direzioni |
| Einbahnstraße | senso ùnico |
| Eingang | entrata |
| geöffnet | aperto/-a |
| geschlossen | chiuso/-a |
| Kirche/Museum | chiesa/museo |
| Strand | spiaggia |
| Brücke | ponte |
| Platz | piazza/posto |

## Zeit

| | |
|---|---|
| Stunde/Tag | ora/giorno |
| Woche | settimana |
| Monat | mese |
| Jahr | anno |
| heute/gestern | oggi/ieri |
| morgen | domani |
| morgens/abends | di mattina/di sera |
| mittags | a mezzogiorno |
| früh/spät | presto/tardi |
| Montag | lunedì |
| Dienstag | martedì |
| Mittwoch | mercoledì |
| Donnerstag | giovedì |
| Freitag | venerdì |
| Samstag | sàbato |
| Sonntag | doménica |

## Notfall

| | |
|---|---|
| Hilfe! | soccorso!/aiuto! |
| Polizei | polizìa |
| Arzt | mèdico |
| Zahnarzt | dentista |
| Apotheke | farmacìa |
| Krankenhaus | ospedale |
| Unfall | incidente |

| | |
|---|---|
| Schmerzen | dolori |
| Panne | guasto |

## Übernachten

| | |
|---|---|
| Hotel | albergo |
| Pension | pensione |
| Einzelzimmer | camera singola |
| Doppelzimmer | camera doppia |
| mit/ohne Bad | con/senza bagno |
| Toilette | bagno, gabinetto |
| Dusche | doccia |
| mit Frühstück | con prima colazione |
| Halbpension | mezza pensione |
| Gepäck | bagagli |

## Einkaufen

| | |
|---|---|
| Geschäft/Markt | negozio/mercato |
| Kreditkarte | carta di crédito |
| Geld | soldi |
| Geldautomat | bancomat |
| Bäckerei | panificio |
| Lebensmittel | alimentari |
| teuer | caro/-a |
| billig | a buon mercato |
| Größe | taglia |
| bezahlen | pagare |

## Zahlen

| | | | |
|---|---|---|---|
| 1 | uno | 17 | diciasette |
| 2 | due | 18 | diciotto |
| 3 | tre | 19 | diciannove |
| 4 | quattro | 20 | venti |
| 5 | cinque | 21 | ventuno |
| 6 | sei | 30 | trenta |
| 7 | sette | 40 | quaranta |
| 8 | otto | 50 | cinquanta |
| 9 | nove | 60 | sessanta |
| 10 | dieci | 70 | settanta |
| 11 | ùndici | 80 | ottanta |
| 12 | dòdici | 90 | novanta |
| 13 | trédici | 100 | cento |
| 14 | quattòrdici | 150 | centocinquanta |
| 15 | quìndici | 200 | duecento |
| 16 | sédici | 1000 | mille |

## Die wichtigsten Sätze

### Allgemeines

| | |
|---|---|
| Sprechen Sie … Deutsch/Englisch? | Parla … tedesco/inglese? |
| Ich verstehe nicht. | Non capisco. |
| Ich spreche kein Italienisch. | Non parlo italiano. |
| Ich heiße … | Mi chiamo … |
| Wie heißt du/heißen Sie? | Come ti chiami/si chiama? |
| Wie geht es dir/Ihnen? | Come stai/sta? |
| Danke, gut. | Grazie, bene. |
| Wie viel Uhr ist es? | Che ora è? |

### Unterwegs

| | |
|---|---|
| Wie komme ich zu/nach …? | Come faccio ad arrivare a …? |
| Wo ist bitte …? | Scusi, dov'è …? |
| Könnten Sie mir bitte … zeigen? | Mi potrebbe indicare …, per favore? |

### Notfall

| | |
|---|---|
| Können Sie mir bitte helfen? | Mi può aiutare, per favore? |
| Ich brauche einen Arzt. | Ho bisogno di un mèdico. |
| Hier tut es weh. | Mi fa male qui. |

### Übernachten

| | |
|---|---|
| Haben Sie ein freies Zimmer? | C'è una càmera lìbera? |
| Wie viel kostet das Zimmer pro Nacht? | Quanto costa la càmera per notte? |
| Ich habe ein Zimmer bestellt. | Ho prenotato una càmera. |

### Einkaufen

| | |
|---|---|
| Wie viel kostet …? | Quanto costa …? |
| Ich brauche … | Ho bisogno di … |
| Wann öffnet/schließt …? | Quando apre/chiude …? |

# Kulinarisches Lexikon

## Zubereitung

| | |
|---|---|
| affogato | gedünstet |
| alla griglia | gegrillt |
| amabile/dolce | süß |
| arrosto/-a | gebraten |
| arrostato/-a | geröstet |
| bollito/-a | gekocht |
| caldo/-a | warm |
| freddo/-a | kalt |
| fritto/-a | gebacken |
| al forno | aus dem Backofen |
| gratinato/-a | überbacken |
| stufato/-a | geschmort |
| con/senza | mit/ohne |

## Vorspeisen und Suppen

| | |
|---|---|
| alici | sauer eingelegte Sardinen |
| antipasti misti | gemischte Vorspeisen |
| antipasti del mare | Vorspeisenplatte mit Fisch/Meeresfrüchten |
| bruschetta | geröstetes Weißbrot mit Knoblauch und Öl |
| cannellini | weiße längliche Bohnen, ungewürzt |
| carciofi | Artischocken |
| cozze ripiene | gefüllte Muscheln |
| faggiolini bianchi | weiße Bohnen |
| insalata di polpo | Tintenfischsalat |
| melanzane alla griglia | gegrillte Auberginen |
| minestrone | Gemüsesuppe |
| pepperonata | gemischtes geschmortes Gemüse |
| prosciutto | Schinken |
| salame di cinghiale | Wildschweinsalami |
| vitello tonnato | Kalbbraten mit Thunfischpaste |
| zucchini alla griglia | gegrillte Zucchini |
| zuppa di pesce | Fischsuppe |

## Pasta und Co

| | |
|---|---|
| cannelloni | gefüllte Nudelröhren |
| fettucine/tagliatelle | Bandnudeln |
| gnocchi | Kartoffelklößchen |
| lasagne | Nudelauflauf mit Hackfleisch, Tomaten, Bechamelsoße |
| paglia e fieno | gelbe und grüne Bandnudeln |
| pasta fresca (fatta in casa) | frische (hausgemachte) Pasta |
| pasta ripiena | gefüllte Pasta, meist mit Spinat und Ricotta |
| polenta | Maisbrei |
| risotto ai funghi | Pilzrisotto |
| risotto alla marinara | Risotto mit Meeresfrüchten |
| formaggio | Käse |

## Fisch und Meeresfrüchte

| | |
|---|---|
| anguilla | Aal |
| aragosta | Languste |
| cozza | Miesmuschel |
| gamberetto | Garnele |
| gambero | Hummer |
| orata | Dorade/Goldbrasse |
| ostrica | Auster |
| pesce persico | Barsch |
| salmone | Lachs |
| seppia | Tintenfisch |
| sogliola | Seezunge |
| trota | Forelle |

## Fleisch und Geflügel

| | |
|---|---|
| agnello | Lamm |
| anatra | Ente |
| arrosto | Braten |
| brasato | Rinderschmorbraten |
| capra | Ziege |
| carne | Fleisch |
| cinghiale | Wildschwein |
| coniglio | Kaninchen |
| coscia/cosciotto | Keule |
| faraona | Perlhuhn |
| lepre | Hase |
| maiale/porco | Schwein |
| manzo | Rind |
| oca | Gans |
| pernice | Rebhuhn |

| | |
|---|---|
| pollo | Hähnchen |
| quaglia | Wachtel |
| salumi | Wurstwaren |
| spezzatino | Gulasch |
| tacchino | Pute |
| vitello | Kalb |

## Gemüse und Beilagen

| | |
|---|---|
| bietola | Mangold |
| carota | Mohrrübe |
| cavolfiore | Blumenkohl |
| cavolo | Kohl |
| cipolla | Zwiebel |
| faggioli/fave | Bohnen |
| finocchio | Fenchel |
| fungo porcino | Steinpilz |
| insalata mista | gemischter Salat |
| melanzana | Aubergine |
| pane | Brot |
| patata | Kartoffel |
| pisello | Erbse |
| polenta | Maisbrei |
| pomodoro | Tomate |
| porro | Lauch |
| riso | Reis |
| sedano | Sellerie |
| spinaci | Spinat |
| zucca | Kürbis |

## Nachspeisen und Obst

| | |
|---|---|
| albicocca | Aprikose |
| cantuccino | Mandelgebäck |
| cassata | Eisschnitte mit kandierten Früchten |
| anguria | Wassermelone |
| fico | Feige |
| fragola | Erdbeere |
| frutta | Obst |
| gelato | Eiscreme |
| lampone | Himbeere |
| macedonia | frischer Obstsalat |
| mela | Apfel |
| mellone | Honigmelone |
| panna cotta | gekochte Sahnecreme |
| tiramisù | Löffelbiskuit mit Mascarponecreme |
| torta (di frutta) | (Obst-)Torte |
| zabaione | Eierschaumcreme |

## Getränke

| | |
|---|---|
| acqua (minerale) | (Mineral-)Wasser |
| ... con gas/gassata | ... mit Kohlensäure |
| ... senza gas/liscia | ... ohne Kohlensäure |
| birra (alla spina) | (Fass-)Bier |
| caffè (coretto) | Kaffee (mit Grappa) |
| ghiaccio | Eis |
| granita di caffè | Eiskaffee |
| grappa | Branntwein |
| latte | Milch |
| liquore | Likör |
| spumante | Sekt |
| succo | Saft |
| tè | Tee |
| vino rosso/bianco | Rotwein/Weißwein |

## Im Restaurant

| | |
|---|---|
| Ich möchte einen Tisch reservieren. | Vorrei prenotare un távolo. |
| Die Speisekarte, bitte. | Il menù, per favore. |
| Weinkarte | lista dei vini |
| Die Rechnung, bitte. | Il conto, per favore. |
| Vorspeise | antipasto/ primo piatto |
| Suppe | minestra/zuppa |
| Hauptgericht | piatto principale |
| Nachspeise | dessert/dolce |
| Beilagen | contorno |
| Tagesgericht | menù del giorno |
| Gedeck | coperto |
| Messer | coltello |
| Gabel | forchetta |
| Löffel | cucchiaio |
| Glas | bicchiere |
| Flasche | bottiglia |
| Salz/Pfeffer | sale/pepe |
| Zucker/Süßstoff | zùcchero/saccarina |
| Kellner/Kellnerin | cameriere/cameriera |

# Autorin/Abbildungsnachweis/Impressum

**Die Autorin:** Nana Claudia Nenzel bereist schon seit ihrem Studium der Kunstgeschichte regelmäßig die Toscana. Aber noch intensiver erkundet sie die Region für die Aktualisierung ihrer Bücher. Inzwischen hat sie in Italien nicht nur eine zweite Heimat, sondern auch mehrere Herzensfreunde gefunden. Gerade die Toscaner waren es auch, die sich für ihre besondere Anerkennung als Förderin der italienischen Kultur im deutschen Sprachraum eingesetzt haben, eine Auszeichnung, die sie 1998 vom Kultusministerium erhielt.

**Abbildungsnachweis**
Gottfried Aigner, München: S. 6, 12 u. re., 96, 108 li., 118, 190, 194, 208 li., 225, 229, 230 li., 240, 296
akg-images, Berlin: S. 66 (Rabatti)
Corbis, Berlin: S. 13 o. re., 189, 208 re., 212/213, 218/219 (Atlantide); 158 re., 173 (Listri); 12 o. re., 143 (Morandi/Harding); 130 li., 140 (The Gallery Collection)
DuMont Bildarchiv, Ostfildern: Umschlagklappe vorn, S. 13 u. re., 24, 28/29, 37, 38/39, 50, 58, 65, 80 (2x), 81 li., 84/85, 91, 93, 103, 105, 109 li., 111, 124/125, 144, 174 li., 175 li., 178/179, 201, 205, 231 li., 234/235, 259, 263, 267, 281 (Widmann)
f1-online, Frankfurt a. M.: S. 13 o. li., 156 (Kleinhenz); 278 (tips images)
Getty Images, München: S. 269 li., 286 (Epperson)
Huber-Images, Garmisch-Partenkirchen: S. 268 li., 271 (Baviera); Titelbild (Canali); 209 li., 226 (Gianni); 230 re., 253 (Gräfenhain); 12 u. li., 16/17, 78/79, 206 (Puku); 69 (Ripani)
laif, Köln: S. 12 o. li., 123, 130 re., 131 li., 134, 150/151, 158 li., 166 (Celentano); 56 (Harding); 52/53, 77, 159 li., 162 (Harscher); 8, 11 (Heuer); 276/277 (Hoffmann); 239 (Mattes/hemis.fr); 108 re., 116 (Zanetti); 174 re., 183 (Zuder)
Look, München: S. 7, 46/47, 128/129, 268 re., 282 (Age Fotostock); 74/75 (Richter)
Mauritius Images, Mittenwald: S. 220 (Cubolimages); 55 (Fresh Food); 49 (Kerth); 54 (Morandi)
picture-alliance, Frankfurt a. M.: S. 72 (MAXPPP); 70/71 (Rabatti)
Schapowalow, Hamburg: S. 13 u. li., 246/247, 248, 256/257 (Atlantide); 62 (Huber)

**Kartografie**
DuMont Reisekartografie, Fürstenfeldbruck
© DuMont Reiseverlag, Ostfildern

**Umschlagfotos:** Blick auf Pitigliano in der Maremma (Titelbild); Nächtliche Gasse in Lucca mit der Torre Guinigi (Umschlagklappe vorn)

**Hinweis:** Autorin und Verlag haben alle Informationen mit größtmöglicher Sorgfalt geprüft. Gleichwohl erfolgen alle Angaben ohne Gewähr. Bitte schreiben Sie uns! Über Ihre Rückmeldung und Ihre Verbesserungsvorschläge freuen wir uns: **DuMont Reiseverlag,** Postfach 3151, 73751 Ostfildern, info@dumontreise.de, www.dumontreise.de

5., aktualisierte Auflage 2016

Redaktion/Lektorat: Christine Traber, Sabine Zitzmann
Grafisches Konzept: Groschwitz/Blachnierek, Hamburg
Printed in China

FSC
www.fsc.org
MIX
Papier aus verantwortungsvollen Quellen
FSC® C020056